KB214469

The Grand Canyon, Monument to an Ancient Earth

Can Noah's Flood Explain the Grand Canyon?

ⓒ 2016 by Solid Rock Lectures
under the title *The Grand Canyon, Monument to an Ancient Earth*.
Originally published in the USA by Kregel Publications, Grand Rapids, Michigan.
Translated and printed by permission.
License arranged through rMaeng2, Seoul, Republic of Korea.
All rights reserved.

This Korean edition copyright ⓒ 2018 by Holy Wave Plus Publishing Company, Seoul, Republic of Korea.

이 한국어판의 저작권은 알맹2 에이전시를 통하여 Kregel Publications와 독점 계약한 새물결플러스에 있습
니다. 신저작권법에 의해 한국 내에서 보호받는 저작물이므로 무단 전재와 무단 복제를 금합니다.

그랜드캐니언, 오래된 지구의 기념비

노아 홍수가 그랜드캐니언을 설명할 수 있을까?

캐럴 힐, 그렉 데이비슨, 팀 헬블, 웨인 래니, 조엘 더프, 데이비드 엘리엇, 스티븐 모시어, 랠프 스티얼리, 브라이언 탭, 로저 윈스, 켄 올게머스 지음
캐럴 힐, 그렉 데이비슨, 팀 헬블, 웨인 래니 엮음 | 노동래 옮김 | 이문원 감수

이른바 "창조과학"과 그 핵심 주장 가운데 하나인 홍수 지질학이 늘 자신들의 근거로 언급하는 그랜드캐니언의 지질 현상을 다루는 본서에서도 줄기차게 지적되지만, 홍수 지질학 주장자들은 언제나 성경의 문자적 이해에 기반하여 자신들의 이해에 적합한 데이터만을 가지고 자신들이 이미 내린 결론을 입증한다. 그래서 "창조과학"과 홍수 지질학은 결코 학문이라 할 수 없다. 그리고 성경에 대한 문자적 이해는 성경에 대한 올바른 해석 방법이 결코 아니다. "창조과학"은 과학에서도, 성경해석에서도 모두 실패했다. 홍수 지질학의 황당한 주장에 대한 반박과는 별개로, 이 책이 풀이하고 보여주는 그랜드캐니언은 그 자체로 놀랍고 웅장하며 감탄을 불러일으킨다. 그에 대한 설명으로 이 책은 훨씬 더 빛난다. 김근주 ┃
기독연구원 느헤미야 연구교수

신학과 과학의 관계를 정립하는 일은 생각보다 그리 쉽지 않다. 성경은 두 가지를 다 다루는 것처럼 보이기에 더욱 그러하다. 둘은 서로 대척점에 있는가? 같은 것을 서로 달리 말하고 있는 것일까? 아니면 각각의 영역에서의 해석의 문제인가? 이 책은 신실한 그리스도인 지질학자들이 흥미진진하게 써내려간 지질학 탐구서다. 다음과 같은 부제가 이 책의 주제 멜로디를 들려준다. "노아 홍수가 그랜드캐니언을 설명할 수 있을까?" 이 책은 창조과학(젊은 지구론)을 신봉하는 대다수 학자들과 성경을 문자적으로 믿어야 한다는 일부 열혈 평신도들이 옹호하는 "홍수 지질학"의 허구를 철저한 지질학적 탐사와 건전한 성경해석으로 설득력 있게 파헤쳐 드러낸다. 그랜드캐니언을 서너 번 다녀온 내가 다시 그곳을 가게 된다면 반드시 이 책을 들고 갈 것이다. 그리고 하나님의 장대하심을 찬양할 것이다. 류호준 ┃
백석대학교 신학대학원 구약학 교수

매더 포인트에서 바라본 풍경. 사진: 톰 빈.

방학만 지나고 나면 미국의 그랜드캐니언에 다녀와서 은혜를 받았다는 소식을 듣는다. 그랜드캐니언에 가서 눈앞에 펼쳐진 노아 홍수의 흔적을 보고 그 근거에 대한 설명을 듣다 보면 어느새 "젊은 지구론"이 단지 믿음의 대상이 아니라 과학 연구의 결과라는 사실을 알게 되었다고 한다. 자신의 눈으로 본 게 아니라 홍수 지질학자의 눈으로 봤기 때문에 하는 이야기다. 21세기에도 이런 소리를 듣는 게 영 불편하다. 이 책은 그랜드캐니언을 통해 홍수 지질학을 낱낱이 반박한다. 이미 전통 지질학을 받아들이는 독자도 지식의 폭과 깊이를 더할 수 있는 책이다. 이정모 ǀ
서울시립과학관장

진짜가 왔다. 이 책에서 우리는 과학을 빙자한 종교 비즈니스가 아닌 진짜 과학자들의 성실한 연구와 정직한 설명을 만난다. 현대 지질학의 기초와 그랜드캐니언 연구를 개괄하는 내용이 마냥 쉬운 읽기는 아니다. 하지만 저자들의 설명을 꼼꼼히 따라간다면, 하나님께서 성경과 더불어 주신 자연이라는 책을 읽기 위해 사람들이 어떤 노력을 기울이는지 엿볼 수 있다. 위조지폐를 감별하는 능력은 진짜 지폐에 익숙해지는 것이다. 이 책을 통해 과학을 연구하는 진짜 방법에 익숙해질 때, 과학과 신앙의 진실한 통합을 시작할 수 있을 것이다. 백 년을 살지 못하는 인생이지만, 수십 억 년의 세월을 가늠할 수 있는 지혜를 주신 하나님을 찬양한다. 전성민 ǀ
밴쿠버기독교세계관대학원 학장

조로아스터 템플

보탄스 스론

비시누 템플

케이프 로열

타피츠

슈퍼그룹

이 책의 여러 저자는 그랜드캐니언(그 자체로도 멋진 장소다!)에 관한 명확하고도 끈질긴 지질학적 사고를 통해 우리 모두에게 엄청난 도움을 주었다. 저자들은 우리가 들어왔던 "갈등"이 "성경"과 "과학" 사이의 갈등이 아니라, 성경 해석과 과학 사이의 갈등이라는 점을 명확히 밝히고 있다. 성경을 연구하고 존중하는 사람이라면, 이 책이 과학과 과학이 발견하는 "제대로 작동하고 있는 과정들"의 내용을 차분히 보여주는 데 대해 고마워할 것이다. 결국 이 과정은 하나님의 과정이다! 나는 그리스도인이건 아니건 모든 사람에게 이 책을 읽으라고 촉구하고 싶다. 당신은 이 책을 즐길 것이다.

C. 존("잭") 콜린스 |
커버넌트 신학교 구약학 교수

그랜드캐니언에 관한 이 책은 수백만 년에 걸쳐 이루어진 자연 세계의 경이로움이 형성되는 복잡한 역사를 명확하게 펼쳐 보여준다. 이 책은 심적으로 평화롭고, 과학적으로 세련되고, 성경적으로 건전하다. 나는 훌륭한 자격을 갖추고 신앙심으로 가득한 과학자들이 쓴 이 책이 설득력 있다고 생각한다. 비평가들이 성경과 과학이 심각한 갈등을 빚고 있다고 믿고 있는 시대, 선의를 가진 다양한 계층의 그리스도인들이 입수 가능한 지질학적 증거를 충분히 고려하지 않는 시대에 절실히 필요한 책이다.

폴 코판 |
팜비치 애틀랜틱 대학교 철학 및 윤리 교수, Pledger Family 의장

카이밥고원

콜로라도강

나바호 포인트에서 찍은 파노라마 사진. 사진: 케네스 햄블린. 햄블린 가족 제공.

『그랜드캐니언, 오래된 지구의 기념비』는 이 협곡과 그 주변에 오랜 시간 동안 형성된 수많은 특성들을 만들어낸 여러 지질학적 과정들의 개요로서, 풍부한 삽화, 효율적인 구성, 편리한 가독성을 갖추고 있다. 1부에서 캐럴 힐과 그렉 데이비슨 및 동료들은 홍수 지질학의 교리를 고수하는 사람들이 자연 과정에 관해 미리 결정된 대답을 정당화하기 위해 사용하는 내용을 전문가답게 상세히 종합해준다. 하지만 저자들의 목표는 홍수 지질학을 과학과 화해시키는 것이 아니다. 이 책의 2, 3, 4부는 지구의 과정에 대해 충실하고 정확하며 자세한 개요를 제공하고 있다. 이 책을 읽은 독자라면 누구나, 이런 자연 과정에 대한 점점 더 증가하는 이해를 우리에게 제공하기 위해 어떻게 과학적 방법론들이 사용되었는지를 알 수 있을 것이다. 또한 "오랜 시간"(Deep Time)의 개념이 불가피하다고 결론 내리게 될 것이다. 5부의 20장은 그랜드캐니언의 모든 지형 형성에 대한 과학적인 증거를 요약하고 그 증거들을 홍수 지질학의 교리와 비교한다. 저자들은 홍수 지질학이 과학이 아니라는 점을 전문가답고 설득력 있게 보여준다. 그들은 "이것이 중요한가?"라는 질문을 제기하고 "진실은 언제나 중요하다"라고 끝맺는다. 우리 모두는 이 말에 동의하지 않을 수 없다. 나딘 고디머의 말처럼 "진실이 언제나 아름다운 것은 아니지만, 진실에 대한 갈급함은 언제나 아름답다!" 캐럴 힐과 그렉 데이비슨 및 그 동료들이 오래되고 매혹적인 지구의 자연사를 제대로 음미하는 데 기여하는 책을 펴낸 것을 축하한다.   존 W. 가이스만 |

뉴멕시코 대학교 지구 및 행성 과학부 명예 교수, 텍사스 대학교 달라스 캠퍼스 지구과학부 교수 겸 부서장, 미국 지질학 협회 전회장, Tectonics 편집장.

카이밥고원

성경을 믿는 그리스도인들은 지구의 나이가 수십억 년이며 그랜드캐니언이 노아 홍수에 의해 형성되지 않았다고 믿을 수 있을까? 이 멋진 책을 쓴 11명의 저자들은 그렇다고 대답한다. 모든 페이지마다 전문적인 지질학자들이 "홍수 지질학"이 중요한 사실을 빠뜨리고 있으며 그랜드캐니언 자체에 포함된 방대한 증거를 설명하지 못한다고 설명한다. 지구의 나이에 관한 논쟁에 관여하는 이들이라면 누구나 이 중요한 책을 주의 깊게 살펴보아야 한다. 웨인 그루뎀 ┃
피닉스 신학교 신학 및 성서학 연구 교수

『그랜드캐니언, 오래된 지구의 기념비』는 아주 멋진 책으로서, 다음과 같은 세 가지 목적에 기여한다. (1) 이 책은 우리 지질학자들이 알고 있고 실행하고 있는 지질학에 대한 종합적인 기본 입문서다. 나는 우리 지질학자들이 실제로 어떻게 생각하고 작업하는지에 대한 이 책의 리뷰를 즐겁게 읽었다. 이 책은 나를 위해 많은 주제를 리뷰해주었으며, 내가 알아야만 하는 몇 가지 사실을 가르쳐주었다. (2) 그랜드캐니언과 그랜드 스테어케이스에 대해 우리가 알고 있는 지질학에 대한 멋진 방어다. (3) 전 세계적인 사례 연구에 응용될 수 있는 책이다. 지구에 사는 사람이라면 누구나 여기에 수록된 내용을 과학 텍스트로뿐만 아니라, 자연의 모든 것에 대한 기본적인 이해에 과학적인 방법을 채택할 근거로서 알고 있어야 한다. 존 와미 ┃
콜로라도 광산 학교 교수, 그랜드캐니언을 50회 넘게 방문한 베테랑

카이밥 지표면　　　마블 플랫폼　버밀리온 절벽

공중에서 바라본 카이밥 동쪽 단사 파노라마 전경. 사진: W. 케네스 햄블린(Hamblin, 2008, *Anatomy of the Grand Canyon: Panoramas of the Canyon's Geology*, 50-51쪽 이하를 개작함). 햄블린 가족 제공.

『그랜드캐니언, 오래된 지구의 기념비』는 여러 명의 전문적인 지질학자들과 한 명의 생물학자가 권위를 보장하는 놀라운 성취물이다. (전 세계적이라고 주장되는) 노아 홍수가 그랜드캐니언의 지질을 형성했다는 널리 유포된 주장에 불편을 느낀 저자들(대부분은 그리스도인)은, 소위 "홍수 지질학자들"의 주장을 그랜드캐니언 지질의 실제 세부 내용과 체계적으로 비교했다. 그 과정에서 저자들은 협곡을 채우기에 충분할 정도의 지질학적 증거로 홍수 가설을 완전히 무너뜨렸다. 이 책은 독자들에게 지질학의 기본 원칙들을 풍부하게 소개한다. "그랜드캐니언의 11개 원칙"은 협곡을 형성한 암석과 지질학적 과정의 해석에 이 원칙들이 어떻게 적용되는지를 보여준다. 저자들은 그랜드캐니언의 지질학적 역사에 대한 간략한 개요로 이 책을 마무리한다. 지질학에 문외한인 독자들을 겨냥해서, 이 책의 텍스트는 명료하고 생동감 있으며, 다량의 뛰어난 다이어그램과 아름다운 총천연색 사진들이 지원된다. 지구의 가장 숨 막히는 경이 중 하나에 관한 멋진 책, 지식을 풍성히 제공해주는 책, 뛰어난 가독성을 갖춘 책이다. 이 책은 읽는 즐거움을 제공하며, 책 자체가 그랜드캐니언에 잘 어울리는 기념비라 할 수 있다.　　데이비스 A. 영 I

칼빈 대학 지질학 명예 교수

다른 사람이 와서 그의 말을 조사하기까지는,
자기 이야기를 먼저 하는 사람이 옳게 보인다.
잠언 18:17

차례

문헌 기록으로 보면, 기원전 450년경의 학자 헤로도토스는 이집트를 여행하면서 조개 화석을 발견하고, 지중해 부근이 전에는 더 넓은 범위까지 바다였다고 생각했다. 그러나 유명한 철학자 아리스토텔레스는 화석을 생물이라고 생각하면서도 그것이 암석 속에서 자란 것이라고 믿었다. 또한 그의 제자 중 한 사람은 화석을 지층이 퇴적될 때 들어간 동물의 알이나 식물의 씨가 암석 속에서 자란 것으로 설명했다. 이와 같이 인류는 같은 자연현상에 대해서도 그 시대 또는 개인이 가진 관점에 따라 서로 다른 생각을 갖고 있었음을 알 수 있다.

우리가 살고 있는 지구 행성의 역사를 설명할 때 가장 큰 문제 중 하나는, 지구의 연령이 얼마나 되고 오늘날 지구의 모습은 어떤 변천사를 거쳐 현재와 같이 되었는가에 대한 관점이다. 지구에서 일어나는 여러 현상을 설명할 때, 19세기 초엽까지도 격변설과 동일과정설이라는 두 관점이 크게 대립하고 있었다. 두 관점 중 하나인 격변설은 천변지이설이라고도 하는데, 이 설은 지구의 역사 동안 이 행성에서는 때때로 격변이 일어나 지표의 모양을 완전히 변모시키고, 생물은 전멸된 후 새로운 종류의 생물이 창조되는 변화를 거쳤다는 사상이다. 따라서 이 관점은 지구의 연령을 매우 젊게 본다. 다른 하나인 동일과정설은 현재 지구상에서 일어나고 있는 변화가 과거에도 같은 현상으로 일어났다는 것이다. 그래서 현재에 자연에서 일어나는 원리를 알면 우리가 전혀 경험해보지 못했던 과거를 설명할 수 있다는 관점으로, 지구의 연령을 매우 길게 보고 있다.

격변설은 동일과정설보다 훨씬 전부터 있었으며, 동일과정설은 18세기 후반에 와서 스코틀랜드의 지질학자 허튼에 의해 제안되었다. 그 후 격변설은 젊은 지구론-홍수 지질학으로 발전했고, 동일과정설은 현대 지질학의 기반이 되어, 오늘날의 지구 환경을 밝히는 데 큰 틀을 제공하는 사상이 되었다. 이 두 관점은 오늘날까지 이어져 현대인의 지구관에 크게 영향을 미치고 있다. 이렇게 서로 다른 지구 역사를 배경으로 하는 두 지구관이 제안되는 것은 성경해석에 대한 차이에 뿌리를 두고 있으며, 이는 결국 믿음과 이성의 논쟁인 셈이다.

독자는 이 책의 제목인 『그랜드캐니언, 오래된 지구의 기념비』에서 저자들이 현대 지질학의 편에 서 있음을 알아차렸을 것이다. 오래된 지구론을 지지하는 지질학의 여러 분야의 연구자들이 함께 쓴 이 책은, 지난 150여 년 동안 그랜드캐니언에서 밝혀진 연구 결과를 분야별로 정리하여 자신들의 사상의 정당성을 설명하고 있다. 물론 저자들은 단지 자신의 견해만을 주장하지 않고, 젊은 지구론-홍수 지질학을 뒷받침하는 사상을 함께 소개하고, 두 사상을 서로 비교하고 판단할 수 있도록 전체 내용을 전개하고 있다.

이 책은 모두 다섯 부로 구성되어 있다. 1부는 두 개의 지구관, 즉 홍수 지질학과 현대 지질학이 태동한 배경과 두 지구관의 논쟁점을 독자가 이해하기 쉽도록 많은 자료를 근거로 설명하고 있다. 2부와 3부, 4부에서는 그랜드캐니언의 지층을 연구한 현대 지질학의 분야 및 연구 과정을 실제 현장의 예를 들어서 기술하고, 협곡의 지질에 대한 이해뿐만이 아니라, 현대 지질학의 연구 방법과 분야, 수준을 이해하는 데 매우 큰 도움을 제공하고 있다. 특히 2-4부의 내용은 오늘날 인류에게 큰 위협이 되며 관심을 끌고 있는 화산, 지진, 큰 산맥의 형성 과정 등과 같은 지질 현상의 원인을 현대 이론인 판구조론과 연결시켜 전체 지구의 관점에서 이해할 수 있도록 기술하고 있다. 더 나아가 이 책은 미래의 지구 환경의 변화를 이해하는 데 필요한 소양을 제공한다. 5부에서는 2-4부에서 밝혀진 사실을 근거로 독자들이 두 지구관의 논쟁에 참여하여 평결을 내릴 수 있는 기회를 주고 있다.

인류는 직접 접근하거나 관찰할 수 없는 지구의 역사에 대한 의문을 풀기 위해 지난 수세기 동안 여러 분야에서 부단한 노력을 해왔다. 지구의 역사는 지구를 구성한 암석과 그 지층 속에 남아 있다. 문제는 그곳에서 관찰된 사실을 어떤 관점으로 해석하고 정리할 것인가다. 젊은 지구론자나 오래된 지구론자 모두 성경을 하나님의 말씀으로 믿고 있다. 이 두 지구관 사이에 선 높은 벽은 성경해석의 차이에서 비롯된다. 그랜드캐니언의 지질 현장과 그곳에서 얻어진 연구물은 우리 각자가 두 지구관 중 하나를 제대로 선택할 수 있도록 안내하고 있다.

한국교회 내에서는 창조과학에 기반을 둔 젊은 지구론에 기울어져 있는 성향이 강하다. 이들은 지구의 역사 과정을 창세기 대홍수에서 추론하고 있으며, 지구의 역사를 과학으로가 아니라 성경을 문자적이고 세대주의적으로 해석해서 그들만의 지구관을 형성한다. 젊은 지구론과 오래된 지구론 중 어느 쪽을 택하든 그것은 우리 각자의 몫이다. 그러나 한 개인의 세계관은 그의 삶의 구조와 방향을 형성하는 데 중요한 역할을 하는 것이 분명하다. 그래서 올바른 지구관을 갖는 것이 중요하다. 이 책은 두 경향의 지구론자들이 논쟁하고 있는 지질 현장에서 밝혀진 풍부한 자료를 근거로, 독자가 쉽게 이해할 수 있도록 기술하고 있다. 독자가 올바른 지구관을 정립하는 데 큰 도움이 될 것으로 판단하여 이 책을 추천하는 바다. 이문원 ㅣ
강원대학교 과학교육학부 명예교수

감사의 글

우리가 이 책을 저술하면서 가르침과 도전, 영감과 기여의 빚을 진 개인과 기관들이 너무 많다. 그들에게 적절한 감사를 다 표하기가 벅차다. 우리 11인의 저자들은 각자 지식과 학문에 대한 사랑, 난제를 풀기 위한 열정을 물려준 스승들에게 큰 은혜를 입고 있다. 그들 모두의 이름을 열거할 공간이 허락되지 않는다. 우리는 우리 앞서 걸었던 래리 컬프, 클래런스 메닝가, 하워드 반 틸, 데이비스 영, 대니얼 원덜리 같은 분들께 특히 감사드린다. 이들은 신앙과 학문 연구를 포용하고 초기의 젊은 지구 창조론 주창자들의 근거 없는 성경적·과학적 주장에 도전을 제기함으로써 우리의 디딤돌이 되어주었다(이 책의 추천사에 영 박사의 찬사가 포함되어 있다는 사실을 매우 영광스럽게 생각한다!).

우리 저자들 중 이 책이 최초의 저서인 사람은 아무도 없다. 모두 글을 쓴 경험은 있지만, 고품질의 사진과 미술품으로 가득한 책을 만들어내는 엄격함에 익숙한 사람은 별로 없었다. 이 책을 시작하도록 자극하고, 장애물에 직면할 때 일을 계속해나가도록 격려하며, 목표가 달성되었을 때 축하해준 분들께 감사드린다. 먼저 우리 각각의 배우자 앨런 힐, 크리스틴 데이비슨, 헬렌 래니, 티나 헬블, 돈 더프, 캐럴 모시어, 글로리아 스티얼리, 가일 탭, 그웬 윈스, 헬렌 올게머스에게 감사한다. 이들 중 많은 분이 초안을 처음 읽어본 독자였다. 또한 그렉 베넷, 스캇과 그레이스 부캐넌 부부, 캐럴 크리스토퍼, 로렌스 콜린스, 케네스 반 델렌, 힐러리 모건 페러, 제리 홀, 조던 하워드, 로버트 스캇, 데이비드 본, 존 와미의 통찰력 있는 리뷰로부터도 큰 유익을 얻었다. 모시어 박사의 2015년 휘튼 대학 국립공원 지질학 수업에서 이루어진 학생들의 리뷰도 유익한 통찰력을 더해주었다.

러스티 존슨과 폴 미첼은 (저자 중 한 사람인 팀 헬블과 함께) 일러스트레이션에 변화를 주라는 거듭된 요청에 대응하느라 오랫동안 고생했다. 브론즈 블랙과 수잔 코맨 역시 레이아웃을 여러 차례 수정하느라 수고했다. 앤 토머스는 초기의 편집과 출판 지침을 제공했다. 니콜 하이드브레흐트는 저작권의 사용 허가를 받았으며 마감에 임박한 수많은 텍스트, 참고 문헌 수정에 큰 도움을 주었다.

특별히 우리는 미국 과학 협회, 존 템플턴 재단, 그리고 바이오로고스 재단의 열정적인 지원과 재정 기부에 대해 감사하게 생각한다. 이 기관들을 통해 랜디 아이작, 폴 와슨, 릭-밀러, 데럴 포크, 드보라 하스마, 캐스린 애플게이트 등이 여러 해 동안 응원과 지지자의 역할을 해주었다. 미국 지질학 협회의 지오프 페이스와 켄트 콘디도 이 책의 출판을 격려해주었다. 존 바렛, 에드워드 보몬트, 렌들 케이드, 벤저민 캐노웨스, 로렌스 콜린스, 데이비드 커티스, 리처드 다키, 말란 다우니, 댄 하인즈, 마이클과 카렌 쿠이켄들 부부, 로버트 스캇, 레이 토머슨, 그리고 익명의 여러 분의 기부로 수많은 전문적인 사진과 원작 그림, 책의 탁월한 레이아웃이 가능했다.

마지막으로, 모두가 이 프로젝트를 좋아하지는 않으리라는 점을 알면서도 열정적으로, 그리고 기꺼이 이 과업을 수행해준 데니스 힐만과 크레겔 출판사의 직원들께 갚을 수 없는 빚을 졌다. "정보에 기반한 의사결정"에 꼭 필요한 자료를 독자들에게 제공하기로 결정한 그들의 용기와 헌신에 깊이 감사드린다.

저자 일동 ㅣ

서문

웨인 래니

콜로라도강의 그랜드캐니언은 지구상에서 가장 강렬하고 눈에 띄는 지형 중 하나다. 해마다 4-5백만 명이 이 협곡의 가장자리에 서서 단일 장소에서 볼 수 있는 가장 다채롭고 멋진 파노라마를 구경하면서 경외감에 사로잡힌다.그림 1 이 협곡은 인간의 감각을 압도하며 이를 바라보는 사람들에게 깊은 감명을 불러일으킨다. 그랜드캐니언을 처음 보면서 "이 협곡이 도대체 어떻게 만들어졌을까?"라고 묻지 않는 사람은 아주 드물다.

선사시대부터 인간은 이 깊은 협곡과 서로 관계를 맺어왔다. 하지만 우리는 고대인들이 그랜드캐니언이 방대하게 깎여 형성된 지형을 처음 보았을 때 어떻게 반응했는지 모른다. 협곡의 벽에 파인 동굴들에 남겨진 수수께끼 같은 증거를 통해, 고대인들이 이곳에 있었다는 사실을 알 뿐이다. 아마 우리와 마찬가지로, 그들도 이 광경을 보고 놀라며 경외감을 느꼈을 것이다.

구대륙의 유럽인들이 이 협곡에 처음 도착한 것은, 1540년 호피(Hopi) 인디언 가이드들이 코로나도 탐험대로부터 금을 찾는 한 무리의 스페인인들을 그랜드캐니언의 사우스 림(South Rim, 남쪽 가장자리)으로 인도했을 때였다. 이 협곡에는 금이나 다른 귀금속이 없기 때문에 스페인인들은 이곳을 그냥 지나쳤으며, 유럽에서 이주해온 사람들은 300년 넘게 이 지역을 방문하지 않았다. 19세기 중반에 최초로 탐험가들이 도착하고 나서야, 그랜드캐니언은 원정대의 리더나 그와 동행한 과학자들이 미국 의회에 보낸 다양한 보고서를 통해 미국인의 의식 속으로 뚫고 들어갔다.

서부 개척이 활발하게 진행될 시기에 미국 서부의

그림 1 매더 포인트에서 바라본 그랜드캐니언의 중심. 사진: 마이크 부크하이트.

그랜드캐니언, 오래된 지구의 기념비

그림 2 1857년 겨울, 아이브스 탐험대가 콜로라도강 상류 쪽으로 여행할 때 사용한 증기선 익스플러러 호. 의회 도서관 제공.

그림 3 그랜드캐니언을 본 최초의 지질학자 존 스트롱 뉴베리. 사진: 미국 지질학 서베이.

많은 지역들은 "미국의 광활한 사막"이라고 불리었다. 그 당시에 지구의 아름다움에 대한 관점은 알프스산맥에서 다듬어진 풍경, 빙하로 덮인 산, 맑게 흐르는 시내, 초록색의 목가적 풍경으로 가득한 알프스 산을 동경하는 데 전적으로 기반을 두었다. 대체로 미국인들은 드넓고 메마른 서부 지형에 싫증을 냈으며, 오리건과 캘리포니아에 펼쳐진 푸른 초장을 향해 삐걱거리는 마차를 타고 천천히 지나가면서 이곳을 얼핏 보았을 뿐이다.

그러나 궁극적으로, "명백한 운명설"(Manifest Destiny; 미국이 북미 전체를 지배할 운명을 갖고 있다는 주장)은 이 콜로라도고원의 남쪽 가장자리와 그랜드캐니언을 만나보도록 만들었다. 이는 결코 쉬운 만남은 아니었다. 1857년의 건조한 겨울 날씨와 경고도 없이 그룹을 버리고 사라지는 원주민 가이드 때문에 지쳐버린 첫 미국 탐험대 리더는 이 협곡을 보고도 별 감흥이 없었다.그림 2 천연 농원과 활엽수림이 있는 뉴햄프셔 출신인 조셉 크리스머스 아이브스는 그랜드캐니언을 "무익한 지역"이라고 부르면서 이곳은 "영원히 다시 방문을 받지 못하며 훼손되지 않을 것"이라고 단언했다. 하지만 그는 틀렸다. 아이브스가 자기 탐험대의 일원이었던 동료 존 스트롱 뉴베리그림 3에게 물어봤더라면, 그는 당시 "큰 협곡"(Big Canyon)이라고 불리던 이곳에 대해 아주 다른 감흥을 발견했을 것이다.

아이브스 탐험대와 동행한 지질학자 뉴베리는 그랜드캐니언을 보고서 이곳이 지구상의 특별하고 독특한 장소임을 알아본 최초의 백인이었던 것 같다. 콜로라도고원에 대해 그는 이렇게 썼다. "[이 협곡들은] 방대한 침식 시스템에 속하며 전적으로 물의 작용에 의해 형성되었다. 이 세상 어느 곳에도 이처럼 놀라운 결과를 낳은 [물의] 활동은 없을 것이다."

그의 관점은 옳았다. 과학자의 훈련된 눈을 가진 뉴베리는 지표면의 거대한 균열이 콜로라도강으로 덮인 것이 아니라, 이 거대한 협곡 자체가 콜로라도강에 의해 만들어졌음을 알아차렸다. 뉴베리와 이후의 미국 지질학자들은 그랜드캐니언과 미국 서부에서의 경험을 활용해서, 하천의 활동이 어떻게 지구 표면을 형성하는지를 연구하는 하천학(fluvialism)이라는 지질학의 한 분과를 발전시키게 된다. 유럽의 지질학자들은 19세기 초에 하천작용 개념을 발전시켰지만, 미국

그림 4 콜로라도강 아이스버그 캐니언, 휠러 탐험대. 의회 도서관 제공.

그림 5 1870년대 존 웨슬리 파웰이 콜로라도강 하류 쪽으로 두 번째 탐험을 마쳤을 때 모습. 사진: 미국 지질학 서베이.

인 그리스도인이었다) 지구의 역사가 방대하고 복잡하다는 확신을 점점 더 갖게 되었다.

20세기 초가 되어서야 지구의 역사가 오래되었다는 주장에 대해 종교계에서 반대 목소리가 나오기 시작한 점은 다소 놀랍다. 1920년대 스코프스 재판(Scopes Trial)으로, 이 논쟁은 대중의 관심을 전면으로 불러냈다. 그 후 우리는 이 주제에 대해 혼란과 극단적

의 남서부, 특히 그랜드캐니언의 깊이 파인 지형이 발견되기 전에는 강의 절삭동력(cutting power)이 어느 정도인지 결코 상상할 수 없었다.

수천 명의 지질학자들이 뉴베리의 뒤를 따랐다. 그의 19세기 동시대인 중 눈에 띄는 사람으로는 조지 휠러그림 4, 존 웨슬리 파웰그림 5, G. K. 길버트, 클래런스 더튼, 찰스 월콧 등 몇 명을 들 수 있다. 그들은 모두 그랜드캐니언의 다채로운 암석층, 매우 특이한 지형, 수수께끼 같은 기원에 깊은 인상을 받았다.그림 6, 7 고고학의 증거가 선사시대 선조들의 존재에 관한 단서를 제공해주는 것처럼, 이곳의 암석 역시 우리에게 그들의 기원에 대한 단서를 드러내고 있다. 인간이 암석에 우리 지구의 역사가 포함되어 있다는 사실을 이해하는 데 수백 년 아니 수백만 년이 걸렸지만, 일단 이러한 통찰에 도달한 후에는 우리 지구의 이야기가 이해되기 시작했다.

지구의 지질학적 이야기를 탐구하고 발견하는 것은 종교적 신념에 대한 도전이 아니었다. 종교개혁 이후 초기의 과학자들은 과학이 창조주가 그랜드캐니언 같은 자연현상의 창조 과업을 어떻게 달성했는지 그 정교한 수법을 보여줄 수 있을 것으로 믿었다. 더 많은 증거가 모일수록 과학자들은(그중 많은 수는 공개적

그림 6 1870년대 파웰의 배가 그랜드캐니언의 콜로라도강 하류 쪽으로 여행하는 모습. 채색목판화. North Wind Picture 저장소, EXPL2A-00144.

그랜드캐니언, 오래된 지구의 기념비

인 견해차를 보이는 현대사회를 맞게 된다.

그럼에도 과학을 불신하는 어떤 이들은 자신의 성경해석과 모순되어 보이는 과학의 다른 측면들은 일제히 무시하면서도, 의학의 발전과 같은 과학적 발견과 실험을 통해 그들에게 전해지는 현대의 고안물들은 이용하고 있다.

어떤 이들은 우리 지구가 "수십억 년 전에" 창조되었다는 의견을 성경에 대한 공격으로 보고 있지만 그럴 필요는 없다. 오늘날 성경의 영감과 권위를 받아들이는 현대의 전문적인 지질학자 중 대다수가, 지구 나이가 수십억 년이라고 이해하고 있다는 것은 잘 알려져 있지 않은 사실이다. 이들을 위시해서 많은 과학자들은 그들 이전에 갈릴레오와 뉴튼, 그리고 다른 사람들이 그랬던 것처럼, 자신들이 발견한 내용을 관찰하고 기록한다. 또 다른 과학자들은 자신이 관찰한 현상에 대해 가장 그럴듯한 설명을 찾아내기 위해 노력한다. 갈릴레오의 논쟁이 그랬던 것처럼 이 논쟁도 앞으로 여러 해가 지난 후에 끝나게 될 것으로 기대된다.

이 책에서 독자들은 지질학이 어떤 분야이며, 지질학이 어떤 노력을 하여 어떤 결론에 이르게 되는지에 관해 가지고 있는 질문들의 답을 찾게 될 것이다. 지질학자들은 텔레비전, 전자 오븐, 휴대전화기를 우리에게 가져다준 것과 동일한 수많은 과학적 방법과 기술을 사용한다. 역사를 살펴보면, 자동차의 동력을 제공하는 석유는 지구가 오래되었다는 관점을 활용해서 발견된 것이다.

대부분의 퇴적암층이 노아 홍수로 만들어졌다고 설명하는 홍수 지질학은, 현대사회에 연료를 제공해주는 수조 배럴의 석유와 막대한 양의 가스 매장량이 어떻게 형성되었는지에 대해 신뢰할 만한 과학적인 이해를 제공하지 못한다. 과학의 다른 측면들은 수용하면서 지구나 그랜드캐니언의 나이가 많다는 사실을 부정하는 것은, 우리가 그 결과에 동의할 때에만 과학이 효력이 있다는 말과 같다. 하지만 이를 깨닫는 사람은 별로 없다. 이 책에서 독자들은 젊은 지구론/홍수 지질학에 대한 반박을 평가하면서 그랜드캐니언이 어

그림 7 포인트 서블라임에서 본 그랜드캐니언의 장관. 윌리엄 H. 홈즈의 채색목판화, 1882. 의회 도서관 제공.

떻게 현재의 모습을 가지게 되었는지에 대한 설명을 발견할 것이다.

이 책의 저자들 중에는 그리스도인도 많고 그리스도인이 아닌 사람도 있다. 그러나 우리 모두는 공히 그랜드캐니언의 역사를 둘러싼 불필요한 논쟁으로 인해 마음이 편치 않은 지구의 제자들이다. 우리 중 어느 누구도 그랜드캐니언의 나이가 많다는 점을 받아들인다고 해서 종교적 신념이 훼손되리라고 생각하지 않는다. 사실 이 책 앞부분의 한 장은 왜 오래된 지구라는 견해가 성경의 가르침과 더 일치하는지에 관한 통찰력을 제공한다.

150년 동안의 과학적 연구에서, 우리는 그랜드캐니언이 어떻게 형성되었는지에 관해 많은 것을 배웠다. 그러나 과학의 다른 분야와 마찬가지로, 이 연구 활동은 계속되고 이야기는 아직 완결되지 않았다. 왜냐하면 콜로라도강이 침식작용의 한 행위자이며, 수백만 년의 세월을 통해 이 강이 더 깊어지고 넓어짐에 따라 그랜드캐니언의 기원을 설명할 수 있는 증거의 일부가 제거되었기 때문이다. 그러나 다른 한편으로는 이 협곡의 형성에 관한 많은 내용이 알려져 있는데, 바로 이것이 우리가 이 책에서 제시할 이야기다.

비록 우리 인간은 왜소하고 수명은 짧지만, 과거를 깊이 통찰하고 인간의 눈으로 결코 본 적이 없는 사건들을 재구성할 수 있다는 것은 참으로 경이로운 일이다. 그랜드캐니언의 그 광대한 노출은 우리로 하여금 그 시각적 장엄함에 경외감을 느낄 뿐 아니라, 믿을 수 없이 긴 시간의 깊이와 역사의 풍부함에 매혹되도록 해주고 있다. 그러나 그랜드캐니언에 대한 과학적 연구로부터 얻을 수 있는 더 큰 교훈은 아마도, 우리 자신의 존재와 탐구가 (그것들이 의미 있는 것이라 할지라도) 지구 역사의 아주 작은 부분을 나타내는 데 지나지 않는다는 것을 인식하는 겸손일 것이다.

마더 포인트에서 바라본 풍경. 사진: 톰 빈.

두견해

중앙 그랜드캐니언. 사진: 마이크 부크하이트.

1장

서론

저자 일동

그랜드캐니언은 최고의 땅이다! 대부분의 사람들이 "지구의 역사"를 생각할 때 이 협곡의 이미지를 떠올리는 것도 무리가 아니다. 이 협곡은 콜로라도강과 그 지류들이 콜로라도고원(페트리파이드 포리스트[Petrified Forest], 모뉴먼트 밸리[Monument Valley], 캐니언랜즈[Canyonlands] 같은 경이로운 경관을 보유하고 있는 지역)의 남서쪽 가장자리까지 깊게 깎아 만든 깊이가 1.6킬로미터 되는 갈라진 틈(chasm)이다. 그랜드캐니언은 리즈 페리(Lees Ferry)가 위치하는 유타-애리조나 경계에서 애리조나-네바다 경계와 미드 호수(Lake Mead)의 상부 지역에 이르는 446킬로미터가 되는 지역에 걸쳐 있다.그림 1-1 래프팅하면서 강을 탐험하는 이들은 리즈 페리에서 리버 마일(River Mile) 0으로 시작해서, 그랜드 워시 클립스(Grand Wash Cliffs)의 협곡 입구에서 리버 마일 277로 끝나는 마일 표시로 자신의 위치를 파악할 수 있다.그림 1-2, 1-3, 1-4

이 경탄할 만한 강 줄기와 그 위쪽의 수많은 협곡 측면을 따라 120만 에이커(5000평방킬로미터)의 화려한 지역에 그랜드캐니언 국립공원이 펼쳐져 있다. 사우스 림(South Rim)에 위치한 그랜드캐니언 빌리지는 해발 2100미터 높이며, 노스 림(North Rim)의 관광지는 해발 2500미터, 아래 강 쪽의 팬텀 랜치는 해

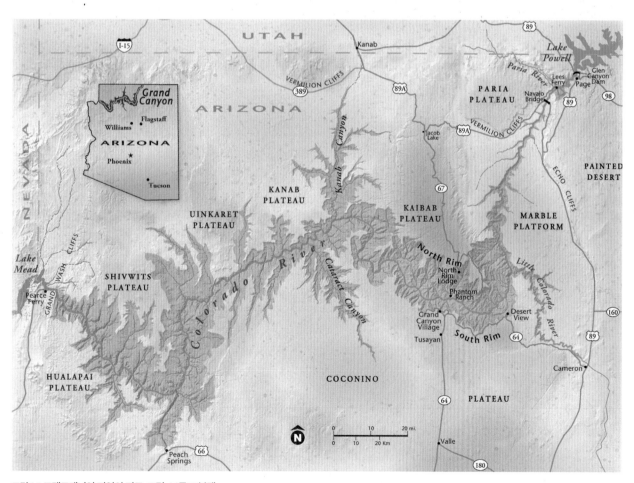

그림 1-1 그랜드캐니언 지역의 지도. 그림: 브론즈 블랙.

그림 1-2 리버 마일 0의 리즈 페리. 버밀리언 클립스에서 마블 캐니언 방향 쪽으로 남쪽 하류를 바라본 광경. 사진: 팀 헬블.

발 750미터다. 그랜드캐니언의 최대 깊이는 1800미터가 넘으며, 폭은 마블 캐니언 쪽에서는 1.6킬로미터가 안 되고 하류 쪽에서는 29킬로미터에 이른다.^{그림} 1-1, 1-5 이 협곡의 가장 깊은 부분에는 결정질암을 깎고 들어간 깊고, 좁고, 가파른 벽으로 이루어진 협곡이 내부 골짜기를 이루고 있다.^{그림 1-7} 이 편암 위로 1200-1500미터의 노출된 퇴적암이 덮여 있다. 또한 그 위에 수백 미터의 추가적인 암석층이 그랜드캐니언의 북쪽까지 덮여 있기도 하다. 광대한 깊이와 폭을 가진 이 틈은 절벽, 중추언덕으로 둘러싸인 평지, 메사(꼭대기가 평평하고 주위가 절벽인 지역), 뷰트(평원의 외딴

산) 등으로 이루어진 비할 데 없는 파노라마를 만들어 낸다.

그랜드캐니언에 대한 두 가지 다른 견해

그랜드캐니언의 기원에 관한 현대의(또는 "전통적인") 지질학적 이해는 해수면의 상승과 하락, 땅의 융기와 침강, 오랜 기간의 퇴적작용과 침식작용, 암석의 단층작용과 습곡작용, 그리고 궁극적으로는 콜로라도강과 그 지류들에 의한 협곡의 깎임을 포함해서, 영겁에 걸친 주요 지형 변화를 인정하고 있다.

그림 1-3 리즈 페리에서 출발하는 래프팅 여행. 사진: 팀 헬블.
그림 1-4 콜로라도강이 리버 마일 277 근처의 미드 호수로 흘러드는 그랜드캐니언의 끝. 사진: 팀 헬블.

이런 이해에 반대하는 일부 젊은 지구 창조론자들은 다음과 같은 두 가지 대담한 주장을 전개해왔다. (1) 성경적 세계관은 필연적으로 그랜드캐니언과 그 암석들이 노아 홍수와 관련된 최근의 사건들 속에서 만들어졌다는 결론에 이른다. (2) 진화론이나 동일과정론의 편견에 얽매이지 않는다면, 과학적 증거는 최근에 전 세계적인 대홍수가 일어났다고 확실히 말해준다. 과학을 이용해서 이런 견해를 방어하는 사람들을 일반적으로 홍수 지질학자(flood geologist)라고 부른다.

역설적이게도, 전통적인 지질학의 견해와 젊은 지구론자의 견해 모두 그랜드캐니언의 지층과 깊은 협곡 틈들이 자연적 과정에 의해 형성되었으며, 과학적 조사의 대상이라는 데에 동의한다. 그러나 이들은 협곡의 형성에 소요된 시간 및 증거를 조사하고 해석하는 데 사용되는 방법에 대해서는 아주 다른 입장을 가

지고 있다. 이 책의 목적은 앞에서 소개한 젊은 지구론자의 주장이 창세기를 올바로 읽을 때 지지받지 못하며, 두 번째 주장 역시 그랜드캐니언의 지질에 대한 올바른 연구에 의해 입증되지 않음을 보여주는 것이다.

그랜드캐니언의 역사에 대한 어떤 견해가 타당하게 받아들여지려면, 이 설명은 따로 따로 분리된 지층들 또는 특징뿐만 아니라, 전체 지층들의 순서와 함께 내부의 화학, 구조, 화석에 대해서도 일관성 있는 설명을 제공해야 한다. 우리는 사우스 림을 따라 걸으면서 볼 수 있는 것들에 대한 개관과 함께 이 협곡의 탐사를 시작할 것이다.

사우스 림을 따라 걷기

64번 고속도로가 사우스 림 가장자리를 지나가는 곳인 동쪽에서부터 그랜드캐니언 국립공원으로 들어가 보자.그림 1-1의 지도 참조 이 루트를 따라 걷다 보면 데저트 뷰와 그 역사적 전망대, 이 협곡의 가장 깊은 지층들의 장엄한 광경을 볼 수 있는 리판 포인트(Lipan Point) 등 몇몇 지정된 전망 좋은 장소가 있다.그림 1-6, 1-8 리판 포인트의 가장자리에서 올려다볼 때,그림 1-8 무엇이 순간적으로 당신의 주의를 사로잡는가? 틀림없이 그것은 광대함, 믿을 수 없는 깊이, 그리고 협곡의 숨 막히는 아름다움일 것이다. 그러나 그다음으로, 이 협곡의 암석층들은 당신에게 어떤 생각을 하게 하는가?

가장 명백한 관찰은 암석층이 모두 형태나 방향에서 동일하지 않다는 점이다. 위쪽 계열의 암석층은 수평 방향인 반면에, 아래쪽 층은 동쪽을 향해 아래로 기울어져 있다. 또한 뚜렷하게 다른 색깔들도 볼 수 있다. 어떤 것은 회색 암석이고, 어떤 암석은 불그스름한 것도 있고, 담황색 암석도 있다. 얇은 층이 있는가 하면 두꺼운 층도 있다. 어떤 층은 절벽을 이루고 있어 아마도 보다 단단한 암석으로 구성된 것처럼 보인다.

그림 1-5 리틀 콜로라도강(오른쪽 아래, 청회색 부분)이 리버 마일 62 케이프 솔리튜드 아래의 콜로라도강으로 흘러든다. 이 사진은 그림 1-2 반대 방향으로 북쪽 마블 캐니언을 올려다본다. 사진: 탐 빈.

다른 층은 무르고 풍화되어서 위에서 내려온 파편들로 덮인 완만한 경사를 이루고 있다. 높이의 차이를 알아차릴 수 있는 눈썰미가 있다면, 당신은 협곡의 반대편, 노스 림 쪽이 당신의 발밑보다 훨씬 더 높다는 것을 알아차릴 것이다.

한 지점에서 그랜드캐니언 전체를 볼 수 없는 것을 알았다면, 그랜드캐니언 빌리지 방향인 서쪽으로 더 여행하자. 야바파이 포인트(Yavapai Point)에 도달할 때까지. 이곳에서 다시 한번 시야를 둘레의 끝까지 넓혀보자. 그림 1-9 이 협곡의 아랫부분은 데저트 뷰 림에서 본 광경과는 상당히 달라 보인다. 기울어진 지층과 넓은 안쪽의 협곡은 사라지고, 입자들이 배열된 층을 볼 수 없는 결정질암 안에 깊고 좁은 골짜기로 바뀐다. 경사진 지층들은 대체 어디로 갔는가? 확실히 이 놀라운 지형의 역사는 복잡하다! 어떻게 이 지층들은 이곳

에 있게 되었고, 시간이 흐름에 따라 그것들은 어떻게 형태가 바뀌거나 해체되었는가? 이 협곡은 어떻게 깎였는가?

이를 설명하려면 이 협곡에서 관찰되는 개별적인 특징뿐만 아니라, 모든 조각들이 보다 큰 틀 안에서 어떻게 들어맞는지도 고려해야 한다. 홍수 지질학과 전

그림 1-6 그랜드캐니언 동쪽 입구의 데저트 뷰 전망대. 사진: 마이크 부크하이트.

그림 1-7 리버 마일 83 근처, 그랜드캐니언의 안쪽 협곡. 사진: 데이비드 에드워즈.

통적 지질학의 설명 모델 사이에 있는 틈은 그랜드캐니언만큼이나 넓다. 두 설명은 이야기의 조각들을 모두 잘 들어맞추고 있는가? 이 책을 계속 읽다 보면 우리는 비로소 알게 될 것이다!

그림 1-8 리판 포인트에서 본 전경. 사진: 마이크 쿱센.
그림 1-9 야바파이 포인트에서 바라본 몬순 폭풍. 사진: 마이크 쿱센.

요한 쇼이히처(Johann Scheuchzer)의 *Physica Sacra*(1731)에 수록된 노아의 방주 그림. 데이비드 몽고메리의 소장품.

2장

홍수 지질학이란 무엇인가?

스티븐 모시어, 캐럴 힐

창세기 6-9장에 기술된 노아의 홍수 이야기는 유대교, 기독교, 이슬람이라는 3개 주요 종교의 골격을 이루고 있다. 히브리어 성경에 따르면, 하나님은 노아에게 임박한 홍수에 대해 경고하고, 노아의 가족과 모든 동물의 쌍들을 보존할 수 있는 방주(큰 배)를 만들라고 지시하셨다.그림 2-1 40일간 밤낮으로 비가 내렸고 그후 5개월간 "깊음의 샘들"에서 물이 솟아올랐으며, 노아와 그 가족은 이 호우를 견뎌냈다. 대홍수로 "지표면

위의" 다른 사람과 동물은 모두 죽었다.그림 2-2 5개월 뒤 물이 물러나기 시작했고, 1년 뒤에는 땅이 충분히 말라서 노아의 가족과 동물들은 방주에서 나올 수 있었다.그림 2-3

"홍수 지질학"은 이런 성경해석을 통해 노아의 홍수가 인간만을 덮쳤던 것이 아니라 그 범위가 전 세계적이었고 지구의 암석, 화석, 지형에 보존된 방대한 기록을 남겼다는 믿음으로 나아간다. 그랜드캐니언은 지구상의 퇴적암 중 가장 광범위하고 드라마틱한 노출을 보이기 때문에, 홍수 지질학자들은 이 협곡의 지층들이 성경에 나오는 홍수에 대한 증거라고 여기며 관심을 집중하고 있다. 그런데 대부분의 그리스도인 지질학자들을 포함해서 거의 모든 현대 지질학자들은 그랜드캐니언의 홍수 지질학에 대한 해석에서 자연과학적·물리적 지지를 찾지 못하고 있다.

이 부분에서는 과학과 기독교 신학과의 만남에 대한 짧은 역사를 제시하고, 젊은 지구 창조론과 홍수 지질학의 개념들을 소개할 것이다. 또한 홍수 지질학의 기본 원리들과, 젊은 지구론 옹호자들이 자신의 교리적 견해를 그랜드캐니언 지질학에 어떻게 확대 적용하는지에 대해서도 검토하고 비평할 것이다.

그림 2-1 노아의 방주 건축. 그림: 아우렐리아노 밀라니(Aureliano Milani). 헝가리 부다페스트 미술관.

그림 2-2 "대홍수." 그림: 프랜시스 댄비(Francis Danby), 1840. 테이트 갤러리.

그림 2-3 요한 쇼이히처의 *Physica Sacra*(1731)에 수록된 아라라트산에 멈춘 노아의 방주. 데이비드 몽고메리의 소장품.

역사적으로 서로 뒤얽힌 홍수 지질학과 현대 지질학

서구에서 현대과학은 르네상스 중에 출현했는데, 질서 있고 함축성 있는 창조라는 성경적 관점에 주로 영향을 받았다. 천문학은 특히 망원경의 발명 이후, 오랫동안 유지되었던 태양계에 대한 지구 중심적 관점을 태양 중심적 관점으로 대체하기에 이르렀다. 여기에 대한 교회의 초기 저항은 갈릴레오의 발견 시기에 절정에 달했다. 그러나 태양 중심 시스템에 대한 증거가 많아지면서, 문제가 되던 특정 성경 구절들이 갈릴레오의 주장과 내재적으로 충돌하지 않음이 인정됨에 따라 이런 저항은 곧 사라졌다. 창조의 나이는 아직 과학자들의 관심거리가 아니었다. 과학자들은 성경의 족보와 창세기 1장의 6일 창조 기사에 바탕을 둔 추정치에 대한 의문에, 제기할 증거나 이유를 가지고 있지 않았다. 갈릴레오를 비롯해서, 르네상스로부터 19세기까지의 초기 과학자들이 하나님이 지구를 어떻게 창조했는지를 증명하기 위해서, 특히 새롭게 습득한 관찰 기술과 과학적 추론을 사용하려고 애쓴 것을 기억할 필요가 있다. 그들은 성경을 뒤엎거나 지배하려 하지 않았다.

르네상스의 천문학자들이 하늘을 바라보고 있는 동안, 다른 자연철학자들은 지구가 어떻게 형성되었는지를 보여주는 흔적의 근원을 보다 자세히 관찰하기 시작했다. 덴마크에서는 니콜라스 스테노(1638-1686)가 암석층들과 그것들을 해석하는 원리를 기술하고 있었다. 스테노 같은 이들은 성경에 묘사될 정도의 격변들이 암석층과 깊게 파인 지형의 원인이 된다고 가정했다. 산의 암석에 묻혀 있는 물고기 화석과 조개 화석의 발견은 전 세계적인 홍수가 났다는 것에 대한 긍정적인 증거로 보였다. 위대한 레오나르도 다 빈치(1452-1519)도 격변적인 홍수라는 관점에 관심이 있었다. 산의 폭포들을 지나 흘러내리는 급류의 스케치를 그는 자신의 유명한 노트에 남겼다. 그러나 다 빈치는 격렬한 급류가 그가 살던 마을 위쪽 산의 암석에서 발견되는 조개 화석을 옮기지 않았다는 독자적인 결론에 도달했다. 왜냐하면 그는 바위 속에서 한 방향으로 배열된 채 발견된 조개들이 오늘날 교란되지 않는 해저에 쌓인 것과 같이 한 방향을 잡고 있음을 관찰했기 때문이다.

19세기가 시작되면서 지질학은 진정한 과학적 학문이 되었다. 최초의 지질학자들 가운데 두 학파가 등장했다. 격변론자(catastrophist) 또는 홍수론자(diluvialist; 최초의 홍수 지질학자)는 지구가 젊다고 반드시 믿지는 않았지만, 지구의 역사가 한 번 이상의 격렬한 사건들에 의해 형성되었으며 노아 홍수는 그중 가장 최근의 사건이었으리라는 견해를 유지했다. 또 다른 그룹인 동일과정론자(uniformitarian)는 자연법칙과 힘에는 일관성이 있어 현재 자연에서 일어나는 과정과 환경을 관찰함으로써 고대 암석을 형성한 자연의 과정과 환경을 파악할 수 있다고 생각했다. 예를 들어, 산의 암석에서 발견되는 다빈치의 조개들과 현대의 바닷가에서 수집한 조개껍데기는 상당히 비슷한데, 이는 그것들이 동일한 방식으로 형성되었기 때문이다.

오랫동안의 관찰을 통해 이 견해는 궁극적으로 지구가 아주 오래되었으며, 지구의 역사는 하나의 격변적 사건으로 설명되기에는 너무 복잡하다는 결론에 이르게 되었다. 여기서 우리가 주의할 점은, 이것이 노아 홍수에 대한 부인도 아니며, 자연에서의 하나님의 섭리를 부인하는 것도 아니었다는 점이다. 다만 이것은 단지 노아 홍수가 지구의 많은 지질학상의 지층들에 대한 주요 원인이라는 주장에 대한 부인이었을 뿐이다.

20세기 초에는 격변론적 지질학자들이 동일과정론자에게 대체로 동의했다. 많은 독자들이 아마도 다음과 같은 사실을 잘 알지 못할 것이다. 즉 노아 홍수를 중요한 지질학적 사건으로 보기를 거절하고 창조가 6000년보다 훨씬 전에 이루어졌을 가능성이 있다고 보는 견해가 당시의 가장 보수적인 성서학자와 신학자들에게 우려 사항이 아니었다는 것 말이다. 보수적인 기독교 목사와 신학교 교수들이 저술한 『근본주의 문서』(The Fundamentals; 1910-1915에 발행) 시리즈에서 이에 대한 증거를 찾아볼 수 있다.

기독교 근본주의 운동이 토대로 삼고 있는 이 논문들은 과학과 기독교 신앙의 관계에 관해 썼다. 이 글들은 오래된 창조의 가능성을 인정했으며 동일과정론적 지질학의 철학적 기반에 도전하지 않았다.

그런데 성경에 대한 근본주의적 가르침과 밀접하게 연관된 한 교파가 젊은 창조와 전 세계적 홍수가 창세기 1장에 내포되어 있다고 주장하기 시작했다. 20세기 초 안식일 재림파들은 자신들의 리더인 엘렌 굴드 화이트(1827-1915)의 예언을 근거로 젊은 창조와 전 세계적 홍수를 받아들였다. 제7일안식일예수재림교 신학의 옹호자 조지 맥크리디 프라이스(1870-1963)는 오래된 지구를 지지하는 동일과정론의 지질학 해석을 거절했다. 대신 프라이스는 지층들을 하나의 전 세계적 홍수와 일치시키기 위해 자신이 재해석한 홍수 지질학을 진척시켰다. 그는 당대의 그리스도인이며 전문적인 지질학자들에게 자신의 견해에 대한 지지를 구했으나 이를 얻지 못했다.

결과적으로 홍수 지질학은 성경 교수인 존 휘트컴(1924-)과 공학 교수 헨리 모리스(1918-2006) 등 다른 곳에서 추종자를 얻었다. 휘트컴과 모리스의 공동 저서인 『창세기의 홍수: 성경 기록과 그 기록의 과학적 시사점』(1961)은 (프라이스에게 공을 거의 돌리지는 않지만) 프라이스의 연구를 확대했으며, 보다 광범위한 근본주의 및 복음주의 그리스도인 청중에게 홍수 지질학을 소개했다. 이 책은 현대의 젊은 지구 창조론 운동을 하나의 중요한 문화적·정치적 세력으로 확립했다. 실제로 『그랜드캐니언: 격변에 대한 기념비』(1995), 『그랜드캐니언: 다른 관점』(2003) 같은 젊은

창조론자들은 모두 젊은 지구론을 믿는가?

"창조론자" 앞에 "젊은 지구"를 덧붙이는 것이 쓸데없이 장황해 보인다고 생각하는 사람들도 있지만(기술적으로 "창조론자"는 하나님이 우주를 창조하셨음을 믿는 사람을 의미한다), 하나님이 우주를 오랜 기간에 걸쳐 창조했다고 믿는 사람도 많다. 이는 전통적인 지질학적 이해와도 일치한다. 이 책은 창조론자의 믿음이 아니라, 시간과 지구의 역사 형성에 작용한 과정에 관한 젊은 지구 창조론의 주장에 도전하고 있다.

지구론 저술들에 적용된 홍수 지질학의 많은 주장은 『창세기의 홍수』에 기원을 두고 있다.

이처럼 현대 지질학과 성경이 일치하지 않는다는 인식은 본질적으로 20세기 초에 등장한 소수의 문자주의자들의 믿음에서 출현했다. 보다 이전의 수많은 교회 신학자들 및 (하나님의 영광을 드러내기 위해 시작한) 최초의 르네상스 과학자들과 관련해서 볼 경우, 성경적 세계관을 가진 이들이 모두 젊은 지구론을 믿는다는 주장은 역사적 선례가 거의 없다.

홍수 지질학: 기본 원리

젊은 지구 창조론과 홍수 지질학의 기본 원리들은 창세기를 선택적이고 문자적으로 읽는 데 근거를 두고 있다. 여기서는 지질학과 지구의 역사에 대해 이런 견해에 이르도록 한, 가장 중요한 성경해석 몇 가지를 검토할 것이다.

지구의 나이와 홍수의 발생 시기
하루 24시간/6일 창조 이야기(창 1장)와 창세기 5장 및 11장의 연대기에 따르면, 지구는 약 6000년 전에 창조되었다. 창세기의 홍수는 약 4500년 전에 발생했던 것으로 이해된다. 젊은 지구론을 지지하는 한 유명한 단체는 어떤 추가 설명도 없이 홍수 발생 연도가 기원전 2304년이었다고 하면서 "고고학에 의해 발견된 모든 문명들은 과거 4285년 안에 들어맞아야 한다"라고 주장한다.

홍수 물의 원천
노아 홍수 전에는 "땅"("땅"이 아니라 "지구"로 해석된다)에 비가 내리지 않았다(창 2:5). 창조 때부터 노아 홍수 때까지는 비가 오지 않은 대신 "안개"(창 2:6)가 땅을 적셨다. 일부 홍수 지질학자들 특히 20세기 중반에서 말까지의 학자들은 창세기 2:6의 안개가, 노아 홍수가 발생하기 전에 지구를 덮고 있던 빽빽한 증기 덮개(vapor canopy)를 의미한다고 제안했다. 그러나 최근 들어 홍수 지질학자들은 이 생각에 대해 점점 더 회의적으로 생각하고 있다.

창세기 7:11-12은 하늘의 창들이 열리고 모든 깊음의 샘이 터져 나왔다고 말한다. 일부 홍수 지질학자들은 이 구절을 증기 덮개 안에 있던 모든 물이 비가 되어 내렸고, 지표면 안에 있던 엄청난 양의 물이 단층들을 따라 그리고 화산으로부터 뿜어져 나왔다는 의미라고 해석한다. 또 어떤 이들은 바닷물이 지표면 안의 단면을 따라 하늘 쪽으로 분출되었다고 강조한다. 40일 동안 주야로 비가 내렸고 수위가 계속 올라갔으며 150일 동안 물이 땅을 덮고 있다가, 그 뒤 150일 동안 홍수가 물러갔다.

전 세계적 홍수의 정도와 지질학적 결과
성경은 "온 땅"이 물로 덮였고, 산들조차도 15규빗 깊이로 덮였으며(창 7:19-20), "모든 육체"가 죽었다(창 7:21)고 말한다. 그러므로 홍수 지질학자들은 노아 홍수 자체가 틀림없이 화석을 함유하는 퇴적암의 형태로 막대한 기록을 남겼으리라고 추론한다. 전 세계적 홍수와 더불어 지구의 지각 변동의 힘들이 격렬하게 작용해서 커다란 산맥을 솟아오르게 했는데, 바로 이것이 화석을 함유한 암석들이 가장 높은 산 정상에서 발견되는 이유다. 또 다른 곳에서는 격렬한 화산 활동이 거의 5100미터에 달하는 아라라트산을 포함해서 산맥 전체를 신속하게 만들어냈고, 그 결과 노아의 방주가 아라라트산에 놓이게 되었다.그림 2-4

남아메리카와 아프리카와 같이 원래 연결되어 있던 대륙들은 홍수가 난 해에 빠르게 분리되어서 오늘날의 위치와 가깝게 이동했다(이를 "격변론적 판구조론"이라고 한다). 가장 높은 산들조차 물에 잠겼기 때문에,

아라라트산이 형성되기 위해서는
믿을 수 없는(비성경적인) 사건들이 필요했다

아라라트 산은 용암층들 사이에 산재해 있는 산 측면 위에, 화석을 함유한 퇴적암이 있는 고대 화산이다. 홍수 지질학의 주장에 따르면, 한 번의 홍수 기간 동안 이 산이 형성되기 위해서는 다음과 같은 사건들이 순서대로 일어나야 하는데 이를 고려해보라. (1) 한 번의 홍수 동안 퇴적물과 동물의 사체가 쌓인다. (2) 퇴적물이 화석이 풍부한 암석으로 변한다. (3) 마그마가 (열에 의한 심한 변형으로부터 기적적으로 보호된) 퇴적암 안으로 관입하거나 위로 분출해서 5100미터 높이의 화산 산맥을 만든다. (4) 한 번 녹았던 이 거대한 바위 덩어리가 기적적인 빠른 속도로 식는다. (5) 노아의 방주가 이곳에 상륙했다. 이 모든 일이 150일 안에 일어나야 한다!

많은 젊은 지구론 옹호자들은 이 방주가 중동 지역의 가장 높은 봉우리인 아라라트산(고도 5137미터)에 머물렀다고 믿는다. 방주가 아라라트산(더 정확하게는 "아라라트산들"; 창 8:4)에 상륙한 뒤, 증발로 인해(창 8:1) 그리고 홍수 동안 높아진 산들에 비해 상대적으로 낮은 지대로 물이 "계속해서 땅에서 물러갔기" 때문에 (창 8:3) 홍수 물이 급격히 줄어들기 시작했다. 홍수가 시작되고 약 1년 후, 노아는 마른 땅에 상륙했는데(창 8:14), 홍수 이후 지구의 지형은 홍수 전과 완전히 달라졌다.

"타락"과 동물의 죽음

젊은 지구 창조론자들은 아담과 하와가 선악을 알게 하는 나무 열매를 먹음으로써 죄를 짓기 전에는 영생하는 창조물들과 평화롭게 공존하는 세계가 있었다고

그림 2-4 아라라트산의 코르 비랩(Khor Virap) 수도원. 앞쪽으로는 아르메니아다. 사진: 앤드류 비히스닐리언.

믿는다(창 3:6). 하나님이 자신의 창조물이 "좋다"라고 선언하신 일(창 1:25, 31)은 그 당시 지구상에는 어느 곳이든 죽음이나 부패가 없었음을 의미한다고 이해된다. 타락이라고 알려진 에덴동산에서의 불순종 행위로 인해 아담과 하와 그리고 모든 생명체의 이후 세대들에게는 신체적 죽음이 찾아왔다. 따라서 화석을 포함하는 모든 퇴적물(거의 모두 퇴적암)은 틀림없이 타락 이후, 어느 시기에 생겼을 것이다.

홍수 지질학: 성경적 문제점

노아 홍수가 전 세계적이었다는 해석에 반대하는 수많은 과학적 주장이 가능하며, 실제로 수세기 동안 이런 주장들이 제기되어왔다. 이 주장들은 "방주가 어떻게 모든 종의 동물을 실을 수 있었는가?" 또는 "남미의 라마나 남극의 펭귄이 어떻게 방주로 찾아오고 방주에서 나와 이동할 수 있었는가?"와 같은 질문에 반영되어 있다. 여기서 우리는 홍수 지질학에 반대하는 성경적 논거 몇 가지를 제시할 것이다.

성경의 문자적 해석?

젊은 지구론을 옹호하는 저자들은 원래 형태의 성경이 가진 무오성이 창조 역사에 대한 이해를 자신들에게 알려주는 "한 가지 기본 전제"라고 단언한다. 그들에게 있어 성경의 무오성은, 성경에 나오는 단어들이 기록될 때 다른 의미를 가지고 있을 수도 있다는 가능성에 대해서는 전혀 또는 거의 고려하지 않은 채 이를 문자적으로 받아들인다는 의미다. 젊은 지구론을 주장하는 문헌의 독자들은 "날"과 "온 땅" 또는 "모든 육체" 같은 단어나 구들을 문자적으로 해석하지 않는 것이 창조에 관한 진화론적 생각을 수용하기 위한 타협으로서 신명기 4:2의 "너는 내가 네게 명하는 이 말에 더하지 말지니라" 같은 성경의 권고를 위반하는 일이

라고 경고받는다.

흔히 홍수 지질학자들은 말씀에 첨가하는 형식으로 성경 본문에 현대과학의 개념들을 들여온다. 『그랜드캐니언: 다른 관점』에서 시편 104:8이 어떻게 "인용"되었는지 살펴보자. "산들이 오르고 골짜기들(해분[海盆])은 주께서 그들을 위해 정하신 곳까지 내려갔나이다"(괄호 안의 표현은 책의 원문에 있음). 여기서 저자는 이것이 문자적 해석이 아님에도 불구하고(따라서 이 책이 명시한 성경의 문자주의라는 "한 가지 기본 전제"에 반함에도) 자기 마음대로 "골짜기들"이 "해분"을 의미한다고 해석했다.

기독교 근본주의를 포함해서 복음주의적 기독교 학자와 리더들은 지구와 우주의 역사에 관한 현대과학에 비추어서 성경을 해석하는 문제를 주의 깊게 검토해왔다. 성경의 권위와 진실성을 방어하기 위한 하나의 노력인 "성경 무오성에 관한 시카고 선언"(*The Chicago Statement of Biblical Inerrancy*; 1978)은 고대의 문화적 맥락, 문학 형태, 현상학적 언어(저자/독자의 인식에 상응하는 단어)를 무시하는 엄격한 성경 문자

석유 문제

창세기의 노아 기사는 역청을 언급한다(창 6:14). 역청은 석유 구덩이에서 발견되는 타르 물질로서 방주 선체를 방수 처리하는 데 사용되었다. 일부 성경 번역은 역청(bitumen) 대신 "피치"(pitch)라는 단어를 사용하는데, 이 단어는 나무 수액에서 나온 타르를 의미할 수도 있다. 그러나 창세기 전체에서 사용된 히브리어 단어의 문맥은 석유나 타르 구덩이에서 나온 역청이다. 석유는 미생물의 잔해에서 나오며, 깊이 파묻힌 암석의 두꺼운 배열과 늘 관련된다. 그렇다면 아담 및 하와의 타락과 홍수 사이의 몇 천 년 사이에 어떻게 그토록 많은 생물들이 살다 죽어서 깊이 묻히고 역청으로 바뀐 뒤 표면으로 스며 나올 수 있겠는가?

주의를 명백히 거부한다.

홍수 지질학자들은 대체로 이 권고를 무시하고서 성경의 고대 문화적 맥락을 고려하지 않은 채 많은 단어와 구절로부터 창세기 홍수의 범위에 관한 지질학적이고 고생물학적인 결론을 도출한다. 실제로 홍수 지질학의 입장은 창세기의 문자적 해석이 아니라 특정 단어와 구절들이 의도한 의미에 관한 논란의 여지가 있는 가정으로부터 결론을 끌어낸다. 몇 가지 예를 보자.

에레츠

뭍(land)을 뜻하는 히브리어 에레츠(*eretz*)는 많은 영어 성경에서 "땅"(earth)으로 번역된다. 홍수 지질학자들은 에레츠를 전체 지구를 의미하는 것으로 이해한다. 그러나 에레츠는 문자적으로 "땅, 지면, 뭍, 먼지, 토양 또는 나라"를 의미한다. 예를 들어 창조 기사(창 1:10)에서 "하나님은 마른 뭍을 땅(*eretz*)이라고 불렀다." 그런데 이 말은 지구 전체에 대한 언급이 확실히 아니다. 다른 구절들에서 "땅의 지면"(이 역시 *eretz*다)에 대한 언급은 우리 주위에서 볼 수 있는 토양이나 지역, 즉 수평선 내에 보이는 부분으로 이해하는 것이 가장 자연스럽다. 고대 히브리인들은 지구에 대해서는 아무것도 몰랐다. 그들은 자기 주위의 땅밖에 몰랐다. 에레츠를 한 지역의 땅이 아니라 지구 전체로 잘못 번역한 것이 홍수 지질학의 수많은 잘못된 가정과 교훈들의 토대다.

"온", "모든", "온 천하"

홍수 지질학자들은 창세기 전체에서 등장하는 "온", "모든", "온 천하", "온 세상" 같은 표현을 통해 홍수의 전 세계적 범위를 강조한다. 그러나 구약성경(과 아카드어 텍스트와 같은 당대의 다른 문헌들)에서 "온" 또는 "모든"이라는 표현이 결코 전 세계를 의미한다고 이해

될 수 없는 사례가 많다. 예를 들어 "온 세상에 기근이 심해서 모든 나라들이 요셉에게 곡식을 사러 이집트에 왔을"(창 41:57) 때, 유럽, 아시아, 아메리카, 오스트레일리아 사람이나 부족들이 포함되었으리라고 주장할 이유가 없다. 오히려 이 구절을 저자의 관점에서 가장 똑바로 읽는다면, 당시 알려진 모든 나라가 이집트로 온 것으로 이해될 수 있다. 그런데 왜 홍수 지질학자들은 노아 홍수가 전 세계적이었다고 주장하는가?

"산들을 덮었다…"

홍수의 깊이도 해석상의 문제다. 홍수 물이 "6미터 넘는 깊이로 산들을 덮었다"(창 7:20)는 표현은 (구약성경의 다른 곳에 나오는, 같은 단어들이 달리 적용되는 맥락에서) 산들이 "젖었고" 물이 산들의(against the mountains) 6미터 높이까지 올라갔다고도 이해될 수 있다.

죽음과 타락

"타락 전에는 동물의 죽음이 없었는가?"라는 이슈는 그랜드캐니언과 밀접하게 관련된다. 홍수 지질학은 지층에 묻힌 모든 화석이 피조물들에게 죽음이 들어온 타락 이후에 만들어졌을 수밖에 없다고 주장하기 때문이다. 따라서 화석은 수억 년의 죽음과 매립의 잔해물일 수 없다. 그러나 성경 어디에서도 동물의 죽음이 인간의 죄에서 비롯되었다고 말하지 않는다. 창세기 3장은 그런 주장을 하지 않으며, 창세기 3장에 대한 신약의 주석도 이를 지지하지 않는다. 로마서 5:12-13은 "그러므로 한 사람에 의해 죄가 세상에 들어왔고 모두 죄를 지었으므로 모든 사람에게 죽음이 찾아온 것과 마찬가지로(왜냐하면 율법이 주어지기 전에 죄가 세상에 있었기 때문이다)"라고 말한다. 여기서 사도 바울은 죄로 인한 죽음이 인간에게 적용된다고 구체적으로 밝힌다. 바울은 동물의 죽음을 죄의 결과나 자

신의 교리상의 요점과 관련된 것으로 여기지 않는다.

물질세계에 대한 성경의 묘사가 오늘날 우리가 현대과학을 통해 아는 것과는 매우 다르다고 우려하는 사람들이 있다. 그렇다면 성경이 과학적 오류를 포함하고 있는 것인가? 그렇지 않다. 성경은 과학적 정보를 전달할 의도가 아니었지만 말이다. 성서학자와 신학자들은 성경이 "우리에게" 쓰인 것이 아니라 "우리를 위해" 쓰였다고 말한다. 고대 근동의 정신세계를 이해하면 맥락을 제공하는 데 도움이 된다. 성경이 집필된 당시의 원래 독자들은 현대과학자가 물질세계의 구조에 대해 생각하는 방식으로 여기에 관심을 두지 않았다. 독자들은 물질세계의 기능에 관심을 가졌다. 창세기에 나타난 하나님의 창조 기사와 자연세계에

대한 성경의 다른 언급들이 우리가 이해하고 있는 바 대로의 과학 용어를 사용하지는 않지만, 성경은 우리가 보는 모든 세계가 하나님의 손에 의해 창조되고 유지되고 있다고 명백히 주장한다.

에덴동산

성경은 홍수 지질학자의 주장처럼 지구상의 모든 (또는 거의 모든) 퇴적암이 창세기의 홍수 때 형성되었다고 주장하지 않는다. 실제로 이런 해석은 성경에 나타난 에덴동산의 문자적인 위치와 모순된다. 창세기 2장에 나오는 에덴의 상세한 묘사는 4개의 강이 페르시아만 혹은 그 부근에서 합쳐지는 오늘날의 메소포

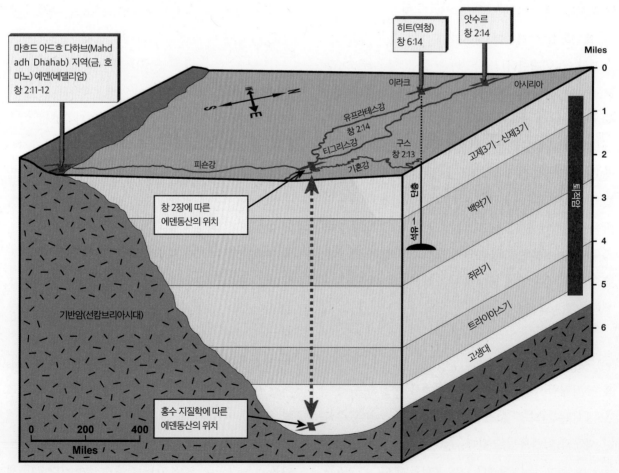

그림 2-5 이라크/아라비아 지역과 성경의 에덴동산 위치의 대략적 그림(수직적으로 과장됨). C. A. 힐, 『에덴동산: 현대의 지형』 과학과 기독교 신앙에 대한 관점 시리즈, v. 52, no. 1, 31-46쪽에서 발췌하여 개작.

타미아와 거의 완벽하게 일치한다.그림 2-5 이 네 강들 중 유프라테스와 티그리스는 이 강들이 가진 고대의 이름으로 쉽게 인식된다. 비손강은 고대에 흘렀던(그리고 오늘날에도 간헐적으로 흐르는) 버려진 수로(Wadi Batin)와 일치한다. 아마도 기혼강은 오늘날에도 이란의 자그로스산맥을 휘감고 지나가는 현대의 카룬강일 것이다. 아라비아만에서 난다고 알려진 베델리엄(방향성 고무수지), 역청(피치), 호마노, 금과 같은 자연자원 및 오늘날에도 존재하는 앗수르의 고고학적 유적지들도 4개의 강과 관련해서 창세기 2:10-14에 묘사되어 있다. 고대에 히트(Hit)에서는 역청(피치)이 나왔고 오늘날에도 여전히 나오고 있다. 이 모든 단서들은 에덴동산이 격변적으로 변화되고 파묻힌 지형이 아니라, 오늘날 우리가 발견하는 지표면 위에 위치했음을 추가적으로 보여준다.

에덴동산이 현대의 지형 위에 위치했다는 인식은 성경 본문에 대한 진정한 문자적인 이해와 홍수 지질학자들이 지구의 역사에 관해 믿는 내용 사이에 커다란 (그리고 역설적인) 갈등을 불러일으킨다. 왜 그런가? 에덴동산/페르시아만 밑에 9.6킬로미터의 퇴적암이 있기 때문이다. 이 지역은 석유 탐사를 위해 결정질 기반암(선캄브리아시대 암석)까지 광범위하게 시추되었기 때문에, 앞의 사실은 지질학자들에게 잘 알려져 있다. 그렇다면 다음과 같은 적절한 질문이 제기될 수 있다. 홍수 전에 존재했던 에덴이 어떻게 노아 홍수 동안에 쌓인 것으로 추정되는 9.6킬로미터의 퇴적암 위에 위

> ### 오류가 없는 견해?
>
> 젊은 지구 창조론자들은 자연에 대한 자신들의 견해가 계시되고 오류가 없는 하나님의 말씀에 기초하고 있기 때문에 안전한 발판 위에 서 있다고 주장한다. 그러나 이런 견해는 실제로 성경 무오성이 아니라, 자신들의 성경해석과 이해에 오류가 없다는 가정에 기반하고 있다.

치할 수 있었는가? 홍수 지질학의 모델에 의하면, 에덴에 홍수가 나서 9.6킬로미터의 퇴적물 아래에 묻혔고 지각이 격렬하게 들어 올려졌다가 다시 아래로 내려갔다. 또한 모종의 방식으로 광물과 석유 매장물이 드러나고 강들이 재형성되어 홍수 전의 지형을 모방하게 되었으며, 그곳에 재정착한 사람들은 강과 장소들에 동일한 이름을 주었다. 이는 모두 성경이 결코 주장하지 않는 시나리오를 수용하기 위한 주장들이다.

홍수 지질학과 그랜드캐니언

홍수 지질학자들은 지구상의 대부분의 퇴적암이 불과 수천 년 전의 노아 홍수 때 형성되었다는 그들의 견해를 입증하는 증거라고 여긴다. 또한 그들은 그랜드캐니언의 거의 전부가 홍수 뒤에 만들어진 몇 개의 언색호(dammed lake)가 갑자기 붕괴했을 때 깎였으며, 협곡의 나머지는 과거 수천 년 동안 콜로라도강에 의해 깎였다고 주장한다.

홍수 지질학과 현대 지질학의 서로 다른 해석이 그림 2-6에 비교되어 있다. 양측 모두 자신의 진술이 과학적으로 방어될 수 있다고 주장하지만, 지구의 역사 해석에 대한 현격한 대조는 과학에 대한 접근 방식이 서로 아주 다름을 보여준다. 전통적인 과학적 접근법은 자연 작용에 관한 모든 생각과 이론을 점검한다(자연이 신적 창조주에 의해 감독되는지가 아니라, 자연이 특정한 방식으로 행동했는지를 검토한다). 이 방법은 질문으로 시작해서 최종적인 답을 향해 나아간다. 그림 2-6의 오른쪽 열에 제시된 모든 결론은 지구와 주위 태양계에 대한 연구로부터 도출된 관찰과 검증 가능한 가설들로부터 나왔다. 또한 답이 무엇이어야 한다는 선입관에 의해 제약받지 않은 질문들도 다루고 있다.

이에 반해, 홍수 지질학은 대답으로 시작해서 역방향으로 무슨 질문을 해야 하는지를 연구한다. 그림

홍수 지질학	현대 지질학
• 지구 나이는 약 6000살이다.	• 지구의 나이는 약 45억 살이다.
• 지질학적 물질에 대한 방사성 탄소 연대 측정법에는 결함이 있다.	• 방사성 탄소 연대 측정법은 지질학적 물질에 관해 믿을 만한 연대를 제시한다.
• 노아 홍수는 약 4500년 전에 지구 전체에 걸쳐 일어났다.	• 홍수가 전 세계적이었다는 현존하는 기록은 없다.
• 노아의 홍수 전에는 지구에 비가 결코 내리지 않았다(홍수 지질학자들 중 일부는 더 이상 이런 주장을 지지하지 않는다).	• 지구의 역사 전체를 통틀어 비가 내렸음을 보여주는 증거는 많다.
• 퇴적암의 화석은 창세기 7:21의 "모든 육체"를 나타내며, 죽음을 피한 육상동물은 노아의 방주에서 구원된 동물들뿐이다.	• 퇴적암의 화석들은 죽어서 퇴적물이 수백만 년 동안 암석으로 변함에 따라 보존된 식물과 동물의 잔해다.
• 화석을 포함한 지구의 대부분의 퇴적암(그랜드캐니언의 대부분의 지층을 포함함)은 노아 홍수 때 단 1년 만에 형성되었다.	• 퇴적암은 퇴적, 압축, 교결 과정을 통해 수억 년에 걸쳐 형성되었다.
• 그랜드캐니언과 콜로라도강은 홍수 후의 큰 호수들이 격변적으로 비워졌을 때 급속하게 형성되었다.	• 그랜드캐니언과 콜로라도강의 복잡한 역사는 아직도 조사 중이지만, 이 협곡의 침식에는 수백만 년이 소요되었다.
• 에덴의 4개의 강을 포함해서 홍수 전의 모든 지형은 노아 홍수에서 나온 퇴적물(퇴적암)로 덮였다.	• 창세기에서 에덴동산은 퇴적암 위에 놓인 현대의 지형으로 묘사된다.

그림 2-6 홍수 지질학과 현대 지질학의 기본 입장 비교

2-6 왼쪽 열의 홍수 지질학의 결론들은 특정한 성경 구절에 대한 선택적인 문자적 해석을 "답"이라고 믿는 열성으로부터 시작해서, 미리 정해진 결론을 지지하기 위해 고안된 질문만을 제기한다. 홍수 지질학자들의 입장에서 이런 결론들은 계시된 진리를 나타내기 때문에 실제로 검증될 필요도 없다. 그러나 이들은 자신의 지질학적 해석이 과학적 조사를 통해 검증될 수 있다고 주장한다. 따라서 이 책 전체를 통해 우리는 홍수 지질학의 주장이 과학적인 가치가 있는지를 평가할 것이다.

그래나이트 래피드 부근 안쪽 협곡 위의 무지개. 사진: 브론즈 블랙.

3장

홍수 지질학의 시대 프레임

팀 헬블, 캐럴 힐

홍수 지질학자들은 그랜드캐니언의 퇴적암 층이 4000-5000년 전에 발생했던 1년 동안의 전 세계적 홍수의 산물이라고 많은 사람을 납득시켰다. 홍수 지질학 모델과 이 모델의 시대 프레임을 이해하기 위해서는 창세기 7-8장의 홍수 텍스트에 묘사된 순서에서부터 시작할 필요가 있다.그림 3-1

주요한 홍수 지질학자들은 창세기의 사건 묘사에 근거해서 전체 역사를 창조 주간 초반, 홍수 전(창조 3일 차부터 홍수 시작까지), 홍수 초반(처음 150일), 홍수 후반(홍수 151일째부터 끝까지), 홍수 이후그림 3-2의 5개 기간으로 나눈다. 이런 구성에 따르면, 현재 높은 산들을 구성하는 퇴적물과 지표 수백 미터 아래에서 발견되는 퇴적물을 포함해서 지구의 퇴적물 대부분은 홍수 기간 중이거나 그 직후에 퇴적되고 분류되고 이동하고 접히고 기울어지고 바위 속으로 들어가 굳어졌다.

홍수 지질학이 주장하는 시대 프레임의 세부 내용에 뛰어들기 전에 선캄브리아시대, 쥐라기, 백악기 같은 지질학적 "시대" 용어들이 무슨 뜻인지를 알 필요가 있다. 이 용어들의 기원은 나중에 다룰 것이지만, 여기서는 이것들이 지질학자가 지구의 역사에서 다른 시기들을 묘사하는 이름이라고 알아두면 충분하다.

전통적인 지질학자들이 이런 시대 용어들을 일상적으로 사용하기 때문에, 자연스럽게 젊은 지구론 옹호자들은 이 용어들을 거부한다고 생각할 수도 있다. 그러나 대부분의 홍수 지질학자들은 많은 지층의 기본적인 순서와 특징들을 인정하며, 따라서 지질학적 명명 시스템을 일반적으로 받아들인다. 하지만 전통 지질학과 홍수 지질학 사이에 커다란 차이가 발생하는 지점은, 이 시대 사이의 간격에 할당되는 시간과, 암석들이 만들어지는 데 작용하는 과정에 대해서다. 전통적 지질학자가 주장하는 45억 년이 홍수 지질학자에게는 1만 년 안으로 압축된다.

그렇다면 그랜드캐니언의 지질학적 역사가 1년

1일째	창세기 7:11	둘째 달 17일에 큰 깊음의 샘들이 터지고 하늘의 홍수 문들이 열림.
1일에서 40일	창세기 7:4; 7:12; 7:17	40일 밤낮으로 비가 내려 수면이 올라갔고 방주를 밀어 올려 방주가 땅 위로 올라감.
40일에서 150일	창세기 7:24	땅이 150일 즉 5개월 동안 물에 잠김.
150일째	창세기 8:4	일곱째 달 17일에 방주가 아라라트산들 위에 멈춤.
224일째	창세기 8:5	열째 달 1일까지 물이 계속 줄어듦.
284일째	창세기 8:12	세 번째 비둘기를 내보냈더니 돌아오지 않음. 비둘기가 마른 땅에서 살 수 있을 정도로 물이 충분히 줄어듦.
314일째	창세기 8:13	바닥이 말랐지만 완전히 마르지는 않음. 노아는 바닥이 마를 때까지 방주에 머묾.
365일째	창세기 8:14	바닥이 완전히 마름. 노아가 방주를 떠남. 첫째 날과 마지막 날을 포함할 경우, 홍수 사건의 전체 기간은 365일 즉 태양력으로 1년에 해당함.

그림 3-1 홍수 지질학 모델의 시대 프레임

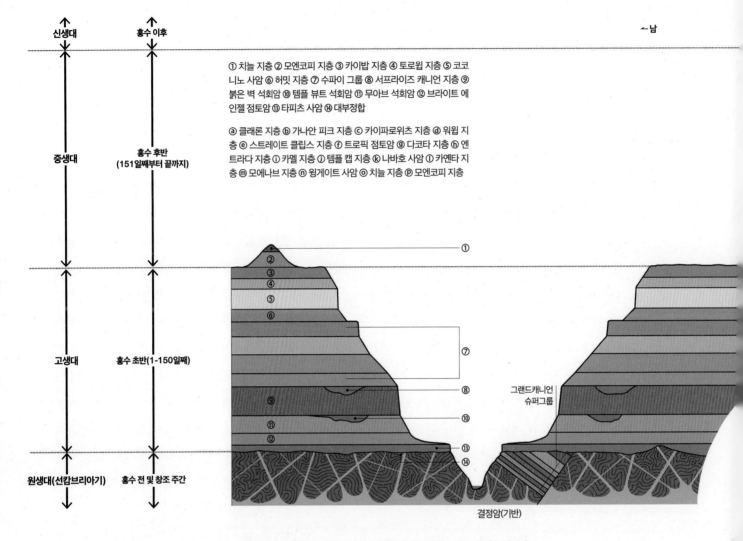

① 치늘 지층 ② 모엔코피 지층 ③ 카이밥 지층 ④ 토로윕 지층 ⑤ 코코니노 사암 ⑥ 허밋 지층 ⑦ 수파이 그룹 ⑧ 서프라이즈 캐니언 지층 ⑨ 붉은 벽 석회암 ⑩ 템플 뷰트 석회암 ⑪ 무아브 석회암 ⑫ 브라이트 에인젤 점토암 ⑬ 타피츠 사암 ⑭ 대부정합

ⓐ 클래론 지층 ⓑ 가나안 피크 지층 ⓒ 카이파로위츠 지층 ⓓ 워윕 지층 ⓔ 스트레이트 클립스 지층 ⓕ 트로픽 점토암 ⓖ 다코타 지층 ⓗ 엔트라다 지층 ⓘ 카멜 지층 ⓙ 템플 캡 지층 ⓚ 나바호 사암 ⓛ 카옌타 지층 ⓜ 모에나브 지층 ⓝ 윙게이트 사암 ⓞ 치늘 지층 ⓟ 모엔코피 지층

신생대　홍수 이후

중생대　홍수 후반
(151일째부터 끝까지)

고생대　홍수 초반(1-150일째)

그랜드캐니언 슈퍼그룹

원생대(선캄브리아기)　홍수 전 및 창조 주간

결정암(기반)

그림 3-2 그랜드캐니언에서 그랜드 스테어케이스의 층들까지. 전통적 지질학과 홍수 지질학에 따른 시간 분류도 함께 표시했다.

동안의 전 세계적인 홍수 시나리오에 어떻게 들어맞는가? 대다수 홍수 지질학자는 그랜드캐니언의 암석들이 그 지역의 지질학적 역사의 일부만을 포함하고 있다고 인정한다. 현재 그랜드캐니언이 펼쳐진 곳 위로 더 많은 암석층이 있었지만, 그 층들은 침식되어 현재 우리가 협곡의 가장자리인 카이밥 지층(Kaibab Formation) 정상에서 보고 있는 층들을 이루었다. 더 높은 암석층은 협곡의 북쪽 그랜드 스테어케이스(Grand Staircase)로 알려진 곳에 아직도 존재하고 있다. 그림 3-3, 그림 3-7도 보라 차를 몰고 북쪽 유타주 안으로 들어가면, 우리는 계단을 오르는 것처럼 이 더 높

은 중생대 암석층을 "단계적으로 올라갈" 수 있다. 따라서 애리조나 북부와 유타 남부에 펼쳐진 바위의 기원에 대해 어떤 견해를 취하든지 상관없이, 우리는 노아 홍수에서 침전된 그랜드캐니언의 층들뿐 아니라, 그랜드 스테어케이스에서 발견되는 암석의 두꺼운 층들의 순서도 설명해야 한다.

홍수를 이루는 각각의 기간과 각각의 지층들이 어떻게 대응하는지에 대해 모든 홍수 지질학자들이 동의하는 것은 아니다. 실제로 이 주제에 관한 책을 쓴 홍수 지질학자들이 젊은 지구론자들 사이에서 모두 동등한 권위를 가진다고 한다면, 그랜드캐니언/그랜

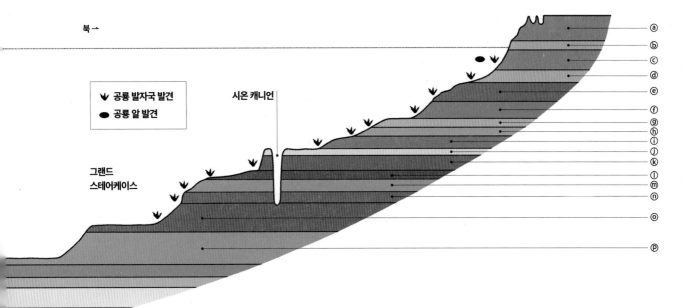

북→

공룡 발자국 발견
공룡 알 발견

시온 캐니언

그랜드
스테어케이스

ⓐ
ⓑ
ⓒ
ⓓ
ⓔ
ⓕ
ⓖ
ⓗ
ⓘ
ⓙ
ⓚ
ⓛ
ⓜ
ⓝ
ⓞ
ⓟ

드 스테어케이스의 어느 층들이 노아 홍수에 의해 퇴적되었는지를 결정하기 어려울 정도다. 그럼에도 가장 영향력이 큰 홍수 지질학자들은 그림 3-2의 왼쪽에 표시된 시대 프레임에 따라 그랜드캐니언과 그랜드 스테어케이스 층들을 분류했다.

다음 단락에서는 그랜드캐니언과 그랜드 스테어케이스의 암석층 및 특징들을 홍수 지질학자의 분류에 따라 1에서 5까지의 기간으로 나누고, 이 기간들의 역사를 서술할 것이다. 다음 장에서는 이와 동일한 암석 분류 및 번호 체계를 사용해서 전통적 지질학과 홍수 지질학의 해석을 직접 비교할 것이다.

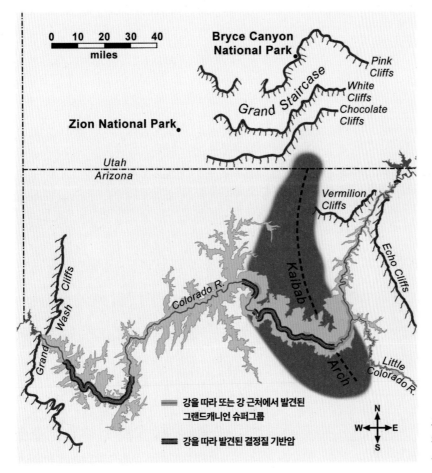

그림 3-3 그랜드캐니언-그랜드 스테어케이스 지역의 지도. 이 책에서 언급되는 주요 장소와 특징이 표시되어 있다.

1. 결정질(結晶質) 기반암: 창조 주간 초반

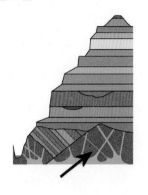

그랜드캐니언의 모든 퇴적암 아래에는 많은 화성암이 관입된 변성암 "기반"이 있다.그림 3-4 이 결정암(투명하며 서로 맞물린 결정들로 이루어진 암석)은 그랜드뷰 포인트 아래 동부 그랜드캐니언의 그래나이트 협곡 상류에 처음으로 나타나서 서쪽으로 계속되다가, 중부 그랜드캐니언의 퇴적암 층 밑에서 사라진다. 이 기반암은 멀리 서부 그랜드캐니언에서 다시 나타난다.그림 3-3 을 보라

화성암은 마그마(용암; 녹은 암석)가 식어 결정작용이 일어날 때 형성된다. 변성암은 열과(또는) 압력이 퇴적암이나 화성암의 구조와 광물 구성을 바꿀 때 형성되지만, 암석 자체는 딱딱한 상태를 유지한다. 우리는 퇴적암이 변성암으로 대규모로 바뀔 수 있음을 알고

어떤 과정을 통해 슈퍼그룹 암석이 그토록 급격하게 형성되었을까?

슈퍼그룹 층들은 그랜드캐니언과 그랜드 스테어케이스를 덮고 있는 지층들을 결합한 것만큼 두껍고, 유사한 분류의 퇴적암 유형을 보이고 있다. 홍수 지질학자들이 슈퍼그룹의 침전과 단단해짐[硬化]에 1650년 정도의 기간을 할당한다는 점을 고려한다면, 이곳의 지층들은 일부 홍수 지질학자들이 비가 오지도 않았다고 말하는 시기에 연평균 2미터라는 놀랄 만한 속도로 형성되었어야 한다. 그랜드캐니언과 그랜드 스테어케이스의 지층을 침전시키기 위해 거대한 홍수가 필요했다면, 수백 미터의 슈퍼그룹 지층들은 어떻게 홍수도 없이 퇴적될 수 있었을까?

그림 3-4 그래나이트 협곡 상류(Upper Granite Gorge). 사진: 탐 빈.

난코윕 지층
카데나스 용암
닥스 지층

그림 3-5 경사진 그랜드캐니언 슈퍼그룹 암석. 이 사진에 나오는 지역의 고도는 약 640미터. 사진: E. D. 맥키. 미국 지질학 서베이 제공.

포인트, 모란 포인트 또는 데저트 뷰에서 북쪽을 바라본다면, 슈퍼그룹의 3개 지층에 불과한 닥스 지층, 카데나스 용암과 난코윕 지층의 두께에 대해 감을 잡을 수 있다.그림 3-5를 보라

가장 영향력 있는 홍수 지질학자들은 그랜드캐니언 슈퍼그룹을 창조의 셋째 날과 그 후 약 1650년 뒤 노아 홍수 사이의 어느 시점에 퇴적되어 굳어진 홍수 전 물질로 분류한다. 이들은 3600미터가 넘는 홍수 전의 퇴적암의 퇴적과 단단해지는 과정에 대해서는 다루지 않는다. 슈퍼그룹 지층은 대부분 스트로마톨라이트(남세균의 활동에 의해 생긴 박편 모양의 석회암—역자 주) (단세포 생물 개체군) 화석을 포함하고 있다. 홍수 지질학자들은 이 시기에 현대의 생물과 유사한 생물들이 살다 죽었다고 믿는다. 따라서 3600미터가 넘는 슈퍼그룹의 퇴적암에서 양치류, 꽃피는 식물, 물고기, 새, 파충류, 포유류, 양서류, 상어나 기타 다세포생물이 발견되지 않는다는 사실은 설명되지 않고 있다.

있다. 지구상에는 변화되지 않은 퇴적암이 점점 더 변화된 변성암으로 바뀌고 있는 장소들이 있기 때문이다.

홍수 지질학자들은 그랜드캐니언에서 발견되는 것과 같은 넓은 변성암 지대의 기원에 대해서는 별다른 구체적인 내용을 제공하지 않는다. 그들은 변성암이 변하지 않은 퇴적암과 화성암으로 시작되었다는 점은 인정하지만, 이후의 변성작용은 땅이 형성되고 있던 창조 주간 동안의 지각 이동이나 노아 홍수 때 여러 곳에서 발생한 지구 지각의 격렬한 움직임에 의해 야기되어 매우 급격히 일어났다고 주장한다. 홍수 지질학자들은 그랜드캐니언에 대해서는 첫 번째 설명을 선호하는 것 같다.

2. 그랜드캐니언 슈퍼그룹: 홍수 전

결정질의 기반암 위에는 그랜드캐니언 슈퍼그룹이라고 알려진 한 무더기의 기울어진 퇴적암과 용암이 겹쳐져 있다. 그랜드캐니언 슈퍼그룹의 전체를 "기울이지 않고 똑바로" 놓을 수 있다면, 이곳의 두께는 약 3600미터가 될 것이다. 사우스 림 위의 리판

3. 슈퍼그룹의 경사와 침식 및 그 위 수평층들의 축적: 홍수 초기

홍수 지질학자들은 홍수 초기를 "큰 깊음의 샘들이 터지고 하늘의 문들이 열렸을"(창 7:11) 때 시작해서 150일째(창 7:24; 8:3) 끝난 것으로 파악한다. 홍수 모델에 의하면, 홍수 전에는 하나의 "초대륙"(supercontinent)이 있었는데, 격렬하게 갈라

지고 떨어져 나가 현재와 같은 대륙의 배열을 이루게 되었다.

켄터키주에 있는 창조 박물관의 한 비디오는 이처럼 대륙들이 갈라져 발생한 거대한 쓰나미를 보여주는데, 이 쓰나미의 파도는 얼마나 큰지 우주에서도 관찰 가능하다고 한다. 이런 견해에 따르면, 거대한 쓰나미가 몇 시간 안에 지구 전체를 돌았으며, 그 과정에서 거의 모든 것이 휩쓸려 갔다.그림 3-6 초대륙판이 급격하게 분할되면서 차가운 바닷물이 아래쪽의 용암에 노출되었고, 증기 기둥들이 하늘 높이 치솟았다. 바로 이 기둥들이 "큰 깊음의 샘들"이고 "하늘의 수문들"의 물의 원천이었다.

소수의 홍수 지질학자들이 제공한 다른 설명에 의하면, 단단하고 부러지지 않은 암석 지각이 홍수 전의 지구를 덮고 있었는데 이 지각 밑에는 물의 층이 있었다. 이 견해에 따르면, 홍수가 시작할 때 지각 안에서 형성된 틈들로 인해 엄청난 압력을 받은 아래의 물은 초음속으로 위로 분출되었다(깊음의 샘들). 광물질이 풍부한 이 물은 바다로 흘러들어 거대한 소금과 유황 바닥이 퇴적되었다.

그랜드캐니언 슈퍼그룹 전체가 홍수 초기의 지각 융기에 의해 기울어지고 단층을 일으켰다고 한다. 그런 후에는 경사진 암석층에 격렬한 침식이 이어졌으며 그 결과 거의 평평한 표면이 만들어졌다. 일부 장소에서 기저의 결정질 암석이 드러나기 위해서는 3658미터가 넘는 홍수 전의 퇴적암이 침식되었어야 한다. 최초의 현대 홍수 지질학자들은 홍수 시작 때의 이런 격렬한 침식이 총 4억 입방킬로미터가 넘는 지구상의 퇴적암 지층 형성에 필요한 모래, 모새, 점토 및 기타 물질을 제공했으리라고 가정했다.

그러나 이제 홍수 지질학자들은 홍수의 시작 때 일어난 침식으로는 충분한 퇴적물이 공급될 수 없었으리라는 점을 인정하고, 대신 홍수 전 지구의 여러 곳에 이미 상당량의 느슨한 퇴적물이 비축되어 있었다고 제안한다. 이 견해에 따르면, 퇴적물 일부가 초반의 홍수로부터 보호되었다가 홍수 후반에 이동되었어야 한다.

홍수 지질학자들은 홍수 초기의 격렬함이 암석을 벗겨내고 거대한 침식을 일으켰다고 주장하면서도, 이런 거대한 침식이 발생하고 불과 며칠 뒤에 동일하게 격렬한 홍수가 먼 지역에서 씻겨 들어온 두꺼운 퇴적물을 내려놓기 시작했다고 말한다. 타피츠 사암에서부터 카이밥 지층까지 올라가는 중에 펼쳐진 그랜드캐니언에서, 1.6킬로미터 두께의 거의 평평한 지층의 축적은 홍수 초기의 퇴적물로

그림 3-6 일러스트레이션 "홍수의 시작." 제프 돔백의 수채화.

이루어졌다고 주장된다. 홍수 지질학자들은 자신들이 어떻게 이처럼 별개의 지층들이 형성될 수 있었다고 믿는지에 대해서 그 메커니즘을 제안했다. 하지만 자주 그 독특한 구성과 구조, 각 지층의 화석들이 며칠 만에 형성될 수 있었던 데 대해서는 상세한 설명이 결여된다.

4. 그랜드 스테어케이스(그랜드캐니언에서 브라이스 캐니언까지): 홍수 후기

홍수 후기는 151일째부터 시작해서 1년간의 홍수가 끝났을 때까지다. 홍수 지질학자들은 이 홍수 후반에 그랜드캐니언 북쪽의 그랜드 스테어케이스에서 볼 수 있는 암석층그림 3-7을 보라. 그림 3-2, 3-3의 지도와 지질 다이어그램도 보라. 이

형성되었다고 주장한다. 이 기간에 깊음의 샘들이 닫히고 급속히 움직이던 대륙판들의 이동 속도도 감소하기 시작했다. 그러나 높은 산과 깊은 해구(海溝)들이 계속해서 격렬하게 형성되었고, 지진이 발생했으며, 급류가 맹위를 떨쳤다.

대표적인 홍수 지질학자들은 창세기 8:3과 8:5에서 발견되는 "물이 꾸준히 땅에서 물러가고…"와 "물이 꾸준히 줄어들어…"라는 표현을 다음과 같이 이해한다. 즉 홍수 후반부는 물이 맹렬한 조수의 파동처럼 앞뒤로 급하게 움직이는 것으로 특징지어진다는 것이다. 이로 인해 발생한 조류는 어떤 곳에서는 수백 미터의 퇴적물을 씻어내고 다른 곳에서는 같은 분량의 막대한 퇴적물을 만들어낼 만큼 충분히 강력했다.

홍수 지질학 모델에 따르면, (추가로 1500미터가 넘는) 그랜드 스테어케이스의 두꺼운 암석의 층서(sequence)는 원래 그랜드캐니언 지역도 덮고 있었다. 홍수 물이 물러가면서 급류가 그랜드캐니언 지역의 수백 미터의 이 퇴적물을 씻어내, 오늘날 이 협곡의

그림 3-7 상공에서 북쪽을 바라본 그랜드 스테어케이스 버밀리언 클리프, 화이트 클리프가 선명하게 보이고 멀리 핑크 클리프도 보인다. 사진: 스캇 브레이든.

그림 3-8 유타주 버밀리언 클리프 정상 플래그 포인트에서 발견된 수각류 공룡 발자국. 사진: 스캇 티보니.
그림 3-9 몬태나주 테톤 카운티에서 발견된 트로오돈의 알. 사진: 팀 이반슨. 로키 박물관 제공. 참조: 이 화석은 몬태나주에서 발견되었지만, 지층의 순서 상으로는 그랜드 스테어케이스의 높은 지대와 같은 고도에서 나왔다.

테두리가 있는 카이밥 지층까지의 모든 지층을 제거했다. 그랜드캐니언의 북쪽에서는, 홍수 후기의 지층들이 없어지지 않았고 궁극적으로 그 위에 더 많은 지층이 더해졌다. 홍수 지질학자들은 이 모든 격변의 와중에 여러 차례의 지질 활동의 중단이 있었고 많은 생명체가 홍수 발생 후 몇 달 동안 생존했다고 믿는다. 예를 들어 여러 종류의 공룡들이 대륙을 휩쓰는 초기 쓰나미의 살륙과 그 뒤를 이은 수개월의 침수로부터 살아남아, 수백 곳의 새롭게 퇴적된 지층들에 발자국과 알로 가득한 둥지를 남겼다는 것이다. 그림 3-8, 3-9

5. 브라이스 캐니언과 더 높은 암석층: 홍수 이후

홍수 지질학자들은 홍수 후에도 강화된 지질 활동이 계속되었다는 견해를 지지한다. 이런 활동이 감소할 때까지, 홍수 뒤에도 여러 해 동안 좁거나 넓은 지역에서 퇴적 활동이 계속되었다는 것이다. 홍수 후반/홍수 후의 경계선이 정확히 어디인지에 대해서는 홍수 지질학자 그룹에서도 견해가 크게 갈린다. 하지만 어느 입장을 취하더라도 이를 지지하는 명확한 증거는 없다. 합의가 이루어지지 않으므로 이들은 이 문제에 대한 최종 결정을 뒤로 미루는 데 동의한 것 같다.

『그랜드캐니언, 격변의 기념비』(*Grand Canyon, Monument to Catastrophe*)라는 책에 따르면, 그랜드캐니언에서 최초의 홍수 후 지층은 신생대 클래론 지층으로 파악된다. 그림 3-2, 3-3의 지도와 지질 다이어그램을 보라

공룡 탈출 가설

어떤 홍수 지질학자들은 일부 공룡이 150일간의 홍수 초기에 살아남아서 둥지를 만들었다가 홍수 후기에 멸절되었다고 주장한다. 이 "탈출 가설"이 요구하는 사건들의 순서가 얼마나 타당하지 않은지 생각해보라. 홍수 초기에 거대한 파도가 지구를 순환하면서 대륙의 일부를 깎아내렸으며 또 다른 곳에는 수백 미터 두께의 막대한 퇴적물을 쏟아놓았다. 한편으로는 새로운 파도가 과거에 물로 차 있지 않았던 땅을 덮쳐 공룡을 쓸어갔고, 변동하는 조류와 대륙 융기로 이처럼 새롭게 형성된 퇴적물이 해수면 위로 올라가게 만들었다. 일부 공룡은 지구 전역의 다양한 장소에서 충분히 오랫동안 헤엄치거나 떠다니는 파편을 붙잡고 있다가 새로 쌓인 진흙 위에 발을 디딜 정도로 많은 수가 살아남았다. 그러나 그 뒤 조류 변화와 지각 변동으로 파도가 이 불운한 공룡 그룹을 덮치는 바람에 수백 미터가 넘는 퇴적물 속에 반복해서 매장되었다. 그림 3-2

클래론 지층은 호수 퇴적물로서, 홍수 후에 이 지역에 존재했던 여러 호수 중 하나에서 형성되었다. 이곳은 민물고기와 달팽이 화석을 함유하고 있다. 이 지층의 안으로는 브라이스 캐니언의 후두(hoodoo)라고 불리는 특이한 기둥들과 가파른 도랑들이 깎여 있다.그림 3-10 미국 서부에는 클래론 지층 위로 수백 미터의 "홍수 후" 퇴적물이 추가로 쌓여 있다. 광대한 "홍수 후" 암석 배열이 다른 장소에서도 발견되는데, 이것들은 모두 격변적인 융기와 전 세계적 침수의 도움 없이 퇴적되었다. 마지막으로, 그랜드캐니언의 침식(이에 대해서는 나중에 살펴볼 것이다)도 홍수 후의 기간에 일어났다고 주장된다.

홍수 지질학의 시대 프레임은 합리적으로 보이는가?

거대한 쓰나미가 몇 시간 만에 지구를 휘돌고, 땅이 격렬하게 해수면 위로 치솟았다가 아래로 내려가고, 거대한 홍수 전 퇴적물이 홍수에 의해 옮겨지기를 기다리고, 퇴적물이 엄청난 속도로 옮겨져 퇴적되고, 공룡들이 수개월 동안의 격렬한 전 세계적인 범람 속에 살아남아 둥지를 만든다. 이 모두가 창세기의 "문자적" 독법에 기초한 시나리오다. 이것들 중 어느 하나라도 그럴 법한가? 다음 장에서는 이런 홍수 지질학의 견해를 전통적인 지질학의 견해와 비교할 것이다.

민물고기 문제

대부분의 민물고기는 갑자기 바닷물에 들어가면 곧바로 죽는다. 바닷물이 지구를 1년간 덮은 전 세계적인 홍수에서는 소금기를 견딜 수 있는 물고기를 제외한 모든 물고기가 죽었을 것이다. 그런데 왜 "홍수 후" 호수 퇴적물에서 많은 민물고기 화석의 증거가 발견될까?

그림 3-10 브라이스 캐니언. 그랜드 스테어케이스의 가장 높은 암석인 클래론 지층 안에 깎여 있다. 사진: 팀 헬블

그랜드캐니언 동부의 비시누 템플. 노스 림의 케이프 로열에서 남쪽을 바라보는 풍경. 사진: 마이크 부크하이트.

4장

현대 지질학의 시대 프레임

캐럴 힐, 스티븐 모시어

그랜드캐니언과 지구의 역사에 대한 현대 지질학의 이해는 홍수 지질학자들의 제안과는 판이하게 다르다. 그 차이는 단순히 시간의 길이만이 아니다. 각각의 지층이나 특성을 형성했다고 이해되는 과정과 환경, 그리고 자료를 설명하기 위한 설명들이 얼마나 단순한지 또는 특이한지에 있어서도 커다란 차이가 존재한다. 이번 장에서는 그랜드캐니언과 그랜드 스테어케이스의 암석이 이야기하고 있는 역사를 전통적 지질학의 관점에서 간략히 요약할 것이다. 이번 단계에서는 우리가 이 역사를 어떻게 알게 되었는지에 대해서는 상세히 다루지 않을 것이다. 여기에 대한 설명은 이후의 장들에 나온다.

그랜드캐니언이 더 큰 이야기 안에 어떻게 들어맞는지를 더 잘 이해할 수 있도록, 우리는 큰 그림(지구의 나이)과 함께 시작할 것이다.

지구의 나이

현대 지질학자와 천문학자들은 가장 오래되었다고 알려진 암석(지구와 달)과 운석에 적용된 다수의 방사성 연대 측정법에 기초해서 우리 지구의 전체 나이를 약 45억 년으로 보고 있다. 이런 방법들은 진화론적이거나 인문주의적인 가정을 따른 것이 아니라 원자와 암석에 기본 물리학을 적용한 결과다.

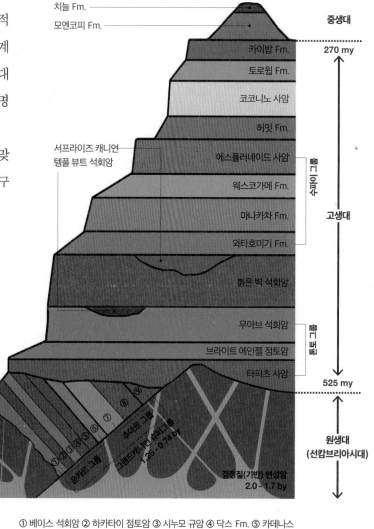

그림 4-1 그랜드캐니언의 지질 표. 고생대 지층들의 연대는 고생대의 시작과 끝이 아니라 타피츠 지층과 카이밥 지층의 연대를 나타낸다. (by=십억 년; my=백만 년. Fm=지층)

그림 4-2 콜로라도고원의 암석층과 그랜드캐니언의 침식의 형성

17억5천만 년 전
장면 1 두꺼운 퇴적층과 화산들이 축적된 곳에서 지각판들이 충돌함(하나의 판이 다른 판 밑으로 들어감. 이는 섭입[subduction]으로 알려져 있다).

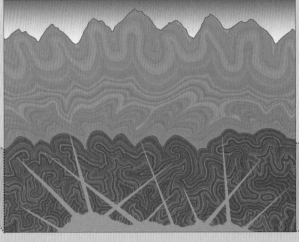

17억 년 전
장면 2 판들이 합쳐져 산이 올라가고, 깊이 묻힌 퇴적암과 화성암의 변형과 변성이 일어나며, 화강암 심성암, 암맥, 관입암상(sill)의 관입이 일어남.

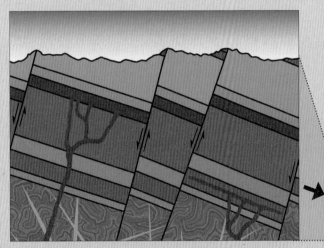

5억2천5백만 년 전
장면 5 선캄브리아시대 암석이 기울어지고 서로 다른 구역들로 단층을 일으킴.

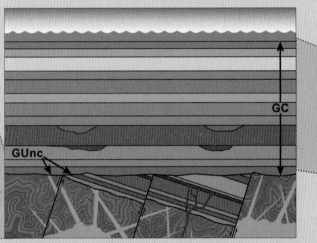

5억2천5백만 년에서 2억7천만 년 전
장면 6 선캄브리아시대 암석이 침식하고 1200미터가 넘는 고생대 지층이 퇴적함. GC=그랜드캐니언 지층. GUnc=대부정합.

지구가 형성된 후 지구상의 모든 지점들은 어떤 곳은 빠르게, 어떤 곳은 느리게 수많은 환경상의 변화를 겪었다. 이런 변화에는 퇴적뿐 아니라 침식도 포함되기 때문에, 지구의 어떤 장소도 처음부터 현재까지 방해받지 않고 계속해서 쌓인 모든 암석의 기록을 보유하고 있지는 않다(하나의 두꺼운 무더기에 모든 지질 시대의 퇴적물이 발견되는 장소도 몇 군데 있기는 하지만). 그랜드캐니언은 장관을 이루는 기록의 노출을 다른 어

12억5천만 년 전
장면 3 산들이 비교적 평평한 표면으로 침식되어 변성 결정질 기반암을 노출시킴.

12억5천만 년에서 7억4천만 년 전
장면 4 침식된 표면 위로 3600미터의 슈퍼그룹 암석이 쌓이고 암맥과 관입 암상이 관입함. CG=추아르 그룹, UG=운카르 그룹.

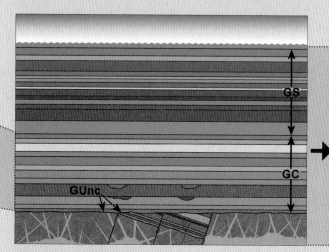

2억7천만 년에서 6천5백만 년 전
장면 7 그랜드 스테어케이스 층의 추가적 퇴적(1500-3000미터). GS=그랜드 스테어케이스 지층, GC=그랜드캐니언 지층, GUnc=대부정합.

현재
장면 8 그랜드캐니언 위의 중생대 지층이 제거되고 그랜드캐니언이 침식됨.

그림 4-2에 있는 8개의 단순화된 "장면들"은 오늘날 그랜드캐니언에서 발견되는 암석층들의 형성과 침식을 묘사한다. 이 그림들은 오늘날 콜로라도고원의 전반적 지역의 지각을 단순하게 표현하고 있다. (지층과 색상은 3장의 그림 3-2, 3-3과 일치한다.)

떤 장소보다 더 많이 가지고 있다._{그림 4-1, 4-3} 그래서 우리와 홍수 지질학자들은 이 지역에 큰 흥미를 느끼는 것이다.

그렇다면 지질학자들은 그랜드캐니언의 암석에 어떤 이야기가 보존되어 있다고 보는가? 홍수 지질학의 시대 프레임으로 암석층들을 나누는 것이 가장 논리적인 전통적 지질학 모델의 지층 구분은 아니다. 그러나 홍수 지질학 모델과의 비교를 쉽게 만들기 위해,

토로윕 지층
코코니노 사암

수파이 지층
붉은 벽 석회암

무아브 석회암

카이밥 지층

허밋 지층

브라이트 에인젤 점토암
타피츠 사암

비시뉴 편암

그림 4-3 톤토 트레일에서 바라본 그랜드캐니언의 전경. 지층의 이름이 표시됨. 허미츠 레스트(Hermit's Rest)는 오른쪽 상부에 있음. 사진: 팀 헬블

우리는 3장의 홍수 지질학의 시대 프레임에서 명시한 것과 동일한 암석과 특징의 분류 및 번호를 사용할 것이다. 그림 4-2에 나오는 8개 패널의 배열은 그랜드캐니언의 역사에서 일어난 주요 에피소드 장면들을 보여준다. 이번 장의 나머지 부분에서는 이 8개 장면에 나타난 암석들의 순서가 어떻게 오늘날 그랜드캐니언에서 발견되는 것들로 이어졌는지에 대해 더 자세한 설명을 제공할 것이다.

1. 결정질 기반암: 원생대

그랜드캐니언에서 가장 오래된 암석은 안쪽 협곡[Inner Gorge]에 노출되어 있다. 이 암석은 변성암으로 구성되어 있는데, 변성암은 한 유형에서 다른 유형의 암석으로의 변성 또는 변화를 겪었기 때문에 이렇게 이름 붙여졌다. 암석은 지구의 지각 속에 깊이 매몰될 때 강력한 압력과 열이 높아지는 환경에 도달해서, 현재의 안쪽 협곡에서 볼 수 있는 종류와 같은 새로운 유형의 암석으로 변화된다. 안쪽 협곡에 노출된 변성암의 주종은 편암(schist)인데, 이 암석은 변성 전에는 퇴적암과 화산 용암이었던 것으로 보인다.

이 변성암 복합체 안에서는 심성암(pluton)이라고 불리는 몇 군데의 거대한 화강암 덩어리도 발견된다. 화강암 페그마타이트(매우 큰 결정들을 가지고 있는 화성암)들은 아래의 심성암으로부터 위의 더 오래된 변성암으로 주입된 암맥과 관입암상들을 형성한다.그림 4-4, 4-5를 보라 (기존의 지층들을 가로지르는 관입을 암맥[dike]이라고 부르고, 기존 지층들 사이로 밀고 들어가 나란히 이어지는 관입을 암상[sill]이라고 부른다.)

방사성 연대 측정(9장을 보라)에 따르면, 이 화강암은 약 17억 년 전에 관입했다고 추정된다. 변성되고 화강암에 의해 관입되기 전에, 더 오래된 주위의 암석이 퇴적되고 매립되어야 했음이 틀림없다. 편암 안의 일부 광물은 33억 년 전에 형성된 암석으로부터 나왔다. 이는 45억 년 지구 역사의 거의 3/4에 해당하는 기간이다!

그림 4-4 화강암 심성암, 암맥, 암상들이 안쪽 협곡의 비시누 편암 안으로 관입했다. 사진: 개리 래드.

그림 4-5 보다 어두운 색깔의 비시누 편암을 가로지르는 분홍색 암맥. 사진: 웨인 래니.

지질학자들은 그랜드캐니언에서 가장 오래된 암석이, 해안에서 떨어진 화산섬에서 지각판 하나가 다른 판 아래로 섭입되어,_{장면 1} 오늘날의 알래스카 남서부 해안과 유사한 일련의 화산섬을 형성했다고 판단한다. (장면 1에 표현된) 모래, 진흙과 용암류(magma

flows)가 떨어져 나와 화산섬들의 측면을 형성했다.

4천만 년 뒤, 이 화산섬들은 당시의 북아메리카 대륙 가장자리와 부딪혔다. 이 충돌로 장면 1에서 산들의 몇 킬로미터 아래에 묻혀서 만들어진 더 오래된 화성암과 퇴적암으로 이루어진 높은 산맥이 형성되었다. 이 암석들에는 크기, 형태, 결정의 성분 등과 같은 특징들이 남아 있다. 이런 특징은 암석이 매몰되는 깊이가 광물의 성분과 특징을 변화시키기 시작하는

장면 1 두꺼운 퇴적층과 화산들이 축적된 곳에서 지각판들이 충돌함(하나의 판이 다른 판 밑으로 들어감. 이는 섭입[subduction]으로 알려져 있다). (원생대 중기)

장면 2 판들이 합쳐져 산들이 올라가고, 깊이 묻혔던 퇴적암과 화성암들의 변형과 변성이 일어나고, 화강암 심성암, 암맥, 암상들의 관입이 일어남.

장면 3 산들이 비교적 평평한 표면으로 침식되어 변성 결정질 기반을 노출함(원생대 중기).

데 충분하며, 끝내는 변성암으로 바뀌는 과정과 일치하는 것을 보여준다. 그 뒤 약 17억 년에서 16억6천만 년 전에는 지표면 깊은 곳의 더 뜨거운 암석에서 나온 용암이 변성암에 관입되어 화강암질 심성암, 암맥, 암상들을 형성했다(장면 2에서 살[spike]들이 있는 분홍색

암석으로 표시되어 있다). 이것들이 그랜드캐니언의 안쪽 협곡에 노출되어 있는 비시누 편암과 화강암질 암맥이다.

산들은 4억 년 넘는 시간 동안 침식되어, 한때는 깊이 묻혀 있던 변성암과 화성암이 지표면에 노출되었다. 침식은 계속되어 표면이 해수면에 가까워졌다.^{장면 3}

2. 그랜드캐니언 슈퍼그룹: 원생대

지각이 펼쳐짐에 따라, 변성암-화성암으로 구성된 기반암의 노출된 표면 위로 퇴적물이 쌓일 새로운 분지가 만들어졌다. 그 결과 12억5천만 년에서 7억4천만 년 전에 그랜드캐니언 슈퍼그룹(운카르 그룹과 추아르 그룹; 채색된 수평 지층들)의 퇴적물이 쌓이게 되었다.^{장면 4}

운카르 암석의 많은 부분은 물결 마크와 건열(乾 裂; mud crack)을 보여주는데, 이는 이 암석의 원래 퇴적지가 간헐적으로 마르는 얕은 물이었음을 시사한다. 운카르 그룹에서 교대로 나타나는 석회암과 퇴적암 층들은 해수면의 상승과 하강(또는 땅의 침강과 융

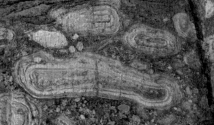

그림 4-6 오스트레일리아 샤크 베이에서 현재 발견되는 스트로마톨라이트. 사진: 폴 코퍼.
그림 4-7 내부 지층의 모습을 보여주는 스트로마톨라이트의 침식된 횡단면. 사진: 그렉 데이브슨.
그림 4-8 추아르 그룹에서 발견된 스트로마톨라이트 화석. 사진: 더그 파웰.

4-6	4-8
	4-7

1부 두 견해

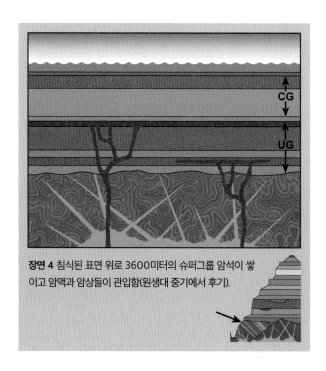

장면 4 침식된 표면 위로 3600미터의 슈퍼그룹 암석이 쌓이고 암맥과 암상들이 관입함(원생대 중기에서 후기).

적인 생명체 화석을 함유하고 있다.그림 4-7, 4-8 세계 전역에서 발견되는 유사한 연대의 암석에도 다양한 화석은 함유되어 있지 않다. 여기에 대한 가장 합리적인 설명은, 당시 지구상에 가장 단순한 형태의 생명체 외에는 다른 생명체가 아직 존재하지 않았다는 것이다.

3. 슈퍼그룹의 경사와 침식, 그 위를 덮는 층들의 퇴적작용: 원생대 말기에서 고생대 전체

홍수 모델은 슈퍼그룹이 기울어지고 침식되어 대부정합을 형성하고 그 위로 그랜드캐니언의 모든 지층이 퇴적되는 이 모든 사건이, 일괄적으로 홍수가 발생한 해의 처음 150일 안에 발생했다고 주장한다. 전통적 지질학은 같은 사건들이 수억 년 간격을 두고 떨어진 두 개의 매우 다른 시대 프레임으로 나뉘어 있다고 이해한다.

지각이 계속 펼쳐지자 단층이 발생하게 되었다. 단층은 지각을 경사진 구역들로 부러뜨렸는데, 일부 구역은 주위의 구역에 비해 위아래로 움직였다.장면 5 그

기)이 일어나는 시기와 일치한다. 운카르 그룹에서는 스트로마톨라이트(stromatolite)로 알려진 초기 생명체 화석이 발견된다. 스트로마톨라이트는 원반 모양의 균체로서, 자주 위쪽으로 성장해서 짧은 지주를 만드는 일종의 시아노박테리아다. (더 작고 자유롭게 구르는 균체는 전문적인 용어로 온콜라이트[oncolite]로 알려져 있다. 단순화를 위해 이 책에서는 이 모두를 스트로마톨라이트라고 부를 것이다.) 스트로마톨라이트는 오늘날까지 오스트레일리아 서부 및 바하마제도 등의 지층에서 발견된다.그림 4-6 운카르 퇴적암에는 직접적으로 연대를 부여할 수 없다. 하지만 이 그룹 아래에는 방사성 연대 측정으로 12억5천만 년으로 추정되는 화산재층이 덮여 있고, 이 그룹 위로는 약 11억 년 전에 형성된 것으로 추정되는 카데나스 용암(불그스레한 암맥과 용암류)이 덮여 있다. 카데나스 용암은 추아르 그룹이 퇴적되기 전인 약 10억 년 전에 운카르 그룹을 관입하고 그 위로 흘렀다.

퇴적암 층의 추아르 그룹은 운카르 그룹 위에 위치하고 있으며, 스트로마톨라이트를 포함해서 매우 원시

장면 5 선캄브리아시대 암석이 기울어지고, 서로 다른 구역들로 단층을 일으킴(원생대 말).

그림 4-9 그랜드캐니언 동부에서 수평 고생대 지층 아래의 경사진 선캄브리아시대 시누모 규암, 하카타 점토암과 베이스 지층. 사진: 그렉 데이브슨.

랜드캐니언 슈퍼그룹 암석은 단층이 일어나기 전에 시멘트처럼 접착하고 단단해졌다(교결[cimentation]). 단층된 구역들이 융기하고 난 후로 또 다른 침식이 2억 년간 지속되었다.

5억2천5백만 년 전 무렵이 되자, 침식으로 인해 저지대의 표면은 해수면에 가까워졌지만, 침식이 잘 안 되는 암석으로 이루어진 높은 산등성이는 남게 되었다(일부는 240미터까지 두드러졌다). 지표면에 노출된 기반암에는 슈퍼그룹 단층 구역과 더 오래된 변성암과 화성암이 계속되는 노두(露頭)가 포함되어 있다.

그림 4-10 리버 마일 121, 블랙테일 캐니언의 대부정합. 수평으로 쌓인 타피츠 사암이 더 어두운 비시누 편암 위에 놓여 있다. 사진: 하워드 리.

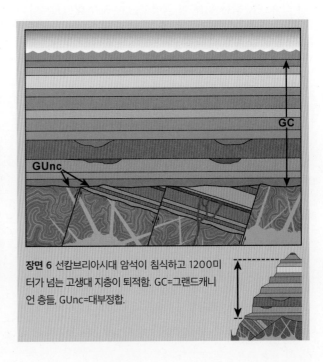

장면 6 선캄브리아시대 암석이 침식하고 1200미터가 넘는 고생대 지층이 퇴적함. GC=그랜드캐니언 층들, GUnc=대부정합.

그림 4-11 리버 마일 122 근처의 그랜드캐니언 고생대 지층. 사진: 팀 헬블.

지질학자들은 이 거대한 침식 표면 또는 더 오래된 기반암과 이를 덮은 더 젊은 퇴적암의 접촉을 대부정합(Great Unconformity)이라고 부른다.

홍수 지질학자들은 대부정합에 유의미한 시간차가 있다고 보지 않는 반면에(침식과 퇴적 모두 같은 홍수에 의해 야기되었다고 본다), 현대 지질학자들은 엄청난 시간차가 있다고 인식한다. 그 시간차의 정도는 협곡의 위치(가장 오래된 편암과 화강암 위에 놓여 있는 암석 위 또는 슈퍼그룹의 더 젊은 지층의 노출된 가장자리 위)에 따라 달라진다.그림 4-9 타피츠 사암이 편암과 화강암 위에 직접 놓여 있는 곳에서는 시간차가 10억 년이 넘는다!그림 4-10

그 후 2억5천5백만 년이 넘는 고생대 동안, 지각이 가라앉음에 따라 이 지역에 바닷물이 밀려왔다 물러가기를 반복하면서, 수백 미터의 퇴적 지층을 쌓아올렸다.장면 6, 그림 4-11 바닷물이 물러간 동안에는 하천이 이 암석을 깎으면서 수로를 만들었다(장면 6 중간 부근 4개의 사발 모양의 지역). 약 2억7천만 년 전 얕은 바다에서는 카이밥 지층(현재 그랜드캐니언의 가장 위쪽 지층)이 퇴적될 때까지 퇴적과 침식이 주기적으로 일어났다.

사암, 점토암, 석회암이 교대로 나타나는 현상은 해수면의 상승과 하강이 일어난 주기(때로는 지각의 침강과 융기)를 설명할 수 있다. 즉 석영 모래는 해변과 얕은 바다, 강바닥, 사막의 사구에 쌓이고, 진흙은 갇힌 만(灣)이나 더 깊고 비교적 잔잔한 물에서 쌓이며, 석회질 모래와 진흙층은 조개가 성장하고 죽는 따뜻하고 맑은 물에서 형성된다.

이 지층들 중 많은 층은 해수면 위에 노출됨에 따라 해수면이 상승해서 퇴적작용이 다시 시작되었을 때 다른 퇴적물이나 생명형으로 갑자기 옮겨간 흔적을 간직한 노두를 보인다(부정합이 더 많다). 붉은 벽(Redwall) 석회암 같은 일부 지층은 형성되고 나서 빗물 삼투, 지표수 흐름에 의해 방대한 동굴 망을 만들 만큼 충분히 오랫동안 해수면 위로 올라와 있다가, 후에 그 위를 덮은 퇴적물에 의해 채워졌다.

이 협곡의 암석에는 많은 화석이 보존되어 있다. 고생물학자(화석을 연구하는 지질학자)들은 이 화석이 모두 예외 없이 고생대 생물(5억4천1백만 년에서 2억5천2백만 년 전)이라고 인식한다. 그랜드캐니언 암석에는 새, 공룡, 포유류, 현화식물(꽃이 피는 식물) 등 전 세계의 더 젊은 퇴적물에서 발견되는 보편적인 생물이 전혀 함유되어 있지 않다.

4. 그랜드 스테어케이스(그랜드캐니언에서 브라이스 캐니언까지): 중생대

그랜드캐니언 북쪽의 그랜드 스테어케이스 암석층그림 4-12은 한때는 그랜드캐니언 지역 위에까지 걸쳐 있었다.장면 7 이 층들도 약 2억5천2백만 년 전에 시작되어 약 6천5백만 년 전(공룡의 지배의 종말)에 끝난 중생대 말기 동안에 해수면 변동으로 퇴적되었다.

더 오래된 그랜드캐니언의 지층 위에 놓인 그랜드 스테어케이스의 중생대 지층에는 그랜드캐니언에는

그림 4-12 그랜드 스테어케이스. 사진: 웨인 레니.

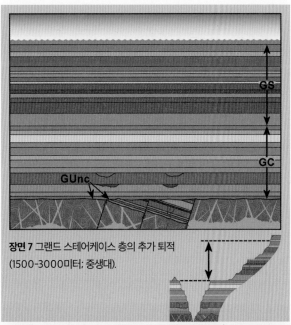

장면 7 그랜드 스테어케이스 층의 추가 퇴적 (1500-3000미터; 중생대).

장면 8 그랜드캐니언 위의 중생대 지층이 제거되고 그랜드캐니언이 침식됨.

없는 공룡, 해양 파충류, 하늘을 나는 파충류, 현화식물이 발견되며, 궁극적으로 위쪽 지층에서는 초기 포유류 화석이 발견된다. 이것들은 모두 중생대 생물(2억5천2백만 년에서 6천6백만 년 전)로 인식된다. 서로 다른 지층들 간에 해양생물과 육상생물의 화석이 섞이지 않으며 알이 포함된 공룡 둥지가 보존되어 있다는 사실은 정상적인(거대한 홍수가 없는) 과정이 작용했다는 증거다.

5. 브라이스 캐니언과 더 높은 암석층: 신생대

그랜드 스테어케이스에서 가장 높은 지대는 클래론 지층으로, 호수 석회암이 브라이스 캐니언 국립공원의 환상적인 후두(hoodoo; 암석 기둥)들을 형성하고 있는 장소다.그림 4-13 북미와 세계 곳곳에는 클래론보다 더 젊은 암석층도 많이 있다. 이 지층들도 더 낮은 지층에서 볼 수 있는 것과 동일한 과정이 일어났다는 많은 증거를 가지고 있으며, 독특한 화석을 함유하고 있다. 여기서는 들소, 매머드, 현화식물이 발견되며, 낮은 지층의 고생대와 중생대 암석에서 발견되는 멸종된 많은 생물(삼엽충과 공룡 등)은 전혀 없다.

그랜드캐니언은 신생대 동안 콜로라도고원이 융기되어 이 지역에서 바다가 물러갔을 때 그때까지 쌓인 지층들 안으로 깎여 들어가 형성되었다(장면 8). 그랜드캐니언이 언제 깎였는지에 대한 가장 이른 연대는 큰 논쟁거리다. 그랜드캐니언 중 일부는 아마도 이 융기에 반응하여 시작되었겠지만, 콜로라도강에 의한 이 지역의 침식 중 대부분은 약 6백만 년 전부터 현재에 걸쳐 일어났다.

홍수 지질학자들은 그랜드 스테어케이스에 있는 클래론 지층그림 4-13의 퇴적과 그랜드캐니언의 침식을 일괄적으로 홍수 이후의 동일한 짧은 시대 틀(지난 4500년) 안에 집어넣는다. 현대 지질학자들은 클래론

1부 두 견해

그림 4-13 브라이스 캐니언의 클래론 지층에 있는 후두들. 사진: 브론즈 블랙.

호수의 퇴적이 그랜드캐니언과 그랜드 스테어케이스의 암석이 융기되어 궁극적으로 콜로라도고원을 형성한 시기에 일어났다고 생각한다. 융기작용과 그랜드캐니언 자체의 침식 시기는 이후의 장에서 자세히 다룰 것이다.

정리

젊은 지구론 옹호자들은 우리가 모두 같은 증거를 보고 있지만 성경적 세계관과 자연주의적 세계관으로 견해가 갈려서 해석이 다르다고 주장한다. 그러나 대부분의 지질학자들(그리스도인 지질학자를 포함해서)은 홍수 지질학자들이 모든 증거를 고려하지 않거나 자신들의 해석을 지지하는 증거만 선택적으로 보고한다고 주장한다. 이처럼 판이한 입장 중 어느 입장이 옳은지 어떻게 알 수 있을까? 관찰이 불가능한 과거에 무슨 일이 실제로 일어났는지 누가 알 수 있을까? 우리는 이 질문에 답할 수 있다고 믿는다. 그러니 이 책을 계속 읽어보라!

석양 녘의 중앙 그랜드캐니언. 사진: 브론즈 블랙.

지질학은 어떻게 작동하는가?

1부에서 우리는 홍수 지질학이 무엇인지, 홍수 지질학이 시대 틀과 해석에서 현대 지질학과 얼마나 다른지를 설명했다. 2부에서는 현대 지질학이 "작동"하는 기본 원칙, 즉 지질학자들이 어떻게 결론에 도달하는지에 대해서 설명할 것이다. "지질학은 어떻게 작동하는가?"는 3부분으로 나뉜다. (1) 퇴적암(퇴적암과 구조들이 어떻게 형성되었는가, 어떻게 현재를 통해서 과거를 이해하는가?; 5-7장), (2) 시간(사건들의 순서 또는 어떤 사물의 나이를 어떻게 알 수 있는가?; 8-10장), (3) 판구조론(산들을 들어 올리고 암석을 변형시키도록 작용하는 힘들; 11-12장).

퇴적암

다음에 오는 3개의 장에서는 퇴적암이 강조된다. 이는 부분적으로 퇴적암이 그랜드캐니언과 그 북쪽의 그랜드 스테어케이스의 대부분을 구성하고 있으며, 지구의 전반적인 역사에 대해 알려진 많은 내용이 퇴적암에 담겨 있기 때문이다. 이전 장들에서 우리는 (용암으로부터 형성된) 화성암과 (열/압력에 의해 변화된) 변성암을 간단히 묘사했다. 세 번째 유형의 암석인 퇴적암은 두 가지 주요 과정에 의해 형성된다. 하나는 다른 장소에서 옮겨온 알갱이들이 쌓여서 교결되는 것(cementation)이고, 다른 하나는 물에서 광물질이 직접 침전해서 생긴 것이다. 후자는 수중생물에 의해 형성된 껍데기들이 모인 것을 포함할 수도 있다.

5-7장에서는 지질학자들이 퇴적암에서 퇴적 과정의 작동과 암석층의 형성을 이끌어낸 환경을 어떻게 알아내는지를 설명한다. 지질학자들은 암석을 오늘날의 지표면 및 바다 밑에서 형성되고 있는 유사한 퇴적물과 비교함으로써 이를 수행한다. 고대 암석과 현대 퇴적물 사이의 놀라운 유사성은, 지질학자들이 그랜드캐니언과 그랜드 스테어케이스의 암석층이 급격하고 격변적으로 형성되었다고 보는 홍수 지질학 모델을 거절하는 가장 강력한 이유다.

그랜드캐니언의 북측(그랜드 스테어케이스의 일부), "두 번째 물결"로 알려진 나바호 사암 노출부. 사진: 마이크 룹슨.

5장

퇴적암의 유형과 형성 방법

스티븐 모시어, 팀 헬블, 캐럴 힐

우리는 질문으로 4장을 마무리했다. 관찰 불가능한 과거에 실제로 무슨 일이 일어났는지를 누가 알 수 있는가? 다른 식으로 말해보자. 우리가 어떤 절벽을 마주보고 있는데 그 절벽의 어떤 곳은 기울어지고, 어떤 곳은 접히고, 어떤 곳은 단층을 일으켜 갈라지고, 어떤 곳은 화석이 있고, 어떤 곳은 화석이 없고, 어떤 곳은 특수한 방식으로 침식되어 있다면, 어떻게 이런 복잡한 역사를 이해하기를 바랄 수 있을까? 어떤 특정 지역에 있어 이런 질문에 대답하려면 여러 해 동안의 세심한 연구가 필요할지도 모르지만, 지질학자의 도구상자에 들어 있는 기본적인 도구는 실제로는 아주 간단하다. 오늘날 퇴적물이 어떻게 형성되는지를 관찰하는 데에서부터 시작해보자.

퇴적암은 퇴적물로 만들어진다

첫 번째 관측 사항은 퇴적암이 퇴적물의 축적에서 비롯된다는 자명한 사실을 상기하는 것이다. 퇴적물이 매우 다양한 방식으로 형성될 수 있다는 사실은 이보다는 덜 명확하다. 퇴적물의 형성 방식은 이것이 어디에서 왔는지, 어디에서 어떻게 퇴적되었는지에 의존한다. 이는 퇴적물이 형성되고 퇴적되는 전형적인 몇몇 환경 또는 배경을 보여주는 그림그림 5-1에 예시되어 있다. 이 장 전체에서는 이 예시를 계속 언급할 것이다.

우리는 기반암이 높이 융기되어 풍화작용과 빙하, 흐르는 물, 산사태 같은 침식력에 노출되는 산에서부터 관찰을 시작할 수 있다. 자연히 이곳에서 형성된 퇴적물은 매우 굵고 그 기원지의 기

반암과 유사하리라고 예상될 것이다(몽돌, 조약돌과 약간의 모래로 구성됨). 새로 만들어진 퇴적물은 산사태와 산의 계류(溪流)에 의해 골짜기 바닥으로 옮겨져 암석 쇄설물이 쌓인 부채 모양의 넓은 지대에 일시적으로 머무른다. 이 부채꼴의 선상지를 흐르는 강들이 산에서 퇴적물을 가져간다. 강이 퇴적물을 운반할 때 자갈과 모래 입자로 나뉘어 물길의 바닥을 따라 이동한다. 입자가 더 고운 모래와 진흙은 용해된 광물질과 함께

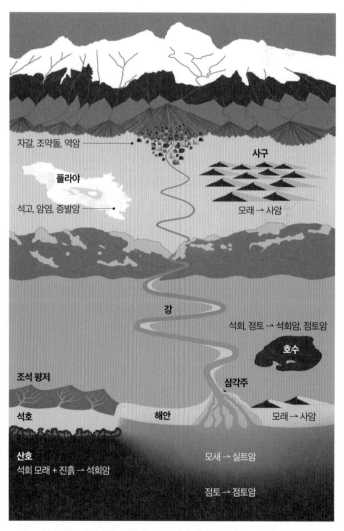

그림 5-1 여러 종류의 퇴적물이 쌓이는 공통적인 환경을 묘사하는 이상화된 예시. 각각의 퇴적물은 해당 환경에 있어 독특한 특성을 가지고 있다. 예를 들어 사막의 사구에서 쌓인 모래 퇴적물은 해변을 따라 쌓인 모래 퇴적물과 모양이 판이하다. 이 그림은 이렇게 다른 배경에서 어떤 종류의 퇴적암이 만들어지는지를 보여준다.

물에 떠서 운반된다. 물살이 빠르게 흐르는 곳에서는 굵은 입자와 작은 입자가 같이 운반된다. 흐름이 느려짐에 따라 먼저 자갈이 가라앉고 그다음에는 모래가 가라앉고 다음으로는 떠다니는 모새가, 그리고 흐름이 멈추면 점토가 가라앉는다. 하천의 굴곡부 안에서는 이 현상이 소규모로 발견되는데, 천천히 흐르는 물이 흔히 모래톱을 쌓아놓는다. 입자들의 이동 거리는 입자 모양과 조성에 영향을 준다. 긴 거리나 빠른 물은 더 큰 조각들(자갈과 율석)을 바닥에 굴려서 이것들이 둥글고 매끄럽게 되도록 만든다. 하류 쪽으로 향하는 장거리 이동은 부드러운 광물질이 씻겨 나가거나 다른 광물질이 용해되거나 고운 점토질로 변화되기에 충분한 시간을 허락한다.

강은 컨베이어 벨트처럼 퇴적물을 산에서 바다로 나른다. 그러나 도중에 운반이 멈춰서 퇴적물이 호수에 쌓이거나 사막의 바람에 의해 걸러질 수도 있다. 바다로 운반된 퇴적물은 삼각지의 해안지대, 갯벌, 석호, 해변을 따라 퇴적된다. 모래 크기의 입자들은 해안 가까이에 머무는 경향이 있는 반면, 더 고운 모래와 점토는 바다 쪽으로 더 나아가서 최종적으로 더 깊고 고요한 곳에 가라앉는다.

열대 해안이나 연해처럼 해양생물이 많은 곳에서는 생물 자체가 죽은 뒤 탄산칼슘 광물 껍데기가 쌓이면서 퇴적물이 만들어지기도 한다. 산호초에 가보면 산호 조각, 산호 말, 조개껍데기들을 보게 될 것이다.

> 지질학자들은 공통적으로 발견되는
> 퇴적 입자들을 어떻게 묘사하는가?
>
> 자갈(조약돌, 율석[栗石], 몽돌 포함): 지름 2mm 이상
> 모래: 2mm에서 1/16mm 사이
> 모새: 1/16mm에서 1/256mm
> 점토: 1/256mm(62마이크론) 미만
> 진흙: 점토와 모새의 혼합물

이런 환경에서는 바닷물에 탄산칼슘 성분이 너무 많아서 진흙 크기의 결정이 자연스럽게 물에서 가라앉아 바닥에 쌓일 수도 있다. 탄산칼슘 입자로 구성된 암석을 석회암이라고 부른다. 많은 양의 바닷물이나 짠 호수물이 증발하면 암염(식탁용 소금)과 석고(황산칼슘) 같은 다른 유형의 결정들이 축적되어서 증발암을 형성할 수 있다.

퇴적물이 어떻게 암석이 되는가?

그림 5-1에 나타난 퇴적 환경의 예시는 퇴적물이 퇴적될 수 있는 가능한 방법들을 보여준다. 그러나 퇴적암이 만들어지는 과정은 퇴적물이 쌓이면서 멈추는 것은 아니다. 느슨한 퇴적물이 암석으로 바뀌려면 압축작용(compaction)과 교결작용(cementation)이 필요하다. 퇴적물이 층으로 쌓임에 따라 이것들의 무게가 퇴적물 알갱이들을 서로 더 가까워지게 누를 때 압축이 일어난다. 광물질이 알갱이들 사이에 침전할 때는 교결작용이 일어나는데, 이 과정은 압축작용과 동시에 일어나거나 그 후에 일어날 수도 있다. 방해석 모래 같은 일부 유형의 퇴적물은 깊이 묻히지 않고서도 몇 년 안에 암석으로 굳어질 수 있는 반면, 대부분의 퇴적물이 압축 및 교결되려면 오랫동안 깊이 묻혀야 한다. 멕시코만은 이 과정을 관찰하기 좋은 장소다. 여기서는 석유 시추공이 밑으로 내려갈수록 퇴적물이 점점 더 단단해지다가, 최종적으로 표면 수백 미터 아래에서 완전히 단단해진 암석에 도달한다.

그랜드캐니언과 그랜드 스테어케이스의 퇴적암

이제 그랜드캐니언과 그랜드 스테어케이스에 노출된 다양한 퇴적암을 살펴보자. 논의를 진행해나가면서, 퇴적물이 오늘날 지표면에 쌓이는 다양한 방식에 주의하

그림 5-2 콜로라도 강가의 둥근 돌들. 사진: 개리 래드.

역암

역암은 모래나 진흙이 자갈(또는 이보다 큰 입자들)과 섞여서 만들어진 암석이다. 둥근 돌들은 흐르는 물이 이것들을 굴려서 날카로운 모서리를 깎아냈음을 암시한다는 점을 기억하라(암석이 흐르는 물이나 파도에 의해 굴려질 때 날카로운 모서리가 깎여 나간다). 콜로라도 강가를 따라 걷다 보면 이런 돌이 흔하게 관찰된다.그림 5-2 이와 대조적으로, 모난 입자는 산사태와 같이 돌이 비교적 빠르게 운반되고 묻혀서 모서리가 다듬어질 시간이 거의 없었음을 암시한다. 그랜드캐니언에는 둥근 몽돌들이 들어 있는 역암을 함유한 여러 지층이 있다.그림 5-3 이런 사실은 이 지층의 기원에 관해 무엇을 시사하는가? 이 지층은 고대에 보이지 않는 어느 먼 산에서부터 이 돌들을 운반한 강이 있었음을 나타낼 가능성이 매우 높다.

라. 암석에 담긴 증거를 살펴보면, 오늘날 세계 전역에서 형성되는 퇴적물과 그랜드캐니언의 암석층 사이에 놀라울 정도로 유사성이 있음을 알게 될 것이다.

사암

모래 알갱이들이 교결되어 만들어진 암석을 사암이라고 부른다. 구름이 없는 날 사암을 보면, 햇빛에 반짝이는 작은 광물의 표면을 볼 수 있다. 유리 같은 모래

그림 5-3 슈퍼그룹의 역암. 오른쪽 사진의 율석은 슈퍼그룹 역암에서 침식되었는데 마치 강의 돌처럼 보인다! 사진: 스티븐 스렐켈드(왼쪽), 그렉 데이비슨(오른쪽).

그림 5-4 리버 마일 117 지점 콜로라도 강가에 절벽을 형성하고 있는 타피츠 사암. 사진: 팀 헬블.

그림 5-5 경사진 층을 이룬 코코니노 사암. 사진: 웨인 래니.

알갱이들은 대개 화성암(화강암 등), 변성암(편암 등) 또는 더 오래된 사암 등과 같이 더 오래된 암석에서 나온 석영 결정들이다.

모래는 바람이나 물에 의해 운반 및 퇴적될 수 있는데, 물속에서 퇴적되는 경우가 가장 흔하다. 예를 들어 그랜드캐니언의 타피츠 사암에서는 얕은 물에 사는 원시 해양동물 화석이 발견된다. 이는 이 사암 기반이 얕은 바다에서 퇴적되었음을 나타낸다.그림 5-4

그랜드캐니언의 코코니노 사암은 바람에 의해 쌓인 사암을 보여주는 세계 최고의 사례 중 하나다.그림 5-5 이 지대의 대규모의 뚜렷한 경사 기반은 거대한 사구가 고대 사막 지역을 가로질러 이동한 현상을 보존하고 있다. 보존된 사구의 경사와 이 암석 안에 있는 육상동물의 자취는 이 사구들이 육지에서 형성되었다

는 증거다. 경사 기반의 형성에 대해서는 다음 장에서 자세히 설명된다.

실트암

모새(silt) 알갱이들이 함께 교결된 것을 실트암이라 부른다. 모새 퇴적물은 흔히 모래와 진흙이 퇴적되는 장소들 사이에 놓여 있는 환경, 즉 강의 범람원, 조석 평저, 그리고 강의 삼각주 연안의 얕은 물에서 발견된다.그림 5-1 그랜드캐니언에서 타피츠 사암이나 브라이트 에인젤 점토암과 같이 일반적으로 사암이나 점토암이라고 불리는 많은 지층에는 실제로 많은 실트암 층이 사이에 끼여 있다.그림 5-6

점토암(셰일)

점토암은 입자가 매우 고운 점토나 진흙(종종 점토와 모새의 혼합)으로 이루어진 암석류다. 점토암은 입자가 고운 재질로 만들어져 대개 다른 암석보다 훨씬 부드럽고 잘 바스러진다. 경험상 우리는 다른 크기의 입자들이 물에서 어떻게 가라앉는지 알기 때문에, 실트암이나 사암 위에서 점토암 층이 발견될 경우, 이 지역의 환경이 꾸준히 흐르는 물에서 비교적 잔잔한 물로 바뀌었

그림 5-6 그랜드캐니언 슈퍼그룹의 닥스 지층에서 사암 및 실트암(두꺼운 층)과 점토암(얇은 층)의 간층(interbedded; 서로 끼어 있는 지층들). 사진: 그렉 데이비슨.

2부 지질학은 어떻게 작동하는가?

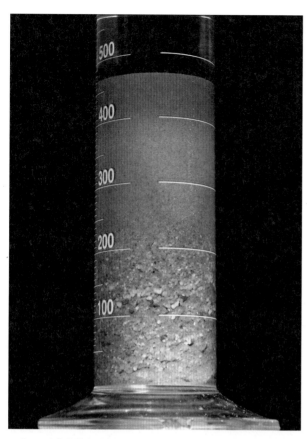

그림 5-7 물과 혼합된 퇴적물을 실린더에 넣고 이를 잘 흔든 뒤 가라앉게 하라. 굵은 알갱이는 밑에 가라앉고 고운 알갱이는 위에 가라앉아 서로 다른 층들이 생긴다. 사진: 조수아 올슨.

음을 알 수 있다. 즉 모래는 흐르는 물에서 가라앉지만, 점토는 흐름이 크게 둔화되지 않는 한 물에 떠다닌다. 이는 누구나 할 수 있는 실험으로 입증된다. 그림 5-7

지질학자들은 암석층들 안이나 그사이에서 입자 크기의 변화를 발견하면, 즉시 물살의 속도나 깊이가 어떻게 변했을지에 관해 생각한다. 예를 들어 골짜기 전역에 댐이 건설되어 흐르는 물이 멈출 경우 어떤 일이 벌어질지 생각해보라. 물이 차오르기 시작함에 따라 원래 흐름에서 생긴 모래톱이 가라앉고, 그다음에는 모래 위에 입자가 고운 모래와 점토가 쌓인다. 해안에서는 해수면 상승으로 같은 현상이 달성된다.

점토암은 비교적 쉽게 바스러지기 때문에 다른 유형의 암석층보다 훨씬 쉽게 침식되는 경향이 있으며, 이로 인해 그랜드캐니언에서 볼 수 있는 다소 평평한

파쇄(bench)가 형성되었다. 그랜드캐니언에는 많은 점토암 층이 있지만, 가장 두꺼운 두 개의 점토암 층인 브라이트 에인젤 점토암과 허밋 지층이 각각 톤토고원과 에스플러네이드 플랫폼으로 알려진 두 개의 파쇄 지역을 형성한다. 그림 5-8, 5-9

석회암

석회암은 탄산칼슘 조개껍데기의 조각 그리고/또는 석회질 진흙이 쌓여서 형성된 암석이다. 석회질 퇴적물은 오늘날 대(大)바하마 대륙붕, 플로리다만의 플로리다 키스제도와 그 뒤의 바다, 아라비아(페르시아)만의 남부 해안, 그리고 산호초가 자라는 곳에서 쌓이고 있다. 산호초 주위를 스노클링하면 어떻게 퇴적물이 형성되는지를 관찰할 수 있다. 죽은 산호와 해초는 파

그림 5-8 톤토고원: 이곳에서는 브라이트 에인젤 점토암이 더 단단한 타피츠 사암 위에 파쇄를 형성한다. 사진: 마이크 부크하이트.

그림 5-9 에스플러네이드 플랫폼: 이곳에서는 허밋 지층의 점토암이 더 단단한 에스플러네이드 사암 위에 파쇄를 형성한다. 사진: 웨인 래니.

그림 5-10 카이밥 지층의 석회암에는 화석화된 바다나리 줄기가 많이 포함되어 있다. 사진: 웨인 래니.

도(대부분은 폭풍우)와 산호초 속에 들어 있던 미생물에 의해 부서진다. 비늘돔 같은 일부 물고기는 산호 조각을 뜯어 먹고 모래와 진흙 크기의 입자들을 자신의 내장으로 통과시킨 뒤 해저에 배설한다. 파도와 해류가 산호초 주위에서 만들어진 석회질 퇴적물과 (바다나리라고 불리는 원시 해양동물 같은) 해양생물의 잔해를 해안을 따라 해변으로 운반한다.그림 5-10 대부분의 석

회암은 굳으려면 오랜 시간이 걸리지만, 열대 해안에서는 퇴적물이 묻히는 것과 거의 동시에 석회질 퇴적물이 해변의 암석으로 단단하게 교결되기 시작할 수 있다.

그랜드캐니언의 측면 벽에서는 다수의 석회암 지층이 나타난다. 그중 가장 걸출한 것은 붉을 색을 띠는 석회암이다. 이 지층은 그랜드캐니언에서 가장 큰 절벽 면을 이룬다.그림 5-11 사실상 이 암석 자체는 붉지 않다. 벽은 회색 석회암인데, 그 위의 수파이 그룹과 허밋 지층에 함유된 철분이 풍부한 광물에서 산화철이 녹아 흘러내려 석회석 표면을 착색시켜서 붉게 보일 뿐이다.

석회암이 해양 환경에서만 형성되는 것은 아니다. 일부 호수, 특히 건조한 환경에서도 석회암은 발견된다. 호수에서 형성된 고대 석회암 지층은 바다 아래에서 형성된 지층과는 대조적으로 담수 화석의 존재

그림 5-11 강물 높이에서의 붉은 벽 석회암. 사진: 팀 헬블.

2부 지질학은 어떻게 작동하는가?

에 근거해서 구별할 수 있다. 예를 들어, 브라이스 캐니언에 노출된 클래론 지층의 많은 부분은 민물 달팽이 화석이 풍부해서 호수 퇴적물로 알려져 있다.

실험실에서건 현장 관측을 통해서건, 홍수 물로부터 석회암이 형성된 사례는 보고된 적이 없다. 워싱턴주의 채널드 스카브랜즈(Channeled Scablands)를 형성할 정도로 거대한 홍수에서조차 말이다(16장에서 논의할 것이다). 간단히 말하자면, 석회암이 형성되는 데에는 퇴적작용이 일어나는 오랜 시간, 즉 홍수 기간보다 훨씬 더 긴 시간이 필요하다.

증발암

개방된 수역에서 증발률이 높으면 농축된 유체에서 광물질 염분이 침전해서 증발암(evaporite)이라는 또 다른 형태의 퇴적암이 형성될 수 있다. 해저나 강바닥에서 우윳빛 진흙으로 보이는 이 유체는 굳어져 궁극적으로는 결정질암으로 변한다. 바다의 좁은 물줄기가 바다 본체로부터 절단되거나 강의 배출구가 없는 폐쇄된 유역에서 민물 호수가 만들어지면,그림 5-1 두꺼운 암염(염화나트륨), 석고(황산칼슘), 또는 기타 소금층이 축적될 수 있다. 오늘날 소금이 형성되는 장소의 사례로는 유타주의 그레이트 솔트 레이크, 페르시아만, 이스라엘의 사해그림 5-12가 있다. 그랜드캐니언의 카이밥 지층과 토로윕 지층 모두 석고를 포함하고 있지만, 석고는 빗물에 쉽게 용해되어 휩쓸려 가버리기 때문에 노출된 암석에서 흔히 관찰되지는 않는다.

지층들의 층서

이제 그림 5-1을 다시 살펴보고, 오랜 시간에 걸쳐 바다가 육지로 진출했다가 물러났다고 상상해보라. 바다가 육지로 전진한(또는 침범한) 기간에는 더 깊어

그림 5-12 사해의 가장자리에서 형성되는 증발암. 사진: 마크 윌슨.

진 바닷물이 과거에 바다 가장자리에서 발견되었던 진흙과 모래를 덮어서 그 진흙과 모래 위에 석회암이 형성된다(진흙과 모래는 궁극적으로는 굳어져 각각 점토암과 사암이 된다). 이 단순한 과정은 왜 톤토 그룹에서 무아브 석회암이 브라이트 에인젤 점토암을 덮고, 이

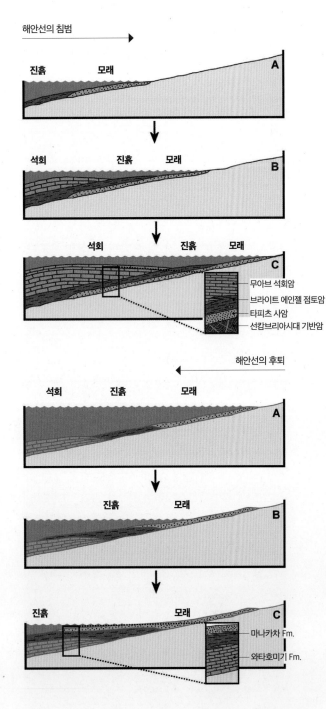

해안선의 침범 →

진흙   모래   A

석회   진흙   모래   B

석회   진흙   모래   C
                                                    ┌─ 무아브 석회암
                                                    ├─ 브라이트 에인젤 점토암
                                                    ├─ 타피츠 사암
                                                    └─ 선캄브리아시대 기반암

← 해안선의 후퇴

석회   진흙   모래   A

진흙   모래   B

진흙   모래   C
                                                    ┌─ 마나카차 Fm.
                                                    └─ 와타호미기 Fm.

그림 5-13 해수면이 높아질 때(윗부분의 순서)와 낮아질 때(아랫부분의 순서) 볼 수 있으리라고 예상하는 암석층에 대한 단순화된 예시.

점토암이 타피츠 사암을 덮고 있는지를 설명해준다. 캄브리아기에 고대 바다가 동쪽으로 진출해서 노출된 선캄브리아시대 기반암을 덮었다.그림 5-13의 윗부분 반대로, 바다가 육지로부터 물러나면(또는 후퇴하면), 사암이 석회암이나 점토암을 덮으리라고 예상된다.그림 5-13의 아랫부분 이 현상은 수파이 그룹에서 마나카차 지층의 사암과 점토암이 와타호미기 지층의 석회암을 국지적으로 덮고 있는 장소에서 발견된다. 주로 사암과 점토암 층으로 이루어진 수파이 그룹이 붉은 벽 석회암을 덮고 있는 곳과, 코코니노 사암이 허밋 지층을 덮고 있는 곳에서도 동일한 일반적인 형태가 발견된다.

해수면이 낮아지면 지층의 침식이 일어날 수도 있는데, 이로 인해 우리가 간단하게 예를 들었던 시나리오가 복잡해진다. 이런 경우에 부정합이라고 불리는 침식된 표면은 여기서 어떤 물질이 사라졌음을 나타낸다(암석 기록에서의 틈). 그랜드캐니언은 해수면이 여러 번 전진했다 물러가고, 간헐적으로 암석이 침식되어 소실된 증거를 포함하고 있다. 10장에서는 그랜드캐니언의 지층에 있는 부정합의 증거를 다시 다룰 것이다.

일련의 퇴적층은 얼마나 빨리 형성되는가?

앞에서 말했듯이, 암석이 얼마나 빨리 형성되는지는 암석의 유형에 따라 다르다. 화산 폭발은 몇 시간 안에 두꺼운 화산재 층을 만들 수 있는 반면에, 조개껍데기와 산호 집단의 축적으로 상당한 층이 쌓이려면 수십 년에서 수천 년이 소요된다. 왜냐하면 일부 유형의 퇴적물, 얇은 퇴적층은 빠르게 쌓일 수 있지만, 일반적으로 사건들 사이에는 상당한 시간이 경과하기 때문이다. 공통적인 예로서 해저 사태(submarine landslide)를 들 수 있다. 해저 사태로 인해 나온 물질은 퇴적물의 현탁액(중력류 또는 저탁류라 불림)을 만들

점토 문제

점토암을 이루는 대부분의 알갱이들은 점토 물질이다. 점토암은 지구 퇴적암의 약 50퍼센트를 차지한다. 점토가 이렇게 많다니! 점토는 단순히 곱게 갈린 모래와 모새 입자만이 아니라, 물과 공기가 노출된 오래된 바위 및 지표면의 광물과 반응할 때와 같은 화학적 풍화작용을 통해 형성된 광물이다. 화성암 위에 모새가 풍부한 얇은 토양층이 형성되려면 수천 년이 걸린다. 일부 홍수 지질학자들은 4억 입방킬로미터가 넘는 지구상의 방대한 퇴적물의 저장물이 홍수 동안에 퇴적된 퇴적암에 알갱이들을 제공했다고 주장한다. 그러나 점토가 더 오래된 광물로부터 형성된다는 점을 고려할 때, 어떻게 수천만 입방킬로미터의 점토 광물이 창조 주간과 노아의 홍수 사이의 1650년 동안에 형성될 수 있었을까?

밀려오는 홍수 물이 그랜드캐니언의 고생대("홍수 초기") 지층을 형성했을까?

타피츠 사암, 브라이트 에인젤 점토암, 무아브 석회암에 대한 홍수 지질학의 유명한 설명은, 그림 5-7에 묘사된 실험과 흡사하게, 밀려오는 홍수 물이 거친 물질(자갈과 모래)을 먼저 가라앉히고 난 다음에, 홍수 물이 깊어지고 느려짐에 따라 더 고운 입자(모새, 점토, 석회질 물질)를 가라앉혔다는 것이다. 이 설명은 그럴듯하게 들릴 수도 있지만, 자세히 조사해보면 몇 가지 모순이 발견된다. 지층들 안에는 거친 지층과 고운 지층이 번갈아나타나고, 작은 생물에 의해 만들어진 굴들은 (수십 톤의 퇴적물에 의해 급격히 매장된 것이 아니라) "정상적인 삶"을 증거하고 있다. 또한 석회암 입자가 반드시 점토 입자보다 작은 것은 아니며(따라서 이것들은 함께 가라앉아야 한다), 가장 깊은 물에서 형성되었다고 말해지는 무아브 정상에는 조수의 흐름이 있는 환경과 일치하는 수로들이 있다.

어낼 수 있으며, 이 현탁액은 바다 바닥 위로 상당한 거리를 옮겨가서 새로운 퇴적층을 신속하게 형성할 수 있다.그림 5-16 그러나 또 다른 사태로 인해 형성된 물질이 다음 층을 덧붙이려면 대체로 긴 시간이 지나야 한다.

오늘날의 강은 전 세계의 바다에 거대한 양의 퇴적물을 가라앉혀서 두꺼운 일련의 모래, 모새, 점토층들을 만들어낸다. 해수면 변화에 따라 강어귀들이 내륙이나 바다 쪽으로 이동하면서 퇴적물이 쌓이는 지역을 확대시킨다. 수백만 년에 걸쳐 일어나는 이 과정이 그랜드캐니언에서 관찰되는 퇴적층을 쉽게 설명할 수 있다.

홍수 지질학은 급속한 퇴적을 주장한다 — 퇴적물은 어떻게 쌓일까?

석회암 형성

홍수 지질학자들은 "깊음의 샘들"에서 나온, 용해된 방해석으로 포화된 뜨거운 물이 산호, 조개, 기타 해양생물로 가득한 더 차가운 해류를 만났을 때 고기의 (ancient) 석회암이 형성되었다고 추측한다. 해류와 석회질 퇴적물의 이런 결합으로 인해, 순수한 석회암이 급속히 침전되고 홍수 물밑에 가라앉게 되었다는 것이다. 그러나 이런 추측에는 문제가 있다. 방해석은 뜨거운 물보다 찬물에서 더 잘 녹는 소수의 광물 중 하나인데, 이는 냉각이 석회암 형성에 반하는 방향으로 작용했으리라는 것을 의미한다. 또한 격렬한 홍수 속에서는 많은 점토와 석영 모래가 석회질 물질과 섞여 있었을 것이다. 그런데 왜 붉은 벽 지층과 같은 곳에서는 점토와 석영 모래가 거의 없는가?

일부 홍수 지질학자들은 무아브와 붉은 벽 같은 두꺼운 석회암 지층을 형성한 퇴적물이, 먼저 존재하던

그림 5-14 스태그혼 산호의 잎은 끝부분에서 1년에 10-20센티미터까지 급속히 자란다고 알려져 있다. 사진: 팀 헬블.

그림 5-15 이런 넓은 산호 숲은 스태그혼 산호보다 훨씬 느리게 자란다. 사진: 팀 헬블.

암의 급속한 축적과 일치하는 특정한 성경해석을 지지하기 위해 만들어진 것 같다.

홍수 뒤에 산호 형태의 석회암이 급속히 축적되었다는 홍수 지질학의 설명에도 문제가 있다. 홍수 지질학자들은 현대의 산호가 1년에 몇 센티미터씩 자란다는 기록을 인용하면서, 때로는 300미터가 넘는 세계 전역의 산호초가 홍수 이후 약 4300년 안에 매우 빠르게 자랄 수 있었다고 주장한다. 그러나 중요한 세부 사항이 남아 있다. 예를 들어, 오늘날 관찰되는 산호의 빠른 성장은 손가락 같은 좁은 잎 끝에서 일어난다. 전체 산호의 표면의 평균 성장률은 상당히 낮다. 그림 5-14, 5-15

중력류

홍수 지질학자들은 일련의 거대한 해저 사태가 고농도의 액체화된 퇴적물(고농축 중력류[gravity current]라고 불림)을 만들어냄으로써 수백 미터의 퇴적물이 전 세계에 걸쳐 축적될 수 있었다고 주장한다. 이런 가정에는 최소한 2개의 중요한 문제가 있다. 첫째, 원천의 문제가 있다. 중력류에 의해 수천 톤의 퇴적물이 퇴적되려면 수백만 입방킬로미터에 달하는 수백 또는 수천의 다른 유형의 퇴적물(과 화석)이 세계 전역에 전략적으로 위치하고 있다가 나중에 홍수에 의해 분배되었어야 한다. 또한 그중 많은 부분은 홍수 초반의 거센 물살로부터 기적적으로 보호되어 홍수 후반의 원천 물질로 이용될 수 있었어야 한다.

이 퇴적물이 얼마나 높이 쌓였어야 했는지를 생각하면 문제는 더 심각해진다. 중력류는 오르막 위로는 흐르지 않는데, 이는 모여 있던 퇴적물 더미가 형성될 예정인 두껍고 넓은 퇴적층의 최소 두 배 높이는 되어야 한다는 의미다. 이에 대한 계산은 간단하다. 저장량의 절반이 휩쓸려 가서 일련의 중력류에 퇴적되었다면, 남은 저장량은 퇴적된 퇴적물의 높이만큼 될 것

석회 퇴적물이 상당히 먼 곳으로부터 이 협곡으로 옮겨온 것이라고 추측한다. 이런 견해의 문제는 석회암 퇴적물이 풍화를 겪으면 용해된다는 것이다. 부서진 석회암 조각들은 용해되어 없어져 버리기 때문에 원거리 이동을 견디지 못하는 경향이 있다. 현대의 석회암 퇴적물은 조개껍데기들이 형성된 장소에서 가까운 곳에 퇴적된 탄산칼슘 껍데기들이 쌓인 결과이지, 먼 곳에서 침식된 석회암이나 조개껍데기 및 석회 진흙 무더기가 옮겨온 결과가 아니다. 홍수 전에 방대한 양의 두꺼운 석회 퇴적물 원천이 있었다는 생각은 석회

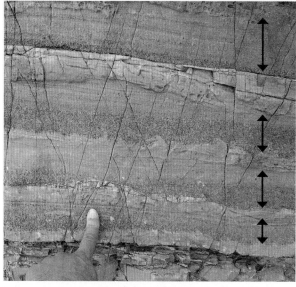

그림 5-16 저탁류로 알려진, 해저를 따라 이동하는 보편적인 유형의 중력류의 예시. 일러스트레이션 ⓒ 오픈 유니버시티.

그림 5-17 4개의 분리된 저탁류의 층들(화살표로 표시됨) 안에 있는 단계별 지층. 각 층 안에서는 정상적인 퇴적이 이루어짐. 캘리포니아주 이뇨카운티 페르미안 암석. 사진: 팀 코프.

이다. 높이의 차이가 없다면 중력류는 멈출 것이다. 그렇다면 저장량의 남은 절반은 어딘가에서 발견되어 조사될 수 있어야 한다. 여기에 대한 유일한 대안은, 이 잔여 저장량이 전 세계의 높은 고원 위에 기적적인 방식으로 자리 잡고서 다음에 있을 홍수를 기다리고 있다는 것이다.

두 번째 문제는 홍수 지질학자들이 홍수 기간 동안 해저 사태에 의해 야기된 모든 중력류가 고도로 농축되었으리라고 암묵적으로 가정한다는 점이다. 그러나 실제로 해저 사태에 의해 야기된 중력류의 가장 보편적 형태는 저농축 저탁류다.

실험실이나 (캘리포니아주 몬터리만 같은) 현대의 자연환경에서의 저탁류 연구들은, 저탁류가 퇴적물 퇴적 실험에서와 같은 특징적인 단계별 나뉨 현상을 만들어낸다는 사실을 보여준다. 즉 거친 알갱이는 바닥층에 가라앉고 고운 알갱이는 위층에 가라앉는다.그림 5-7, 5-17 그랜드캐니언에서 국지적으로 관찰되는 단계별 지층들은 간헐적인 저탁류에 의해 형성되었을 가능성이 높지만, 이런 지층이 일반적이지는 않다.

움직이는 사구

급격한 퇴적을 지지하는 또 다른 주장도 있다. 코코니노 사암과 같이 두껍고 경사지게 쌓인 지층들은, 움직이는 해저의 사구(dune)처럼 퇴적물을 이동시키는 흐름의 속도에 의해 설명될 수 있다는 것이다. 홍수 지질학자들은 시간당 3.2-6.4킬로미터의 속도로 애리조나 북부를 가로지르는 물의 흐름이라면, 300미터에 달하는 코코니노 사암 전체를 몇 일 만에 옮기고 퇴적시킬 수 있었으리라고 주장한다. 넓은 모래 바닥을 가로질러 시간당 6.4킬로미터 속도로 흐르는 물이, 궁극적으로 그랜드캐니언 사암에서 볼 수 있는 경사진 층들만큼 높은 해저 사구를 쌓아 올릴 수 있다는 것은 사실이다. 그렇다면 여기에 빠져 있는 정보는 무엇인가? 몇 일 만에 코코니노 사암을 퇴적시키려면 시간당 6.4킬로미터로 흐르는 물 안에 다소의 모래만 있으면 되는 것이 아니다. 수천 평방킬로미터에 걸쳐 같은 속도로 이동하는 수십 미터 두께의 모래벽이 필요하다. 사구 전체의 이동은 바람에 의하건, 물에 의하건, 사구 표면 위의 모래의 움직임보다 훨씬 느리다.

예비적 비교: 홍수 지질학 모델은 얼마나 그럴듯한가?

전통적 지질학 모델과 홍수 지질학 모델을 비교할 준비가 완전히 되어 있지는 않지만, 퇴적암의 종류와 형성 방법을 이해하기만 해도 많은 것을 배울 수 있다. 그랜드캐니언에서 발견되는 퇴적암 지층은 해수면의 상승과 하락이 반복적으로 이어진 것으로 쉽게 설명될 수 있다. 관찰되는 지형을 설명하기 위해 기상천외하거나 발견되지 않은 자연 과정을 불러올 필요는 없다. 반면에 홍수 지질학 모델은 이례적으로 높은 퇴적물의 퇴적 속도, 깊은 바닷속 균열에서 발생하는 불가역적인 화학작용, 같은 지층에서 점토와 석회질 물질이 혼합되는 경우가 없어야 할 것, 홍수 전에 엄청난 양의 퇴적물이 홍수 뒤에 재분배되기를 기다리고 있어야 할 것, 수십 미터 높이의 퇴적물 벽이 한 단위로 대륙을 이동해야 할 것 등 기상천외하거나 결코 과거에 관찰된 적이 없는 많은 설명을 필요로 한다. 세계적인 쓰나미, 격변적인 대륙 융기, 거대한 중력류, 심지어 창세기의 노아 홍수 기사에 나오는 자연법칙의 위반에 대해서도 전혀 설명하지 않는다는 점을 고려해 볼 때, 위와 같은 억측들이 불가피해지는 것이다.

먹는 도중에 죽은 물고기: 전 세계적 홍수에 의한 급격한 퇴적의 증거일까?

홍수 지질학자들은 다른 물고기를 먹다가 묻혀서 보존된 물고기 화석 사진을 전 세계적인 홍수로부터 갑작스런 퇴적물의 대규모 퇴적이 일어난 증거로 제시한다.그림 5-18 그러나 (그렇게 단정하기에는) 많은 정보가 부족하다. 그중 하나는 물고기가 갑자기 (심지어 먹다가도) 죽을 수 있는 방법은 많다는 것이다. 화산 폭발의 결과일 수도 있고 산소가 충분하지 않은 물속으로 들어갔기 때문일 수도 있다. 더구나 이 "물고기를 먹는 물고기" 화석은 많은 홍수 지질학자들이 홍수 후 퇴적물(신생대)이라고 말하는 지층에서 발견되었다. 이는 "홍수 후" 화석이 전 세계적 홍수에 대한 증거로 사용되고 있음을 의미한다!

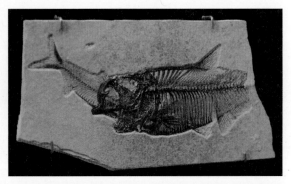

그림 5-18 와이오밍주 파실 뷰트 내셔널 모뉴먼트(Fossil Butte National Monument)에 전시된, 다른 물고기를 먹는 물고기 화석. 사진: 팀 헬블.

건조 후에 벗겨지는 건열. 사진: 브론즈 블랙.

6장

퇴적 구조물: 범죄 현장의 단서

캐럴 힐, 스티븐 모시어

퇴적물이 퇴적되면 그 상태에 관한 단서를 남긴다. 퇴적 구조물(sedimentary structure)은 이런 단서들 중 하나다(다른 단서로는 입자 크기, 화석, 암석 화학, 색상 같은 사항이 있다). 퇴적 구조물은 대개 퇴적물의 퇴적과 동시에, 혹은 그 직후에 형성된다. 범죄 현장의 발자국이나 기타 증거와 마찬가지로, 퇴적 구조는 아무도 본 사람이 없다 할지라도 무슨 일이 일어났는지에 대해 지질학자에게 말해줄 수 있다. 예를 들어, 현대의 조석 평저나 범람원 위의 진흙이 햇빛에 마르면 진흙이 움츠러들고 갈라지고 말려 올라가 건열(mud crack)이라는 구조를 형성한다. 그래서 고대의 암석에서 건열이 나오면, 우리는 이 구조가 오늘날과 같은 방식으로, 즉 젖은 진흙이 마르고 갈라져서 만들어졌다고 추측할 수 있다.

그랜드캐니언 암석에는 퇴적 구조물이 많은데, 이 구조물들은 이것들이 퇴적된 환경과 상태에 관해 놀랍도록 상세하게 보여준다. 그랜드캐니언에 있는 어떤 퇴적 구조물도 지구 역사상 단 한 번밖에 일어나지 않은 전 세계적인 홍수와 같은 이례적이거나 비정상적인 설명을 필요로 하지 않는다. 실제로 그랜드캐니언의 지층에 있는 대부분의 구조물은 흔히 현대의 얕은 바다와 해안의 육지 환경과 관련된다. 이번 장에서는 빗방울 자국, 물결 자국, 건열과 사층리(cross bedding) 같은 현대의 (최근에 형성된) 구조물을 고대 그랜드캐니언의 지층에 있는 유사한 구조물과 비교할 것이다.

건열

그림 6-1 리틀 콜로라도강을 따라 젖은 진흙에서 최근에 형성된 건열. 사진: 밥 부처.

앞에서 언급했던 건열(mud cracks)부터 시작해보자. 건열은 "건조 균열"(desiccation crack)이라고도 불린다. 언제나 건열의 존재는 진흙이 해 아래에서 말랐음을(즉 건열이 물 위에서 형성되었음을) 시사한다. 다른 재질이나 색상의 퇴적물이 다음번 폭우나 홍수에 의해 균열 속으로 씻겨 들어가거나 훨씬 나중에 무기질이 균열을 채우면 보존이 일어난다. 높은 물이 리틀 콜로라도강에서 물러난 뒤에 최근에 형성된 건열은, 5억 2천5백만 년 전의 타피츠 사암에 형성된 고대 건열과 놀랍게도 유사해 보인다.그림 6-1, 6-2 코코니노 사암에서는 직경 15센티미터 이상의 다각형 건조 균열을 볼 수 있다.그림 6-3

그림 6-2 타피츠 사암의 건열. 방해석으로 채워져 있다. 사진: 더그 파웰.
그림 6-3 코코니노 사암의 다각형 건열. 사진: 데이비드 엘리엇.

빗방울 자국

빗방울 자국은 쏟아지는 빗방울이 젖은 진흙, 모새 또는 모래에 충격을 주어 퇴적물에 파인 작은 흔적을 남길 때 만들어진다. 퇴적물이 물밑에 있다면 빗방울에 의해 충격을 받을 수 없기 때문에, 빗방울 자국은 촉촉한 퇴적물이 대기에 노출될 때에만 형성된다. 달리말해 이 구조물은 홍수 물이 급격히 차오르는 환경이나 수심 몇 센티미터 이상의 물속에서 만들어질 수 없었다. 코코니노 사암에서는 빗방울 자국이 여러 군데에서 발견되었다.그림 6-5

격렬한 홍수로부터 건열이 형성될 수 있을까?

홍수 지질학자들은 고운 알갱이의 퇴적물이 가라앉아 "물이 빠지면" 건열과 비슷한 구조물이 깊은 해저에서 형성될 수 있다고 주장해왔다. 심해 균열 또는 동시 균열이 다각형의 진흙 건열을 닮는 경우도 있다. 하지만 이것들은 방추형이거나 꼬불꼬불하며, 연속적인 유형이 없고 기하학적 도형 모양도 아니다.그림 6-4 홍수 지질학자들은 심해 균열에 관한 주류 지질학 문헌을 인용해서 자신들이 그랜드캐니언에서 관찰한 현상을 해석하지만, 이런 과학 문헌에 나오는 심해 균열 구조물의 묘사와 사진은 그랜드캐니언 지층에 포함된 건열과 유사하지 않다. 물 위에 노출된 특징을 보여주는 진정한 진흙 건열이나 건조 균열은 빗방울 자국, 물결 자국, 그리고 동일한 암석에 척추동물의 발자국이 있다는 점에서 깊은 물속의 균열과 더 구분된다. 그랜드캐니언의 코코니노 사암이 그런 경우다.

그림 6-4 노바스코샤주에 있는 펜실베이니아기 스텔라톤 지층의 방추형의 이액 균열. 사진: M. C. 리겔.

물결 자국

대개 물결 자국은 한 방향으로 움직이는 해류그림 6-6 또는 얕은 물(일반적으로 깊이 수 미터 이내)에서 앞뒤로 움직이는 물결에 의해 만들어진다. 2004년에 수위가 높아졌을 때 그랜드캐니언의 콜로라도강 기슭을 따라

2부 지질학은 어떻게 작동하는가?

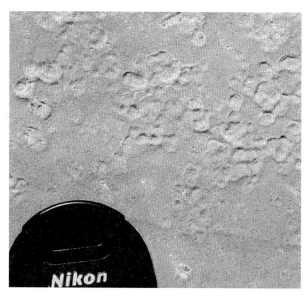

그림 6-5 코코니노 사암의 빗방울 자국 화석. 사진: 데이비드 엘리엇.

그림 6-6 시속 0.8에서 1.6킬로미터의 해류에 의해 약 6미터 깊이의 물속에서 형성된 물결 자국(및 기타 재미있는 현상들). 사진: 그랜트 존슨.
그림 6-7 타피츠 사암에 보존된 물결 자국. 사진: 앨런 힐.
그림 6-8 수위가 높을 때 강에 의해 퇴적된 모래톱에 형성된 물결. 사진: 데이비드 러빈.

형성된 물결 자국은, 5억2천5백만 년 전에 타피츠 사암에서 형성된 물결 자국과 유사하다. 그림 6-7, 6-8 또한 깊은 물의 해저에서 물결 자국의 사진이 찍히기도 했는데, 이 경우는 밀도류에 의해 움직이는 조류의 느린 흐름이 이런 무늬를 만들어낸 것이다. 그러나 홍수 지질학자들의 제안처럼, 전 세계적 홍수로 야기된 쓰나미에 의해 만들어진 고속의 해류는 바닥의 퇴적물을 휘저어 위의 사진에서 본 것같이 일정한 간격의 물결 자국을 만들어내지 않는다.

사층리

5장에서 언급했듯이, 사층리(cross bedding)는 물이나 바람의 흐름이 모래를 이동 및 퇴적시켜 큰 물결이나 사구를 만든 곳에서 흔히 관찰되는 모습이다. 모래 알갱이들이 물이나 바람의 흐름에 의해 기울기가 보다 완만한 물결이나 사구 뒤쪽에서는 위쪽에 모이고, 보다 경사가 심한 쪽에서는 "아래"쪽에 퇴적된다. 사구의 정면에 쌓이는 모래는 크기와 밀도별로 모래 층 전체에 비해 경사진 일련의 매우 얇은 층들로 분류

된다. 거대한 사구의 정상은 사막을 이동하면서, 9미터에 달하기도 하는 모래 더미를 뒤에 남긴다. 뒤에 남겨진 모래 더미에 보존된 기울어진 층리 또는 사층리는 그 사구가 움직이던 방향을 보여주며, 따라서 지질학자들에게 고기의(ancient) 바람이나 파도에 관한 정

그림 6-9 코코니노 사암 브라이트 에인젤 트레일의 사층리. 이 사층리의 각도는 약 30°다. 사진: 팀 마틴.

보를 제공한다. 사층리는 그랜드캐니언의 거의 모든 퇴적 지층의 일부 층에서 관찰된다.

그랜드캐니언에서 가장 크고 멋진 사층리는 코코니노 사암에서 생생하게 볼 수 있다. 수파이 그룹의 층에서도 이보다 다소 덜한 사층리를 관찰할 수 있다. 그림 6-9, 6-10 느슨하고 마른 모래의 최대 안정 각도는 30°에서 34° 사이다. 이보다 경사가 심하면 사구에 작은 규모의 사태(avalanche)만 나도 무너지는 경

그림 6-10 수파이 그룹 사암의 사층리. 이 사층리의 각도는 약 20°다. 사진: 팀 헬블.

향이 있다. 그림 6-11 약간의 습기는 모래를 보다 안정적이게 하지만, 해변에서 모래성을 쌓아본 사람은 (높은 조수에 의해 잠기는 것같이) 모래가 흠뻑 적셔지면 구조물 전체가 무너진다는 것을 안다. 물밑에서 흠뻑 적셔진 모래는 사막의 사구에 있는 마른 모래만큼 가파른 경사를 유지할 수 없다. 코코니노의 사층리는 최대 각도가 29°에서 31°로 사막 사구에 전형적인 각도를 보인다.

생흔

생물에 의해 퇴적물에 새겨진 표시나 어지럽혀진 흔적이 보존된 것을 생흔 화석(trace fossil; 동물의 활동 뒤에 남겨진 흔적이라는 의미)이라고 한다. 건열과 마찬가지로, 퇴적물 위의 자국도 다른 퇴적물로 채워지고 덮이면 보존될 수 있다. 생흔은 다른 증거가 없다 해도, 확실히 동물이 존재했음을 나타낸다. 코코니노 사암의 노출된 사층리 표면에서는, 생흔이 만들어질 당시 많이 살고 있던 파충류와 전갈 종류의 생물의 자취가 발견된다. 그림 6-12

평온한 상태에서 형성되고 정교하게 보존된 이 생흔의 증거를 홍수 지질학의 주장과 조화시키기란 아주 어렵다. 4장과 5장에서 우리는 코코니노 사암이 대륙을 따라 많은 양의 모래를 이동시킨 빠른 흐름에 의해 퇴적되었다는 홍수 지질학자들의 믿음에 대해 논의했다. 이 사구 주위에 있는 작은 동물들이 어떻게, 계속된 전 세계적인 쓰나미와

2부 지질학은 어떻게 작동하는가?

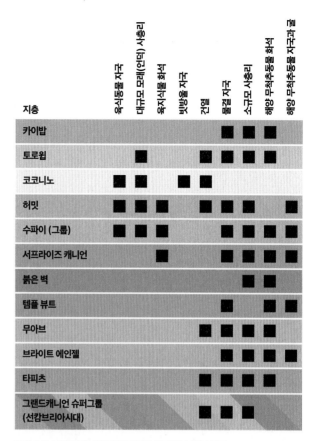

지층	육식동물 자국	대규모 모래(언덕) 사층리	육지식물 화석	빗방울 자국	건열	물결 자국	소규모 사층리	해양 무척추동물 화석	해양 무척추동물 자국과 굴
카이밥						■	■	■	
토로윕		■				■			
코코니노		■	■		■				
허밋		■	■	■		■	■	■	■
수파이 (그룹)		■	■	■		■	■	■	
서프라이즈 캐니언					■	■	■	■	■
붉은 벽							■	■	
템플 뷰트						■		■	■
무아브							■	■	
브라이트 에인젤						■	■	■	
타피츠						■	■		
그랜드캐니언 슈퍼그룹 (선캄브리아시대)					■	■	■		

그림 6-11 캘리포니아주 모자브 내셔널 프리저브에 있는 켈소 사구 정상의 사태 퇴적물. 경사각이 30-34°에 도달하면 사태가 일어난다. 사진: 마크 윌슨.
그림 6-12 나중에 코코니노 사암의 일부가 된 모래 위에 작은 파충류에 의해 만들어진 발자국 근접 촬영 사진. 작고 섬세한 발톱 자국에 주목하라. 사진: 신디 모쉬.

뒷꿈치 자국

발톱

그림 6-13 그랜드캐니언 지층의 퇴적 구조물과 화석 차트.

거대한 해저 사태가 일어나는 상태에서 자국을 낼 수 있었겠는가?(또한 그 생흔이 보존될 수 있었겠는가?) 생흔에 대해서는 15장에서 더 자세히 논의할 것이다.

결론

이 장에서 묘사된 퇴적 구조물은 그랜드캐니언에서 드물거나 단발적으로 나타나는 특성이 아니다. 이 구조물들은 콜로라도강 위의 가파른 협곡의 측면에 노출된 1200미터의 고생대 퇴적층뿐만이 아니라, 그 아래 3600미터의 그랜드캐니언 슈퍼그룹 암석에도 많이 남아 있다.그림 6-13 예를 들어 5개의 각각 다른 그랜드캐니언 지층에서 건열이 발견된다. 이 건열들이 각각의 지층 안에서도 반복적으로 나타난다는 점을 고려해보라. 홍수 모델을 통해 이를 설명하려면, 1년간의 전 세계적인 홍수 동안 지구의 넓은 지역에서 홍수가 났다 마르기를 반복했거나, 아직 밝혀지지 않은 과정을 통해 깊은 물속에서 오늘날 육상에서 형성되는 것과 신비스럽게도 같은 균열이 반복적으로 형성되었어야 한다.

왜 그랜드캐니언의 퇴적 구조물은 오늘날 현대의 환경에서 형성되는 것과 똑같이 생겼을까? 수 킬로미터 깊이의 홍수 속에서 동물의 흔적을 보여주는 사막 사구는 무슨 의미일까? 발톱 자국 같은 정교한 형태가 어떻게 격렬한 홍수 상태에서 보존될 수 있었을까? 그랜드캐니언 지층에 있는 퇴적 구조물은 이 암석의 기원에 대한 홍수 지질학의 설명에 반하는 강력한 증거가 된다.

리버 마일 40 근처의 마블 캐니언에 있는 붉은 벽 석회암에서 최근에 발생한 낙석 사태. 이런 사태가 붉은 벽 석회암의 진정한 색깔을 드러낸다. 사진: 팀 헬블.

7장

현재를 통한 과거의 이해

스티븐 모시어, 그렉 데이비슨

동일과정론에 대한 허위 진술

과거를 밝히는 작업은 고대 암석에서 쉽게 볼 수 있는 것과 같은 특성을 가진 오늘날의 암석과 퇴적층을 만들어내고 있는 과정을 관찰함으로써 시작된다. 앞의 두 장에서 우리는 그랜드캐니언 지층과 같은 고대 퇴적암이 오늘날 육지와 바다에서 쌓이고 있는 퇴적물과 비교될 수 있음을 살펴보았다. 고대의 역암, 사암, 점토암, 석회암에 포함된 입자와 퇴적 구조물은 현대의 강, 호수, 만과 바다에서 발견되는 퇴적물과 근본적으로 다르지 않다.

200년간의 지질학 연구를 수행한 결과, 오늘날 암석을 만들고 있는 기본적인 지질학적 과정은 지구의 역사 대부분에 걸쳐 활발하게 작용해오고 있었음이 확실해졌다. 이런 관찰로 인해 오늘날 유효한 물리법칙 및 화학법칙이 과거에도 유효했으며, 현대의 관찰을 통해 과거의 사건과 환경을 파악할 수 있음을 이해하게 되었다. 이런 자연법칙의 통일성(uniformity)에서 동일과정설(uniformitarianism)과 동일과정의 원칙(Principle of Uniformitarianism)이라는 용어가 나왔다. 동일과정의 원칙은 지질학의 근본적인 규칙 중 하나다. 19세기의 지질학자들 중 일부는 지구 암석의 대부분이 느린 과정을 나타낸다고 생각하는 경향이 있었지만, 지질학자들은 오랫동안 자연 과정이 (산호초의 성장이나 심해의 침전같이) 느리거나 (화산재의 퇴적같이) 빠를 수 있음을 인식해왔다. 오늘날 동일과정론 지질학은 격변적인 사건들이 지구의 다양한 지층 형성에 기여한 장소와 시기가 많이 있으며, 대기와 해양의 화학적 구성 같은 지구의 물리적 상태가 언제나 오늘날과 같지는 않았음을 인정한다.

흔히 홍수 지질학자들은 동일과정론을 유물론이나 진화론과 동의어라고 잘못 묘사함으로써 이것을 악마 취급한다. 그럼에도 자기들이 젊은 지구론을 지지하는 증거를 발견하고자 할 때에는 사실상 동일과정론의 원칙을 적용한다! 예를 들어, 유명한 홍수 지질학자들 중 일부는 1980년에 일어난 세인트헬렌스 화산 폭발이라는 사건이 그랜드캐니언의 급격한 형성에 대한 단서를 제공한다고 믿는다. 특히 화산 폭발로 단지 몇 시간 만에 산 밑의 골짜기에 수 미터의 퇴적물과 재가 쌓였다. 나중에는 이 부드러운 화산재 퇴적물에 인상적인 형태의 골짜기가 깎이게 되었다. 이 퇴적물은 지층과 기반을 포함하고 있는데, 홍수 지질학자들은 이것이 그랜드캐니언의 암석 및 협곡 절벽 면과 유사해 보인다고 주장한다.

현대의 퇴적물과 고대의 퇴적물 사이의 이런 비교는 완전히 동일과정론의 접근법으로서, 현재(세인트헬렌스산)가 과거(그랜드캐니언)의 열쇠가 된다. 그러나 다른 많은 예들과 마찬가지로, 이 경우 홍수 지질학자들은 사과를 사과와 비교하고 오렌지를 오렌지와 비교함에 있어 일관성이 없다. 화산재 층들의 형성 및 행태는 사암이나 석회암의 형성 및 행태와 비교될 수 없다. 그랜드캐니언의 암석은 화산재와는 완전히 다른 물질로 이루어졌다. 또한 이 협곡의 수직 절벽의 거대한 규모(세인트헬렌스산에서 발견되는 것보다 훨씬 크다)는 이 절벽이 콜로라도강에 의해 깎이기 전에 이미 암석으로 굳어졌다는 사실을 명확히 증언한다.

홍수 지질학자들은 물리적 과정과 화학적 과정을 묘사하는 자연법칙이 창조 주간, 에덴동산에서의 타락 이전 또는 노아 홍수의 다양한 시점마다 달랐음이

그림 7-1 대부정합을 따라 위치하고 있는 비시노 편암 위에 수평으로 쌓인 타피츠 사암(인물의 손은 대부정합을 가리키고 있다). 큰 사진: 웨인 래니, 삽입된 사진: 게리 스타이어월트.

대표한다. 우리는 앞의 두 장에서 묘사한 퇴적암의 구성과 구조물을 적용해서 과거를 해석할 것이다.

지형 1: 헐벗은 암석(침식작용에 의해 노출된 결정질 기반암)

우리의 출발점은 그랜드캐니언의 바닥인, 고대 비시누 편암 안으로 깎여 들어간 대부정합

틀림없다고 가정한다는 점에서 동일과정의 원칙에서 (그리고 하나님의 일관성과 섭리에 대한 기독교 교리에서) 추가적으로 벗어난다. 일부 젊은 지구론 옹호자들은 전체 우주의 자연법칙이 하나님의 "저주" 또는 타락에 대한 처벌의 결과라고 주장한다. 이런 주장은 과학에 의해서도, 성경에 의해서도 지지받지 못한다. 과학에서는 모든 관찰 내용이 자연법칙에 있어서 일관성에 다다른다. 우주가 시작된 최초의 백만분의 1초에서부터 말이다. 마찬가지로 성경도 인간이 죄를 지은 후 근본적인 자연법칙이 변했다는 주장에 대해서는 아무 말도 하지 않는다.

현대의 지형을 활용해서 고대의 지형 이해하기

현재가 과거의 열쇠라면, 과거에 존재했던 그랜드캐니언의 지형과 비교할 만한 오늘날의 지형을 찾아낼 수 있을까? 가능하다. 이를 보여주기 위해 우리는 그랜드캐니언의 벽을 따라 다섯 곳의 각기 다른 장소를 방문할 것이다. 이 장소들은 각각 다른 고대의 지형을

그림 7-2 지형 #1 온타리오의 후론호 조지안 베이를 따라 띠 모양의 고대 변성암이 거의 평평하게 침식되었다. 사진: 테드 존 제이콥스.

2부 지질학은 어떻게 작동하는가?

이다.그림 7-1 현대의 유사 지역(비슷한 특성을 지닌 오늘날의 장소를 의미함)이 캐나다 그레이트 레이크 북쪽에서 발견된다. 그곳에서는 넓은 땅이 깎여 나가 거의 평평한 표면을 이루어 지구상의 가장 오래된 암석(40억 년이 넘었음) 중 일부를 드러내고 있다.그림 7-2 오늘날의 바다가 이 결정질 암석 위로 진출해서 그 위에 퇴적물을 퇴적하기 시작하면, 그랜드캐니언 동부의 더 오래된 침식된 결정질 암석 위에 퇴적된 운카르 그룹의 퇴적물과 비교할 만하게 될 것이다.

지형 2: 진흙 투성이와 진흙(얕은 연안의 점토 퇴적)

두 번째로 방문할 곳은 그랜드캐니언의 중앙에 있는 80미터 두께의 브라이트 에인젤 점토암이다.그림 7-3 점토가 풍부한 브라이트 에인젤 점토암의 퇴적물은

삼엽충 화석과 많은 완족류 화석, 생흔 화석, 굴(burrows) 화석을 함유하고 있다.

이 특별한 생물들이 생존해 있는 것은 아니다. 그럼에도 같은 크기의 입자(진흙)가 쌓이고 있는 현대의 환경을 발견할 수 있는데, 그곳에서는 바다에서 사는 해양생물이 유사한 흔적과 굴을 만들고 있다. 아르헨티나의 리우데라플라타(Rio de la plata) 어귀 너머의 진흙 해저(海底)는 브라이트 에인젤 점토암의 퇴적 환경과 유사한 현대의 사례를 제공한다.그림 7-4

지형 3: 휴양지(따뜻한 바다와 탄산염 퇴적작용)

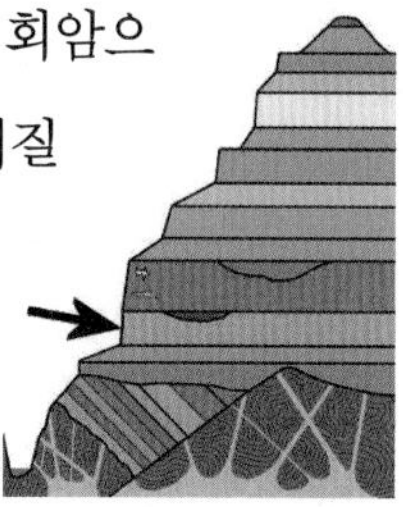

그랜드캐니언에서 위쪽 무아브 석회암으로 올라가면, 조개껍질, 산호, 석회질 진흙 퇴적물로 만들어진 탄산염 퇴적물을 발견할 수 있다.그림 7-5 이 장소에서 점토암으로부터 탄산염암으로 변화한 현상은 해수면 상승(또는 지면 하강)과 국지적 환경에서의 변화(보다 연안 쪽 환경이 점토 유입으로부터 단절됨)와 일치한다. 현시점에서 유사한 지역이 아라비아만의 남쪽 해안과 같은 장소에서 발견된다.그림 7-6

지형 4: 지하 미로(동굴과 싱크홀 형성)

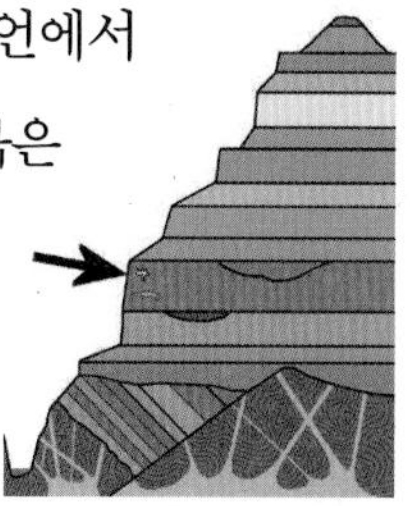

네 번째 방문할 곳은 그랜드캐니언에서 가장 걸출한 암석 지대 중 하나인 붉은 벽 석회암이다. 이곳은 협곡 테두리로부터 절반쯤 내려온 곳에 위치해 있는데, 붉은 암석이 150-240미터 두께의 깎아 지른 절벽 면을 이루고 있다. 붉은 절벽 꼭대기에서 주

그림 7-3 그랜드캐니언 동부의 브라이트 에인젤 점토암 벽. 사진: 팀 헬블.
그림 7-4 지형 #2 아르헨티나 리우데라플라타의 적갈색 진흙. 사진: 웨인 래니.

무아브 석회암 ⎯⎯⎯⎯

브라이트 에인젤 점토암 ⎯⎯⎯

그림 7-5 무아브 석회암 벽. 브라이트 에인젤 점토암 아래쪽의 다양한 갈색 지층과, 붉은 벽 석회암 위쪽 사이에 위치함. 사진: 팀 헬블.

의 깊게 바라보면, 많은 구멍이 뚫린 수평 층을 관찰할 수 있다. 이 구멍들 중 일부는 1천만 년 미만 전에 형성된 동굴로 들어가는 입구다. 그러나 그보다 훨씬 더 이전 시기인 약 3억2천만 년 전 당시에는, 최근에 퇴적된 붉은 벽 석회암이 해수면보다 약간 높게 융기되었다. 이 융기로 인해 민물이 현재 북부 애리조나 지역의 석회암으로 내려와 이 암석을 통과하면서 이 지역의 여러 곳에 수천 개의 싱크홀과 동굴 자국을 남겼다.

석회암이 자연적인 산성 빗물에 노출되면(이는 해수면 위에 존재하는 조건이다) 흔히 석회암에 동굴이 만들어진다. 지표면 부근의 동굴들은 종종 붕괴되어서 지표면 위에 형성되는 싱크홀과 그 위를 덮은 물질로 채워진 동굴을 만들어낸다(이 오래된 "원시" 동굴에 대해서는 10장에서 다룰 것이다).

우리는 현재 멕시

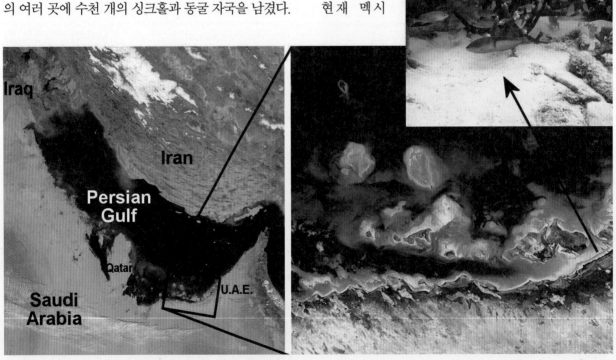

그림 7-6 지형 #3. 아랍에미리트 연합의 코르 알 바잠(Khor al Bazam)에 있는 아부다비 해안. 오른쪽 사진의 밝은 청색은 탄산염 퇴적(석회암)이 일어나고 있는 얕은 물이다. 큰 사진: MODIS Rapid Response Team, NASA/GSFC, 작은 삽입 사진: 팀 헬블.

그림 7-7 그랜드캐니언 동부의 붉은 벽 석회암의 동굴. 사진: 브론즈 블랙.

코의 유카탄반도와 같은 장소에서 동일한 과정이 일어나고 있는 것을 관찰할 수 있는데, 여기서는 해수면이 낮아져 석회암이 빗물에 노출되고 빗물이 석회암을 서서히 녹여 동굴을 형성하고 있다.그림 7-8, 7-9 동굴 지붕이 무너진 곳에서는 천연 우물(싱크홀)이 형성되며, 지표면에서 씻겨 들어온 물질로 동굴들이 서서히 채워지고 있다. 유카탄반도에서는 이 싱크홀들이 방대한 지하 동굴계와 연결되어 있어서 고도로 훈련된 다이버들만 이곳을 탐험할 수 있다.그림 7-10

지형 5: 뜨겁고 건조한 지역(사막 모래)

마지막으로 방문할 곳은 코코니노 사암이다. 이 지층은 협곡의 테두리 바로 아래 부분으로 두껍고 선명히 구분되며, 담황색에서부터 밝은 노란색에 이르는 색상의 지층이다.그림 7-11 앞의 두 장에서

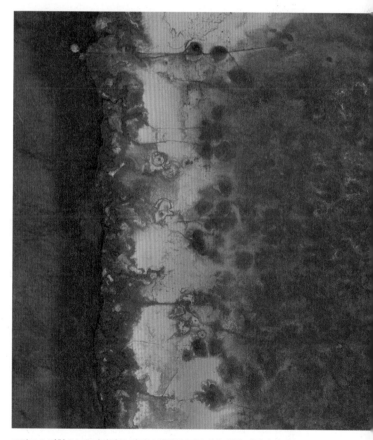

그림 7-8 지형 #4. 유카탄반도 카리브 해안의 공중사진. 회색 석회암에 깊은 천연 우물, 즉 싱크홀(어두운 원들)이 보인다. © 2013 TerraMetrics, Inc., www.terrametrics.com.

그림 7-9 해수면에서 단지 수십 미터 위에 위치한 멕시코 유카탄반도 치첸이트사에 있는 천연 우물(싱크홀). 사진: 에밀 케넬.

그림 7-10 멕시코 유카탄반도에 있는 깊은 천연 우물 바닥 부근의 스쿠버 다이버. 사진: HP 하트만.

논의했듯이, 코코니노 사암층의 사층리와 동물 생흔은 오늘날 서아프리카의 나미브 사막에서와 같이 바람에 의해 주도된 과정을 통해 형성된 사구에서 발견되는 것과 일치한다.그림 7-12, 7-13, 7-14 언젠가 해수면이 상승해서 나미브 사막의 모래가 물에 잠긴다면, 우리는 그랜드캐니언에서 코코니노 사암 위에 토로윕(실트암)과 카이밥(석회암) 지층이 자리 잡은 것을 보는 것처럼, 점토암이나 석회암 퇴적물이 모래 위에 형성되기 시작하는 것을 발견하리라고 예상할 수 있다.

결론

이번 장에서 우리는 고대 지형을 대표하는 퇴적 지층을 다섯 군데 방문했다. 또한 각각의 장소들과 놀랍게 비슷한 특성을 가진 퇴적물을 만들어내고 있는 현재의 장소들도 돌아보았다. 이런 지형들은 그랜드캐니언과 그 북쪽 그랜드 스테어케이스의 지층에 반복적으로 반영되어 있다. 이전 장들에서 살폈듯이, 이 퇴적 지층들 중 어느 지층도 기상천외하거나 결코 관찰된 적이 없는 메커니즘을 사용해서 설명할 필요가 없다.

지금까지 우리는 화산재 퇴적물 같은 암석은 빠르

그림 7-11 브라이트 에인젤 트레일에서 보는 코코니노 사암. 사진: 웨인 래니.
그림 7-12 바람에 의해 주도되는 퇴적 과정이 일어나고 있다. 사진: 브래넌 조던.
그림 7-13 현재 사구의 사층리. 사진: 말리 밀러.
그림 7-14 지형 #5. 서아프리카 나미브 사막을 끼고 있는 해안. 사진: 에이미 슈먼.

7-11	7-12
7-13	7-14

게 형성되고 석회암 같은 암석은 느리게 형성됨을 살펴보았다. 하지만 "빠르게" 또는 "느리게"보다 더 많은 것을 말할 수 있지 않을까? 지질학자들은 고대 암석층이 형성되는 데 소요된 기간이나 이 지층이 얼마나 오래전에 형성되었는지를 어떻게 결정하는가? 또한 암석의 나이를 계산하기 위해 논쟁의 여지가 있는 가정을 해야 하는가? 다음 두 장에서는 암석의 형성 기간과 나이를 다룰 것이다.

그래나이트 래피드에서 허밋 래피드까지 그랜드캐니언 코리도(회랑). 사진: 브론즈 블랙.

시간

앞선 세 개의 장에서는 퇴적암에서 배울 수 있는 내용에만 초점을 맞추었다. 시간의 주제를 다룰 때 우리는 논의의 범위를 넓혀 모든 유형의 암석과 그 암석에서 발견되는 모든 특성을 포함시킬 것이다. 여기서 우리는 지질학자들이 어떻게 다양한 암석의 나이를 결정하는지, 어떻게 암석에 남겨진 단서로부터 사건들의 순서가 결정되는지, 그리고 어떻게 계산에 사용되는 가정들을 검토해서 그것들의 타당성 여부를 결정하는지를 알아볼 것이다. 우리는 이런 주제로 8장을 시작할 것이다. 이 장에서는 최초의 지질학자들이 그랬던 것처럼, 암석의 실제 나이에 대한 어떤 지식도 없이, 암석이 더 오래되었고 덜 오래되었는지를 결정하기 위해 논리적 관찰부터 시작할 것이다.

8장

퍼즐 풀기: 상대연대 추정과 지질 주상도

스티븐 모시어, 그렉 데이비슨

퇴적암에 관한 장들에서는 개별 암석층이 만들어지는 과정과 환경을 인식하는 작업, 본질적으로 한 암석 단위의 역사에 초점을 맞추었다. 이제 우리는 연구 범위를 넓혀서 다수의 암석층으로부터 관찰한 내용을 통합하는, 더 큰 역사를 꿰맞추어볼 준비가 되었다. 어떤 역사건, 필수 단계 중 하나는 사건들의 발생 순서를 결정하는 일이다. 이 단계에서는 특정한 지층이나 특성에 연대를 부과하는 일에 대해서는 생각하지 않고, 다만 사건들의 발생 순서만 알아가고자 한다. 처음에는 이 일은 아주 간단해 보일 수도 있다. 바닥에서부터 시작해서 수를 세가며 위로 올라가면 되지 않겠는가? 그러나 만약 오른쪽으로는 경사진 퇴적 지층이 있고 왼쪽으로는 변성암이 있는 경우라면, 또는 일부 지층에는 화성암 돌기부들이 박혀 있고 다른 지층에는 그런 것이 발견되지 않는다면, 어떻게 해야 할까? 자세한 연구는 분류 작업에 더 세심한 주의가 필요한 복잡성이 있음을 드러난다.

그림 8-1 모래에 새겨진 자동차, 자전거, 구두 자국. 이것들은 어떤 순서로 만들어졌을까?

상대연대 추정

모든 조각을 올바른 순서로 놓아서 퍼즐을 풀려면 일련의 규칙이 필요하다. 그러므로 지질학자로 하여금 "이 암석에 비해 저 암석은 오래되었다"라고 말할 수 있도록 해주는 상대연대 추정에 사용되는 일련의 원칙을 살펴보기로 하자. 뒤에 설명할 원칙들은 범죄 해결에 사용하는 방법과 유사하다. 예를 들어 어떤 형사가 범죄가 저질러진 장소를 떠난 마지막 사람의 증거를 가지

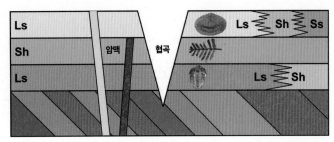

그림 8-2 상대연대 측정 원칙을 보여주는 가상의 지질 횡단면(실제 그랜드캐니언에 대한 묘사가 아님). Ls=석회암, Sh=점토암, Ss=사암.

고 있다고 가정해보자. 조는 자전거를 탔고, 샐리는 자동차를 운전했고, 데이브는 걸어갔다.그림 8-1 어떤 자국이 다른 자국 위에 놓여 있는지를 살펴봄으로써, 우리는 샐리가 가장 먼저 떠났고(자동차 바퀴 자국), 조가 그 뒤를 따랐으며(자전거 자국), 마지막으로 범인 데이브가 떠났음을 알 수 있다(발자국). 범행 현장에서 그들이 떠나는 것을 본 사람이 아무도 없음에도 불구하고 사건이 해결되었다!

지질학 연구에서 순서 결정의 많은 원칙들은 17세기 덴마크의 자연철학자인 니콜라스 스테노에 의해 고안되었다. 19세기 초 영국의 측량사인 윌리엄 스미스도 보다 많은 규칙의 확립에 기여했다. 이들의 원칙 중 몇 가지를 예시하기 위해, 그림 8-2의 단순화된 횡단면을 살펴보자. (다양한 원칙을 설명하면서 우리는 계속해서 이 횡단면의 예시를 언급할 것이다.그림 8-2)

지층 누중(superposition)의 법칙

첫 번째 원칙은 퇴적층이 쌓인 순서에 관해서다. 어떤 순서에서건, 각각의 층이 존재하고 있어야 다음 층이 형성될 수 있다. 책상 위에 한 더미의 책을 쌓아 올릴 경우, 맨 위의 책을 먼저 쌓는가, 아니면 맨 밑의 책을 먼저 쌓는가? 여기에 대한 답은 바닥의 책을 가장 먼저 올려놓는다는 것이다. 이례적인 교란이 없다고 가정할 때, 그림 8-2의 3개 지층의 횡단면에서 보듯이

퇴적 지층들은 단순한 중첩 순서를 따른다. 즉 젊은 지층이 오래된 지층 위에 놓인다.

그러나 우리는 언제나 교란이 일어났을 가능성에 주의를 기울여야 한다. 예를 들어 단층은 더 오래된 지층의 한쪽을 더 젊은 지층의 한쪽보다 높게 밀어 올릴 수 있다. 책상 위에 책을 쌓는 예로 돌아가자면, 세 권의 책 모두가 절반이 찢겨 나갔다면, 원래 순서가 변경되었을 수도 있다고 믿을 이유가 있게 된다. 또한 지층 누중은 퇴적 지층에만 적용된다는 점을 상기할 필요가 있다. 화성암 관입은 젊은 암석을 오래된 암석 안으로 삽입한다(따라서 오래된 암석이 더 젊은 화성암의 아래와 위 양쪽 모두에 존재한다).

오컴의 면도날이란 가장 단순하거나 논리적인 해석을 선택한다는 개념이다. 즉 경쟁하는 이론이나 설명들 중에서 가정을 가장 적게 하거나 그럴 법하지 않은 사건을 가장 적게 필요로 하는 해석을 고르도록 촉구하는 원칙이다. 이 원칙은 때때로 "가장 놀랍지 않은 아이디어"라고 불린다. 현대 지질학자들은 이 원칙

가장 놀랍지 않은 설명?

그랜드캐니언에서는 다각형의 서로 연결된 건열을 가진 수많은 분리된 퇴적층들이 발견된다(이 건열은 현대의 건열과 유사하게 보임). 관찰된 데이터에 대한 가장 단순한 설명은, 다음번 층이 퇴적되기 전에 축적된 퇴적물이 간헐적으로 말랐다는 것이다. 그러나 홍수 지질학자들은 데이터에서부터 시작하지 않고 모든 것이 세계적인 홍수에 의해 퇴적되었다는 대답에서부터 시작한다. 데이터를 그 대답에 맞추기 위해서는 건열이 깊은 물속에서의 압축 균열이어야 하며, 아직 파악되지 않은 어떤 과정이 작용해서 우연히 이런 심해 균열을 건열과 유사해 보이도록 만들었어야 한다. 여기에다 일부 지층에서의 빗방울 자국과 파충류 생흔이 더해지면 홍수 지질학의 설명은 확실히 아주 놀라운 설명이 된다.

2부 지질학은 어떻게 작동하는가?

케이밥
지층

토로윕
지층

코코니노
사암

허밋
지층

그림 8-3 지층 누중의 법칙에 의하면, 그랜드캐니언 테두리 부근 지층을 가장 오래된 층부터 젊은 층으로 나열할 경우, 허밋 지층, 코코니노 사암, 토로윕 지층, 카이밥 지층 순서다. 사진: 팀 헬블.

측면 연속성(lateral continuity)의 원칙

이 원칙도 퇴적 지층에만 적용되는데, 흔히 퇴적 지층은 측면으로 넓은 층에 퇴적된다. 협곡의 한쪽에서 다른 쪽까지 추적될 수 있는 층들이 존재하는 그랜드캐니언과 같은 장소가 발견되면, 이 층들이 협곡의 절개(incision)에 의해 분리되기 전에는 연결되어 있었다는 점이 명백하다. 그림 8-4 달리 말해 이 층들은 이미 존재하고 있던 협곡의 반대편에서 형성되지 않았다. 그보다는, 먼저 지층들이 퇴적되고 그 이후 어느 시기에 협곡이 그 지층들을 침식했다.

이곳 그랜드캐니언에서는 지층들이 한때는 연속되어 있었다는 점이 명백해 보일 수 있다. 하지만 때로는 넓은 지형 전역에 걸쳐 지층을 추적하기가 어려울 수 있다.

예를 들어 우리가 예로 들었던 가장 낮은 횡단면의 지층과 같이, 특정 지층이 석회암에서 점차 점토암으로 변화하는 경우는 어떨까? 그림 8-2 운 좋게도 우리는

을 관습적으로 사용한다. 홍수 지질학자들은 동일한 원칙을 적용한다고 주장하지만, 그들이 제공하는 설명이 가장 놀랍지 않은 경우는 극히 드물다. 그들의 선입관이 끼어든 대답에 데이터를 짜 맞추기 위해서는 일련의 그럴 법하지 않은 사건들이 일반적으로 필요해진다.

그림 8-4 그랜드캐니언에서 관찰되는 측면 연속성의 원칙. 사우스 림(왼쪽)에서 노스 림(오른쪽)까지 협곡 전역에 걸쳐 있는 지층들은 이 협곡에 의해 잘리기 전에는 연결되어 있었다. 사진: 데이비드 에드워즈.

석회암에서 점토암으로 변화하는 것을 관찰할 수 있는 장소를 발견할지도 모른다. 하지만 그렇지 못할 경우, 때로는 화석이 우리가 동일한 지층의 불연속적인 노출부를 알아보도록 도움을 줄 수 있다. 여기서 화석에 기반을 둔 또 다른 원칙이 나온다.

동물상 연속(faunal succession)의 원칙

윌리엄 스미스 같은 지질학자들은 200년 전에 여러 종류의 화석이 여러 지역에서 일관성 있게 같은 순서로 나타난다는 점을 알아차렸다. 이런 발견은 다윈이 책을 출간하기 훨씬 전에 이루어졌으며 어떤 진화론적 가정에도 기반을 두고 있지 않다. 이는 처음에는, 시간이 지남에 따라 생물의 복잡성이 증가한다는 점이 아니라, 전 세계적으로 한 그룹의 생물이 단순히 다른 그룹으로 대체된다는 사실에 대한 발견이었다. 가장 자주 관찰되는 대체는 해양 무척추동물(삼엽충, 조개류, 달팽이 등)과 관련되는데, 이것들은 항상 같은 순서로 쌓여서 발견되었다. 따라서 특정 그룹의 동일한 화석이 멀리 떨어진 암석 돌출부 두 곳에서 발견될 경우, 이 생물들은 동일 시간대에 퇴적되었을 가능성이 높다. (이런 예는 측면 연속성의 원칙과 동물상 연속의 원칙을 결합한다.)

원래 수평 상태의 원칙

가파른 경사 위에 퇴적된 퇴적물은 불안정하다. 퇴적물은 쉽게 무너지거나 미끄러지거나 아래로 흘러 내려 바닥에 수평 층으로 축적된다. 하나의 사구 내에서 가파르게 경사진 사층리가 형성될 수도 있지만, 사구조차도 전체적으로 보면 대략적으로 평평한 표면 위를 이동해서 퇴적물을 퇴적시키는 경향이 있다. 그래서 가파르게 기울어진 퇴적 지층을 발견할 때 우리는 이 지층들이 처음에는 비교적 평평한 표면(또는 완만한 경사) 위에서 퇴적되었다가 융기와 기울어짐이 시작되기 전에 굳어졌음이 틀림없음을 알 수 있다. 원래 수평 상태의 원칙을 그림 8-2의 횡단면에 적용하면, 우리는 이 협곡 아래의 가파르게 기울어진 퇴적층이 이런 자세로 퇴적된 것이 아니라, 퇴적물이 암석으로 굳은 (교결된) 뒤에 기울어졌음을 알 수 있다.

횡단 관계의 원칙

이 원칙은 모든 종류의 암석에 적용된다. 단층(갈라진 한쪽으로 이동한 암석)이나 암맥(균열 안으로 관입한 용암)은 항상 이것들을 가로지르는 층이나 지형보다 젊다.그림 8-5 단층이나 암맥은 이미 무언가가 존재하고 있었던 곳에서만 형성될 수 있다. 만일 종이 위에 선을

그림 8-5 한스 래피즈에 있는 그랜드캐니언 슈퍼그룹의 하카타이 점토암을 가로지르는 암맥. 암맥과 점토암 중 어느 것이 더 오래되었을까? 사진: 팀 헬블.

굿는다면, 종이와 선 중 어느 것이 덜 오래되었는가? (오컴의 면도날 또는 가장 놀랍지 않은 개념을 사용한다면) 가장 논리적인 대답은 선이 종이보다 덜 오래되었다는 것이다. 그림 8-2의 횡단면에서는 노란색 암맥이 다른 모든 지층을 관통하므로, 이 암맥이 가장 젊은 암석임이 틀림없다. 가장 위층이 붉은 암맥을 잘라내고 있는데, 이는 이곳의 표면이 부분적으로 침식되었음을 의미한다. 침식 사건과 맨 위층이 모두 붉은 암맥보다 최근의 것이라고 할 수 있다. 마지막으로 붉은 암맥은 맨 위층을 제외한 모든 층을 관통한다. 따라서 이 암맥은 네 번째로 최근의 사건이다(노란 암맥, 가장 위층, 침식, 붉은 암맥의 순서다ー역자 주).

횡단 관계의 원칙과 들어맞는 두 개의 상대적인 시간 표식은 접촉면과 부정합이다. 하나의 암석 유형에서 다른 암석으로 선명하게 변화하는 경우, 여기에는 접촉면으로 알려진 선(또는 3차원을 모두 고려하면 평면)이 만들어진다. "접촉면"이라는 용어는 한 지층이 다른 지층과 접촉하는 표면을 나타낸다는 점에서 비교적 자명하다. 그림 8-2의 횡단면 예시에서 위쪽의 수평 층들과 아래쪽의 기울어진 층들 사이의 선이 부정합이라고 불리는 특수한 종류의 접촉면이다. 부정합은 오래된 암석과 젊은 암석을 분리시키며 지질학적 기록에서 틈을 나타낸다. 이 예에서는, 첫 번째 수평 층이 퇴적되기 전에 기울어진 층들의 위쪽이 부분적으로 침식되어서 퇴적물이 없어졌다(따라서 표현된 시간에 틈이 생겼다). 그곳에 이미 지층이 존재하고 있지 않았다면 침식되지 못했을 것이기 때문에, 침식된 표면(부정합)은 해당 지층 자체보다 젊다.

부정합은 암석 단위의 형성이나 퇴적 순서에 상당한 교란이 있었음을 가리키기 때문에 현장에서 이를 인식하는 것은 중요하다. 이런 교란은 암석층들 사이에 크거나 작은 시차가 있음을 나타낼 수 있다. 그랜드캐니언과 같이 일련의 암석에 다수의 부정합이 있을 경우, 단

하나의 격변적 사건과 이를 조화시키기란 불가능하다. 그래서 홍수 지질학자들은 가장 명백한 부정합들을 제외하고 거의 모든 부정합의 존재를 기를 쓰고 부정하려 한다. 부정합은 10장에서 더 자세히 다룰 예정이다.

이제 이 다섯 개의 원칙을 사용해서 우리가 앞에서 들었던 그림 8-2의 횡단면의 순서 문제를 풀 것이다.

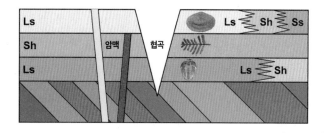

1) 협곡 아래의 층들이 수평으로 퇴적되어 굳어졌다.

2) 이렇게 굳은 층들이 변형되고 위로 기울어졌다.

3) 기울어지고 들어 올려진 지층들이 거의 평평한 표면으로 침식되고, 그 뒤 평평한 처음 두 지층들에 의해 파묻혔다.

4) 붉은 암맥을 형성한 용암이 모든 지층들 안으로 관입해 들어갔으며, 더 높은 층들은 나중에 침식되어 없어졌을 것이다.

5) 침식으로 두 번째 수평 층의 위쪽보다 높은 모든 암석이 제거되었다(붉은 암맥의 위쪽 끝이 잘려 나감으로써 이를 알 수 있다).

6) 가장 위쪽 층이 퇴적되었다.

7) 다시금 아래로부터 용암이 관입해서 노란 암맥을 형성했다.

8) 협곡이 깎였다.

지질 주상도

지난 200년간, 앞에서 언급한 상대연대 추정의 원칙들이, 사건들이 일어난 순서를 알아내기 위해 전 세계의 수많은 장소들에 적용되었다. 그런데 장소 A에서 일어난 사건 3이 멀리 떨어진 장소 B에서의 사건 7보다 먼저 일어났는지 나중에 일어났는지를 어떻게 알 수 있을까? 이 지점에서는 화석 등이 중요한 역할을 해왔다.

화석을 함유한 암석의 연대 추정은 순환논법을 수반하지 않는가?

현대 지질학에 대한 비판자들은 지질학자들이 다음과 같은 방식의 순환논법에 기초해서 자신이 원하는 형성 연대를 선택한다고 주장한다. "지질학자는 화석이 들어 있는 암석을 통해 해당 화석의 연대를 추정하고, 암석 안에 들어 있는 화석을 통해 해당 암석의 연대를 추정한다!" 그러나 이런 비난은 전혀 근거가 없다. 애초에 화석은 전 세계 화석의 순서에 일관성이 있다는 점에 기초해서 지구의 역사에서 서로 다른 기간대를 파악하기 위해 사용되었다. 나중에는 방사성 연대 측정법이 각각의 기간대에서 파악된 암석에 대해 독립적으로 연대를 측정했다. 방사성 연대 측정법은 암석의 나이를 제공해주며, 화석의 상대적인 순서와 지질학적 기간이 정확하다는 점을 확인해준다.

앞에서 언급했던 동물상 연속에 대한 논의를 상기해보라. 다윈보다 훨씬 전에 자연과학자들은 퇴적암에서 화석 그룹들의 순서에 일관성이 있음을 알아차렸다. 이는 처음에는 한 종이 다른 종으로 변화한다는 점이 아니라, 단순히 한 그룹의 생물들이 다른 그룹으로 대체된다는 사실에 대한 인식이었다. 이 점은 매우 중요했다. 서로 다른 지층에서의 화석 그룹의 순서가 다른 대륙에서조차 지역마다 일관성이 있는 것으로 보였던 것이다! 19세기의 격변론자들은 이를 일련의 전 세계적인 격변적 사건들이 당시에 존재하던 생명체들을 쓸어버리고 다른 생명체들로 대체되었다는 증거로 보았다. 노아 홍수가 가장 최근의 격변이라고 생각하는 사람도 있었다. 격변론자와 점진적 변화론자 모두 도처에 편만한 이 화석 그룹들이 지구 역사상 특정 시점에 살았던 생명체들을 대표한다는 것을 인식하고 있었다. 이런 이해를 통해 지구과학자들은 상대연대 추정의 원칙을 확장해서, 특정 장소에서의 사건들의 순서를 먼 장소에서의 사건들의 순서와 연결할 수 있게 되었다. 두 장소의 지층에 동일한 세트의 화석이 나온다면 두 장소는 같은 시간대를 나타낸다. 독특한 세트의 화석을 함유한 중첩되는 지층이 있는 여러 장소들을 비교함으로써 종합적인 역사가 편집되었는데, 이를 지질 주상도라고 부른다. 그림 8-6

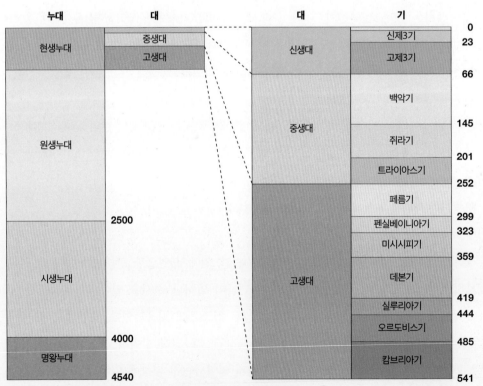

그림 8-6 지질학적 연대와 지질 주상도. 절대연대(굵은 숫자)는 백만 년 단위다. 시대별 암석 시대의 순서는 과거 20년 이상 적용된 상대연대 추정에 기초한다. 절대연대는 방사성 연대 측정법에 기초한다.

2부 지질학은 어떻게 작동하는가?

용어	예	전형적인 시간 범위
누대	현생누대	수억 년에서 수십억 년
대	고생대	수억 년
기(period)	페름기	수천만 년
세	페름초기세	수백만 년
기(age)	레오나드기	수십만 년에서 수백만 년

그림 8-7 지질 시대를 표현하기 위해 사용되는 위계적 시간 척도의 용어들을 각각의 용어에 해당하는 전형적인 시간 범위와 함께 표시했다.

이런 작업의 많은 부분이 수행되고 있는 동안, 방사능은 아직 발견되지 않아서 여러 다른 기간에 절대적인 연대나 나이가 부여되지는 않았다. 대개는 가장 광범위한 연구가 수행된 지역에 기초해서 서로 다른 암석 단위에 이름이 주어졌다. 예를 들어 쥐라기는 유럽의 쥐라 산지에서 연구된 이 시대의 암석을 따라서 이름이 붙여졌다. 한 기(period)에서 다른 기로의 이동은 현저한 화석 유형의 변화, 멸종 사건, 조산(造山) 국면 또는 암석의 속성에서의 뚜렷한 변화에 기초했다. 세기, 연, 월, 일, 시간과 유사한 위계적인 시간의 척도가 개발되었는데, 이 각각의 단위는 이전의 더 큰 단위를 세분하는 단위였다. 지질학자에게 이 단위들은 누대(累代; Eon), 대(代; Era), 기(紀; Period), 세(世; Epoch), 기(期; Age)다.그림 8-7 이 책에서 우리의 설명은 대부분 대와 기에 국한될 것이다.

방사능이 발견되기 전에는, 중생대가 3개의 연속된 기(트라이아스기, 쥐라기, 백악기)로 나눠지는 것을 알았지만, 각각의 기나 중생대 자체가 얼마나 오래 지속되었는지 또는 각각의 기의 지속 기간이 같은지 다른지에 대해서는 알 수 없었다. 마침내 방사성 연대 측정법으로 이런 결정이 가능해졌기 때문에, 우리는 어떤 대와 기가 다른 대나 기보다 더 긴 기간을 나타냄을 인식하게 되었다. 이 점이 보다 중요한데, 방사성 연대 측정은 상대연대 추정법이 정확한 종합적 역사를 만들어냈는지를 검증할 수 있게 해주었다. 이 역사

가 옳다면, 더 오래된 시기에 속한다고 파악된 암석은 방사성 연대 측정으로도 더 오래되었어야 한다. 수십만 개의 시료에 대해 거듭해서 수행된 이 검토는 지질 주상도에 표시된 순서와 방사성 연대 측정의 정확성을 반복적으로 확인해준다.

그랜드캐니언 암석 지층의 연대 추정 사례

1910년 미국 지질 조사국의 지질학자 넬슨 다톤은 콜로라도고원 지역의 카이밥 지층을 설명하면서, 당시 화석에 관해 알려진 사실들로부터 이 지층이 고생대 후기에 퇴적되었다고 결론 내렸다. 그 후 30년간의 후속 지질 조사를 통해 특정 종의 벌레, 해면동물, 바다나리, 성게, 이끼벌레, 완족동물, 부족류, 굴족류, 복족류, 두족류, 갑각류와 물고기 유해 화석이 발견됨으로써 이 지층의 형성 시기가 페름기(여전히 고생대 후기)로 더 좁혀졌다. 카이밥 지층 아래의 화석은 카이밥 지층의 화석과 뚜렷이 다르며 그 이전 시대에 잘 들어맞는다.

페름기 암석은 전 세계의 모든 대륙에서 발견되는데, 이를 최초로 설명한 이는 영국의 선구적인 지질학자 로데릭 임페이 머치슨 경이었다. 하지만 1841년의 머치슨과 1910년의 다톤은 페름기의 정확한 절대 연대를 몰랐다. 그러다가 1911년에 아서 홈즈라는 영국의 젊은 지질학자가 우라늄-납 방사성 측정법에 기

초해서 최초의 절대연대를 발표했다. 1950년대가 되자, 전 세계의 여러 장소에서 페름기에 속한다고 파악된 지층들에 있는 화성암 등의 지질학적 시간 척도에 대한 절대연대 결정에 방사성 연대 측정법이 적용되었다. 현재 페름기는 2억9천9백만 년 전에 시작되어 2억5천2백만 년 전에 끝난 것으로 파악된다. 전 세계에서 거듭해서 성공하고 있는 이 상대연대 추정과 절대연대 추정의 결합이, 현재 그랜드캐니언의 지층에 부여되는 연대가 만들어진 토대가 된다.

상대연대 추정과 홍수 지질학

전통적 지질학자와 홍수 지질학자 사이의 차이의 규모를 고려해볼 때, 홍수 지질학자가 상대연대 추정의 원칙들과 지질 주상도를 거절한다고 생각할 수도 있을 것이다. 그러나 그들 사이에서도 사건들의 순서에 대해서는 기본적인 합의가 이루어져 있다. 3장에서 언급했던 내용, 즉 홍수 지질학자들은 지질학적 시대에 관한 용어들은 수용하고 있지만, 1년 동안 발생한 홍수 모델에 이것들을 짜 맞추고 있다고 한 내용을 상기해보라. 종종 홍수 지질학자들은 사건들의 순서를 완전히 이해하는 데 필수적인 세부 사항을 빠뜨리기는 하지만, 상대연대 추정의 원칙들을 일상적으로 사용한다. 더 놀라운 사실은, 홍수 지질학자들 중 많은 이들이 지질 주상도가 하나의 장소에서는 완벽하게 존재하지 않는다거나(초기 지질학자들은 결코 한 곳에 완전한 지질 주상도가 존재한다고 주장하지 않았다), 진화론적 가정에 근거하고 있다고(지질 주상도는 다윈에 앞서 등장했다) 비난함에도 불구하고, 그들 대부분은 기본적인 지질 주상도의 구성을 받아들인다는 것이다. 헨리 모리스의 중대한 저술인 『과학적 창조론』(*Scientific Creationism*)에 나오는 다음 인용문을 고려해보라. "그러나 창조론자들은 최소한, 화석의 일반적인 퇴적 순서에 대한 지표로서의 지질 주상도의 타당성에는 의문을 제기하지 않는다…." 홍수 지질학자들이 관찰된 지층과 화석의 순서를 홍수 메커니즘과 일치하도록 설명하려고 다양한 방식으로 시도한다는 점을 보아도(순서에 대해서도 동의한다), 순서에 대해 일반적인 합의가 이루어졌음은 명백하다. 이런 설명은 이후의 장들에서 다시 논의될 것이다.

뉴멕시코 대학교 방사성 동위원소 실험실에서 방사성 탄소 연대 측정에 사용되는 열 이온화 질량 분석기(Thermal ionization mass spectrometer: TIMS).
사진: 빅터 폴리악.

9장

이 암석의 나이는 몇 살인가?

로저 윈스

방사성 연대 측정은 어떻게 작동하는가?

그랜드캐니언의 암석 나이는 몇 살인가? 1900년대 이전에는 암석의 나이 추정에 사용할 수 있는 도구가 앞에서 설명한 상대연대 추정뿐이었다. 카이밥 지층이 코코니노 지층보다 더 젊다고 자신 있게 말할 수 있었지만(지층 누중의 법칙), 각각의 지층의 실제 나이를 결정하는 일은 요원했다. 그러나 1900년대 초부터 방사성 붕괴에 의해 만들어진 원자들의 "수를 셈"으로써 주변 환경과 무관하게 화성암의 나이를 결정하는 여러 방법이 개발되었다. 이 방법들을 방사성 연대 측정이라고 부른다.

우리 대부분은 원소들에 익숙할 것이다. 각각의 원자는 이를 탄소, 규소, 산소 또는 철 등과 같은 특정 원소에 속하게 하는 화학적 특성과 원자적 특성을 지닌다. 이 특성들은 원자 핵 주위의 전자 수에서 비롯되는데, 전자 수는 핵에 있는 양성자 수와 부합한다. 동일한 원소의 모든 원자들의 양성자 수는 같다. 그러나 같은 원소의 원자들의 중성자 수는 다를 수 있다. 양성자 수는 같지만 중성자 수가 다른 원자들을 동위원소라 부른다.그림 9-1 예를 들어 탄소의 양성자 수는 항상 6개이지만, 중성자 수는 다를 수 있다. 탄소의 중성자 수는 6, 7, 또는 8개일 수 있는데, 이것들을 탄소-12, 탄소-13, 또는 탄소-14라고 부른다. (질량수는 해당 원자의 양성자와 중성자 수의 합이다. 여기서는 각각 6+6, 6+7, 6+8이다.) 중성자 수의 차이는 특정 물질의 화학적 성질을 바꾸지는 않지만, 해당 원소의 방사성 붕괴에 대해 견디는 안정성과 같은 그 물질의 원자핵의 성질을 변화시킨다. 따라서 방사성 연대 측정에 대해 말할 때, 원소만이 아니라 동위원소에 대해서도 언급할 필요가 있다.

자연 상태의 동위원소들은 대개 안정적이며 변하지 않는다. 그러나 일부 동위원소는 완전히 안정적이지는 않다. 방사성 원자들은 최초의 상태(이를 부모 동위원소라고 부른다)에서 변화해서 또는 "붕괴해서" 딸 동위원소라고 불리는 다른 동위원소가 된다. 이 딸 동위원소의 일부는 추가로 붕괴해서 또 다른 딸 동위원소가 된다. 방사성 원자들은 예측 가능한 비율로 붕괴한다. 간단히 말해, 부모 동위원소 수의 감소와 딸 동위원소 수의 증가에 의해 시간 경과를 측정할 수 있다.

방사성 연대 측정의 특성 중 하나인 반감기라는 개념은 우리에게 익숙한 시계와는 다르다. 모래시계에서 모래가 이 장치의 좁은 병목을 통과해서 떨어지는 비율은 끝까지 일정하다.그림 9-2 구

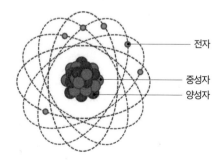

그림 9-1 원자에 대한 고전적인 그림. 특정 원소에서 동위원소들은 핵에서의 중성자(중성 입자) 수가 다르지만, 양성자 수는 항상 같다.

- 전자
- 중성자
- 양성자

그림 9-2 모래시계. 사진: S. 셉.

최초의 상태　　　　1번의 반감기 후　　　　2번의 반감기 후　　　　3번의 반감기 후　　　　4번의 반감기 후

그림 9-3 방사성 붕괴율은 "절반"의 법칙을 따른다. 반감기라고 불리는 각각의 기간에, 평균적으로 잔여 "부모" 동위원소(보라색)의 절반이 붕괴해서 "딸" 동위원소(흰색)가 된다.

식 시계에서, 시계 바늘은 항상 같은 속도로 움직인다. 방사능 붕괴는 이와 다르다. 붕괴될 원자들이 적게 남게 됨에 따라 붕괴되는 원자 수가 적어진다. 이 시스템에서 시간을 측정하기 위해서는, 반감기를 원자들의 절반이 붕괴하는 데 걸리는 시간으로 정의한다. 원래 원자들의 절반이 붕괴하는 데 특정 기간의 시간이 걸린다면, 잔여 원자들의 절반이 붕괴하는 데에도 같은 시간이 걸릴 것이다. 다음 번 반감기 동안에는, 붕괴할 원자들이 원래의 1/4밖에 남아 있지 않기 때문에 원래의 총 원자 수의 1/8만 붕괴할 것이다.그림 9-3 이 기간, 즉 반감기가 10번 지나고 나면, 원래의 방사능 원자 수의 1/1000도 남아 있지 않게 된다. 반감기로부터 실제 시간(예컨대, 연)으로 적절히 환산하면, 방사능 붕괴는 정확한 시간 측정을 산출해낼 수 있다.

방사능 연대 측정의 의미를 가장 간단하게 설명하자면, 부모 동위원소의 상실과 딸 동위원소의 획득이 해당 물체의 나이를 나타낸다는 것이다. 화성암의 경우, "나이"는 지구 내부에서건 화산 폭발의 일환으로서건, 마그마로부터 암석이 결정화한 이후 경과한 시간을 의미한다. 젊은 지구론 옹호자들은 흔히 모래시계를 뒤집을 때 이미 바닥에 약간의 모래 알갱이가 남아 있는 것과 유사하게, 마그마가 결정화될 때 이미 어

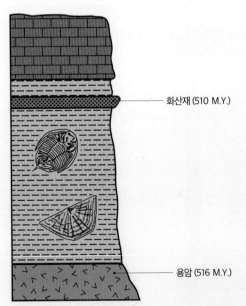

화산재 (510 M.Y.)

용암 (516 M.Y.)

그림 9-4 이곳에서 발견되는 화석이 5억1천6백만 년 된 용암류 위에 퇴적되었다면, 이 화석의 나이는 5억1천만 년과 5억1천6백만 년 사이라고 정해질 수 있다.
그림 9-5 그랜드캐니언 서부의 용암류. 이것은 그랜드캐니언이 형성된 뒤에 발생했으며 그 나이는 수백만 년 이내라고 추정되었다. 사진: 팀 헬블.

느 정도의 딸 원자들이 있기 때문에 방사능 연대 측정법이 통하지 않는다고 주장한다. 그러나 과학자들도 이를 잘 알고 있었다. 과학자들은 반감기 시계가 시작할 때 딸 원자들이 얼마만큼 존재하고 있었는지를 결정하는 정확한 방법들을 발견했다. 이런 지식을 가지고 이들은 암석의 나이를 적절하게 결정할 수 있다.

오래된 암석(암석의 대부분은 오래된 암석임)은 수백만 년의 긴 반감기를 사용하는 방사능 연대 측정법을 통해 나이를 알아낸다. 이런 긴 반감기는 암석 자체의 나이와 비슷한데, 부모 동위원소들이 완전히 없어지지 않으려면 그럴 필요가 있다. 이와 관련된 몇 원소의 예를 들자면 우라늄, 납, 루비듐, 스트론튬, 네오디뮴, 사마륨, 칼륨, 아르곤 등이 있다.

지구와 다른 여러 곳의 암석의 나이에 관해 방사능 연대 측정이 밝혀낸 내용을 요약해보자. 우리의 태양계가 어떻게 형성되었는지에 대한 현재의 이해에 비추어볼 때, 가장 오래된 암석은 소행성대에서 벗어나 지구의 중력장 안으로 들어온 운석들이다. 흔히 운석은 약 45억 년 된 것으로 추정된다. 달에서 온 암석은 거의 45억 년 된 것이 있는가 하면, 더 젊은 용암류에서 나와 30억 년을 갓 넘긴 것도 있다. 화성 운석의 일부는 40억 년이 된 것이 있지만 1억 년이 안 되는 것도 있어서, 이 붉은 행성의 화산이 오늘날에도 다소 활동적일 수 있음을 시사한다.

지구의 암석은 어느 것도 운석만큼 오래되지 않았는데, 이는 부분적으로는 지구가 활발하게 암석을 만들어내고 부서뜨리는 과정 중에 있는 매우 역동적인 행성이기 때문이다. 해저에서 형성된 암석은 일반적으로 2억 년이 되지 않았지만, 대륙 위에서는 훨씬 오래된 암석이 발견된다. 가장 오래된 암석은 캐나다와 오스트레일리아 대륙의 "순상지"(shield)에서 발견된다. 그중 많은 암석이 마그마에서 결정화된 후 족히 30억 년이 넘었으며, 일부는 40억 년이 넘은 것도 있다.

대개 퇴적암은 방사성 측정법에 의해 직접 연대를 추정할 수 없는데, 왜냐하면 (모래나 진흙 입자와 같은) 퇴적암을 구성하는 알갱이들은 이것들이 암석으로 교결된 때를 반영하지 않기 때문이다. 그렇다면 퇴적암에 들어 있는 화석의 나이는 어떻게 산출하는가? 여기에 대한 대답은 연대를 추정할 수 있는 근처의 화성암을 이용하는 것이다.그림 9-4 예를 하나 들어보자. 용암층이나 화산재 층이 화석이 함유된 퇴적암의 상하에서 발견될 경우, 이 화성암 층들의 연대를 추정할 수 있는데, 그 연대는 퇴적암 층이 그 안에 들어가야 하는 상한선과 하한선을 제공한다. 그랜드캐니언에서 (운카르 그룹 바닥의) 베이스 지층 기반에 있는 화산재 층의 방사성 측정 나이는 12억5천5백만 년±2백만 년으로 밝혀졌으며, 운카르 그룹 정상에 있는 카데나스 용암의 나이는 11억4백만 년±2백만 년으로 밝혀졌다(우라늄-납 방법). 이는 베이스 지층, 하카타이 점토암, 시누모 규암, 닥스 지층이 약 1억5천만 년이 넘는 기간에 걸쳐 퇴적되었음을 의미한다.

방사성 연대 측정법은 그랜드캐니언에 있는 화강암 암맥이나 고대 용암류와 같은 대부분의 화성암에 적용될 수 있다.그림 9-5 그러나 부모 및/또는 딸 동위원소의 이동을 허용할 만큼 암석이 충분히 가열될 경우 방사성 시계를 부분적으로 다시 맞출 수도 있다. 지하에서 오랜 기간에 걸쳐 이루어지는 이런 가열을 변성 작용(문자적으로 "개조")이라고 하며, 확실히 변형된 암석을 변성암이라 한다. 그랜드캐니언의 결정질 기반암의 많은 부분은 퇴적암에서 변성된 변성암의 일종인 편암이다. 이 암석은 변성의 시기가 관심의 대상이 아닌 한, 일반적으로 연대 추정에 도움이 되지 않는다.

일상생활에서 정말로 정확한 시간을 알고 싶은 경우, 우리는 두 개 이상의 시계를 확인한다. 마찬가지

연대 측정 기법	기법별로 파악되는 나이
방사성 측정 기법	
우라늄-납	45억 년에서 1백만 년
루비듐-스트론튬	45억 년에서 6천만 년
포타슘-아르곤	30억 년에서 3백만 년
아르곤-아르곤	30억 년에서 약 2000년
우라늄 시리즈	40만 년에서 수백 년
탄소-14	1만 년에서 약 50년
비방사성 측정 기법	
전자 스핀 공명	1백만 년에서 1000년
열 발광	5십만 년에서 몇 년
아미노산 라세미화	3십만 년에서 500년
나이테	1200년에서 1년

그림 9-6 방사성 및 비방사성 연대 측정 기법들과 각각의 기법에 의해 파악되는 나이. 비방사성 기법과 방사성 기법의 연대 추정 결과가 조화되어서 방사성 연대 측정법의 신뢰성을 확인해준다.

로, 각각 다른 동위원소는 변성작용을 일으킬 수 있는 가열에 저마다 다르게 반응하기 때문에, 정확한 연대 측정을 확보하기 위한 최선의 방법 중 하나는 두 개 이상의 연대 측정법이 일치하는지를 확인하는 것이다. 그림 9-6 대부분의 연구에서는 다양한 방법들이 연대 추정에 일치해서, 계산된 연대의 타당성에 대한 신뢰를 증가시켜준다. 예를 들어, 1986년에 운카르 그룹 퇴적층의 철 광물 배열에서의 변화 기록을, 그랜드

캐니언 지역 밖의 연대를 측정할 수 있는 화성암의 철 광물 배열에서의 변화와 비교한 연구가 완료되었다. 이런 광물 배열의 변화는 지구 자기장의 역전을 기록하고 있다. 이 연구에 의해 운카르 그룹 지층들이 12억5천만 년 전에 쌓이기 시작했다는 사실이 발견되었다. 이는 본질적으로 2005년에 운카르 그룹 바닥의 화산재 층에 대해 발견된 방사성 측정 연대와 같다.

방사성 탄소(C-14) 연대 측정

방사성 탄소 또는 탄소-14 연대 측정법은 지구의 대기 상층부에서 끊임없이 만들어지고 있는 탄소 동위원소를 사용한다. 방사성 탄소를 사용해서 한때 공기를 호흡하고(또는 식물의 경우 마시고) 탄소-14 동위원소를 자신의 조직으로 통합한 죽은 생물의 연대를 측정하는 것이다. 살아 있는 생물에서의 탄소-14는 계속 붕괴하고 계속 보충되지만, 식물이나 동물이 죽은 다음에는 더 이상의 탄소-14가 첨가되지 않고 조직 안에 들어 있는 탄소-14는 반감기 5730년의 속도로 서서히 붕괴한다. 방사성 탄소 연대 측정을 위해서는 부모 탄소-14가 얼마나 많은지만 측정하고 딸 동위원소는 측정하지 않는다. 방사성 탄소 측정법으로 연대를 측정할 수 있는 시료로는 목재, 파피루스, 천연 섬유, 동물 뼈와 조직 등과 같은 물질이 있다. 사해 문서

그림 9-7 사해 문서는 히브리어 성경의 일부를 포함하고 있는데, 위 사진은 시편의 일부다. 방사성 연대 측정에 의하면 사해 문서는 기원전 350년에서 기원후 100년 사이에 만들어진 것으로 추정된다. 사진: 샤이 할레비. 풀 스펙트럼 칼라 이미지. Israel Antiquities Authority 제공.

2부 지질학은 어떻게 작동하는가?

는 방사성 탄소 측정법에 의해 연대가 측정된 고고학 유물의 사례다. 그림 9-7

암석의 연대가 방사성 탄소에 의해 측정된다는 것은 심각한 오해다. 아주 젊은 석회암 퇴적물은 예외이지만, 방사성 탄소는 암석의 연대를 측정하는 유용한 방법이 아니다. 방사성 탄소 반감기는 대부분의 암석의 나이보다 훨씬 짧은데, 이는 사실상 암석의 모든 방사성 탄소가 이미 붕괴되어버렸음을 의미한다. 약 4000년(약 7회의 반감기)이 지난 뒤에는 원래의 방사성 탄소의 1퍼센트도 남지 않게 된다. 방사성 탄소는 암석에 사용되는 방사성 측정보다 오염에 더 민감한 특수한 경우다. 이는 공기, 우리의 피부, 머리카락, 꽃가루, 우리 주위의 다른 물질에 함유된 탄소-14가 아주 오래된 시료에서 측정되는 탄소-14의 양보다 훨씬 많기 때문이다. 고대 유물에 남아 있는 원래의 탄소-14 양이 감소할수록, 오염에 의한 오류 가능성이 커지며, 따라서 가장 오래된 시료의 연대를 측정하려 할 때 심각한 오류가 발생할 수 있다. 이는 2만 년 이내에 만들어진 세포 조직이나 식물에는 큰 문제가 안 되지만(원래의 탄소-14 중 아직 많은 부분이 남아 있다), 더 오래된 유물에 대해서는 오류 가능성이 상당히 커진다.

일부 젊은 지구론 옹호자들은 방사성 탄소를 이용해서 오래된 암석이나 석탄 또는 금강석의 연대 측정을 고집하다가 무의미한 결과를 낳는다. 시료를 처리하는 동안 불가피하게 공기로부터 소량의 방사성 탄소가 실험실에 유입되기 때문에 진정한 영점 판독(zero reading)은 결코 얻어지지 않는다. 과학자들은 이런 사실에 대해 당황하지도, 어리둥절해하지도 않는다. 석탄과 금강석에 들어 있는 "측정할 수 있는 방사성 탄소"가 젊은 지구론에 대한 증거라는 홍수 지질학자들의 말은 순전히 호도하는 주장이다.

방사성 연대 측정은 얼마나 믿을 만한가?

방사성 물질은 여러 용도로, 특히 의학과 전력 생산을 위해 활용된다. 반감기는 일정하게 유지되었으며 여러 산업에서 오랫동안 신뢰할 만하다고 입증되었다. 저자가 현재 일하고 있는 화성 탐사선(현재 화성 전역을 트레킹 중이다)은 반감기가 88년인 방사성 플루토늄에 의해 동력을 공급받는다. 그림 9-8 운 좋게도 이 탐사선이 앞으로 충분히 오래 작동한다고 하면, 현재 보유하고 있는 열에너지의 절반을 보유하게 되리라는 점은 확실하다. 여러 산업에서 방사성 분석의 반감기를 익숙하게 인식하고 있다는 사실은 이를 이용해서 암석의 나이를 결정하는 작업에 확신을 가지도록 만든다.

또한 고대의 역사적 사건이 일어났다고 기록된 날짜와, 이 사건에 대한 암석이나 다른 물품의 방사성 측정 연대 사이에도 일치점이 있다. 아마도 가장 잘 알려

그림 9-8 미항공우주국(NASA)의 1톤짜리 화성 탐사선 Curiosity호는 반감기 88년인 방사성 동위원소에 의해 동력을 공급받는다. 사진: NASA/JPL-Caltech/Malin Space Science Systems.

그림 9-9 화산회류(ash-flow) 퇴적물이 기원후 79년에 폼페이 도시를 파괴했다. 시신들은 보존되지는 않았지만 응고된 재 속에 남은 빈 공간으로 발견되었다. 이 공간은 석고로 채워졌으며 19세기에 발굴되었다. 사진: 랜스보텍스

로 추정한 나이가 정확하다고 확신할 수 있는가? 만약 다른 동위원소들이 파악되지 않은 절차에 의해 동일한 비율로 느려지고 있기 때문에, 여러 방사성 측정 기법들이 일치하는 결과를 내고 있다면 어떻게 되는가? 가정을 진정으로 검증할 수 없다면, 참으로 결과의 신뢰성이 의심받을 것이다. 그러나 이 가정들이 검증될 수 없다는 주장은 완전히 잘못된 것이다.

판구조론(지구 표면을 덮고 있는 판들의 이동)에 대한 지식을 활용해서 방사성 연대 측정법의 가정을 간단히 검토하고 그 정확성을 입증하는 방법이 있다. 대서양 해저의 지도를 보면, 그림 9-10을 보라 커다란 산맥(적절하게도 중앙 대서양 해령[Mid-Atlantic Ridge]이라고 불린다)을 쉽게 관찰할 수 있는데, 이 산맥은 남북 아메

진 사례는 거의 2000년 전인 기원후 79년에 폼페이와 헤르쿨라네움을 파괴한 이탈리아의 베수비오산 폭발일 것이다. 그림 9-9 이 폭발로 만들어진 암석의 형성 시기를 아르곤–아르곤을 이용한 방법으로 측정한 결과, 사건 발생 연도를 실제 발생 연도로부터 몇 년 이내로 정확하게 알아낼 수 있었다. 반감기가 시간이 지남에 따라 변한다는 증거는 어디에도 없다.

자주 젊은 지구론 옹호자들은 불과 수천 년 이내의 시료에 대한 방사성 연대 측정의 타당성에는 동의하지만, 이 방법은 검토할 수 없고 의문스러운 가정들에 근거하고 있기 때문에 더 오래된 암석에 대해서는 믿을 수 없다고 주장한다. 방사성 붕괴율이 변하지 않았고, 계[system]가 폐쇄된 상태로 계속 유지되고 있고, 암석이 너무 많이 가열되지 않았고, 시료가 오염되지 않았을 경우에만 연대를 신뢰할 수 있다는 것이다. 이처럼 수많은 가정을 하면서 어떻게 방사성 측정법으

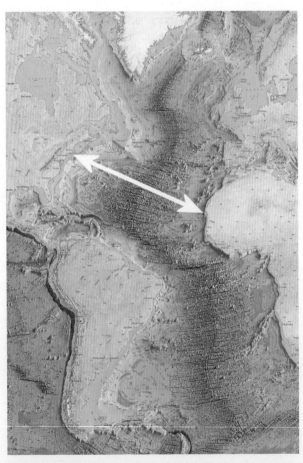

그림 9-10 중앙 대서양 해령. 화살표는 이동 방향을 따라 5600킬로미터 분리되었음을 나타낸다. Marie Tharp Maps, LLC, 8 Edward Street, Sparkill, New York 10976의 승인을 받아 게재함.

2부 지질학은 어떻게 작동하는가?

리카와 유럽과 아프리카를 정확하게 나눈다. 이 산맥을 따라 솟아나고 있는 용암이 산맥에 새로운 지각을 끊임없이 더하고 있으며, 현대의 대륙 분리와 해저 확장이 계속되고 있음을 입증한다. 방사성 측정법으로 결정된 해양 지각의 암석의 나이는 이런 관찰 내용과 일치한다. 즉 해령축에서 멀어질수록, 암석의 나이가 많아지는 것이다.

대륙 가장자리에서 대서양 지각의 최고 연령은 약 1억8천만 년으로 측정된다. 대륙 사이의 거리를 측정하면, 이 거리와 최고 연령을 사용해서 평균적인 이동 속도에 도달할 수 있다. 지도에서 보이는 화살표를 따라 이 계산을 해보면(1억8천만 년에 5600킬로미터 이동) 평균적으로 1년에 3센티미터의 이동률이 나온다. 이 작업을 같은 화살표 선상의 중간 지점들에 대해서 반복해보면, 중간 지점의 암석의 연령과 거리를 통해 구

한 이동률은 연평균 약 2.8센티미터에서 4.3센티미터로, 시간이 오래 지나더라도 약간만 변한 것으로 보인다.

이제 이 검토에 대해 살펴보자. 여러 대륙에 있는 인공위성 기지들은 거리를 몇 센티미터 이내로 정밀하게 측정할 수 있게 해준다. 장기간에 걸친 북아메리카와 북아프리카의 상대적 위치 측정은 현재 발생하는 속도가 연간 약 2.5센티미터임을 보여주는데, 이는 방사성 측정법으로 결정한 이동률과 놀라울 만큼 일치하는 수치다.

이제 이런 사실이 시사하는 바를 고려해보라. 홍수 지질학자들은 노아 홍수가 시작될 때 지하의 물이 균열을 통해 표면으로 분출함에 따라 북아메리카 판과 아프리카판이 격렬하고 급속하게 이동하기 시작했다고 주장한다. 그 뒤 몇 천 년 동안 판 이동이 현재 측정

그림 9-11 1980년의 주된 폭발 후 중앙의 화산재 원뿔을 쌓아 올리고 있는 세인트헬렌스산. 전면의 어두운 표면은 그 폭발에서 나온 화산쇄류다. 사진: 미국 지질학 서베이.

된 비율까지 점진적으로 느려졌다고 한다. 이 주장이 사실이려면, 방사성 연대 측정법의 정확성이 입증되는 것처럼 보이기 위해서는 전혀 관련이 없는 두 개의 과정(즉 방사성 동위원소의 붕괴율과 대륙판이 벌어지는 비율)이 정확히 같은 비율로 느려졌어야 한다!

해마다 수천 개의 암석 시료의 연대가 측정되고 있는데, 대부분의 경우 여러 측정 방법이 같은 지역의 암석의 연대에 대해 일치하는 결과를 산출해내고 있다. 이렇게 측정된 연대들은 지구가 오래되었음을 여실히 보여준다.

방사성 연대 측정의 정확성을 확인하는 많은 검토가 이루어졌음에도, 일부 홍수 지질학자들은 아직도 방사성 연대 측정이 정확하지 않거나 재생될 수 없는 결과를 낳는다고 주장한다. 이런 주장에 대한 유명한 예는 1980년에 폭발해서 산비탈 아래로 화산회류를 흘려보낸 워싱턴주의 세인트헬렌스산이다. 1986년에 젊은 지구론 옹호자들이 분화구에서 자라고 있는 신선한 마그마 원뿔 시료를 채집해서 연대를 측정했다.그림 9-11 이 시료에 대해 포타슘–아르곤(K-Ar) 측정법으로 연대를 측정한 결과 30만 년이 나왔는데, 이 수치는 현재 홍수 지질학자들의 강의, 비디오, 현장 탐방, 웹사이트, 박물관 전시회 등에서 방사성 연대 측정의 신뢰성에 반하는 증거로 계속 등장하고 있다. 그러나 여기에는 두 가지 중요한 정보가 빠져 있다. 첫째, 분출하는 용암에는 표면 아래에 있는 오래된 암석 조각이 함께 빨려 들어가는 경우가 흔하다. 용암 시료를 무분별하게 채집하면 새 암석과 오래된 암석이 섞여서 용암류보다 훨씬 오래된 나이를 산출하게 된다. 위의 주장에서 빠져 있는 두 번째 정보는, 오래전부터 지질학자들은 사용 중인 연대 측정법(K-Ar)이 최근의 용암류에 대해서는 부정확한 결과를 낳는다는 사실을 인식하고 있었다는 점이다. 이는 "그 방법이 올바른 답을 주지 않기" 때문이 아니라, 이런 환경에서는 알려진 절차가 작동하기 때문이다. 아르곤–아르곤(Ar-Ar) 연대 측정법과 같은 방법은 이런 과정들을 고려하며, 실제로 (위에서 언급한 베수비오산의 폭발 연대를 정확히 측정한 것처럼) 신뢰할 만한 나이를 산출해낸다. 방사성 연대 측정법은 정확하다. 이는 반복적으로 입증되었다.

다시 그랜드캐니언으로

그랜드캐니언에 노출된 대부분의 지층은 퇴적암이다. 앞에서 설명했듯이, 이 지층의 연대를 측정하기 위해서는 방사성 연대 측정법과 상대연대 측정법을 결합할 필요가 있다. 퇴적암이 화성암과 관련될 경우, 화성암에 대해 결정된 연대를 사용해서 퇴적암의 가능한 연대를 제한할 수 있다. 이 협곡에서 가장 젊은 암석 중 일부는 테두리를 넘어 강 아래로 흘려내려 용암 댐들을 형성한 용암으로 구성되어 있다. 최종적으로는, 막힌 콜로라도강이 댐에 구멍을 뚫고 완전히 또는 부분적으로 댐을 침식해서 협곡의 측면을 따라 증거가 되는 용암의 잔해만 남겨놓았다.그림 9-5 이 용암 댐은 기저의 암석층보다 훨씬 젊고 그랜드캐니언 자체의 나이를 이해하는 데 도움을 주지만, 그랜드캐니언이 깎여 있는 암석층의 나이에 대해서는 말해주는 바가 거의 없다. 대부분의 용암 댐은 겨우 수백만 년 내에 형성되었다.

그랜드캐니언 동쪽의 가장 저지대에는 아주 오래된 화성암도 있다. 일부는 심하게 변성되어서 쉽게 연대를 측정할 수 없다. 그러나 그랜드캐니언 슈퍼그룹 중 하나의 암석 지층인 카데나스 용암은 연대를 측정할 수 있다. 다양한 방사성 연대 측정법을 통해 추정한 결과 이 용암의 나이는 약 10억 년이다.

이미 우리는 방사성 연대 측정이 타당하다는 사실을 결정적으로 보여주었다. 그럼에도 홍수 지질학자들이 그랜드캐니언의 화성암의 연대가 "일관성이 없다"(또는 "조화되지 않는다")라고 주장하는 문제에 대해 다시 재고할 필요가 있겠다. 하카타이 점토암 내의 화성암 관입과 협곡 테두리에 흘러내린 훨씬 젊은 용암에 대한 젊은 지구론자들의 두 건의 조사는, 신뢰할 수 없는 외형을 만들어내는 시료 채집, 연대 측정, 보고의 방식들을 보여준다.

화성암 관입의 연대 측정: 정보를 빠뜨리기

홍수 지질학자들은 그랜드캐니언 슈퍼그룹의 하카타이 점토암의 화성암 관입에서 시료를 채취한 후, 4개의 각각 다른 방사성 연대 측정법을 사용해서 그 연대를 측정했는데, 서로 일치하지 않는 것처럼 보이는 결과가 나왔다고 주장한다.그림 9-12

이 연구에 대한 젊은 지구론자들의 언급은 대체로 두 가지 중요한 정보를 빠뜨린다. 첫째, 오랫동안 지질학자들은 매우 유동적인 가스인 아르곤(Ar)이 재가열된 암석으로부터 스트론튬, 납 또는 네오디뮴보다 훨씬 더 쉽게 새 나간다는 사실을 알고 있었다. 아르곤(딸 동위원소)의 소실은 이 암석 표본이 실제보다 젊어 보이리라는 것을 의미한다(이 암석이 그릇되게 늙어 보이는 것이 아니라, 그릇되게 젊어 보인다는 점에 주목하라). 칼륨-아르곤 법에 의해 계산된 나이가 젊다는 것

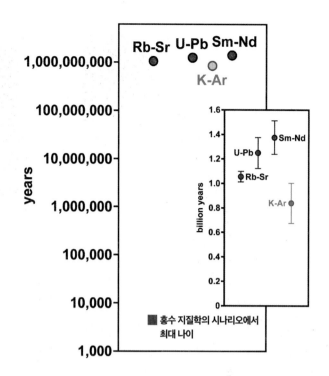

그림 9-13 하카타이 점토암 안으로 들어온 화성암 관입 시료에 대해 홍수 지질학자들이 보고한 연대. 수직선은 측정의 불확실성을 나타낸다. (Rb-Sr: 루비듐-스트론튬; U-Pb: 우라늄-납; Sm-Nd: 사마륨-네오디뮴; K-Ar: 칼륨-아르곤). 튀어 나온 회색의 K-Ar 지점은 아르곤 누출로 인해 연대를 신뢰할 수 없음을 시사한다. 청색 정사각형은 젊은 지구론 문헌이 제안하는 화성암 관입의 최대 나이를 나타낸다.

방법	나이
칼륨-아르곤	8억4천만 년±1억6천4백만 년
루비듐-스트론튬	10억5천5백만 년±4천6백만 년
우라늄-납	12억4천9백만 년±1억3천만 년
사마륨-네오디뮴	13억7천5백만 년±1억4천만 년

그림 9-12 하카타이 점토암 안으로 들어온 화성암 관입에 의한, 불확실성을 포함한 다양한 나이.

은 가열과 아르곤 누설의 증거이며, 따라서 이 관입에 대해 가장 신뢰할 만한 연대 측정법이 아니다. 흔히 누락되는 두 번째 정보는 불확실성(예측 범위를 정하는 ± 값)과 관련된다. 과학계에서는 불확실성에 대한 언급이 일반적임에도 불구하고, 젊은 지구론을 주장하는 문헌에서는 흔히 불확실성이 누락되어 측정된 연대가 실제보다 더 불일치하는 것처럼 보인다. 그림 9-13에서 예측 범위를 나타내는 막대기가 그려진 오른쪽 부분을 보라. 이 그림에서 우라늄-납 방법과 사마륨-네오디뮴 방법은 실제로 예측 범위 내에서 일치하며, 루비듐-스트론튬 방법에 따른 결과의 불확실성은 사마륨-네오디뮴 값의 불확실성 범위의 약 10퍼센트라는 것을 볼 수 있다. 이 값들은 홍수 지질학자들이 주장하는 것처럼 크게 벗어나는 결과가 아니다.

그랜드캐니언 서부의 용암: 부적절한 시료 채취

그랜드캐니언 테두리 위로 흘러내린 훨씬 최근의 용암이 오늘날 그랜드캐니언의 서부에서 발견되는데, 이 암석은 방사성 연대 측정법에 의하면 나이가 몇 백만 년으로 추정된다. 홍수 지질학자들도 이 용암류의 일부에 대해 연대 측정을 시도했다. 널리 인용되는 한 연구에 따르면, 등시선(等時線) 방법이라는 특수한 방법이 채택되었는데, 이 방법은 같은 암석 단위에서 다수의 표본을 수집하도록 요구한다.

그런데 홍수 지질학자들의 연구에서는 4곳의 각각 다른 용암류로부터 표본이 수집되어 의미 없는 "나이들"이 나오게 되었다.

결론

이번 장을 요약하자면, 방사성 연대 측정법은 신뢰할 수 있는 물리 법칙(가장 중요하게는 방사성 붕괴의 예측 가능성)에 기초하고 있다. 우리는 이 예측 가능성을 이용해서 원자로를 건설하고, 의료 장치를 개선하며, 수백만 킬로미터 떨어진 행성 탐사선에 동력을 공급하기도 한다. 방사성 연대 측정법은 베수비오산 폭발과 같은 고대의 역사적 사건의 연대를 정확히 추정한다고 입증되었다. 같은 방법을 통해, 협곡 안으로 흘러들어간 용암의 나이에 기초해서 그랜드캐니언이 백만 년보다 젊을 수 없으며, 그랜드캐니언이 깎여 있는 기반암의 일부의 나이가 10억 년이 넘는다는 점을 알 수 있다.

과거에는 붕괴율이 훨씬 더 빨랐을까?

방사성 연대 측정법을 통해 나온 몇 십억 년의 나이와, 홍수 지질학자들 자신이 주장하는 6000년이라는 지구 나이를 조화시키기 위해, 이들은 과거의 방사성 붕괴율이 현재 관찰되는 붕괴율보다 1백만 배 넘게 높았으리라고 주장한다. 그러나 이런 주장은 방사성 붕괴가 열을 만들어낸다는 근본적인 특성을 무시하고 있다. 지구에 있는 물질들의 완만한 방사성 붕괴는 지구 내부를 뜨겁게 유지해서 활화산에 힘을 공급한다. 이 열을 백만 배 이상 증가시키면 지구 표면은 신속하고 완전하게 녹아버릴 것이다.그림 9-14 방사성 붕괴가 이런 식으로 일어나지 않았음을 인정하는 것 외에는, 가속된 붕괴로 인한 막대한 열 발생을 합리적으로 다룰 수 있는 방법이 없다.

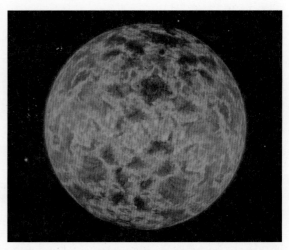

그림 9-14 NASA/JPL-Caltech 출신 화가의 개념에 기초한 용해된 행성 그림.

밝은색의 코코시노 사암과 붉그스레한 허밋 지층 사이의 부정합. 사진: 브론즈 블랙.

10장

사라진 시간: 암석 기록에서 틈들

스티븐 모시어, 캐럴 힐

자주 지질학자들은 지층을 책의 페이지들에 비유한다. 즉 각각의 층은 어떤 이야기를 말해주고 이 이야기는 그다음에 있는 위쪽 층에서 계속된다. 그런데 이런 지질학의 이야기에서 시간의 틈들은 제본된 책에서 몇 쪽이나 몇 장 전체가 찢겨 나간 것과 같다. 인접한 암석 단위들 사이의 시간의 틈을 대표하는 것은 부정합이다. 부정합은 두 암석층 사이에 있던 물질이 침식되어 없어졌거나 퇴적물이 추가로 퇴적되지 않고 시간이 흐른 곳에서 발견되는 암석층의 접촉면이다. 대개 부정합은 침식을 함축하지만 반드시 그런 것은 아니다.

앞에서 우리는 대부정합(4장) 및 비시누 편암과 그 위의 슈퍼그룹 사이의 더 낮은 부정합 같은 가장 명백한 부정합들을 묘사했다. 그러나 우리가 이런 특성을 어떻게 인식하는지, 그리고 얼마나 오랜 시간이 사라졌는지에 대해서는 설명하지 않았다. 그랜드캐니언에서 파악된 19개의 부정합 중 5개를 더 자세히 들여다봄으로써 이 논쟁점을 다룰 것이다(19개 부정합 모두가 그림 10-1에 나와 있다).

얼마나 오랜 시간이 사라졌는가?

암석 기록에서 사라진 시간의 길이를 추정하는 작업은 단순히 시간의 간극이 있음을 알아채는 일보다 어렵다. 화성암이 침식된 곳에서는, 이후의 침식 시기는 알 수 없지만 방사성 연대 측정법으로 최소한 그 아래 암석층의 나이는 알아낼 수 있다. 그랜드캐니언 같은 곳의 퇴적암의 경우, 연대 추정은 기본적으로 해당 지역의 화석 기록과 전 세계의 화석 기록 사이의 비교에 기초한다. 부정합 위와 아래의 특정한 지질학적 시대를 밝혀주는 화석들의 모음과 (방사성 연대 측정법을 통한) 이 시대들의 나이에 대한 지식이 결합되면 얼마나 오랜 시간이 사라졌는지를 추정할 수 있다.

대부정합 위의 지층에서 부정합들만의 사라진 시간은 총 약 1억9천만 년에 달한다. 이는 그랜드캐니언의 고생대 암석이 점유하는 총 시간(5억2천5백만 년 된 타피츠 사암에서 2억7천만 년 된 카이밥 지층까지의 약 2억5천5백만 년)의 암석 기록 중 약 75퍼센트가 사라졌음을 의미한다. 바로 이것이 홍수 지질학자들이 대부정합 위의 암석에서는 어떤 부정합의 존재도 부정하는 일을 그토록 중요하게 여기는 이유다. 왜냐하면 부정합들의 존재는 홍수 지질학자들이 주장하는 1년간의 홍수 중간에 반복적이고 상당히 긴 기간의 노출과 침식이 있었음을 의미하기 때문이다.

부정합을 인식하기

부정합은 여러 가지 방법으로 확인된다. 그랜드캐니언에서는 다섯 가지의 전형적인 예가 발견된다. (1)

어떻게 시간이 단순히 "사라질" 수 있는가?

홍수 지질학자들은 흔히 지질학자들이 방대한 세월 동안 아무 일도 일어나지 않았으며 그저 노출된 암석들이 수백만 년 동안 그대로 자리 잡고 있다고 생각한다고 가정하고, 확실히 그럴 가능성이 낮다고 주장하면서 부정합의 타당성에 의문을 제기한다. 그러나 이런 의심은 전혀 사실이 아니다. 많은 장소에서, 이 기간 동안 두꺼운 퇴적층이 형성되었지만 나중에 침식되어 없어졌다. 사라진 시간은 대개 활동이 없는 기록이 아니라 제거된 역사 기록이다.

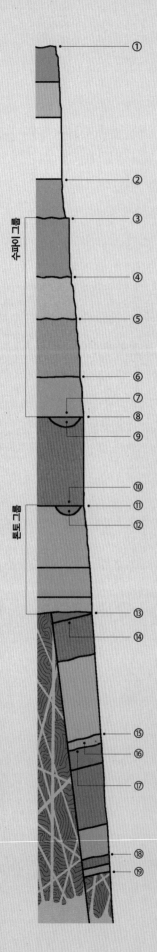

수파이 그룹

톤토 그룹

① **카이밥 지층 상부** 협곡 테두리 위로 페름기의 카이밥 지층이 트라이아스기의 모엔코피 지층에 의해 국지적으로 덮임. 1천5백만 년 동안의 틈으로 추정됨.

② **허밋 지층에서 코코니노 사암까지** 허밋 층에서 (6미터에 달하는) 깊은 균열이 모래로 채워짐. 콜로라도고원의 다른 지역에 비해 그랜드캐니언의 허밋 지층 상부에서는 많은 암석이 사라짐. 수십만 년 동안의 시간 틈으로 추정됨.

③ **에스플러네이드 사암에서 허밋 지층까지** 에스플러네이드 상부의 국지적 침식. 9-15미터의 기복. 틈이 그리 길지 않은 것으로 추정됨.

④ **웨스코가메 지층에서 에스플러네이드 사암까지** 웨스코가메 상부의 표면 침식. 15미터까지 국지적 기복. 틈이 그리 길지 않은 것으로 추정됨.

⑤ **마나카차 지층에서 웨스코가메 지층까지** 마나카차 상부가 제거되고 역암 쇄설암이 웨스코가메 기반 안으로 재배치됨. 경미한 기복이 명백함. 1천만 년의 틈으로 추정됨.

⑥ **와타호미기 지층에서 웨스코가메 지층까지** 250만 년의 틈으로 추정됨.

⑦ **서프라이즈 캐니언 지층에서 와타호미기 지층까지** 기반에는 역암이 있고 양각의 국지적인 부정합. 1천만 년에서 1천5백만 년 동안의 틈으로 추정됨.

⑧ **붉은 벽 석회암에서 와타호미기 지층** 1천5백만 년의 틈으로 추정됨.

⑨ **붉은 벽 석회암에서 서프라이즈 캐니언 지층까지** 수로의 네트워크가 붉은 벽 상부를 깎아 서프라이즈 캐니언 지층으로 채움. 수로들은 넓이 0.8킬로미터, 깊이 120미터에 이름. 틈이 그리 길지 않은 것으로 추정됨.

⑩ **템플 뷰트 지층에서 붉은 벽 석회암까지** 템플 뷰트 상부의 표면 침식. 붉은 벽의 기반에 역암이 함유된 템플 뷰트 층이 재배치됨. 3천만 년의 틈으로 추정됨.

⑪ **붉은 벽 석회암에서 무아브 석회암까지** 1억6천만 년의 틈으로 추정됨.

⑫ **무아브 석회암에서 템플 뷰트 지층까지** 무아브의 상부 표면이 (깊이 30미터에 달하는) 수로들에 의해 깎임. 템플 뷰트 층으로 채워짐. 1억3천만 년의 틈으로 추정됨.

⑬ **선캄브리아시대 암석 위의 "대부정합" 캄브리아기 타피츠 사암** 선캄브리아시대 암석의 상부 위 타피츠 기반에 있는 역암. 그랜드캐니언 서부의 결정 기반암 위 타피츠는 10억 년의 틈으로 추정됨. 그랜드캐니언 동부의 추아르 그룹과 타피츠 사이에는 2억2천만 년의 틈이 있는 것으로 추정됨.

⑭ **콰군트 지층에서 식스티마일 지층까지** 콰군트 상부의 침식된 표면 위의 식스티마일에 역암이 있음. 틈은 5천만 년까지로 추정됨.

⑮ **난코윕 지층에서 갈레로스 지층까지** 난코윕 상부의 표면 침식. 틈은 그리 길지 않은 것으로 추정됨.

⑯ **난코윕 지층의 하부와 상부 구성 암석 사이의 부정합** 사라진 시간을 알 수 없음.

⑰ **카데나스 용암에서 난코윕 지층까지** 약간 기울어지고 침식된 카르데나스 용암 위에 난코윕 층이 있음. 틈은 3억 년까지로 추정됨.

⑱ **하카타이 지층에서 시누모 규암까지** 하카타이에 끝이 잘려나간 사층리와 수로 퇴적물이 있음. 사라진 시간을 알 수 없음. 최대 5천만 년.

⑲ **초기 원생대 결정 기반암에서 베이스 석회암까지** 시간 틈이 4억1천만 년으로 추정됨.

그림 10-1 그랜드캐니언에 노출된 19개의 부정합.

그림 10-2 경사진 적색 슈퍼그룹 암석(추아르 층) 위의 타피츠 사암과 브라이트 에인젤 점토암을 보여주는 그랜드캐니언 동부의 대부정합. 고점(화살표)은 내구력 있는 시누모 규암으로 구성된 고대의 뷰트인데, 이 뷰트는 타피츠 바다가 육지로 진출하기 전에 평평한 평원 위에 서 있었다. 사진: 이븐 로즈.

기울어지고 끝이 잘린 층, (2) 위쪽 지층에 포함된 오래된 암석, (3) 사라진 화석, (4) 채워진 수로, (5) 채워진 동굴과 싱크홀(고기 카르스트 지형).

1. 기울어지고 끝이 잘린 층

타피츠 사암이 기울어진 슈퍼그룹 암석을 덮고 있는 그랜드캐니언 동부의 대부정합에서 생생하게 보이듯이, 침식의 가장 명백한 증거는 기울어진 지층이 갑자기 끝나고 그 위로 수평층들이 쌓인 곳에서 발견된다. 그림 10-2 이런 접촉면을 만들어내는 유일한 방법은 원래 수평이던 지층이 기울고, 위쪽의 물질이 침식되어 비교적 평평한 표면이 된 뒤, 그 위에 새로운 물질이 수평으로 퇴적되는 것이다. 대부정합은 홍수 지질학자들이 진정한 부정합으로 인정하는 얼마 되지 않는 지형들 중 하나다. 이들은 홍수가 시작되었을 때

홍수 물에 의해 땅의 표면이 깎여서 이런 부정합이 생겼다고 설명한다. 이런 부정합이 만들어지려면 다음과 같은 사건들이 발생했어야 한다는 점을 기억하라. 3600미터가 넘는 슈퍼그룹 퇴적암이 (1) 퇴적되고, (2) 묻히고, (3) 약간 변성되고, (4) 단층을 일으켜 기울어지고, (5) 융기되어 침식되고, 마지막으로 (6) 더 젊은 일련의 캄브리아기 지층에 의해 덮인다. 홍수 지질학자들은 이 모든 일이 창조 주간과 홍수 시작 사이의 약 1650년 동안에 일어났다고 주장한다!

2. 그 위를 덮고 있는 지층에 포함된 아래쪽 지층의 오래된 암석

대부정합을 따라 서쪽으로 이동해서 타피츠 사암이 결정암을 덮고 있는 장소에 가면, 이 두 단위들 사이에서 "찢어진 쇄설암"을 발견할 수 있다. 그림 10-3 서프라이즈 캐니언 지층의 기반에서도 유사한 쇄설암이

발견된다. 서프라이즈 캐니언 지층의 파편들은 확실히 그 밑의 붉은 벽 석회암에서 나온 것이다. 이것들은 붉은 벽의 다른 곳에서 발견되는 독특한 화석에 이르기까지 일치한다. 어떻게 이 암석의 파편들은 그곳에 들어가 있는가? 붉은 벽의 상부가 침식되어 서프라이즈 캐니언 퇴적물이 퇴적될 동안 표면이나 무너진 동굴에 풍화된 붉은 벽 암석의 파편들을 남겼다면, 붉은 벽 암석층의 파편들이 그 위쪽 암석층에 존재한다는 사실이 완전히 이해될 수 있다. 퇴적이 연속적이었다면(즉 부정합이 없었다면), 어떻게 단단한 붉은 벽 석회암 덩어리들이 빠르게 형성되어서 중력을 거스르지 않고 그 위의 서프라이즈 캐니언 지층 안으로 들어갈 수 있었겠는가?

3. 사라진 화석

이미 우리는 다윈이 등장하기 훨씬 전에 지질학자들이 암석 기록에서 생물 화석의 규칙적인 순서를 관찰했음을 살펴보았다(동물상 연속의 원칙을 상기하라). 일부 장소에서는 화석이 예상 가능한 순서대로 발견되기는 하지만, 하나 또는 그 이상의 화석 그룹 전체가 빠진 지층이 발견된다.그림 10-4 오래된 화석 그룹에서 훨씬 더 젊은 화석 그룹으로 급작스럽게 변화되는 현상은, 아무런 퇴적물도 퇴적되지 않았거나 물질이 침식된 시기가 있었음을 가리킨다. 무아브-템플 뷰트 접촉면의 경우 무아브 석회암에는 캄브리아기 무척추동물의 화석만 있는 반면, 템플 뷰트 지층에는 데본기 물고기 화석과 무척추동물 화석이 존재한다. 이곳에서 무아브 석회암(~5억5백만 년)과 템플 뷰트 지층(~3억7

그림 10-3 블랙테일 캐니언에서 비시누 편암이 그 위의 타피츠 사암과 접하는 대부정합 접촉면. 이 부정합에는 12억 년의 시간 틈이 있다. 삽입 사진: 접촉면을 따라 존재하는 흰색 석영 파편들은 한때 이 편암 내의 광맥에 존재했다. 사진: 웨인 래니.

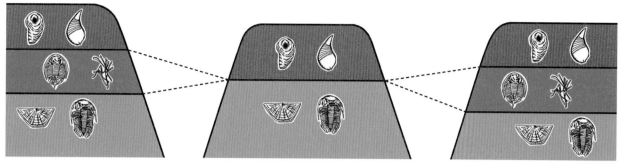

그림 10-4 중앙 노출부에 부정합이 있다. (왼쪽 노출부와 오른쪽 노출부에서 보듯이) 대개는 시간적으로 떨어져 발견되는 화석들이 이곳에서는 두 개의 인접한 지층에서 발견되기 때문에 이곳이 부정합임을 인식할 수 있다. 참조: 이 예시가 보여주는 지표 화석들은 그랜드캐니언에만 특수하게 분포하는 화석이 아니다.

천5백만 년) 사이의 틈은 약 1억3천만 년에서 1억3천5백만 년의 역사가 빠져 있음을 나타낸다.

4. 채워진 수로

더 낮은 지층의 깎인 수로가 위쪽 지층의 물질이나 독특한 퇴적물로 채워져 있다면, 이는 부정합이 존재한다는 명백한 단서 중 하나다. 여기에 대한 좋은 사례가 무아브 지층과 붉은 벽 지층의 상부에서 발견된다. 무아브 표면에 깎인 수로들은 그 위의 붉은 벽 석회암과는 구별되는 템플 뷰트 퇴적물로 채워져 있다.그림 10-5 붉은 벽 상부에 깎인 수로들은 그 위의 수파이 그룹과는 구별되는 서프라이즈 캐니언 지층에서 나온 퇴적물로 채워져 있다.그림 10-6 자주 홍수 지질학자들은 그랜드캐니언의 층들이 완전히 평평한 것 같다고 말하지만, 서프라이즈 캐니언의 이 수로들은 깊이가 120미터에 이르는 곳도 있다!

이 수로들 중 일부는 한때 해수면 위에 있었다는 명백한 증거를 포함하고 있다. 현재 붉은 벽 지층의 깊은 수로들은 바닥의 육상생물 화석과 상부의 해양생물 화석을 함유한 퇴적물로 채워져 있다. 이는 붉은 벽 석회암이 상당 기간 동안 해수면 위에 있다가 나중에 해수면 밑으로 가라앉았을 경우에만 가능하다.

서프라이즈 지층의 바닥 지층(붉은 벽 석회암 안에 깎인 수로들을 채운 암석)은 거대한 양치 종자식물인 레피도덴드론(Lepidodendron) 나무 등을 비롯해서, 화석 식물 물질을 함유한 하천 퇴적물이다.그림 10-7 이 나무들은 약 3억2천만 년 전에 저지대의 습지에서

그림 10-7 왼쪽: 레피도덴드론 나무. 오른쪽: 그랜드캐니언 서부의 그래나이트 워시 공원에 있는 서프라이즈 캐니언 지층에서 발견된 레피도덴드론 나무줄기 화석. 사진: 조지 빌링슬리.

그림 10-5 무아브 석회암의 수로. 템플 뷰트 지층에서 나온 물질로 채워져 있다. 사진: 로버트 라이티.

그림 10-6 그랜드캐니언 서부 쿼터마스터 캐니언의 붉은 벽 석회암에 있는 120미터 깊이의 수로. 서프라이즈 캐니언 지층의 암석으로 채워지고 수파이 그룹 일부에서 나온 암석으로 덮여 있다. 사진: 조지 빌링슬리.

2부 지질학은 어떻게 작동하는가?

자랐는데, 높이가 27미터에 달하고 줄기 두께는 직경 1.8미터나 되었다. 이 화석들은 분명히 해양 환경이 아니라 육지 환경을 나타낸다. 그 당시에는 이 지역 위로 강이 흐르고 있었다.

서프라이즈 캐니언 지층의 중간 및 위쪽 지층은 해양 화석(산호, 완족동물, 극피동물[예. 불가사리 같은 생물], 상어 치아)을 함유한 석회암이다. 이런 화석은 얕은 바다가 육지로 진출해서 석회암으로 계곡, 싱크홀, 동굴을 채웠음을 입증한다.

5. 채워진 동굴과 싱크홀(고기 카르스트)

그랜드캐니언 지층, 특히 붉은 벽 석회암에서는 카르스트(Karst)가 발견된다. 카르스트란 동굴들과 무너진 지형(싱크홀)을 통해 변화된 지형을 의미한다. 이미 앞에서 우리는 하천 수로가 붉은 벽 석회암의 표면 안으로 깎여 들어왔다고 언급한 바 있지만, 여기에 대해서는 더 할 말이 남아 있다. 붉은 벽 석회암의 상부에서는 고기 카르스트(paleokarst) 지형도 발견되는데 ("paleo"는 "고기"[ancient]라는 뜻), 이곳에서는 동굴이 형성되고 무너짐에 따라 붉은 벽 석회암의 표면 위에 싱크홀이 발달했다. 이런 동굴과 싱크홀들은 이후에 새로운 퇴적물로 채워졌는데, 이 퇴적물이 오늘날 서프라이즈 캐니언 지층으로 밝혀졌다. 이는 붉은 벽 석회암의 수로를 채우고 있는 퇴적물과 같은 물질이다.

수백만 년 전에 이 장소에는 아무도 없었는데, 어떻게 지질학자들은 문제의 지형이 어떤 모습이었는지 알 수 있을까? 어떻게 지질학자들은 이 지형에 동굴과 싱크홀이 흔적을 만들었으며, 강이 붉은 벽 석회암 위에서 서쪽 바다로 흘렀음을 안다고 주장할 수 있을까? 그들은 암석에 보존된 고대 강의 연결 상태, 싱크홀,

동굴의 흔적을 볼 수 있기 때문에 고대 지형의 모습을 인식한다.그림 10-8 서프라이즈 캐니언 지층은 붉은 벽 석회암 위의 수평판 위에 놓여 있지 않다. 하천 퇴적물과 육지 화석으로 채워진 깊은 수로들은 고대에 서쪽으로 흐르는 강이 존재했음을 증거한다. 넓은 지역에 퍼져 있는 동굴들(나중에 채워짐)은 지표면 아래에서도 물이 흘러서 지하 수로를 깎았다는 사실을 증명한다.

현재 이 지형은 오늘날의 유카탄반도와 매우 유사하다. 그곳에서는 "깊은 천연 우물"(싱크홀)과 동굴이 해수면보다 불과 몇 십 미터 위 지대에 흩어져 있다(여기에 대해서는 7장에서 설명했다).

이 지형은 북아메리카 최고의 우라늄 광석 퇴적물을 보유하고 있다. 그랜드캐니언 사우스 림에 있는 오판 광산(Orphan Mine)에서는 1800년대 말에는 구리를, 1900년대에는 우라늄을 채굴했다.그림 10-9

새 동굴에 의해 드러나는 옛 동굴

이 책의 저자 중 한 사람인 캐럴 힐은 그랜드캐니언에 대한 연구의 일환으로 현대의 동굴들의 표본을 수집했다. 일부 장소에서는 지붕이 무너진 후 오랫동안 채워져 있던 옛 동굴들이 현재의 동굴 통로에 의해 드러나기도 했다. 이때 옛 동굴을 채우고 있는 물질을 각력암이라고 부른다. 각력암은 독특한 종류의 역암을 형성하는데, 그곳에서는 각 조각들이 둥글둥글하지 않고 들쭉날쭉한 모습을 보이고 있다. 들쭉날쭉하고 모난 구역들은 파묻히거나 응결되기 전에 이루어진 이동 거리나 경과 기간이 짧다는 점을 증명하는데, 이는 아래에 위치하고 있던 동굴 안으로 무너짐이 있었다는 예상과 일치한다. 각력암 안의 모난 암석 파편들은 동굴이 무너졌을 때 붉은 벽

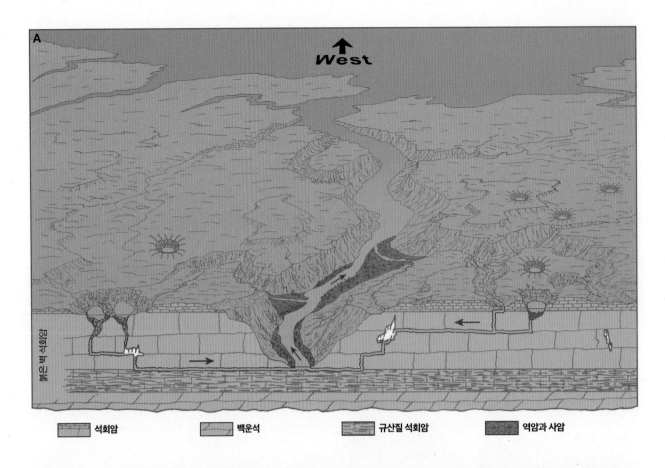

| | 석회암 | | 백운석 | | 규산질 석회암 | | 역암과 사암 |

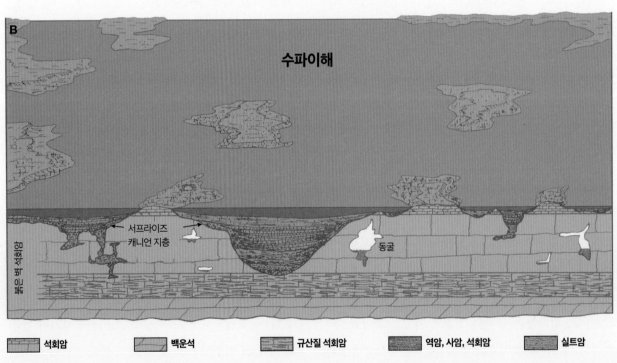

수파이해

서프라이즈
캐니언 지층

동굴

| | 석회암 | | 백운석 | | 규산질 석회암 | | 역암, 사암, 석회암 | | 실트암 |

그림 10-8 A 붉은 벽 석회암이 해수면 위에 있었을 때(미시시피기 말기) 그 상부가 어떤 모습일지를 보여주는 그림: 싱크홀과 동굴의 지형. B 나중에 바다가 다시 육지를 침습함에 따라 수로들이 애리조나주 그랜드캐니언의 서프라이즈 캐니언 지층 퇴적물로 채워짐. 북애리조나 박물관의 허락을 받아 게재함.

2부 지질학은 어떻게 작동하는가?

위쪽 지층이 이미 암석으로 굳어졌음을 확인해준다. 이 암석은 최근에 발생한 홍수로부터 나온 부드러운 퇴적물이 아니다. 그림 10-10

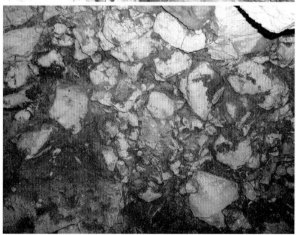

그림 10-9 1913년경 초기 그랜드캐니언의 개척자 엘워스 콜브가 오판 광산에 접근하기 위해 코코니노 사암으로 사다리를 타고 내려가고 있다. 그랜드캐니언 빌리지 북서쪽으로 3.2킬로미터에 걸친 각력암 관상 광맥에 세워진 이 광산은 원래 구리 채굴장이었지만 냉전 기간 중에 중요한 우라늄 원천이 되었다. 사진: 그랜드캐니언 국립공원 #11344.
그림 10-10 현대 그랜드캐니언 동굴 벽에 노출된 암석 파편(각력암). 사진: 밥 부셔.

침식은 언덕과 골짜기를 만들어야 하지 않은가?

홍수 지질학자들이 가장 흔히 인용하는 부정합에 반하는 "증거"는, 침식이 언덕과 골짜기를 만들어야 마땅한데 그랜드캐니언의 접촉면들은 평평하다는 주장이다. 실제로 그랜드캐니언의 부정합 중 일부는 비교적 평평하지만, 많은 부정합이 이번 장에서 열거한 사진에서와 같이 언덕과 골짜기들을 보여준다. 이 고대의 수로와 동굴들이 전 지구를 휩쓸었던 홍수 물과 쓰나미가 아니라, 지표면에 흐르는 물의 정상적인 과정에 의해 형성되었다는 수많은 증거가 존재한다. 홍수 지질학의 주요 가정 중 하나는 지각 변동의 힘이 가해졌을 당시에는, 홍수 때 퇴적된 퇴적물이 아직 부드러웠다는 것이다(12장을 보라). 그러나 부드러운 퇴적물에서 어떻게 이 장에서 묘사한 동굴이 형성되고, 주위의 부드러운 퇴적물이 그 안으로 무너져 내려 다시 채워지지 않을 수 있었을까? 홍수 지질학자들은 자신들의 주장을 지지하는 것처럼 보이는 지형만 언급하고, 자신들의 주장을 지지하지 않는 지형은 언급하지 않는다.

왜 그랜드캐니언의 고기 카르스트 부정합은 홍수 지질학에 대한 도전이 되는가?

채워진 동굴들(고기 카르스트)은 오랜 기간 동안 발생하는 일련의 사건들을 필요로 한다. 첫째, 석회암이 퇴적되고 석회암 안에 동굴이 용해될 수 있도록 퇴적물이 암석으로 굳어진다(부드러운 석회질 진흙에서의 빈 공간은 구멍이 뚫린 상태로 유지되지 못할 것이다). 그다음, 위쪽에 있던 암석 조각들이 동굴의 빈 공간 안으로 떨어져 내리고 궁극적으로 이 조각들(각력암)로 동굴을 채운다. 그다음에 붉은 벽 석회암 위로 두꺼운 수파이 그룹 지층이 쌓이고, 각력암 조각들을 압축 및 응결시켜 암석이 되게 한다. 마지막으로, 지하수가 붉은 벽 석회암 안으로 흘러들어 새로운 동굴을 만들어냄으로써 옛 동굴이 채워진 것을 드러낸다. 어떻게 이 사건들 중 하나라도 단 1년간의 홍수 동안 일어날 수 있었겠는가? 이런 과정은 한 번의 홍수 사건 기간 동안 일어날 가능성이 낮기만 한 것이 아니라 아예 불가능하다.

북쪽을 향해 바라본 뷰트 단층 항공사진. 단층의 오른쪽을 향해 상승한 지층을 보여준다. 사진: 웨인 래니.

판과 구조

"지질학은 어떻게 작동하는가?"를 다루는 2부의 마지막 장에서는 그랜드캐니언의 지층을 물리적으로 변형시키고, 이를 번갈아가며 들어 올렸다 가라앉히고, 때로는 갈라지게 하고(단층), 때로는 접는(습곡) 힘에 대해 논의할 것이다. 그 결과로 생긴 지형들에 대해 연구하는 분야를 구조 지질학이라고 한다. 11장에서는 전 지구적 차원에서 작용하여 전체 대륙과 대양 분지들을 이동시킨 힘에 대해 설명할 것이다. 12장에서는 국지적 규모의 단층과 습곡에서 배울 수 있는 내용에 초점을 맞추고, 특히 그랜드캐니언에서 판 이동으로 생긴 이런 지형에 주의를 기울일 것이다.

11장

판구조론: 우리의 쉬지 않는 지구

브라이언 탭, 켄 올게머스

판구조론, 원동력

판구조론에 대한 이해가 발전함에 따라 우리의 행성에 융기, 침강, 지진, 화산, 습곡, 단층을 일으키는 힘에 대해 이해하게 된 것은 겨우 60년밖에 되지 않았다. 판구조론은 지구 껍질의 이동을 연구하는 과학이다. 지구라는 행성은 끊임없이 움직이는 딱딱한 지각의 거대한 판들로 구성되어 있다.그림 11-1 기술적인 측면에서 딱딱한 판은 지각과 맨틀의 최상층부(이를 합해 암석권[lithosphere]이라고 부른다)로 구성되어 있지만, 우리는 이 장 전체에서 이를 간단히 부르기 위해 "암석권"이라는 표현을 쓸 것이다.

이런 운동이 나타나는 것은, 지각 밑의 지구의 맨틀이 플라스틱처럼 유연하게 형태를 바꾸면서 움직이고(공작용 점토를 생각해보라) 대류로 순환하기 때문이다. 즉 맨틀의 부분들이 커다란 원을 그리며 서서히 움직이면서 올라갔다가, 옆으로 표류하고, 가라앉는다.그림 11-2 어떤 지역의 판구조 역사에 대한 자세한 연구는 복잡한 작업이지만, 기본 아이디어는 아주 간단하다.

그랜드캐니언이 자신의 판구조의 역사에 관해 말해주는 바를 이해하려면, 먼저 판 이동의 기본적인 메커니즘을 이해하고, 지구의 판들이 얼마나 빨리 움직일 수 있는지 또는 산이 얼마나 빨리 솟아오를 수 있는지에 대해 물리 법칙이 모종의 "속도 제한"을 부과하는지 어떤지를 결정해야 한다. 그러면 이 제약 조건들이 대륙들이 노아의 홍수 기간 중에 매우 빠르게 떨어져 나갔고 불과 몇 달 만에 산맥이 융기했다는 홍수 지질학자들의 주장("격변적 판구조론" 또는 "탈주 섭입"[runaway subduction]이라고 불림)에 어떻게 적용될 수 있는지를 알 수 있다.

판구조론의 원동력을 조사해보면, 중력, 열, 밀도라는 간단한 개념들을 만나게 된다. 우리는 지구 내부가 뜨겁고 지표면의 온도는 비교적 차갑다는 사실을 알고 있다. 이런 온도 차와 중력이 결합해서 판구조론의 간단한 메커니즘을 제공한다. 지구 내부 깊은 곳에 있는 암석 물질은 그 위의 물질보다 뜨겁다. 고온은 몇 가지 중요한 현상을 일으킨다. 고온에서 암석은 형태를 바꾸기가 쉬워지며(버터를 가열한다고 생각해보라), 암석이 열을 받으면 팽창해서 밀도가 낮아진다. 보다 뜨겁고, 밀도가 낮으며, 반(半)가소성의 물질은 서서히 표면을 향해 상승하는 경향이 있다. 이에 상응해서 보다 차가운 암석은 밀도가 더 높고 아래로 가라앉을 것이다. 이런 행태가 맨틀 안의 암석 물질의 순환 운동

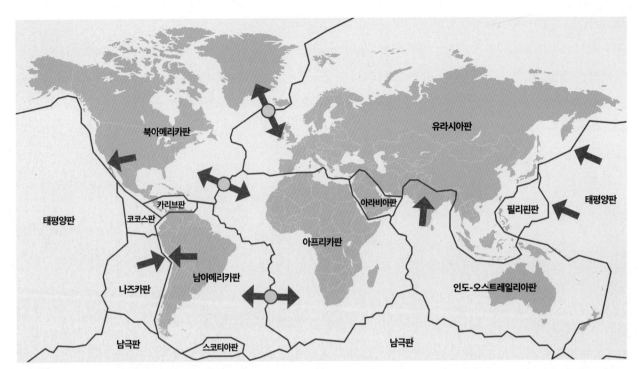

그림 11-1 지구 지각의 12개 주요 판의 그림. 화살표가 서로 갈라지는 지점에서 판들은 찢어지고 새 지각이 형성된다. 화살표들이 서로를 가리키는 지점에서는(나즈카판과 남아메리카판처럼) 판들이 서로 충돌한다. 노란 점들은 중앙 대서양 해령 위에 위치하고 있다(중앙 대서양 해령의 단면도는 아래에서 볼 수 있다).

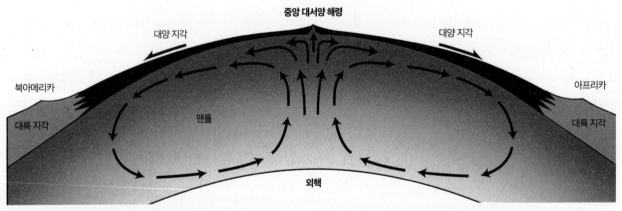

그림 11-2 지구의 맨틀과 지각판의 단면도. 중앙 대서양 해령 아래에서 뜨거운 맨틀 암석의 대류와 새로운 대양 지각의 형성을 보여준다.

을 일으키는데, 바로 이것이 판구조론을 견인하는 핵심 메커니즘이다.

판 이동의 속도

지질판들이 서로 분리되는 곳에서는, 판들이 1년에 몇 센티미터의 속도로 멀어지는데 이는 손톱이 자라는 속도와 비슷하다. 중앙 대서양 해령에서의 평균적인 분리 속도는 연간 2.5-5센티미터였다(9장의 사례를 상기해보라). 태평양 일부 지역에서는 이동 속도가 더 빠른 것으로 측정되었는데, 연간 약 12.7센티미터까지 이동한다. 중앙 해령의 등성이에서 판들이 떨어져 나가는 곳에서는 새로운 해양 지각이 형성된다. 이 등성이를 따라 존재하는 통풍구들을 블랙 스모커스(black smokers)라고 부르는데, 이것들은 엄청나게 뜨겁고 광물질로 포화된 물을 쏟아냄으로써 그 아래에 일종의 가마솥이 있다는 사실을 증명한다.그림 11-3 아이슬란드처럼 육지에서 판들이 떨어져 나가는 곳에서는 흔히 용암이 표면으로 흘러나온다.그림 11-4

홍수 지질학자들은 이런 지각의 틈들이 창세기의 "큰 깊음의 샘들"(창 7:11)이라고 믿고 있다. (홍수 지질학자들의 설명에 의하면) 아마도 홍수 전에는 지구의 지각이 전혀 갈라지지 않았을 것이다. 지각에 있던 틈들이 암석 안에 저장되어 있던 고도로 압축되고 광물질이 풍부한 물을 방출했고, 대륙판들을 엄청난 속도로 갈라지게 만들었다는 것이다. 위성으로 관측되는 현

그림 11-3 중앙 대서양 해령을 따라 존재하는 "블랙 스모커." 연기처럼 보이는 것은 실제로는 분출하는 물이 차가운 바닷물에 부딪혀 응결되고 있는 광물질이다. 사진: NOAA PMEL Earth-Ocean Interactions Program.
그림 11-4 아이슬란드의 현무암 용암류. 하늘에는 북극광이 있다. 사진: Sigurður Stefnisson.

재의 판 경계들의 이동은 홍수 이후 서서히 느려지는 판들의 남은 이동이라고 한다. 그러나 앞에서 우리는 이것이 검증될 수 없는 가설이라는 점을 살펴보았다. 이미 9장에서 방사성 연대 측정법의 신뢰성을 검토하는 실험 중 하나가, 판들의 격변적인 이동이 과거에는 몇 배 더 빨랐으리라는 추정에 대한 검토이기도 하다는 사실이 입증되었다. 반복해서 말하자면, 해양 지각의 방사성 나이와 측정 지점들 사이의 거리가 결합하면 과거의 판 이동의 속도를 계산할 수 있는데, 이 속도는 오늘날 GPS 위성에 의해 측정된 이동 속도와 거의 동일하다. 북대서양에서 방사성 연대 측정법에 기초한 과거의 이동 속도는 연간 2.8-4.3센티미터였는데, 이는 오늘날 측정된 연 2.5센티미터와 놀랄 만큼 비슷하다. 이는 홍수 지질학의 격변적 판구조론에 반하는 강력한 증거다.

소금과 석회암은 "큰 깊음의 샘들"로부터 방출된 광물로부터 형성되었는가?

일부 홍수 지질학자들은 지각의 틈이 열리고 판들이 격렬하게 갈라짐에 따라 "큰 깊음의 샘들"로부터 뜨겁고 광물이 풍부한 물이 방출되었을 때 방대한 석회암과 소금이 형성되었다고 주장한다. 이들은 현재의 판 이동이 격변적 사건 이후에 속도가 느려지고 있는 과정의 끝자락을 나타낸다고 주장한다. 그렇다면 블랙 스모커스에서 나오는 매우 뜨겁고 광물질로 가득 찬 물도 홍수 동안에 방출된 유동체의 잔여물이라고 가정하는 것이 합리적이며, 따라서 이런 분출 주위의 해저에는 최소한 얇은 층의 소금이나 석회암이 있어야 마땅하다. 그렇다면 실제로 그곳에서는 어떤 물질이 발견되는가? 다량의 유황이 함유된 퇴적물이 발견된다. 방해석(석회암을 만드는 광물)은 미량의 구성물질이며, 소금은 전혀 없다.

지진, 마찰 저항, 판의 속도

지구상에서 지진은 비교적 흔한 사건인데, 이 지진은 주로 판의 경계 부근에서 발생한다.^{그림 11-5} 판들 사이의 접촉면은 매끄럽지 않기 때문에, 마찰 저항이 판들을 맞물리게 하며 인접한 판들이 서로 다른 방향으로 움직이는 곳에서는 암석이 구부러진다. 궁극적으로, 이 힘이 마찰 저항을 능가하게 되고 접촉면이 파열한다(단층을 일으킨다). 굽은 암석이 갑자기 제자리로 돌아와 흔들리면 지진파(지진)가 만들어진다. 지진의 분포와 빈도는 지구라는 역동적인 행성에 대한 예리한 통찰력을 제공해주며, 판 이동의 속도에 대한 독립적인 견해를 제공하도록 도움을 준다.

최근 2011년에 발생한 일본 지진은 이동 속도를 조사할 수 있는 좋은 기회를 제공한다. 이 지진은 전반적인 강도 9.0으로 지금까지 기록된 지진 중 네 번째로 강력했다. 지진의 강도는 단층 표면을 따라 움직인 거리, 지진 동안 이 이동이 얼마나 빨리 일어났는가, 그리고 단층을 따라 파열된 지각 구역의 길이와 관련

된다. 일본 지진에서 미끄러진 단층 표면 구역은 길이 249킬로미터였다. 이렇게 부러진 구역을 따라 이동한 최대 거리는 26.8미터였다. 해저를 따라 지각이 급격히 이동해서 일본 동부 해안 전역에 쓰나미가 발생했다.^{그림 11-6}

첫눈에 이 지진은 급격한 판구조론에 대한 명백한 증거로 보일 수도 있다. 그러나 이 지역에서 파열을 일으키지 않으면서 수백 년 동안 압력이 쌓이고 있었음을 명심하라. 지각이 미끄러진 거리를 이전 파열 이후 경과한 기간에 대해 평균을 구해보면, 판의 이동 속도는 연간 약 7.5센티미터에 지나지 않는다. 하나의 판이 다른 판 아래로 서서히 이동하는 것(이를 섭입이라고 한다)^{그림 11-7}은 화산 및 섬의 형성과 관련된다. 일본과 그 이웃 섬나라들은 모두 화산 활동으로부터 섭입하는 판들 위에 형성되었으며, 남아메리카의 안데스 산맥 전체는 남아메리카판의 서쪽 가장자리 아래로 섭입하는 나즈카판으로 인해 존재하게 되었다.

홍수 지질학자들의 주장처럼 일본 지진의 이동이 몇 일이나 몇 달 동안 지속되고 지구 전역의 다른 이

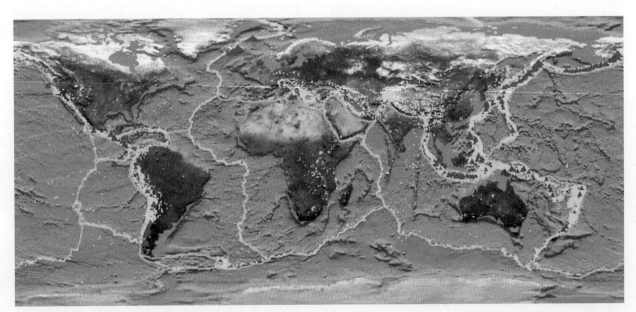

그림 11-5 판들의 경계를 보여주는 청녹색 선, 활화산 위치를 보여주는 붉은 삼각형, 10년 동안의 지진 발생 장소가 표시된 세계 지도. 지진은 판의 경계에서 흔히 발생하며, 판들이 충돌하는 곳에 가장 집중된다. NASA/Goddard Space Flight Center Scientific Visualization Studio과 USGS의 데이터에서 가져옴.

2부 지질학은 어떻게 작동하는가?

그림 11-6 2011년 3월 11일 쓰나미의 파도가 제방을 넘어 이와테현의 미야코시로 흘러들고 있다. 사진: 로이터스/마이니치 심분.

동과 결합했더라면, 이 마찰 저항에서 발생한 열이 지구 해양의 전부는 아니더라도 대부분을 끓게 했을 것이다. (9장에서 방사성 붕괴가 과거에는 훨씬 더 빨랐더라면 비슷한 결과가 예상된다고 언급했던 것을 상기해보라.)

그림 11-7 일본과 태평양 대양 지각판의 단면도. 2011년 태평양판이 일본 아래로 섭입되고, 이 두 판의 접촉면을 따라 파열이 일어났다.

판들이 급격하게 이동할 때 어떤 일이 일어날지 알아보고 싶으면, 카펫 위에서 셔츠를 입지 않은 상태로, 얼굴을 먼저 들이밀고 홈으로 뛰어드는 야구선수처럼 슬라이딩을 시도해보라. 우리가 이를 괜히 카펫 화상이라고 부르는 것이 아니다. 홍수 지질학자들에 의해 묘사되는 격변적 판구조론은 우리가 아는 물리 법칙으로는 물리적으로 불가능하다.

산악의 융기 속도

판의 이동은 산맥의 융기를 일으킬 수도 있다. 안데스 산맥이나 일본의 경우처럼, 한 판이 다른 판 아래로 섭입해서 암석을 녹이고 표면에 화산을 만들어낼 때 이런 일이 일어난다. 히말라야산맥의 경우처럼, 두 개의 두꺼운 대륙판이 충돌해서 찌그러지며 산을 형성할 때에도 같은 일이 발생한다. 그림 11-8, 11-9 우리는 판의 이동이 현재보다 수백 또는 수천 배 빨랐던 적이 결코 없었음을 보여주는 증거를 이미 검토했다. 그러나 여기서는 조산 운동이라는 관점에서 이런 가능성을 다시 생각해볼 것이다. 몇 일 만에 산이 밀어 올려진다면 어떤 일이 일어날까? 마찰 저항이 열을 발생시키는 것과 마찬가지로, 구부리는 것도 열을 발생시킨다. 구리관을 앞뒤로 계속 구부린 뒤 그 자리에 손을 대보라. 구리가 뜨거워질 것이다! 급속히 구부러지는 산에 같은 원리를 적용하면 동일한 문제를 만나게 된다. 즉 엄청나게 많은 양의 암석이 급속히 구부러지면 모든 것

열 문제 회피하기?

일부 홍수 지질학자들은 노아 홍수가 시작되었을 때 지각의 균열을 통해 하늘로 치솟은 초음속의 물이 마찰열을 냉각해서 이를 상쇄했으리라고 주장했다. 실제로 확장하는 가스는 냉각작용을 한다. 하지만 판들이 떨어져 나가는 지점에서의 냉각은, 수천 킬로미터 떨어진 지점에서의 마찰열에 의해 야기된 용해를 전혀 막지 못했을 것이다. 이는 침실에서 에어컨이 가동되고 있기 때문에 부엌의 가스레인지에 손을 데일 염려를 할 필요가 없다고 말하는 것과 같다.

이 부서지고 녹을 것이다.

다른 한편으로, 현재 히말라야산맥에서 산이 형성되는 연 1.2센티미터라는 속도를 대입하고 이 속도로 산맥이 만들어지는 데 필요했을 시간을 추정할 경우, 그 답은 방사성 연대 측정법 및 고대의 융기 사건들의 발생 시기에 대한 지질학의 기타 증거에 기초해서 추정한 시간과 매우 비슷하다.

판구조론과 그랜드캐니언 판들의 충돌이나 분리는 관련된 대륙의 일부를 융기시키거나(산을 쌓아 올림) 가라앉게(늘어나거나 아래로 꺼짐) 할 수 있다. 다음 장에서는 특정 장소에서 과거에 어떤

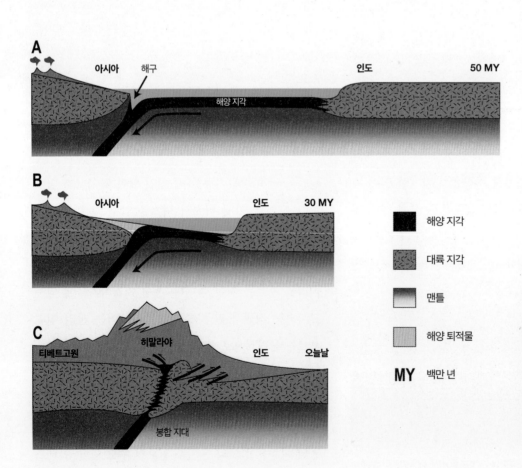

그림 11-8 인도와 아시아의 충돌 및 히말라야산맥의 융기를 보여주는 그림.

그림 11-9 에베레스트산. 높이 8850미터인데 아직도 융기하고 있다! 에베레스트산 꼭대기의 퇴적암은 해양 화석을 함유하고 있어서, 히말라야산맥이 융기하기 전 이 암석이 바다 밑에 있었음을 알 수 있다(그림 11-8이 보여주는 바와 같다). 사진: 한스 스티글리츠.

종류의 지각 변동의 힘이 작용했는지를 결정하는 데 도움이 될 내용을 살펴볼 것이다. 그전에 여기서는 그랜드캐니언의 지질 구조의 역사에 대한 간략한 개요를 제공할 것이다.

현재 북아메리카에서는 그랜드캐니언에 영향을 주었을 것으로 추정되는 최소 네 건의 지질 변동이 식별되었다. 두 건은 대부정합 아래의 가장 오래된 암석이 형성되었을 때 일어났고, 두 건은 모든 수평 지층이 퇴적되어 굳어진 뒤에 일어났다. 뒤의 두 사건은 약 8천만 년에서 4천만 년 전에 일어난 "라라마이드 에피소드"(Laramide episode)와 약 2천만 년 전에 일어난 "분지 산맥 에피소드"(Basin and Range episode)다. 라라마이드 에피소드는 주로 판들의 충돌에 의해 야기되어, 그랜드캐니언 지층에 단층을 일으키고 접히게 한 횡압력을 만들어냈다. 훨씬 뒤에 발생한 분지 산맥 에피소드에서는, 판 이동 방향의 변화로 떨어져 나가는 국면이 초래되었고 확연히 다른 유형의 단층을 일으켰다. 이런 역사를 이해하기 위해 지질학자들은, 부분적으로는 파쇄대, 단층, 습곡에 대한 연구에 의존하는데, 이에 대해서는 12장에서 설명할 것이다.

리버 마일 65 지점 카본 캐니언의 위로 향한 타피츠 사암. 사진: 팀 헬블.

12장

깨진 암석과 구부러진 암석: 파쇄대, 단층, 습곡

브라이언 탭, 켄 올게머스

변형된 암석을 통해 밝혀진 역사

앞 장에서는 지진을 일으키고 산을 융기시키는 전반적인 지각 변동 운동의 힘의 결과, 지구의 판들이 어떻게 움직이는지를 살펴보았다. 이 장에서는 그랜드캐니언의 파쇄대, 단층, 습곡에서 이 협곡의 역사에 대해 추론할 수 있는 증거를 보기 위해 암석에 초점을 맞출 것이다. 파쇄대를 살펴보거나, 단층을 따라 움직인 방향에 주의하거나, 한 지층이 단층에 의해 변형되었는지 습곡에 의해 변형되었는지를 관찰하기만 해도 많은 것을 배울 수 있다. 암석층이 금이 갈지, 단층을 일으킬지, 휘어질지는 온도, 암석 및 광물의 특성, 이동 속도, 구속압력의 조합에 의해 결정된다.

자연적으로 잘 깨지는 암석도 있고 덜 그런 암석도 있는데, 이로 인해 어떤 암석은 더 잘 부서지고, 또 다른 암석은 더 잘 구부러진다. 이동 속도가 느리면 암석이 깨지기보다 구부러져서 적응하기 때문에 변형 속도가 중요하다. 구속압력(confining pressure)은 모든 방향에서의 압력을 의미한다. 얼음덩이를 바닥에 놓고 그 위에 올라선다고 가정해보라. 우리는 이 얼음덩이가 산산이 부서지리라고 예상할 것이다. 그러나 같은 얼음덩이가 큰 압력으로 측면이 지탱되고 있는 빙하 아래 놓인다면, 이 얼음은 빙하가 움직일 때 부서지지 않고 서서히 형태가 변할 것이다. 암석도 동일한 일을 하지만, 이 과정은 매우 깊은 곳에서만 발견되는 매우 높은 구속압력을 필요로 한다.

이번 장에서는 홍수 지질학자와 전통적 지질학자 사이에 존재하는 두 가지 근본적인 차이를 살펴볼 것이다. 홍수 지질학자는 다음과 같이 주장한다. (1) 경사 슈퍼그룹 지층 위에 놓인 암석의 모든 변형은 부드러운 홍수 퇴적물에서 일어났다. (2) 대부분의 변형은 1년의 홍수 기간 중 격변적 지각 변동 운동에 의해 야기되었다.

전통적 지질학의 견해는 다음과 같이 주장한다. (1) 대부분의 균열, 단층, 습곡이 일어났을 때 지층은 단단한 암석이었다. (2) 이 암석의 역사에서는 다양한 시기에 다양한 종류의 힘이 암석에 작용했다(암석을 잡아당겨 떼어놓거나 한곳으로 밀어붙였다).

다행히도 이는 추측의 문제가 아니다. 고기(ancient) 퇴적물이 변형을 겪을 당시 부드러웠는지 단단했는지, 모든 변형이 하나의 사건으로 설명될 수 있는지를 결정하기 위해 살펴볼 수 있는 명확한 지표들이 있다. 예를 들어, 판들이 충돌하거나 떨어져 나가는 것과 같은 다양한 지각 변동 활동은 확연히 다른 유형의 단층을 일으킨다. 따라서 단층의 유형을 알아내면 당시에 작용했던 지각 변동의 힘의 유형에 대해 알 수 있다. 파쇄대의 유무, 단층의 규모, 습곡 내부의 특성에 근거해서, 변형이 일어날 당시 부드러운 퇴적물이었는지 단단한 암석이었는지에 대해서도 많은 것을

> **지층이 부드러운 퇴적물이었는지 단단한 암석이었는지는 왜 중요한가?**
>
> 홍수 지질학자들은 홍수 동안에 촉발된 격변적 판구조 운동에 의존해서 세계 전역에서 발견되는 암석층의 주요 변형 전부를 설명한다. 짧은 홍수 기간은 홍수 퇴적물이 암석으로 굳어지기에 충분하지 않았을 것이다. 따라서 홍수 지질학자들은 퇴적물이 아직 부드러운 동안에 변형이 일어났어야 한다고 예상한다. 그래서 이들은 암석이 실제로 드러내고 있는 역사를 본다기보다, 자신의 예상을 지지하는 증거를 찾기 위해 연구한다.

말할 수 있다. 파쇄대를 살펴보는 것부터 시작해보자.

파쇄대

파쇄대는 단순히 갈라진 균열(crack)이다. 이 균열은 마른 점토와 같이 느슨한 퇴적물에서 형성될 수 있다. 균열은 규모가 제한되는 경향이 있으며, 축축해지면 종종 다시 메워지거나 "치료"되기도 한다. 파쇄대는 암석에서 훨씬 더 흔하다. 일단 파쇄대가 형성되기 시작하면 진흙 건열처럼 다음 번 비에 다시 메워지지 않으며, 시간이 지나거나 응력(stress)이 증가함에 따라 더 커질 수 있다. 다수의 지층에 걸쳐 펼쳐져 있는 긴 파쇄대는 이 균열이 형성되기 전에 모든 지층이 이미 암석으로 굳어져 있었다는 명확한 표시다. 그랜드캐니언을 보면, 지층들은 위아래 층들을 관통해 이어지는 파쇄대로 가득 차 있다.

그랜드캐니언에서 팔리사데스(Palisades)의 동쪽 벽그림 12-1은 심하게 균열이 간 암석, 지각 변동의 응력이 이 암석을 갈라지게 만들기 전에 단단해지고 부서지기 쉽게 된 암석그림 12-1의 삽입 사진에 대한 극적인 예를 제공한다. 절벽 면을 덮는 거의 수직선 가까운 선들은 셀 수 없이 많은 파쇄대인데, 이 파쇄대들은 겨우

0.3-0.9미터 서로 떨어져 있으며, 수많은 파쇄대가 절벽 전체를 관통해 뻗어 있다.

단층

단층은 암석에서 한쪽이 다른 쪽에 비해 이동한 파쇄대다. 세 종류의 응력에 따라 세 개의 주요 유형의 단층이 있다.그림 12-2 정단층은 장력을 통해, 즉 암석이

그림 12-1 데저트 뷰 관망대에서 찍은 팔리사데스 동쪽 벽 전경. 삽입 사진(오른쪽)의 검은 선은 파쇄대의 위치를 나타낸다. 사진: (왼쪽) 마이크 쿱센, (오른쪽) 브라이언 탭.

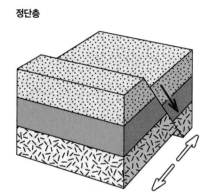
정단층

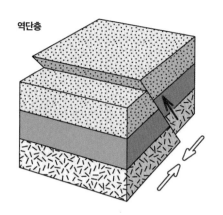
역단층

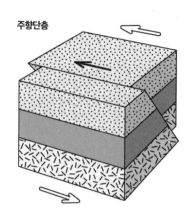
주향단층

그림 12-2 단층의 유형과 이동 방향.

서로 당겨서 떨어짐으로써 발생하며, 한때는 이어졌던 지층들 사이가 벌어짐으로써 알아볼 수 있다. 역단층은 한곳으로 압축되어 생기며, 한때는 연속되었던 지층들이 겹친 것을 보고 인식할 수 있다. 주향 이동 단층은 측면 이동을 나타내는데, 그곳에서는 두 개의 지각판이 서로 옆쪽으로 미끄러진다. 각각의 단층은 매우 **다른** 지각 변동의 힘 및 이동과 관련된다. 이번 장에 나열한 사진들은 그랜드캐니언 및 캘리포니아주의 샌안드레아스 주향 이동 단층 같은 곳에서 발견되는 유명한 단층의 일부를 보여준다. 그림 12-3, 12-4

홍수 지질학 모델이 옳다면, 그랜드캐니언에서는 한 종류의 단층만 볼 수 있을 것으로 기대해야 한다. 홍수 지질학자들은 홍수가 시작될 때 지각판들이 격렬하게 뜯겨 나갔으며, 남아 있는 판 이동이 현재까지 계속된다고 주장하고 있음을 상기하라. 북아메리카판이 갑자기 서쪽으로 쏠리면, 이 대륙이 태평양 해양 지각과 부딪힘에 따라 아메리카 남서부가 압축력(compressive forces)을 받아 역단층이 일반적이라고 예상하는 것이 합리적이다.

하지만 실제로 그랜드캐니언에서 발견되는 것은 위의 예상과는 사뭇 다르다. 그림 12-5 그랜드캐니언에는 역단층과 정단층이 모두 존재하는데, 이는 서로 다른 기간에 압축력(한곳으로 밀어붙임)과 장력(잡아당겨 뜯

북아메리카판

태평양판

그림 12-3 샌안드레아스 단층(점선)을 가로질러 세워진 울타리가 1906년 샌프란시스코 지진으로 틀어졌다. 출처: 미국 지질학 서베이.

그림 12-4 캘리포니아주 샌안드레아스 단층의 남쪽을 바라본 항공 전경(주향 이동 단층). 단층의 오른쪽이 왼쪽에 비해 북쪽으로 측면으로 이동했다. 사진: 탐 빈.

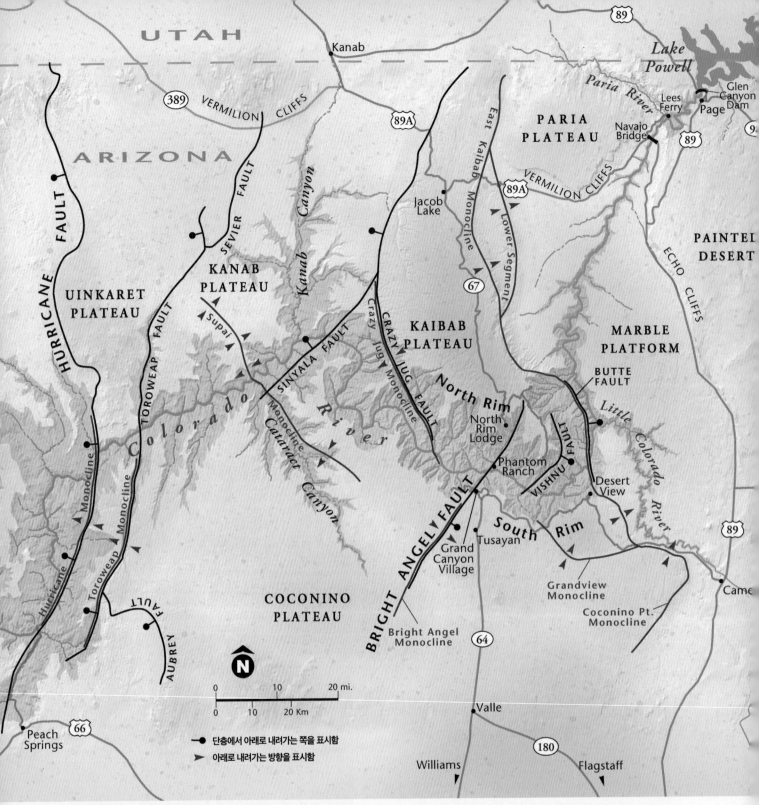

그림 12-5 주요 단층과 단사를 보여주는 그랜드캐니언의 지도. 단층을 따라 검정 막대와 점이 보이는데, 점은 단층을 따라 아래로 내려간 쪽을 나타낸다. 단사를 따라 보이는 붉은 화살표는 아래쪽으로 구부러진 방향을 나타낸다. 상부 왼쪽의 파란 화살표는 허리케인 단층의 사진이 촬영된 지점을 보여준다. 삽화: 브론즈 블랙.

어넴)이 작용했음을 암시한다. 역단층은 앞 장에서 언급한 라라마이드 에피소드 기간 중의 지각 충돌 및 조산 운동과 일치한다. 뷰트 단층은 그랜드캐니언에서

의 멋진 사례다. 그림 12-6

정단층은 암석 시스템이 확장을 경험할 때, 즉 암석이 잡아당겨 분리될 때 형성된다. 정단층은 도로

2부 지질학은 어떻게 작동하는가?

그림 12-6 리버 마일 69지점의 뷰트 단층. 역단층을 반영해서 지맥이 있다(단층 왼쪽의 암석이 오른쪽 암석보다 높이 자리 잡았다). 사진: 웨인 래니.

그림 12-7 아치즈 국립공원 입구 근처의 정단층을 보여주는 노출부. 삽입 사진은 가까이 위치한 두 개의 단층(실선)을 보여준다. 오른쪽 층들이 몇 피트 아래로 미끄러졌다. 사진: 베니 W. 트록셀.

절개에서 발견되는 것처럼, 소규모로 관찰되는 경우가 가장 흔하다. 그림 12-7은 유타주 모압의 북쪽 아치즈 국립공원 입구 근처의 모압 단층 시스템의 일부를 보여준다. 사진에서 이 정단층의 지맥을 명확히 볼 수 있다.

그랜드캐니언에서는 정단층의 규모가 훨씬 크다.

그림 12-8이 보여준 허리케인 단층은 대규모 정단층의 멋진 사례다. 절벽은 실제로는 단층애(斷層崖)라고 불리는 단층의 노출된 표면이다. 허리케인 단층의 자취가 이 사진을 촬영한 장소와 함께 그림 12-5에 나와 있다.

그랜드캐니언에서 주향 이동 단층의 예는 브라이

단층애

모엔코피 지층
카이밥 지층
토로윕 지층
코코니노 사암

그림 12-8 석양의 허리케인 단층 낭떠러지. 콜로라도강 북쪽 약 35마일 지점에서 찍은 항공사진에서 절벽으로 보인다. 이 단층은 앞쪽의 층들이 아래로 내려갈 때 형성된 정단층이다. 사진: 마이클 콜리어.

트 에인젤 단층이다. 사우스 림 위의 룩아웃 스튜디오에서 바라다보이는 이 단층은 단층을 따라 발생한 침식이 노던 림으로 깊이 깎여 들어간 극적인 직선형 측면 협곡을 형성한다. 그림 12-9에서 이 협곡의 양쪽 지층 모두가 같은 높이로 유지되고 있다는 데 주목하라. 브라이트 에인젤 단층에서는 선캄브리아시대에 상당한 주향 이동 단층 운동이 발생했지만, 추가적으로 역단층과 정단층도 발생했다.

그림 12-9 야바파이 포인트에서 내려다본 브라이트 에인젤 단층 전경(그림 12-5의 지도를 보라). 사진: 마이크 쿱센.

2부 지질학은 어떻게 작동하는가?

일부 단층은 훨씬 더 중요한데, 왜냐하면 그것은 한 방향으로 단층이 발생한 뒤 그 위에 지층이 퇴적되

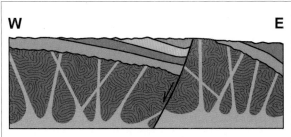

① 일반적인 단층에 이어진 침식으로 거의 평평한 표면이 됨.

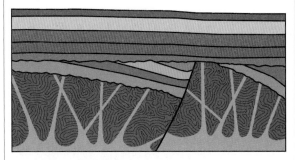

② 고생대 더미가 퇴적됨.

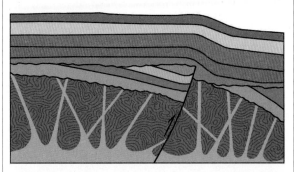

③ 이 단층에서 발생한 새로운 운동으로 암석이 오른쪽으로 굽어 단사를 만듦.

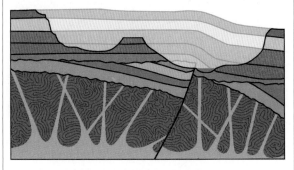

④ 침식이 중심점을 깎아내 현재의 모습이 됨.

그림 12-10 카이밥 단사 부근의 단층 순서(설명은 본문을 보라).

고 나서 반대 방향으로 단층 운동이 일어났을 경우에만 설명할 수 있기 때문이다. 라라마이드 또는 분지 산맥 에피소드가 발생하기 훨씬 전인 선캄브리아시대에, 비시누 편암과 그 위의 슈퍼그룹 지층은 광범위하게 단층을 일으켰다(떨어져 나갔다). 이것의 순서가 그림 12-10에 나타나 있다. 프레임 1에서는, 이 편암과 그 위의 슈퍼그룹 지층을 관통해서 단층이 형성되고 (한때 이어졌던 지층들이 분리되었음에 주목하라), 여기에 이어 발생한 침식으로 표면이 거의 평평해져 대부정합을 만들었다(상부에 걸쳐 있는 물결선). 프레임 2에서는, 퇴적물의 수평층이 퇴적되었다(타피츠 사암과 그 위의 지층). 프레임 3은 이 수평층이 구부러져 카이밥 단일경사지층을 형성했음을 보여준다. 이는 단층이 서쪽에서 원래의 하향 이동(정단층)을 바꿔서 상향 이동으로 역단층을 일으켜 이 협곡의 서쪽을 밀어 올렸을 경우에만 가능했을 것이다. 프레임 4는 데저트 뷰 지역에서 관찰할 수 있는 현재 모습을 보여주는데, 위쪽 지층의 일부가 콜로라도강에 의해 깎여 나갔다.

맨틀 안의 대류 구역들이 시간이 지남에 따라 점진적으로 이동해서 한동안은 압축력을 만들고 다른 시기에는 장력을 만들었다면, 판 이동 방향의 변화는 설명이 된다. 홍수 지질학 모델에서는 모든 판들이 지각의 파열에 의해 움직였기 때문에 이 모델은 판의 이동 방향의 변화에 대해 타당한 메커니즘을 제공하지 못한다.

습곡

암석이 가소성 변형을 일으키려면 고온, 느린 이동 속도 및/또는 구속압력(confining pressure)이 결합되어야 한다. 이런 조건에서 다음과 같은 결과물이 만들어진다. 즉 떨어져 나갈 때는 넓게 펼쳐짐이, 한곳으로 밀릴 때는 물결 모양의 접힘이, 불규칙하게 융기하거

그림 12-11 비시누 편암의 습곡. 변성암(편암)이 아직 뜨거워서 쉽게 변형될 수 있을 때 접힘 현상이 일어났다. 사진: 웨인 래니.

띠 형태로 발견된다. 이 단사 습곡은 협곡 지층의 대부분을 구성하는 대체로 수평인 암석에서 발견될 수 있다. 그림 12-11, 12-12

단사(문자적으로 "하나의 경사면")는 하나의 상향 또는 하향 띠만 있는 대규모의 습곡이다. 당신이 운동장에서 미끄럼질을 한다고 할 때, 수평 지면의 양 끝에 미끄러진 자국이 남게 되는데, 바로 이것이 단사 습곡에 대한 시각적 유추가 될 수 있다. 단사 습곡은 해당 지역의 암석의 압축과 불균등한 융기로 인해 발생한다. 그랜드캐니언 지역에는 허리케인, 토로윕, 카이밥, 수파이 단사 습곡 등 많은 단사 습곡이 있다.그림 12-5의 지도를 보라 그중 가장 장관은 카이밥 단사 습곡이다.그림 12-12

나 침강할 때는 넓은 구부러짐이 발생한다. 촘촘한 물결 모양의 습곡은 그랜드캐니언 기반암의 일부 화강암 암맥에서 찾아볼 수 있지만, 대부정합 위의 습곡 대부분은 단사 습곡(monocline)이라고 불리는 거대한

이 거대한 습곡의 기원은 그림 12-10 순서도의 프레임 3에 설명되어 있다. 협곡 서쪽의 융기로 인해 카이밥 융기 지대가 만들어져서 한때 수평이었던 층들이 이제 동쪽 방향으로 아래로 구부러졌다.

그림 12-12 북북서쪽을 바라본 카이밥 단사. 책 앞 추천사 8-9쪽의 파노라마를 보라. 사진: 탐 빈.

2부 지질학은 어떻게 작동하는가?

그림 12-13 카본 크릭 지역의 타피츠 사암에 있는 압축 습곡. 오른쪽의 색을 뺀 사진은 몇몇 장소의 지층의 흔적, 파쇄와 굴곡성 미끄러짐에 기인하는 습곡의 방향 변화를 보여준다. 그림 12-14 아래쪽 그림과 유사하다는 데 주목하라. 사진: 미국 지질학 서베이.

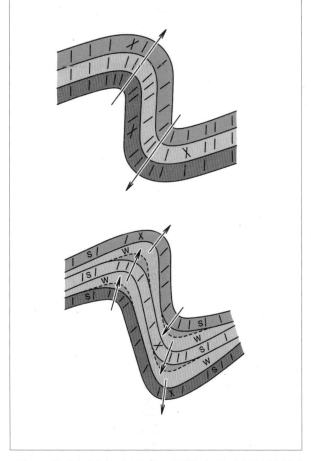

그림 12-14 두 가지 시나리오의 습곡. 위: 모두 같은 강도를 지닌 암석층(압축된 퇴적물은 위와 비슷해 보이지만 균열이 없다). 아래: 강도가 다른 암석층(w=약함, s=강함). 점선은 더 약한 암석으로 채워진 굴곡성 미끄러짐을 보여준다.

수많은 소규모 습곡은 지역적 단층과 관련되는데, 그곳에서는 암석이 단층을 따라 뒤틀리고 구부러져 있다. 그중 가장 멋진 습곡은 뷰트 단층을 따라 위치하고 있다.그림 12-13; 그림 12-15도 보라 종종 홍수 지질학자들은 그중에서 선정된 습곡을 인용해서 이를 퇴적물이 아직 부드러울 동안에 변형이 일어난 증거라고 주장한다. 습곡이 퇴적물에서 일어났는지 암석에서 일어났는지를 식별하기 위해서는, 무엇을 살펴봐야 하는지에 관한 약간의 배경 지식이 필요하다.

암석층에서는 구부러짐이 발생하면 각 층에 치유되지 않는(다시 메워지지 않는) 많은 균열이 만들어진다. 더 단단하고 더 부서지기 쉬운 층에서는 더 많은 균열이 예상된다. 또한 접힘은 지층들 사이에 변형력을 야기해서 한 지층이 아래쪽 지층에 비해 전방 또는 후방으로 미끄러지게 만든다.그림 12-14, 아래쪽 그림 굴곡성 미끄러짐(flexural slippage)이라고 불리는 이런 현상은 틈을 만들어내는데, 이런 틈은 나중에 풍화된 물질로 채워지거나, 더 약한 암석이 변형되어 그 공간 안으로 들어갈 수도 있다. 이런 미끄러짐은 각 층에서 습곡이 "가리키는" 방향을 관찰함으로써 식별할 수 있다.

그림 12-15 카본 캐니언 타피츠 습곡의 일부에 대한 근접 촬영. 그림 12-13의 아래쪽 붉은 화살표 부근의 가장 예리하고 굽은 부분에 해당한다. 삽입 사진에서는 층들 사이의 미끄러짐이 강조되어 있다.

축축하고 부드럽고 유연한 퇴적물에서 단층이 형성될 수 있는가?

암석에서의 단층은 부드러운 퇴적물에서의 단층과 판이한 모습을 보인다. 암석에서는 비교적 깨끗한 금이 생기고, 단층의 한쪽이 다른 쪽을 갈면서 지나갈 때 이 금은 흔히 깨진 암석의 모난 파편(이를 각력암[角礫岩]이라고 부른다)이나 가루가 된 암석으로 채워진다. 인근의 암석이 구부러지면, 변형된 암석에서 갈라진 금들을 쉽게 볼 수 있다. 그러나 부드러운 퇴적물에서는 깨끗한 금이 없고, 희미해진 파열 지대에 퇴적물이 퍼지게 된다. 물질이 부드럽기 때문에 각력암은 거의 혹은 전혀 나타나지 않으며, 단층이 일어난 측면들의 안쪽을 채운 가루 물질도 발견되지 않는다. 그랜드캐니언의 단층은 암석 파편들로 채워진 예리한 절단면을 특징으로 하며, 단층에 인접한 굽은 지층은 금이 가 있다. 부드러운 퇴적물에서의 단층은 이런 모습을 보이지 않는다.

습곡축의 가장 윗부분("중심점"[hinge], 화살표로 표시된 부분), 즉 경첩처럼 접히는 부분이 지층들 사이의 미끄러짐으로 인해 각 층에서 다른 방향을 가리키고 있다.

대조적으로, 퇴적물이 접히면 부드러운 물질이 쉽게 바스러져 틈을 채워서 치유되지 않은 파쇄가 거의 생기지 않는다. 퇴적물이 압축될 때 각 지층의 알갱이들이 이동해서 지층들 사이의 응력을 크게 감소시킨다. 이는 교결되지 않은 퇴적물 지층들 사이에서 물결 모양의 미끄러짐을 보리라고는 예상할 수 없음을 의미한다. 물결 모양의 미끄러짐이 없기 때문에, 연속된 지층들의 습곡축 정점 부분은 모두 같은 방향을 가리킨다. 그림 12-14, 위쪽 그림

뷰트 단층 옆에 있는 타피츠 사암의 습곡을 다시 살펴보면, 물결 모양의 미끄러짐과 많은 균열이 발견된다. 그림 12-15 홍수 지질학은 이 지점에서의 습곡에는 균열이 없다고 주장하는데, 그들이 제공하는 사진은 자주 균열이 없는 모습을 증거하고 있다. 그러나 사진의 해상도를 충분히 올리거나 습곡을 직접 방문해보면, 여기서 쉽게 균열을 찾을 수 있다.

새롭게 퇴적된 홍수 퇴적물에서의 습곡은 어떤 모습일까?

홍수 지질학자들은 퇴적물 층들이 그랜드캐니언에서 발견되는 것과 같은 모습의 습곡을 형성할 수 있다고 주장하지만, 여기에 굳지 않은 암석 vs. 단단한 암석이라는 문제만 있는 것은 아니다. 최근에 퇴적물 층이 어떻게 형성되었는지를 고려하는 작업도 매우 중요하다. 교결되지 않은 퇴적물에서 일반적인 층을 유지한 채 접히는 일은, 퇴적물이 가라앉고 굳을 시간이 있었을 경우에만 가능하다. 호수나 바다에 금방 퇴적된 퇴적물은 수분 함유량이 많아서 차가운 밀크셰이크에 비견될 만하다. 바닐라 밀크셰이크와 초코 밀크셰이크 층이 번갈아 쌓여 있다고 상상해보라. 밀크셰이크가 차가운 상태로 유지되고 어지럽혀지지 않으면, 이 층들은 온전히 유지될 것이다. 그러나 이를 흔들거나 뒤집으면, 층들은 일관성을 잃고 흘러내려서 하얀 색과 갈색이 혼합된 덩어리가 될 것이다. 세계적인 홍수로부터 퇴적된 퇴적물도 이와 유사했을 것이다. 접힘이 시작되자마자 층들은 빠르게 일관성을 잃고 흘러내려서 뒤범벅이 되었을 것이다. 이는 단순한 추측이 아니다. 간헐적으로 우리는 그림 12-16의 사례처럼 이런 역사를 보존하고 있는 고립된 지층을 발견한다.

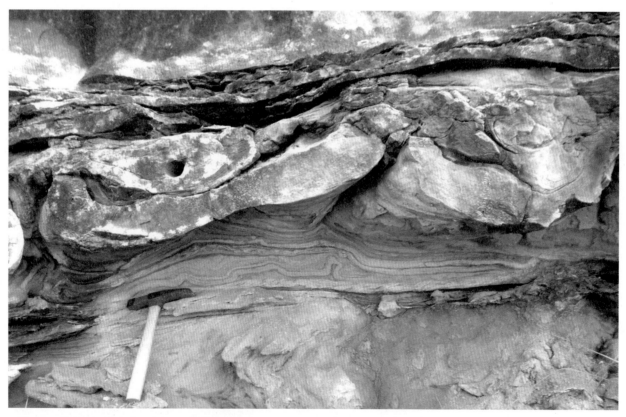

그림 12-16 오클라호마주 톨사 서부, 넬리 블라이 지층에 있는 탈수와 부드러운 퇴적물 변형. 사진: 스티븐 모시어.

2부의 논의 요약

지질학은 어떻게 작동하는가에 관한 이 부분은, 과거에 특정 지역에서 어떤 일이 일어났는지를 결정하기 위해 지질학자들이 무엇을 관찰하는지에 대해 독자들을 더 잘 이해시키려는 목적으로 집필되었다. 또한 여기서는 지질학자들이 지구의 물리적 역사에 관해 경쟁하는 주장들을 어떻게 평가하는지를 설명했다. 다음 부분에서는 지구상의 과거의 생명체 화석으로 초점을 옮길 것이다. 그랜드캐니언과 그랜드 스테어케이스의 화석은 전 세계적 홍수가 이 암석에 매장된 수조 개의 죽은 유기체에 대한 가장 논리적인 설명이라는 젊은 지구론자들의 주장을 반영하는가? 아니면 이 화석은 지질학적 시대에 따른 정상적인 과정을 반영하는가?

화석은 무엇을 말해주는가?

2부에서 우리는 일반적으로 화석이 연대 측정을 위한 도구 중 하나라고 말했다. 전 세계의 암석층에 포함된 화석 생물에 일관성 있는 순서가 있음을 인식하고 나자, 특정 화석의 존재를 사용해서 해당 암석층이 나타내는 특정 시간의 간격을 파악할 수 있게 되었다. 이는 생물들이 시간의 경과에 따라 점점 더 복잡해졌다는 가정에 기초한 것이 아니라, 한 층에 다량으로 존재하던 특정 그룹의 생물이 그 위의 층에서는 다른 그룹의 생물로 대체되었다는 단순한 관찰에 기초하고 있음을 상기하라.

3부에서는 화석이 중심 무대를 차지한다. 우리는 그랜드캐니언에 포함된 고대 생물에 의해 드러난 이야기에 주의를 기울일 것이다. 이 주제에 뛰어들기 전에, 왜 이런 작업을 하는지를 다시 기억하기 위해 2장의 내용을 간략히 복습할 것이다. 젊은 지구론의 견해는 노아 홍수가 지구 전체를 덮었으며 아담이 타락하기 전에는(최초의 죄 이전에는) 어떤 생물도 죽지 않았다고 주장한다는 점을 상기하라. 이런 신학적 입장에서, 지구의 지층에 포함된 화석에 의해 내포되는 모든 죽음은 틀림없이 주로 노아 홍수에서 비롯되었다고 추론된다. 이런 추론은 노아 홍수를 둘러싼 사건들이 엄청나게 격렬했으리라는 결론을 강제한다. 홍수 지질학자들에게 화석은 1년간의 전 세계적 홍수에서 죽은 창세기 7:21-22의 "모든 육체"를 나타낸다. 강력한 쓰나미 같은 물살에 의해 동식물이 그랜드캐니언으로 옮겨져 퇴적물에 의해 신속하게 묻혔다. 그리고 그랜드캐니언과 그랜드 스테어케이스 퇴적암 무더기는 합계 최소 3.2킬로미터(최대 4.8킬로미터) 두께이기 때문에, 주장되는 홍수도 틀림없이 이에 상응하여 깊고 격렬했을 것이다.

그러나 실제로 화석은 이런 견해를 지지하고 있는가? 현대 지질학의 견해에 따르면, 대개 화석은 죽어서 자신이 살았던 곳에 가까운 장소에 묻힌 동식물(일부는 수억 년 전의 동식물)의 잔해를 나타낸다.

이후의 세 개의 장은 세 명의 고생물학자(화석을 연구하는 과학자)의 전문 지식에 의존해서 그랜드캐니언과 그랜드 스테어케이스의 암석에서 발견되는 화석 기록 및 이 기록이 전 세계의 화석 기록과 어떻게 비교되는지에 초점을 맞출 것이다. 첫 번째 장(13장)은 동물 화석을 다룬다. 두 번째 장(14장)은 식물 화석을 살펴보는데, 특히 미세한 홀씨와 꽃가루들을 연구함으로써 배울 수 있는 내용에 주목한다. 세 번째 장(15장)은 생흔 화석(화석화된 자국과 굴[burrows] 등)에 초점을 맞추는데, 이는 생흔 화석이 특히 코코니노 사암의 퇴적과 관련되기 때문이다.

붉은 벽 석회암의 바다나리 화석. 사진: 브론즈 블랙.

붉은 벽 석회암의 산호와 이끼벌레 화석. 사진: 브론즈 블랙.

13장

그랜드캐니언과 그랜드 스테어케이스의 화석

랠프 스티얼리

동물상의 연속성: 전 세계적 관점

8장에서 설명한 동물상 연속 원칙을 반복함으로써 이번 장을 시작하고자 한다. 이 원칙을 처음 제안한 사람들은 주로 연속된 지층에서 서로 다른 해양 조개류가 관찰된다는 사실을 근거로 이를 주장했다. 하지만 한 지층에서 다른 지층으로 옮겨갈 때 유기체의 복잡성이 변화된다는 점에 대해서는 거의 주의를 기울이지 않았으며 이를 알아차리지도 못했다. 그러나 화석에 관한 더 많은 연구가 이루어짐에 따라, 더 젊은 지층이 점점 더 복잡하거나 다양한 유기체의 화석을 포함하고 있다는 점도 명백해졌다.

지구상에서 가장 오래된 회석을 포함하는 암석은 가장 단순한 유기체(박테리아와 바닷말)의 잔해를 포함하고 있는 반면, 그 위의 층은 체계가 더 복잡한 유기체를 포함한다. 더 젊은 지층은 물고기와 기타 해양 생물의 화석을 포함하지만 육지에 서식하는 유기체의 증거는 포함하지 않는다. 육상생물은 훨씬 젊은 지층에서 최초로 등장한다. 최초의 육상동물과 식물이 등장하는 위쪽에 퇴적된 지층은 마침내 파충류, 공룡을 포함하게 되고, 궁극적으로 조류, 포유류, 현화식물을 포함하게 된다. 특정 시기의 고기(ancient) 암석층에 처음으로 나타나는 일부 유형의 유기체들은 현재에 이르기까지 젊은 지층에서도 계속해서 발견되는 반면, 더 젊은 층의 암석 기록에서 사라지는 유기체도 있다(종들이 화석 기록에서 사라지는 이런 소멸을 멸종이라고 한다).

예를 들어, 다양한 유형의 상어 화석은 고생대 중기에 처음 나타난 이후 모든 지층에서 발견되지만, 한때 바다를 지배했던 대형 해양 파충류는 중생대 지층에서 처음 나타난 이후 더 젊은 지층에서는 사라진다. 많은 범주의 유기체들은 결코 함께 발견되지 않는다. 예를 들어, 어룡과 같은 해양 파충류는 고래나 돌고래와 같이 발견되지 않으며, 삼엽충은 결코 샌드 달러(미국 동해안에 서식하는 성게의 일종 ─ 역자 주)나 펭귄과 함께 발견되지 않는다.

일부 유형의 화석이 결코 함께 발견되지 않는다는 사실은 전 지구적 차원에서 화석이 노아의 홍수 때 파묻힌 동물들을 나타내지 않는다는 첫 번째 단서다. 복잡성과 발견되는 화석의 종류, 이 두 가지 측면에서 화석 기록에는 순서가 있다. 젊은 지구론 옹호자들은 일반적으로 이 순서를 인정하지만 어떻게 이런 순서가 나타나게 되었는지에 대해서는 동의하지 않는다. 일부는 더 복잡한 유기체가 더 높은 곳으로 달아날 수 있었다거나, 지진 활동이 진동을 일으켜 유기체들을 크기별로 분류했다거나, 여러 생물 공동체가 다양한 장소로부터 쓸려 와서 현재 관찰되는 순서대로 쌓였다고 주장한다. 그러나 이 메커니즘들 중 어느 것도 왜 같은 종류의 환경에서 살았던 해양 포유류와 해양 파충류(모두 공기로 숨을 쉰다)가 결코 섞여서 함께 발견되지 않는지, 또는 왜 해양 파충류가 포유류를 포함하는 지층보다 오래된 지층에서만 발견되는지를 설명하지 못한다. 거대한 물의 벽이 모든 대륙에 밀려들었다면, 왜 해양생물과 육지생물이 뒤섞여 있는 것이 일반적인 형태로 발견되지 않는가?

그랜드캐니언과 그랜드 스테어케이스의 동물상의 연속성

그렇다면 그랜드캐니언과 주변 지역의 국지적 규모에는 어떤 화석이 발견되는가? 그림 13-1에서는 그랜드

지질 시기	그랜드캐니언과 그랜드 스테어케이스 암석에 포함된 동물 화석으로부터의 예	
신생대		
고제3기와 신제3기	**육지** 민물 달팽이(클레론 지층); 민물 거북이, 포유류 파편 유해(브라이언 헤드 지층).	
중생대		
백악기	**해양** 암모나이트, 상어, 플레시오사우루스(트로픽 점토암); 굴 암초, 달팽이, 대합조개. **육지** 개구리, 도마뱀, 거북이, 악어, 오리 부리 공룡, 뿔 달린 공룡, 수각용, 유대목 포유류(카이파로위츠 지층과 스트레이트 클립스 지층).	
쥐라기	**해양** 대합조개, 달팽이, 바다나리, 암모나이트(카멜 지층). **육지** 공룡 뼈와 생흔(엔트라다, 나바호, 카이엔타 지층).	
트라이아스기	**육지(대체로)** 민물 대합조개, 가재, 딱정벌레, 폐어, 피토사우루스, 애토사우루스, 초기 두 발 공룡, 코엘로피시스(치늘 지층); 생흔, 대형 양서류, 실러캔스 어류(모엔코피 지층).	
고생대		
페름기	**해양** 해면, 산호, 완족류, 이끼벌레, 복족류, 부족류, 삼엽충(드묾), 앵무조개, 상어, 뼈 있는 물고기(카이밥 지층, 토로윕 지층). **육지** 파충류 생흔, 거미, 전갈(코코니노 사암).	
미시시피기와 펜실베이니아기	**해양** 완족류, 복족류, 부족류, 산호, 이끼벌레, 코노돈트, 상어(수파이 그룹, 붉은 벽 석회암, 서프라이즈 캐니언 지층).	
데본기	**해양** 거대한 층공충류 해면, 주름진 산호, 상판 산호류, 완족류, 삼엽충, 플래커덤 피시, 코노돈트(고생대의 아주 작은 이빨 같은 정체불명의 작은 화석 —역자 주)(템플 뷰트 지층).	
캄브리아기	**해양** 초기 삼엽충, 완족류, 극피동물, 해면(무아브 지층과 브라이트 에인젤 지층).	
원생대		
원생대 말기	그랜드캐니언 슈퍼그룹에는 동물이나 다세포생물 화석이 없음.	
원생대 초기	결정질 기반암에 어떤 화석도 없음.	

그림 13-1 그랜드캐니언/그랜드 스테어케이스와 지구 전체의 지층에 포함된 동물 화석의 기록 및 요약. 파란색 글씨는 특히 그랜드캐니언/그랜드 스테어케이스에서 나온 예를 나타낸다.

지구 전체의 동물 화석의 기록에 나타난 주요 변화

출현한 분류상의 그룹
해양 고래, 돌고래, 샌드 달러.
육지 거의 모든 현재의 포유류와 조류

백악기 말기의 멸종
완전히 사라진 분류상의 그룹: 암모나이트, 모든 공룡(새 제외), 익룡,
모사사우루스, 어룡, 플레시오사우루스.

출현한 분류상의 그룹
신복족류, 뱀, 모사사우루스.

출현한 분류상의 그룹
해양 부유성 유공충 및 규조류 돌말 등 완전히 새로운 플랑크톤 그룹,
플레시오사우루스, 가오리(노랑 가오리 포함), 가장 익숙한 상어 그룹.
육지 나비, 나방, 최초의 조류, 도마뱀, 거대한 용각류 공룡.

트라이아스기 말기의 멸종
코노돈트를 포함한 많은 해양동물 그룹과 육지 사지동물 그룹이 사
라짐.

출현한 분류상의 그룹
해양 현대 거품 돌산호, 굴, 게와 바닷가재 같은 십각 갑각류, 어룡.
육지 개미, 꿀벌, 말벌, 초기 공룡.

페름기 말기의 멸종 95피센드의 해양 무척추동물이 멸종함.
완전히 사라진 분류학상의 그룹
해양 모든 삼엽충, 주름진 산호, 크립토스토메 및 페네스트라테 태형
동물, 블라스토이드 극피동물, 방추충류 유공충, 오르시드, 스피리페
리드, 프로덕티드 완족류.

출현한 분류상의 그룹
육지 지네, 거미, 다수의 초기 양서류.

데본기 말기의 멸종 사라진 그룹
해양 이끼벌레(Atrypida와 Pentamerida의 순서); 플래커덤 피시(참조:
오르도비스기에 출현했지만 그랜드캐니언에서는 발견되지 않는 분류상의
그룹: 태형동물 문, 앵무조개 목 두족류, 주름진 산호).

출현한 분류상의 그룹 해양생물만 출현함 대부분의 주요 무척추동물
문이 출현함. 육지생물군은 알려지지 않음.

가장 오래된 원생대에 출현한 분류상의 그룹
해면동물 문(해면; Paleophragmodictya), 자포동물 문(conulariids 포
함), 편형동물, 극피동물 문, 단판류 연체동물(Kimberella), 가장 초기
의 절지동물(Parvancorina).

시기별 생명체

sea snail
ammonite
mosasaur
pterosaur

oyster

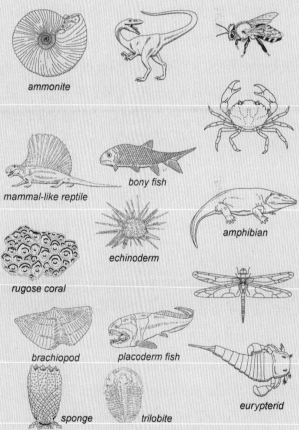

ammonite

mammal-like reptile
bony fish

rugose coral
echinoderm
amphibian

brachiopod
placoderm fish

sponge
trilobite
eurypterid

kimberella
Paleophragmodictya
Parvancorina

캐니언과 그랜드 스테어케이스의 암석(그랜드캐니언의 가장 낮은 퇴적암 층에서부터 유타주 브라이스 캐니언의 가장 높은 지층까지)에 포함된 화석을 요약했다. 또한 이 표에는 전 세계적으로 같은 시기의 다른 암석에서 발견된 화석의 일부 사례도 포함되어 있다. 이 표의 목적은 사실들을 열거해서 압도하거나 허풍으로 강력한 인상을 주려는 것이 아니다. 이 표는 고생물학자들이 지층에서 실제로 발견한 바를 보여주기 위해 포함되었다. 화석 기록에는 놀라운 순서가 있다!

이 표의 가장 중요한 측면:

1. 화석에 관한 이 표는 가설이 아니라 실제로 존재하는 화석에 대한 내용이다. 누구나 그곳에 가서 이 암석층에 포함된 화석을 직접 관찰할 수 있다. 해마다 수천 명의 비전문적인 암석광들이 그렇게 하고 있다. (홍수 지질학이나 현대 지질학 중) 어느 견해를 옹호하든, 자신의 견해가 타당하다고 인정되려면 이런 화석의 순서를 설명할 수 있어야 한다.

2. 가장 낮은(오래된) 지층에서 가장 높은(젊은) 지층으로 갈수록 복잡성과 다양성이 증가함을 쉽게 알 수 있다. 선캄브리아시대 암석에서는 단순한 바닷말만 발견되지만, 전체 순서를 따라 올라갈수록 화석의 나이와 특성이 무척추동물의 지배(고생대)로부터, 공룡의 출현과 번성(중생대)을 거쳐, 포유류와 조류의 출현과 번성(신생대)으로 변화한다.

3. 또한 이 표는 지구상의 생명의 역사에서 발생했던 주요 멸종도 표시한다. 각각의 멸종 이후에, 주요 분류 그룹의 화석은 그랜드캐니언과 그랜드 스테어케이스에서, 전 지구적으로 관찰되는 것과 같은 순서와 시대에 나타나거나 사라진다. 이는 생명의 역사에서 뚜렷한 현상이며, 실제로 여러 지질학적 시대나 시기는 하나 이상의 생명 형태의 사라짐에 의해 정의된다.

캄브리아기 폭발이란 무엇일까?

캄브리아기 암석에 복잡한 체제와 딱딱한 껍데기를 가진 화석이 존재하는 것을 흔히 "캄브리아기 폭발"이라고 부르는데, 이는 이런 생명 형태가 명백한 조상이 없이 갑자기 등장한 것처럼 보이기 때문이다. 젊은 지구론 옹호자들은 이를 복잡한 생명이 모두 이 시점에 갑자기 시작되었다는 명백한 증거라고 주장한다. 그러나 이런 주장에는 두 가지 정보가 빠져 있다. 첫째, 캄브리아기보다 더 오래된 지층에서 더 단순한 디자인의 생명 형태의 화석이 많다고 알려져 있으며, 또한 보존된 생흔과 굴도 많이 포함하고 있다. 둘째, 단단한 껍데기의 존재는 화석으로서의 보존 가능성을 크게 높인다. 달리 말하자면, 생명체에 껍데기가 없던 지구의 초기 역사 동안에는 사체가 거의 보존되지 않았다. 껍데기가 나타나자 화석화가 더 잘 되어 우리가 현재 관찰하는 바와 같이 이런 유형의 화석이 갑자기 급증한 것 같다.

그랜드캐니언 화석과 현대의 지구 전체 생물상 비교

콜로라도강 하류를 따라 바다로 나가면 어떤 종류의 살아 있는 생물을 만날 수 있을까? 그랜드캐니언에서 멀지 않은 캘리포니아만의 얕은 물에는 맨눈으로 볼 수 있는 수천 종의 생물이 있다. 얕은 해저에 사는 물로는 게, 바닷가재, 새우, 따개비, 샌드 달러, 문어, 노랑 가오리, 가자미, 큰 넙치 등 놀랄 만큼 다양한 생물이 있다. 캘리포니아만의 개빙 구역(open waters)에는 참치, 황새치, 능성어, 바다거북, 돌고래, 바다사자, 고래가 많다. 갈매기와 펠리컨이 수면을 스쳐 물밑으로 잠수하기도 한다. 더 남쪽 찬물로 옮겨가면 바다코끼리, 펭귄, 크릴새우가 추가된다. 미생물, 돌말, 유공충, 원석조류를 포함해서 껍데기를 만드는 수많은 독특한 종을 고려한다면 이 목록은 아주 길어진다. 그랜드캐니언의 암석 배열에서 이런 생물들의 화석을 찾는다면 얼마나 많이 발견할 수 있을까? 여기에 대한 답은 그저 적다는 정도가 아니라 하나도 없다는 것이다.

현대의 바다와 그랜드캐니언의 지층 모두에서는 산호와 완족동물이 발견되기는 한다. 하지만 각각의 종의 형태와 특수한 성격을 자세히 살펴보면 뭔가 재미있는 점이 발견된다. 즉 현대의 생물은 그랜드캐니언의 생물과는 완전히 다르게 보인다. 그랜드캐니언의 지층(네바다로 확장된 같은 지층을 포함)에서 나온 몇 가지 전형적인 화석은 그림 13-5에서부터 그림 13-14에 걸쳐 나와 있다.

생물학자들은 종에서부터 시작해서 속, 과, 문, 강, 문, 계, 그리고 역(domain)으로 옮겨감에 따라 유기체들 사이의 관련성이 감소하는 명명 시스템을 사용

유기체의 생물학적 분류

오늘날의 생물학자들은 공유되는 특성에 따라 생물을 정리하는 분류 체계를 활용한다. 18세기 자연사학자 카롤루스 린네이 이름을 딴 린네 시스템은 유기체 그룹들을 유사성이 증가하는 일련의 범주들로 묶는다.그림 13-2 역이라고 불리는 최상위 단계에서는 공유되는 특성이 세포핵을 가지고 있다는 것처럼 광범위할 수 있으며, 버섯과 원숭이 같은 다양한 유기체를 포함할 수 있다. 각각의 하위 범주마다, 거기에 포함되는 유기체들은 점점 더 유사해진다. 가장 아래 단계에서, 상호 교배할 수 있는 같은 종류의 유기체들을 종이라고 부른다. 과학에서 사용되는 이름은 속과 종에 기초한다. 오른쪽 그림에는 개, 누런개(Canis familiaris)의 분류에 대한 사례가 소개되어 있다.

해서 이들을 분류한다. 예를 들어 그랜드캐니언의 산호나 달팽이 화석을 보면, 이것들은 현대의 산호나 달팽이와 종이나 속 차원에서만이 아니라 그보다 훨씬 더 달라서 생물학자들은 이것들을 다른 목으로 분류한다. 템플 뷰트 지층에서 발견된 플래커덤 피시(placoderm fish)는 형태와 기능에서 현대의 물고기와 너무 멀기 때문에 같은 강에 속하는 것으로 간주되지 않는다. 또한 이 협곡의 암석에서 발견된 많은 삼엽충 종들은 현대의 바다에서는 어떤 형태로도 존재하지 않는다.

목과 강 차원에서 차이가 얼마나 클 수 있는지를 보여주기 위해, 그림 13-2에서 설명된 생물학적 분류의 예를 고려해보라. 개는 호랑이, 북극 곰, 족제비 같은 다양한 생물과 같은 목에 속하며, 생쥐, 고래, 캥거루와 같은 강에 속한다.

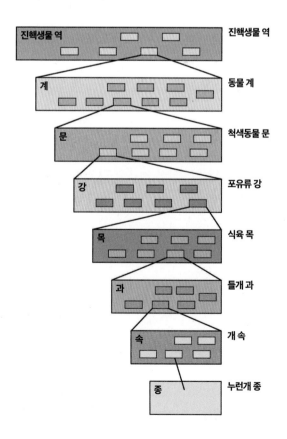

그림 13-2 린네의 유기체 분류 시스템. 사진: D. J. 미르코.

젊은 지구 진화론자?

선도적인 젊은 지구 창조론자들이 현재의 유기체와 홍수 지층에서 화석으로 발견되는 유기체 사이의 차이가 홍수 이후 초고속의 적응으로 설명될 수 있다고 주장한다는 점을 알면, 독자들은 몹시 놀랄 것이다. 예를 들어 그들은 오늘날의 호랑이, 사자, 쿠거, 퓨마, 오셀롯, 팬더, 살쾡이, 스라소니, 얼룩 살쾡이, 집고양이, 그리고 검 모양의 송곳니를 가진 많은 멸종 동물들이 노아의 방주에 있었던 특별히 창조된 한 쌍의 고양이와 유사한 생물(고양이 "종류")로부터 진화했다고 주장한다. 적응이라는 표현을 씀으로써 진화에 대한 믿음이 변장되기는 했지만, 이는 여전히 오래된 종으로부터 새로운 종이 나온다는 의미다(어떤 진화론자들이 제안하는 것보다 훨씬 빠른 속도이기는 하지만 말이다). 홍수 지질학자들의 논리에 의하면 산호와 같이 오늘날 살아 있는 생물은 홍수 당시의 조상 산호 종과 다르게 보일 것으로 예상되어야 한다. 그러나 젊은 지구론 옹호자의 "종류" 정의를 사용한다 하더라도, 그랜드캐니언 지층에서는 얼마나 많은 공룡 종류, 현화식물 종류, 포유류 종류, 또는 새 종류가 발견되는가? 여기에 대한 대답은 "하나도 없다"이다.

또한 홍수 지질학자들은 거대한 파도(쓰나미)가 모든 대륙에 충돌했다고 말하고 있으므로 모든 육상생물의 형태가 해양 퇴적물과 섞였어야 했다는 점도 상기하라. 우리의 대륙에는 많은 수의 뱀, 거북이, 두더지, 쥐, 가젤, 늑대, 캥거루, 참새, 앵무새, 매, 원숭이, 꼬리 없는 원숭이, 민물 연어, 배스, 피라냐, 가재, 악어가 살고 있다. 이 목록에 참나무와 단풍나무, 수많은 야생화, 모든 콩류, 과일류, 너트류와 채소류를 포함한 현화식물(속씨식물)에 의해 주도되는 믿을 수 없을 정도로 많은 현대 식물도 추가될 수 있다. 그랜드캐니언 지층에서는 이런 생물이 얼마나 많이 발견되는가? 여기서도 단지 적은 정도가 아니라 하나도 발견되지 않는다.

가장 단순한 설명은 이런 현대적 형태의 식물, 무척추동물, 어류, 파충류, 양서류, 포유류와 조류들은 그랜드캐니언 퇴적물이 퇴적되던 시기에는 존재하지 않았다는 것이다. 지구의 역사에서 다양한 형태의 생명이 왔다가 사라지면서 퇴적물과 암석이 쌓인 지층에 생명 다양성의 스냅샷을 남긴다.

이런 상황, 즉 한 그룹의 유기체가 다른 그룹을 대체하는 전 지구적 차원의 동물상 대체(faunal replacement)는, 이 모든 현상이 최근에 일어난 단 한 번의 격변적인 홍수의 결과라고 믿는 사람들에게는 극도로 당혹스러울 것이다. 그랜드캐니언의 지층에 화석으로 보존된 거의 모든 그룹의 생물이 현재는 왜 멸종했을까? 지구의 나이가 몇 천 년에 불과하다면 왜 그랜드캐니언 지층에서 위에 열거된 현대의 해양동물군을 대표하는 화석을 전혀 찾아볼 수 없을까? 그리고 앞에서 질문했던 바처럼, 대륙의 표면을 쏜살같이 질주했던 거대한 해양의 파도가 왜 해양생물과 육지생물을 같은 퇴적물로 완전히 섞이게 만들지 않았을까?

성경 자체가 노아 홍수는 위에서 관찰한 내용에 반한다고 말하고 있다. 창세기 1장은 홍수 전의 창조에서 오늘날 살아 있는 동식물에 부합하는 주요 분류 그룹들(씨 맺는 식물과 그 안에 씨가 있는 열매 맺는 나무[11절], 새[20절]와 소 같은 가축과 들짐승[24절])을 열거한다. 홍수 직전에 존재했던 생명의 기록이었음이 분명한 이런 현대의 생물이 왜 그랜드캐니언 지층에서는 하나도 발견되지 않을까?

그랜드캐니언에서 시기별 생명

그랜드캐니언과 그랜드 스테어케이스에서 실제로 발견된 화석은 시기에 따라 생명의 형태가 어떻게 변화했는지를 이야기해주는데, 이는 지구 전체에서 관찰된 유사한 변화와 조화를 이룬다. 아래에서 설명할 화석 생명체는 그림 13-1에 요약되어 있다.

선캄브리아시대 생물

선캄브리아시대 암석은 대부정합(슈퍼그룹) 아래의 거대한 경사진 퇴적암 층으로 대표되는데, 그중 일부에는 화석이 들어 있다. 『그랜드캐니언: 다른 견해』를 저술한 홍수 지질학자들은 이 화석들이 대격변적인 홍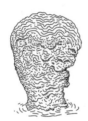수 초기에 그랜드캐니언 지층과 함께 기울어졌으며, 따라서 이것들이 "홍수 전"의 생물 공동체를 나타낸다고 추측한다.

홍수 지질학자의 관점에서는 현재 살고 있는 모든 주요 빔주의 유기체들이 홍수 전에 존재했으므로, 홍수 전 지층은 모든 형태의 생명체를 포함해야 한다. 그러나 (수백 미터로 쌓인 슈퍼그룹 지층에 들어 있는) 유일한 화석 생명의 증거는

스트로마톨라이트 무더기

베이스 지층과 슈퍼그룹의 다른 곳에서 발견된 군체성 조류(colonial algae; 스트로마톨라이트, 온콜라이트)에 의해 만들어진 구조뿐이다. 그림 13-3, 13-4 스트로마톨라이트(및 더 작고 자유롭게 구르는 온콜라이트)는 진흙에서 축적된 단세포 조류(藻類)의 끈끈한 막으로 만들어진 구조물이다. 슈퍼그룹의 두께는 홍수에 의해 쌓였다고 말해지는 위쪽 지층의 두께와 같음에도, 슈퍼그룹의 어느 곳에서도 다세포생물은 발견되지 않는다.

흥미롭게도, 슈퍼그룹 지층에는 생물학자들이 플랑크톤성(플랑크톤성은 "떠다니는" 또는 "표류하는"을 의미한다) 조류로 인식하는 몇 가지 추가적인 단세포생물 화석이 포함되어 있다. 창세기 1장은 홍수 전 시대

그림 13-3 스트로마톨라이트, 추아르 그룹. 사진: 웨인 래니.
그림 13-4 온콜라이트(스트로마톨라이트와 유사함)의 횡단면을 드러낸 암석 표면, 추아르 그룹. 사진: 스티븐 트렐켈드
그림 13-5 브라이트 에인젤 점토암에서 나온 삼엽충 돌리초메토퍼스 프로덕터스 사진: 그랜드캐니언 국립공원 제공, GRCA #17187.

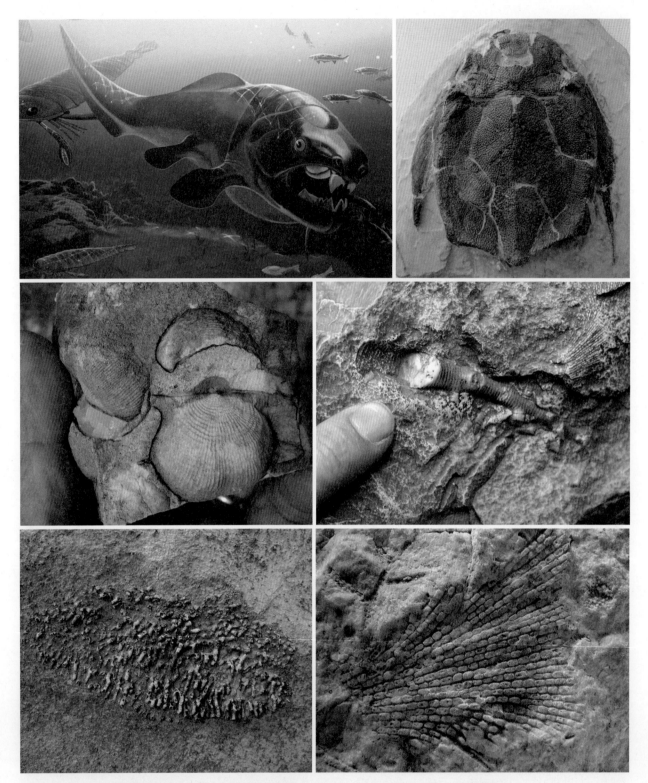

그림 13-6 데본기 플래커덤 둔클레오스테우스와 그 시기의 다른 해양생물. 워싱턴 D. C. 스미소니언 연구소 벽화. 사진: 팀 헬블.

그림 13-7 캐나다 퀘벡의 데본기 층에서 나온 안타아크 플래커덤 보스리올렙시스를 위에서 본 모습. 같은 속이 널리 퍼져 있으며 그랜드캐니언의 데본기 템플 뷰트 지층에서도 발견되었다. 사진: 데이비드 엘리엇.

그림 13-8 프러덕티드 완족동물. 붉은 벽 석회암. 사진: 데비 부에처.

그림 13-9 바다나리 유해와 일부 부러진 조각들. 붉은 벽 석회암. 사진: 하워드 리.

그림 13-10 화석 산호, 타볼라타 목, 시링고포라. 붉은 벽 석회암. 사진: 데비 부에처.

그림 13-11 붉은 벽 석회암에서 나온 이끼벌레. 사진: 마이클 퀸. 그랜드캐니언 국립공원 제공.

13-6	13-7
13-8	13-9
13-10	13-11

3부 화석은 무엇을 말해주는가?

그림 13-12 잠자리 날개, 허밋 지층. 사진: 그랜드캐니언 국립공원 제공,
GRCA #3090.
그림 13-13 상어 이빨, 카이밥 지층. 사진: 데이비드 엘리엇.
그림 13-14 화석 뿔 산호, 루고사 문, Fossil Mountain Member, 카이밥 지
층. 사진: 밥 부에처.

께 파묻힌 반면, 다른 부유성 유기체나 다세포생물은
하나도 묻히지 않을 수 있었을까? 이는 성경의 문자적
독법에 위배될 뿐만 아니라 상식에도 위배된다.

고생대 생물

그랜드캐니언에서 고생대
는 대부정합 꼭대기에 놓
여 있는 지층, 즉 타피츠
사암에서 그 위로 카이밥
지층까지의 지층에 의해
대표된다. 전 세계적으로
삼엽충은 고생대층에만 존
재한다.그림 13-5 이 기간 동
안에는 초기 삼엽충 동물군과
후기 삼엽충 동물군을 명확히
구분할 수 있다. 예를 들어, 더 오래

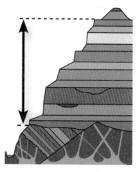

말린 파코피드 삼엽충

된 아그노스티다 목의 작고 눈이 없는 삼엽충은 전 세
계적으로 캄브리아기 및 오르도비스기 층에서 쉽게
인식되며 흔하게 발견되지만, 오르도비스기 이후의
층에서는 전혀 발견되지 않는다. 반면에 스스로를 말
아 올려서 방어적인 공 모양의 덩어리를 만들 수 있는
파코피다 과에 속하는 삼엽충은 오르도비스기에서 미
시시피기까지의 암석에서는 흔하지만 그보다 더 오래
된 캄브리아기 암석에는 전혀 없다.

그랜드캐니언의 캄브리아기 암석(타피츠 사암, 브라

에 다세포식물과 (물고기를 포함해서) 동물이 존재하고
있었다고 말한다. 그런데 어떻게 고대의 해저에 살던
스트로마톨라이트가 떠다니는 프랑크톤성 조류와 함

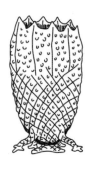

캄브리아기 해면   석탄기의 잠자리

이트 에인젤 점토암, 무아브 석회암)에는 세계 전역의 모든 캄브리아기 암석과 마찬가지로 산호나 이끼벌레가 없다. 캄브리아기 지층 위에 퇴적된 암석 단위들에는 산호와 이끼벌레가 있는데, 그림 13-10, 13-11을 보라 이것들은 모두 또는 대부분 오늘날 완전히 멸종된 목에 속한다.

그랜드캐니언의 캄브리아기 또는 선캄브리아시대 암석에는 어떤 종류의 뼈 있는 물고기 유해도 없다. 최초의 뼈 있는 화석은 데본기 템플 뷰트 지층에서 발견된다. 하지만 이것들은 데본기 암석에서는 전 세계적으로 흔했으나 그 뒤의 암석 기록에서는 완전히 사라진 독특한 그룹의 멸종된 척추동물인 플래커덤의 유해다. 그림 13-6, 13-7 그랜드캐니언 지층 전체를 통해서 보면 이와 유사한 패턴이 자주 나타난다. 즉 위쪽으로 올라갈수록 해면, 완족동물, 극피동물, 연체동물 등의 생물 내에서 폭넓은 분류상의 그룹들의 동물상이 대체되는 패턴이 그것이다. 그림 13-8부터 그림 13-14까지

중생대 생물

그러나 이보다 더 많은 내용이 있다! 그랜드캐니언의 테두리 위쪽으로 거대한 암석 지층이 쌓여 있는데, 홍

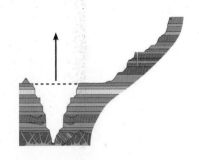

수 지질학자들은 이 층도 노아 홍수 동안 퇴적되었다고 주장한다. 이 층들은 그랜드캐니언 북쪽에서 브라이스 캐니언까지에 위치한 "그랜드 스테어케이스"의 암석 시리즈를 형성한다. 그림 3-2를 보라 모엔코피 지층에서 시작하여 위쪽으로 클래론 지층까지 펼쳐지는 이 퇴적암을 현대 지질학자들은 중생대와 신생대 초기 암석이라고 생각한다. 이 암석은 어떤 종류의 화석을 함유하고 있을까?

그랜드 스테어케이스에 있는 중생대 지층 중 많은 지층에서는 육상생물(육지생물과 민물생물) 화석만 나온다. 육상 퇴적층의 한 예로 치늘 지층을 들 수 있다. 치늘 지층은 침식되어 애리조나주의 페인티드 사막과 페트리파이드 포리스트 국립공원의 낮고 둥근 언덕을 형성한 화려한 이암과 실트암으로 구성되어 있다. 그곳에 보존된 화석으로는 많은 원시 침엽수와 고생대 암석에서는 알려지지 않았던 몇 개 그룹의 식물이

그림 13-15 중생대 치늘 지층이 퇴적되고 있을 때 존재하던 생물을 묘사하는 디오라마(소형 입체 모형에 의한 실경 —역자 주). 페트리파이드 국립공원 제공.

3부 화석은 무엇을 말해주는가?

그림 13-16 그랜드 스테어케이스의 암석에서 발견된 화석으로부터 재현한 백악기 생물 디오라마의 한 부분. 이 디오라마에서 침엽수에 주목하라. 이 시점에서는 꽃피는 나무 종류가 없었다(14장을 보라). 사진: 웨인 래니. 유타주 그랜드 스테어케이스-에스칼랑트 국가 기념물 빅 워터 방문자 센터를 위해 래리 펠더가 그린 그림(허락을 받아 게재함).

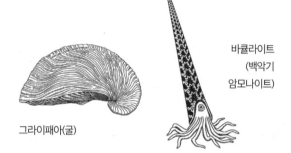

그라이패아(굴)

바큘라이트
(백악기
암모나이트)

있다. 또한 곤충과 전갈, 몇 가지 민물고기와 다양한 네발동물(다리가 넷 달린 척추동물), 초기 공룡도 있다.그림 13-15 치늘 층에서는 어떤 종류의 해양생물도 발견되지 않는데, 이는 이 암석이 노아 홍수의 "후기 홍수 시대"에 퇴적되었다는 시나리오를 고수할 경우 참으로 이해하기 어려운 현상이다.

백악기의 카이파로위츠 지층과 쥐라기의 나보호 사암 등 그랜드 스테어케이스에 있는 층서상의 다른 지층에서는 공룡 발자국, 알 껍질 조각, 그리고 뼈가 발견된다.그림 13-16, 13-17, 13-18 홍수 지질학자들의 주장처럼 노아 홍수가 전 세계적이었다면, 왜 공룡의 유해가 그랜드캐니언의 지층 안에 포함되어 있지 않을까? 더구나 발자국은 격렬한 홍수의 어느 단계에서도 보존되지 않을 텐데, 왜 더 높은 그랜드 스테어케이스 암석의 여러 지층에서는 공룡 발자국들이 온전하게 남아 있을까? 또한 지구가 몇 달째 쓰나미가 대륙의 구석구석까지 휩쓸고 다니는 전 세계적인 격변적 홍수 상태에 들어가 있는데, 공룡들이 어떻게 둥지에 알을 낳을 수 있었을까?

카멜 지층 같은 그랜드 스테어케이스의 다른 지층에는 해양동물군이 함유되어 있다. 이 암석에는 스클레락티니아(Scleractinia) 목에 속하는 산호, 굴, 쌍패류, 그리고 암모나이트로 알려진 멸종된 두족류 등의

그림 13-17 7천5백만 년 된 카이파로위츠 지층에서 하드로사우루스의 뼈를 발굴하는 모습. 사진: 앨런 타이터스
그림 13-18 유타주 그랜드 스테어케이스-에스칼랑트 국가 기념물의 카이파로위츠 지층에 있는 깨진 공룡 알 껍질. 사진: 빌리 도란.

많은 무척추동물이 들어 있다.

　그랜드캐니언 북쪽의 백악기 암석 단위에 속하지만 그랜드 스테어케이스의 암석 계열에는 속하지 않는 만코스 점토암에는 플레시오사우루스(plesiosaur)라고 알려진 커다란 해양 파충류가 들어 있는데, 플레시오사우루스는 현재까지 중생대 암석 지층에서만 발견되었다. 왜 만코스 점토암에 플레시오사우루스는 화석 형태로 보존되어 있는데 고래, 돌고래나 바다사자는 보존되어 있지 않을까? 왜 그랜드캐니언의 암석에는 이런 대형 해양 척추동물이 하나도 발견되지 않을까? 가장 간단한 설명은 그랜드캐니언 퇴적물이 형성되고 있을 때 이런 동물들은 아직 존재하지 않았다는 것이다.

　이런 모든 구체적인 정보는 동물상 연속의 원칙을 확인해준다. 즉 화석 생명체(동물과 식물 모두)는 명확하고 인식 가능한 순서로 이어지며, 각각의 지층에서의 생명체의 전반적인 특징은 해당 지층을 기준으로 위쪽 지층과 아래쪽 지층이 다르다. 달리 말하자면 그랜드캐니언의 화석 기록은, 암석이 격동적인 전 세계적 홍수에 의해 퇴적되었을 경우 예상되는 바처럼, 생명체들의 뒤범벅이 전혀 아니다.

이야기의 절반만 들려주다

젊은 지구론 옹호자들은 화석 기록이 1년간의 대격변으로 선캄브리아시대 위부터 그랜드 스테어케이스의 대부분의 지층까지 퇴적되었다는 자신의 주장에 억지로 동의하도록 만들려고 한다. 이를 위해서 그들은 이번 장에서 설명된 암석 기록에서의 생물상 연속의 개념을 최소화하거나 무시해야 한다. 예를 들어 그랜드캐니언 지층은 멸종된 그룹의 산호를 함유하고 있으며 현대의 산호는 그랜드캐니언 지층에 전혀 존재하지 않는다는 사실을 설명하지 않은 채, "산호"가 그랜드캐니언의 화석에도 흔하고 오늘날에도 흔하다고 언급하는 것이다.

따라서 전체 그림의 일부(아주 작은 일부)만 제시된다.

　젊은 지구론 옹호자들의 또 다른 전술은 삼엽충 같은 복잡한 유기체가 그랜드캐니언의 가장 낮은 지층에서 발견되며, 따라서 복잡한 유기체는 화석 기록에서 아주 초기에 나타나는 반면 해면과 같은 단순한 유기체는 그랜드캐니언 층의 더 높은 곳에서 나타난다고 주장한다. 이런 유형의 주장은 피상적으로 보면 복잡한 유기체가 단순한 유기체보다 일찍 나타남을 입증하는 것처럼 보인다. 그러나 이런 관찰 사항을 보다 큰 그림 안에 위치시킬 필요가 있다. 삼엽충이 화석 기록에서 일찍 나타나는 것은 사실이지만, 이것은 페름기 이후 지구 전체의 암석 기록에서 완전히 사라진다. 다른 한편으로, 이번 장에서 설명한 것처럼, 그랜드캐니언에서 이보다 높은 특정 지층의 암석 기록에는 호박벌, 가재, 노랑 가오리, 공룡, 오리, 돌고래 같은 복잡한 유기체가 나타난다. 이것들 중에서 공룡과 같은 일부 생물은 멸종되었다.

　그리고 해면과 같이 단순한 유기체들이 많은 그랜드 스테어케이스 층에서 발견되며 오늘날에도 흔하지만, 이들은 시기마다 매우 다르다. 예를 들어, 아키오키아스(Archeocyath)라는 해면 그룹은 전 세계적으로 캄브리아기 암석에서만 나타나고 그 뒤에는 사라진다. 더구나 해면 화석은 선캄브리아시대에 발견된 것으로 보고되어 있으며, (예측했듯이) 전 세계적으로 삼엽충이나 다른 복잡한 유기체보다 훨씬 빨리 나타난다. 이와 같이 젊은 지구론을 주장하는 문헌에서는 이 화석의 생물학적이거나 층서적인 맥락이 무시되거나 설명되지 않는다. 이는 확실히 홍수 지질학 모델에 피상적으로 들어맞는 부분과 관련된 내용만 보여주는 "절반만 들려준 이야기"다.

격변적 운반과 유체역학적 분류?

홍수 지질학자들은 격변적 운반과 다양한 유체역학적 과정에 의한 화석 유기체들의 분류 증거가 그랜드캐니언에 있다고 주장한다. 일반적이지는 않지만, 일부 화석은 실제로 운반의 증거를 보여주기도 한다. 예를 들어 페트리파이드 포리스트의 화석 통나무들은 옮겨졌을 것임이 분명해 보인다(굴러 왔을 가능성이 가장 높다). 이 화석의 주요 가지들은 부러져 있다. 그러나 이 화석 통나무들은 고사리 잎과 같은 정교한 유기체의 보존된 유해와 연관되어서 발견되는데, 이는 이런 퇴적이 한 번의 격렬한 사건으로 형성될 수 없었음을 의미한다. 그랜드캐니언의 정교한 해양생물의 다수는 마디가 부러졌지만(산산이 부서졌지만), 떨어진 부분들은 널리 흩어지지도 않았으며 굴러서 상처가 나거나 닳은 것 같지도 않다.

더구나 이런 화석들은 종종 얕은 해저나 저지대 습지 숲과 같은 특정 환경에서 전형적으로 나타나는 다른 화석 생물체들과 무리 짓는 식으로 서로 연관되어서 발견된다. 우리는 이런 연관성을 쉽게 파악할 수 있다. 달리 말하자면, 이런 유기체들은 설령 운반되었다고 해도, 이것들이 살았던 원래 환경으로부터 멀리 떨어진 곳으로 옮겨지지 않았다. 예를 들어, 산호는 얕은 열대 바닷물에서 번성한다. 산호가 포함되어 있는 그랜드캐니언의 지층에는 유사한 해양 환경의 해저에 붙어 살았던 이끼벌레 같은 생물이 포함되어 있다.

또 다른 홍수 지질학자들은 지진에 의해 죽은 유기체들을 크기나 밀도에 근거해서 분리하는 분류 행위에 의존했다. 그러나 화석은 크기나 밀도에 의한 우선적인 배분을 보여주지 않는다. 다량의 미생물 화석은 화석을 함유하고 있는 지층에 널리 퍼져 있으며, 작고 껍질이 있는 유기체들은 더 큰 화석 뼈가 포함된 지층의 위와 아래에서 일상적으로 나타난다. 또한 화석화

붉은 벽 석회암의 앵무조개는 "격변적 규모의 홍수"를 기록하고 있는가?

붉은 벽 석회암의 썬더 스프링스 멤버(Thunder Springs Member)에는 길고 날씬한 앵무조개 껍데기를 다량 함유하고 있는 3미터 두께의 지층이 있는데, 이 앵무조개 껍데기 무더기는 강력한 물살에서 퇴적되었을 경우 예상할 수 있는 바와 같은 방식으로 자리 잡고 있다.그림 13-19 홍수 지질학자들은 이 조개껍데기의 방향을 격변적인 규모의 홍수가 있었다는 증거로 인용한다. 그러나 그랜드캐니언에 있는 거의 모든 화석에는 특정 방향이 없다. 홍수 지질학의 논리를 사용하면, 이는 격변적 규모의 홍수가 다른 어느 지층도 퇴적시키지 않았으며 앵무조개 층만을 퇴적시켰다는 강력한 증거여야 한다.

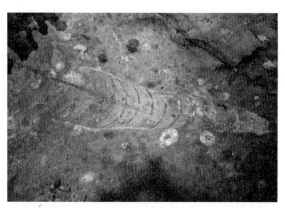

그림 13-19 오르토콘 앵무조개와 마디가 잘린 바다나리 유해. 썬더 스프링스 멤버의 붉은 벽 석회암. 사진: 하워드 리.

된 통나무와 고사리를 상기해보라. 만약 그 답이 분류라고 한다면, 왜 통나무와 고사리는 같은 퇴적물에서 발견될까?

화석 공동체

1550년부터 1850년까지 300년 동안 수많은 자연과학자들은 무리를 지어 발견되는 화석이 개별적인 고

대의 생명 공동체 또는 생태계의 표본이라는 사실을 서서히 깨닫게 되었다. 19세기 초의 지질학자들은 이런 생물학적 공동체들이 제한된 시간 동안 번성했으며, 종종 국지적이거나 전 세계적인 환경의 변화로 인해 결국 독특한 생명의 형태를 지닌 후속 공동체로 대체되었음을 알게 되었다. 시간의 흐름에 따른 생물 공동체의 승계는 그랜드캐니언과 그랜드 스테어케이스가 결합된 지층에서 극적인 방식으로 나타난다.

요약하자면, 화석은 단지 특정 순서로 발견되기만 하는 것이 아니라 질서 있는 패턴을 보여준다. 이런 패턴은 생물 공동체가 살았던 유형의 환경, 생태계의 역동성, 그리고 한 그룹이 다른 그룹으로 대체되는 변화를 반영하는 특징적인 화석 그룹으로 구성된다. 전 세계에서 반복되는 이런 패턴은 (죽은 유기체들이 거대한 격변기에 쏟아져 들어온 것이 아니라) 생물 공동체들이 오랜 세월 동안 승계되었음을 증거한다.

단 한 번 발생한 격렬한 격변에서는 어떤 화석 생명체들의 패턴이 발달할까? 유기체가 거대한 쓰나미 같은 물살에 의해 자신이 살던 환경에서 떨어져 나와 멀리 옮겨져서 급격히 퇴적된 모래와 진흙층 속으로 내던져졌다면, 모든 종류의 복잡성을 지닌 화석들이 뒤범벅되어 발견되리라고 예상해야 하지 않는가? 그랜드캐니언에서 발견되는 화석들은 이것들(과 이것들이 포함된 암석을 포함)이 한 번의 전 세계적 홍수 때 퇴적된 것이 아니라고 말해준다. 이는 이 책의 다른 장들을 통해 설명한 것과 같은 이야기다.

상호 배타적 주장들

젊은 지구론 옹호자들은 부러진 화석들이 격렬한 홍수의 증거라고 주장한다. 그런데 이들은 동시에, 다른 화석의 정교한 부분들이 절묘하게 보존된 것을 세계적 홍수에 의한 급속한 매립의 증거라고도 주장한다. 그림 13-20 어떻게 여기저기 흩어진 화석과 정교하게 보존된 화석이 모두 격렬한 전 세계적 홍수의 증거일 수 있을까?

그림 13-20 카이밥 지층에서 나온 완족동물 페니쿨라우리스 바시 화석. 정교한 가시의 일부가 온전히 보존되어 있다. 사진: 데이비드 엘리엇.

페트리파이드 포리스트 국립공원에 있는 화석화된 통나무. 페트리파이드 포리스트 국립공원 제공.

14장

작은 식물 — 큰 영향: 꽃가루, 포자, 식물 화석

조엘 더프

식물상 연속의 원칙

동물상 연속의 원칙은 기술적으로는 한 지층에서 다른 지층으로 옮겨갈 때 동물 화석들의 연속적 변화를 일컫는다. 이와 유사한 변화가 화석 식물에서도 관찰되는데, 이를 식물상 연속의 원칙이라고 할 수 있다. 동물 화석의 경우와 마찬가지로, 식물에서도 특정 그룹의 화석들은 흔히 같은 시대의 암석 지층에서 함께 발견되며, 그 위나 아래의 암석층에서 발견되는 화석 그룹과는 확연히 다르다. 또한 식물 화석의 복잡성이나 다양성은 젊은 지층으로 갈수록 점진적으로 증가한다. 식물에서의 연속성에 대한 증거는 처음에는 화석화된 목재와 나뭇잎 자국처럼 육안으로 보이는(확대하지 않고 볼 수 있는) 화석에 대한 연구에 기초를 두었지만, 같은 연속성이 현미경을 통해서만 관찰할 수 있는 꽃가루와 포자 화석에서도 발견된다. 꽃가루와 포자는 그랜드캐니언과 그랜드 스테어케이스의 역사를 이해하는 데 특히 중요한 역할을 한다. 이것들의 가치는 그 크기와 분포와 풍부함, 그리고 이것들이 어떤 식물에서 나왔는지를 파악할 수 있는 능력과 관련된다. 이것들은 크기가 아주 작아서 부드러운 바람이나 물결에도 넓게 퍼질 수 있으며, 흔히 거의 손상을 입거나 변경되지 않고 보존된다. 분포의 용이성과 높은 생산율이 결합되어 화석 꽃가루와 포자는 풍부하게 나타나는데, 종종 육안으로 볼 수 있는 식물 조직이 퇴적되거나 보존되지 않은 고기(ancient) 퇴적물에서도 이것들은 존재한다.

이런 화석은 홍수 지질학 모델과 전통적인 모델을 검토할 수 있는 훌륭한 방법을 제공한다. 격렬한 전 세계적인 홍수에서는, 모든 홍수 지층에서 모든 종류의 이런 작은 입자들이 완전히 섞여 있을 것으로 예상해야 한다. 또한 꽃가루나 포자 및 육안으로 볼 수 있는 화석 식물의 유형이 조화되지 않는 많은 암석층이 있으리라고 예상해야 한다. 퇴적이 오랜 기간에 걸쳐 다른 환경 조건하에서 이루어졌다고 주장하는 전통적인 지질학 모델에서는, 독특한 유형의 꽃가루와 포자들이 동일 지층이나 동시대의 지층에서 발견되는, 육안으로 볼 수 있는 식물 화석에 부합하는 독특한 층들로 분리되어 있으리라고 예상해야 한다. 그렇다면 실제로 발견되는 화석은 어떨까? 먼저 지구의 지층에서 발견된, 육안으로 볼 수 있는 식물 화석의 유형과 분포를 살펴보고 나서 꽃가루와 포자에 초점을 맞출 것이다.

시대별 식물

해양 조류

그림 14-1의 표는 지구의 전체 역사를 통해 그랜드캐니언/그랜드 스테어케이스 지역과 전 세계에 존재했던 여러 식물 유형을 보여준다. 그림 14-1 퇴적의 순서상 아래쪽 지층에서 위쪽 지층으로 올라감에 따라 차츰 식물의 복잡성과 다양성이 증가한다는 데 주목하라. 동물상 연속의 경우처럼, 이 표는 가설에 의한 목록이 아니라, 그랜드캐니언/그랜드 스테어케이스와 전 세계의 퇴적 지층에서 실제로 관찰된 화석 기록이다.

캄브리아기 이전에는 지구상의 유일한 광합성 생물은 해양 조류였으며 어떤 식물도 육지를 점령하지 않았다. 그림 14-2 이런 사실을 우리는 어떻게 알까? 그랜드캐니언이나 세계 어떤 장소의 선캄브리아시대 암

지질 시기		그랜드캐니언과 그랜드 스테어케이스 암석에 포함된 동물 화석으로부터의 예
신생대	고제3기와 신제3기	화석 기록에서 현화식물(꽃피는 식물)과 관련된 포자가 흔해짐.
	백악기	현화식물 그룹이 백악기 초기에 나타남. 잎사귀 화석은 시카모어 류의 식물이 압도적이면서 비교적 다양한 종류가 있었음을 보여줌(다코타 지층).
중생대	쥐라기	침엽수가 압도적인 상태를 유지함(모리슨 지층).
	트라이아스기	양치류, 침엽수, 벌레가 구멍을 뚫은 흉터가 있는 소철 등 200종의 식물이 식별됨(치늘 지층).
고생대	페름기	양치 종자식물(Pteridospermophytes)의 파편 유해, 속새(칼라마이트), 은행과 기타 침엽수도 존재함(허밋 지층).
	미시시피기와 펜실베이니아기	레피도덴드론 같은 석송 속 나무. 잎과 포자 화석에 의해 입증되듯이 양치류가 지구를 지배함. 원시 속새 칼라마이트도 존재함(서프라이즈 캐니언 지층).
	데본기	해양성 식물만 존재함; 육지식물 화석은 발견되지 않음.
	캄브리아기	이 지층에서는 어떤 육지식물도 알려지지 않음.
원생대	원생대 말기	해양성 조류(藻類)만 존재함; 육지식물은 알려지지 않음.
	원생대 초기	결정 기반암에는 어떤 화석도 없음.

그림 14-1 그랜드캐니언/그랜드 스테어케이스와 지구 전체의 지층에 포함된 식물 화석의 기록 및 요약.

지구 전체의 동물 화석의 기록에 나타난 주요 변화

시기별 생명체

현화식물이 압도적이고 식물군이 다양함. 해바라기와 콩과 식물이 처음으로 나타나고, 난초와 풀의 수가 늘어남.

대부분의 주요 속씨식물(현화식물) 그룹이 나타나 보편적인 식물 유형이 됨. 풀과 난초과는 백악기의 말기에야 나타남. 특히 해바라기(Asteraceae)와 콩(Fabaceae)과 식물이 없음. 석송류와 양치류는 고생대에서는 압도적인 식물 유형이었으나, 이제 소규모의 낮은 숲에서만 거의 존재함.

침엽수가 여전히 압도적인 식물 유형인 가운데, 사이프러스, 주목과 같은 다른 과의 식물이 나타남. 은행이 흔함. 쥐라기 말기에 최초의 현화식물과 꽃가루가 나타났지만, 이것들은 아직 육지식물 중 아주 작은 부분에 지나지 않음.

침엽수가 두드러지게 나타나고 대형 석송 속 식물은 식물 공동체에서 차지하는 역할이 작아짐. 침엽수처럼 생긴 코르다이트가 사라짐. 나무 양치식물이 흔함.

코르다이트라고 불리는 소나무 같은 침엽수가 페름기 말의 주도적인 식물 유형이 되고, 소철과 은행도 나타남. 페름기 초기에 칼라마이트가 사라짐. 나무 양치류는 여전히 흔하지만, 레피도덴드론을 포함한 일부 석송 속 식물은 페름기 초기에 멸종함.

몇 가지 양치류가 나타나고 속새(칼라마이트)가 흔해짐. 레피도덴드론 같은 석송 속 식물과 양치류가 모든 대륙에서 압도적임. 조스터필 및 리노오파이트 같은 도관식물 그룹이 이 시기 초에 멸종함.

쿡소니아 및 리니아 같은 단순한 도관식물이 최초로 등장하지만 데본기 말까지는 대부분의 종류가 멸종함. 브라이오파이트(이끼)가 나타나고 석송 속 식물과 일부 속새(칼라마이트)가 최초로 나타나지만 흔하지는 않음.

육지에는 조류와 균류만 존재함(대부분의 주요 무척추 문은 해양 화석의 기록에서 나타남).

해양 조류만 존재함. 아직 육지 식물은 발견되지 않음.

그림 14-2 해안선을 따라 분포하는 스트로마톨라이트를 보여주는 선캄브리아기 생명의 디오라마. 이 시기에는 육지식물의 화석 기록이 존재하지 않는다. 스미소니언 연구소 디오라마, 워싱턴 D.C. 사진: 팀 헬블.

석에서도 식물 화석은 전혀 발견되지 않으며 여러 종류의 조류만 존재하기 때문이다. 이런 결론은 시간이 지남에 따라 복잡성이 증가하리라고 보는 가정의 결과가 아니다. 고생물학자들은 전 세계에서 실제로 발견된 화석으로부터 지구상의 식물(동물)의 역사를 추론한다.

다세포식물을 발견하려면 위쪽의 고생대 지층으로 올라가야 하는데, 여기에도 뚜렷한 순서가 있다. 우선, 캄브리아기에는 육지에 조류와 균류만 있었다. 그다음에 단순하고 지금은 멸종된 도관식물(물과 광물질을 나르기 위해 특화된 조직을 지닌 식물)이 나타났다. 그다음에 석송 속 식물(씨가 있는 양치식물)과 기타 양치식물이 나타나 페름기까지 육지를 지배했다. 궁극적으로 (소나무 같은) 침엽수가, 백악기에 화훼식물이 급속한 다양화를 경험할 때까지 지배했다. 그림 14-3

여기서 중요한 지점은, 전 세계적으로 유사한 시기의 모든 암석에서 이런 패턴이 반복된다는 점이다. 생명의 역사에 관한 어떤 가정으로부터도 자유로운 가장 논리적인 설명은, 가장 오래된 암석이 지구에 생명체가 출현하기 전에 형성되었고 각각의 연속된 암석층은 해당 시기 동안 존재했던 생명체의 기록을 보존한다는 것이다. 그렇지 않았다면 전 세계적으로 가장 낮은 지층에는 화석이 전혀 없고, 그랜드캐니언에 있는 수백 미터의 슈퍼그룹 암석에 다세포식물이 없으며, 그랜드캐니언의 모든 지층에 현화식물이 전혀 없다는 점을 어떻게 설명할 수 있을까?

꽃가루와 포자는 무엇인가?

꽃가루와 포자는 식물의 미세한 생식조직으로서, 환경적으로 저항력이 있는 외벽 때문에 생물체 중 가장 쉽게 화석화될 수 있는 부분이다. 포자는 항상은 아니지만 대개 꽃가루 입자보다 크며 양치식물, 석송 속 식물, 이끼류의 "씨앗"이라고 생각할 수 있다. 꽃가루는 현화식물과 겉씨식물(소나무와 가문비나무같이 솔방울을 맺는 식물)의 수컷 생식세포다.

3부 화석은 무엇을 말해주는가?

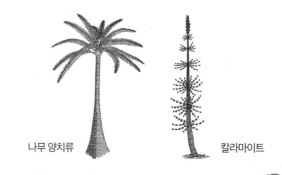

나무 양치류   칼라마이트

그림 14-3 중국 우다 지역에서 실제로 발굴된 약 1에이커의 화석화된 숲에 기초해서 그린 페름기의 전형적인 습지 숲. 왼쪽의 집합 녹색 나무는 원시 친연 수다. 오른쪽의 가장 큰 "나무들"은 15미터 이상 자랐던 멸종한 석송 속 식물이다. 이것과 밀접하게 관련된 식물이 허밋 지층에서 발견되었다. 오늘날에는 이 식물들 중 어떤 것도 존재하지 않는다. 일러스트레이션: 국립 과학 아카데미.

그림 14-4 허밋 지층에서 나온 씨 맺는 양치식물 캘립테리스 콘페르타. 사진: 그랜드캐니언 국립공원 GRCA #3086.

퇴적암에서 포자와 꽃가루를 추출하기란 쉽지 않다. 흔히 이 작업은 무기물질은 용해시키고 포자와 꽃가루 유기체는 손상되지 않게 남겨두는 매우 강한 화학물질 처리를 필요로 한다. 시료를 준비한 뒤, 유기체의 잔해를 함유하고 있는 물질의 일부를 현미경으로 스캔해서 꽃가루나 포자를 파악할 수 있다. 육지식물의 이런 생식기관의 외관은 매우 다양해서 주요 식물 그룹들을 구분할 수 있다. 그래서 암석에 존재하는 이런 물질은 퇴적물이 퇴적되었을 때 그 지역에서 자라고 있던 식물 유형에 대한 강력한 지표가 된다.

그랜드캐니언과 그랜드 스테어케이스에 포함된 꽃가루와 포자도 눈에 보이는 화석과 마찬가지로 동일한 식물상 연속의 원칙을 보여준다.그림 14-1 타피츠 사

암에서부터 템플 뷰트 지층에 이르기까지의 지층들로 대표되는 캄브리아기와 데본기 암석은 단순한 삼지(三指)형의 포자만 포함하는데, 이 포자는 현재는 멸종된 단순한 씨 맺는 식물과 조류그림 14-3로부터 나왔다. 템플 뷰트 지층 위쪽의 암석에는 석송 속 식물과 양치류에서 나온 것이 분명한 포자가 많이 포함되어 있다. 예를 들어, 화석화된 이런 포자들은 서프라이즈 캐니언 지층과 그 위의 층에서 많이 발견된다. 이 포자들은 양치류, 속새류(칼라마이트), 거대한 석송 속 나무(레피도덴드론)의 식물 유해와 관련된다.

침엽수 같은 (꽃이 피지 않는) 나무(코르다이트)에서 나온 화석 꽃가루는 수파이와 코코니노 사암 같은 협곡의 상부 암석층에서 최초로 발견된다. 침엽수는 그랜드 스테어케이스의 트라이아스기와 쥐라기 암석에서 주된 식물이었으며,그림 14-1 그 꽃가루는 현화식물의 꽃가루와 쉽게 구분된다.

여기서 중요한 지점은, 그랜드캐니언 암석층에서 눈으로 볼 수 있는 현화식물 화석이 없다는 사실이 현화식물의 꽃가루 화석이 전혀 없다는 사실과 조화를 이룬다는 것이다. 그랜드캐니언에서 고대 현화식물의 유해는 그랜드캐니언의 주요 절개 후에(즉 이 암석 단위들이 쌓이고 나서 오래 뒤에; 18장을 보라) 퇴적된 현대

동굴의 퇴적물에서만 발견된다. 그랜드캐니언의 퇴적암에 화석화된 현화식물 꽃가루가 발견되지 않는다는 사실은 전통적인 지질학 모델의 예상과 들어맞는다. (그랜드캐니언만이 아니라) 지구 전체에서 현화식물(과 그 꽃가루)은 백악기(약 1억4천만 년 전)나 그보다 젊은 암석에서만 발견되기 때문이다. 그랜드 스테어케이스의 백악기 암석에서 화석화된 현화식물의 꽃가루가 발견된다는 사실은 놀랍지 않다. 또한 이런 화석의 순서는 가정된 것이 아니라 그랜드캐니언과 그랜드 스테어케이스의 순차적으로 이어진 암석에서 발견되는 실제 순서라는 점을 상기하라!

동물 화석의 분포에서와 마찬가지로, 전 세계의 암

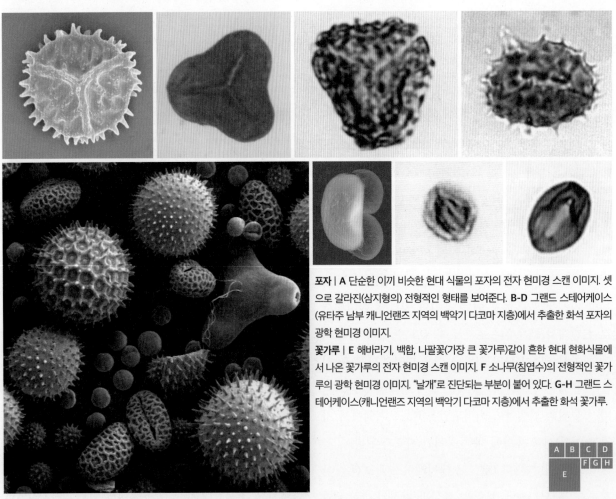

포자 | A 단순한 이끼 비슷한 현대 식물의 포자의 전자 현미경 스캔 이미지. 셋으로 갈라진(삼지형의) 전형적인 형태를 보여준다. B-D 그랜드 스테어케이스(유타주 남부 캐니언랜즈 지역의 백악기 다코마 지층)에서 추출한 화석 포자의 광학 현미경 이미지.
꽃가루 | E 해바라기, 백합, 나팔꽃(가장 큰 꽃가루)같이 흔한 현대 현화식물에서 나온 꽃가루의 전자 현미경 스캔 이미지. F 소나무(침엽수)의 전형적인 꽃가루의 광학 현미경 이미지. "날개"로 진단되는 부분이 붙어 있다. G-H 그랜드 스테어케이스(캐니언랜즈 지역의 백악기 다코마 지층)에서 추출한 화석 꽃가루.

그림 14-5 대략 같은 배율로 확대한 현대 및 고대의 포자와 꽃가루. 가장 큰 것(A)이 직경 1밀리미터의 1/10보다 작다. 이미지 제공: A 크리스틴 카길 ⓒ 오스트레일리아 국립 생물 다양성 리서치 센터; B-D, G-H 바바라 앤 암 엔데; E 다트머스 대학의 다트머스 전자 현미경 설비 F 조엘 더프.

3부 화석은 무엇을 말해주는가?

그림 14-6 그랜드캐니언에서 흔히 발견되는 현대의 꽃, 인디언 페인트브러시. 사진: 마이크 쿱센.

해바라기

석에서 발견되는 식물 화석은 홍수 지질학 모델에 심각한 도전을 제기한다. 홍수 지질학자들은 다양한 분류 체계를 통해 눈에 보이는 화석 식물의 분포에 세심한 주의를 기울였지만(13장을 보라), 화석 기록에 있는 눈에 보이지 않는 화석(포자와 꽃가루)의 분포를 설명하려는 노력은 거의 기울이지 않았다. 이번 장의 앞부분에서 설명했듯이, 홍수 지질학 모델은 전 세계적인 홍수 전에 존재했으며 홍수에 의해 전 세계에 분포된 현화식물의 (포자와 꽃가루 같은) 눈에 보이지 않는 유해가 모든 지층에 분포하고 있으리라고 예상한다. 그러나 이런 유해는 백악기보다 오래된 모든 암석에서는 전혀 발견되지 않는다. 달리 말해 그랜드캐니언은 전체적으로 수백 킬로미터의 표면이 노출되어 있음에도 불구하고, 그랜드캐니언의 테두리 아래의 변경되지 않은 어떤 암석층에서도 현화식물의 꽃가루가 하나도 발견되지 않았다. 이런 사실 하나만으로도 그랜드캐니언의 지층에 대한 전 세계적인 홍수 모델의 설명을 단정적으로 기각하기에 충분하다.

현화식물의 꽃가루가 그랜드캐니언의 암석에서 발견될까?

일부 홍수 지질학자들은 선캄브리아시대 운카르 그룹의 하카타이 점토암에서 채취한 시료에서 꽃가루를 발견했다고 주장한다. 이 주장이 사실이라면, 이 꽃가루는 현화식물 화석이 백악기 암석과 그보다 젊은 암석에만 존재한다는 현대 지질학의 이해에 도전을 제기할 것이다. 그러나 다른 홍수 지질학자들은 이를 현대의 꽃가루로부터 오염된 결과일 가능성을 인식하고서 이 주장에 대해 비판적이었다. 실제로, 보고된 꽃가루는 오늘날 그랜드캐니언에서 지역적으로 발견되는 꽃가루 유형과 매우 유사하다. 다음과 같은 지점이 더 중요하다. 홍수 전에 씨 맺는 식물이 흔했다면(창 1:11), 이 꽃가루가 대부분의 지층에 많이 포함되어 있어야 하지 않을까?

코코니노 사암의 떨어진 부분에 난 자국. 사진: 탐 빈.

15장

생흔 화석: 과거 생명체의 발자국과 흔적

데이비드 엘리엇

생흔 화석이란 무엇인가?

이제 그랜드캐니언과 그랜드 스테어케이스 암석에서 발견되는 세 번째 범주의 화석을 살펴볼 차례다. 지금까지는 맨눈으로 쉽게 볼 수 있는 뼈와 화석화된 나무 같은 과거의 동식물에 대한 대형 화석 증거와, 현미경으로 관찰해야 하는 포자와 꽃가루 같은 미화석(microfossils) 증거를 설명했다. 세 번째 범주는 동물이 살아 있을 때의 활동에 의해 만들어진 흔적으로 구성된다.

생흔 화석은 고기(ancient) 생물에 의해 만들어져 화석 기록에 보존된 발자국, 흔적, 굴, 구멍, 기타 구조물이다. (생흔 화석은 6장에서 퇴적 구조물의 한 유형이라고 간략히 소개되었다.) 이런 구조물은 일반적으로 부드러운 퇴적물에서 형성되지만, 구멍처럼 나무나 바위에 형성될 수도 있다. 생흔 화석은 유기체 자체의 일부가 아니라 해당 유기체의 행동에 대한 기록이라는 점에서 신체 화석(화석화된 유기체의 신체 부분)과 다르다.

그림 15-1 그랜드캐니언 브라이트 에인젤 점토암에서 나온 바닥의 아랫면. 삼엽충에 의해 만들어진 음식물 섭취의 흔적을 보여주며 얕은 바다 환경을 시사한다. 사진: 데이비드 엘리엇.

화석화되기 전에 퇴적물이 재처리되거나 옮겨지면 발자국 같은 생흔은 쉽게 파괴된다. 이는 해당 동물이 살았던 환경에서 다른 장소로 옮겨져 보존될 수 있는 뼈나 조개껍데기 같은 물질과는 다르다. 예를 들어, 강에서 익사한 육지동물은 바다로 옮겨져 해양 퇴적물에 보존될 수 있다. 동물의 생흔은 옮겨질 수 없으며, 그것이 실제로 형성된 곳에 보존된다. 따라서 생흔 화석은 그 장소와 시기의 상황, 그리고 이런 상황에 대한 해당 유기체의 반응에 대한 직접적인 증거를 제공한다. 이런 이유로 과거의 환경에 대한 해석에 생흔 화석이 널리 활용된다.

그랜드캐니언의 생흔 화석

생흔 화석은 그랜드캐니언의 여러 지층에서 발견된다. 이번 장은 특히 코코니노 사암에 관해 알려진 내용을 자세히 다루지만, 생흔 화석은 브라이트 에인젤 점토암, 수파이 그룹, 허밋 지층에도 많다. 다양한 얕은 해양 환경에서 퇴적된 브라이트 에인젤 점토암에는 생흔이 흔하게 발견되며 다양한 발자국, 자취, 굴이 있다. 수직 및 U자형 굴은 (해양 벌레와 같이) 매달려 먹이를 먹는 유기체에 의한 활동을 나타내며, 현대의 해안 근처에서 발견되는 굴과 비슷하다. 브라이트 에인젤 점토암에서 가장 많이 발견되는 생흔은 삼엽충이 진흙 퇴적물을 이동할 때 형성된 것으로, 기고 먹이를 섭취하고 숨을 쉰 흔적이다.그림 15-1 이 모든 생흔은 동물이 안정된 표면을 점령하고 있는 오늘날의 얕은 해양 환경에서 일반적으로 볼 수 있다. 이런 흔적은 (전 세계적 홍수와 같이) 퇴적 속도가 빠른 환경에서는 만들어질 수 없다.

그림 15-2 그랜드캐니언 동부 코코니노 사암에 새겨진 두 쌍의 첼리치너스 기가스 발자국. 사진: 스캇 티보니.

코코니노 사암

코코니노 사암은 애리조나/유타주 경계 남쪽의 그랜드캐니언과 콜로라도고원의 다른 많은 부분에 노출되어 있는 두꺼운 사암 층서다. 코코니노 사암은 약 2억7천5백만 년 전인 페름기에 현재의 미국 서부의 광범한 지역을 뒤덮었던 거대한 사막 모래 바다("에르그"[erg]라고 불림)가 있었다는 증거가 된다.

왜 지질학자들은 이 퇴적물이 수중 퇴적물이 아니라 사막 퇴적물이라고 생각할까? 6장에서 설명했듯이, 이 사암에는 강력한 증거가 존재하는데 이것은 오늘날의 모래 퇴적물에서 형성되는 것과 유사한 형태다. 이 증거는 모래가 퇴적될 때 만들어진 사층과 같은 퇴적 구조물과, 고대 사막 환경에서 살았던 유기체에 의해 생성된 생흔 화석으로 나눌 수 있다.

코코니노 사암에서 유기체의 실제 유해는 발견되

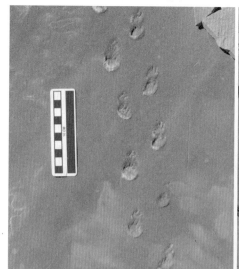
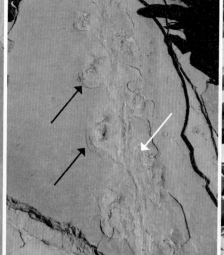

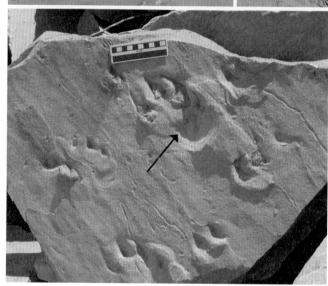

A 애리조나 북부 애시 포크(Ash Fork)에서 나온 작은 척추동물 첼리치누스 버클란디의 발자국. B 그랜드캐니언 허밋 트레일에서 나온 큰 척추동물 첼리치누스 기가스의 발자국. C 그랜드캐니언 바우처 트레일에서 나온 첼리치누스 기가스의 발자국. D 그랜드캐니언 바우처 트레일에서 나온 첼리치누스 기가스의 발자국. 발톱 자국이 뚜렷하며, 척추동물의 흔적과 같은 방향으로 더 작은 절지동물의 자취도 볼 수 있다.

그림 15-3 코코니노 사암에서 발견된 생흔. 모두 사구를 올라가는 척추동물에 의해 만들어졌다. 검정색 화살표는 발자국 뒤로 모래가 채워진 것을 보여주며, 흰색 화살표는 꼬불꼬불하게 꼬리를 끈 흔적을 보여준다. 사진: 데이비드 엘리엇.

지 않았지만, 동물과 그 행동의 생흔은 모래 위의 발자국과 굴로 보존되어 있다. 그림 15-2, 15-3, 15-4 이 생흔에는 현대의 사막 환경에서 발견되는 것과 유사한 크고 작은 척추동물의 발자국과 거미, 전갈, 노래기, 기타 절지동물에 의해 남겨진 발자국과 굴이 포함된다. 코코니노 사암에는 홍수 지질학자들에 의해 제안된 것처럼, 홍수 환경의 깊은 물에서 퇴적되었다는 주장을 지지할 어떤 종류의 수상생물의 증거도 없다.

사막 환경에서는 보존된 척추동물의 뼈가 발견되지 않는 것이 일반적이다. 부드러운 조직은 재빨리 먹어치워지고, 표면에 남겨진 뼈는 강렬한 태양 복사와 극도로 건조한 상태에 노출된다. 또한 사막 기온의 큰 일교차로 인해 규칙적으로 가열과 냉각이 일어난다. 이 모든 현상이 합해져, 뼈는 금이 가고 벗겨지며 빠르게 부서져 사라진다. 그러므로 코코니노 모래 바다 사막에 살았던 동물의 뼈가 발견되지 않았다고 해도 이는 놀랄 일이 아니다.

척추동물의 발자국

코코니노 사암에서 발견된 척추동물의 발자국은 1.2센티미터에서 11센티미터까지 다양한 크기로 이루어져 있다. 이런 발자국은 흔히 두 줄로 나타나는데, 이

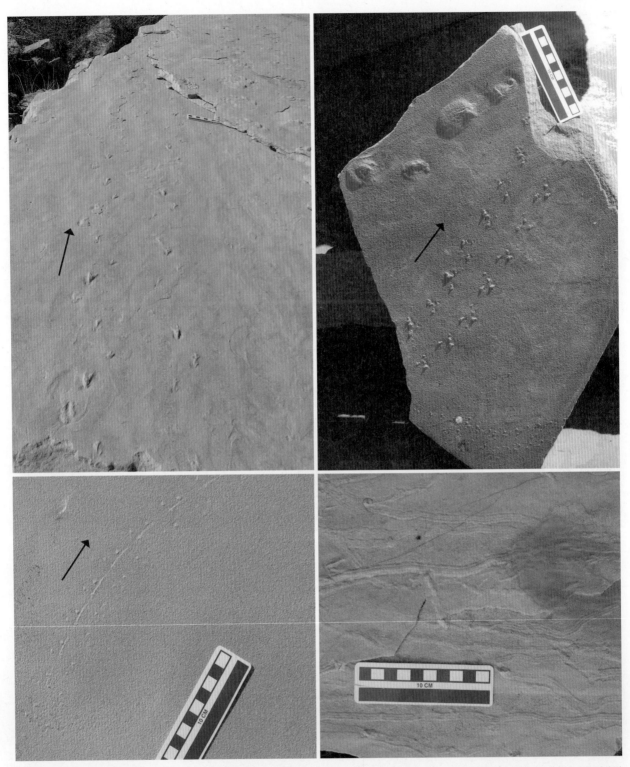

A 그랜드캐니언 바우처 트레일에서 나온, 거의 25센티미터를 가로지른 거미의 발자국. B 맨 위의 파충류 발자국, 중앙의 큰 거미 발자국, 맨 아래의 작은 거미 발자국 등 세 개의 발자국을 보여주는 표면. 애리조나 북부 애시 포크에서 발견됨. C 애리조나 북부 애시 포크에서 나온 전갈의 발자국. 꼬리를 끈 흔적이 보인다. D 그랜드캐니언 바우처 트레일에서 나온 등각류(쥐며느리)와 노래기의 발자국.

그림 15-4 코코니노 사암에서 나온 무척추동물의 발자국. 검정색 화살표는 이동 방향을 보여준다. 사진: 데이비드 엘리엇.

3부 화석은 무엇을 말해주는가?

는 네발 달린 동물에게 일반적인 현상이다.

수많은 코코니노 생흔의 재미있는 특징 중 하나는 각 발자국의 뒤쪽이 발에 의해 밀린 모래로 채워졌다는 점인데, 이는 그 동물이 사구의 경사면을 올라가고 있었음을 나타낸다.그림 15-3B, D 가장 긴 발자국들 중 일부에서 발견되는 흔적의 줄 사이의 구불구불한 홈은 그 동물이 꼬리를 끈 곳을 나타낸다.그림 15-3B와 C 발자국이 난 면적과 생흔의 깊이는 해당 동물의 체중과 비례한다. 코코니노 사암의 생흔은 가장 큰 동물이 9킬로그램에서 14킬로그램 사이였음을 시사한다. 큰 생흔이 작은 생흔을 따라가거나 중간에 끼어드는 것으로 볼 때 더 큰 척추동물은 아마도 민첩한 포식자였을 것이다. 이런 경우 넓게 떨어진 발자국들은 포식자가 빠르게 달리고 있었음을 나타낸다. 과거에는 많은 종이 다양한 생흔을 만들었다고 생각했었지만, 더 깊이 조사한 결과, 최근에는 모든 흔적이 첼리치누스 (chelichnus) 속에 속하는 3개의 종의 것이라고 축소되었다. 종의 숫자가 적은 것은 사구 환경에서 예상되는 척추동물의 수가 적다는 점과도 일치한다.

코코니노 사암에는 생흔을 만든 척추동물의 골격 화석이 없지만, 텍사스주에 있는 동시대의 퇴적물에는 초기 단궁류(파충류와 포유류 양쪽의 골격 특성을 지닌 생물들)의 뼈와 관련된 유사한 발자국이 있다. 이는 코코니노의 척추동물도 초기 단궁류였을 가능성이 있음을 시사한다.

절지동물의 발자국
곤충, 거미, 노래기, 전갈과 같은 무척추동물에 의해 남겨진 생흔 화석에는 모래 표면 위로 움직인 자국과 이것들이 모래 속에 자신을 묻을 때 생긴 굴이 포함된다. 일부 뚜렷한 생흔은 두 줄로 번갈아 나타나는 서너 개의 자국으로 구성되는데, 때로는 꼬리를 끈 자국도 남겨져 있다. 살아 있는 유기체로 실험을 시행한 결과, 이 생흔 화석은 거미(타란툴라 거미, 트랩도어 거미, 독거미)와 전갈에 의해 만들어진 현대의 생흔과 가장 비슷했다. 생흔이 30센티미터에 걸쳐 만들어진 경우도 있는데, 이는 코코니노 모래에 매우 큰 거미가 있었음을 나타낸다.그림 15-4A, B 거미와 전갈에 대한 현대의 연구에 따르면, 기온과 표면 상태의 변화에 따라 같은 동물이 한쪽에 두 발, 세 발 또는 네 발 자국을 번갈아가며 남겨서 다양한 생흔을 만들 수 있다고 한다. 전갈의 경우 꼬리를 끌지 않는 경우도 있고, 간헐적으로 끌기도 하며, 계속 끌기도 한다. 코코니노 사암에서 나온 생흔에도 이런 변이가 있다.그림 15-4C 코코니노에서 발견된 다른 생흔도 오늘날 사막 환경에서 흔한 현대의 노래기, 등각류(쥐며느리)에 의해 만들어진 생흔과 비슷하다.그림 15-4D

생흔 화석은 어떻게 보존되었을까?

앞에서 본 사진에서처럼 섬세한 자국이 어떻게 보존될 수 있었는지에 대해 자세한 조사가 실행되었다. 거미, 전갈, 작은 도마뱀으로 실험을 실시한 결과, 코코니노 사암에 있는 생흔은 마른 모래나 젖은 모래에서 쉽게 만들어질 수 있지만, 물속의 모래에서는 (특히 작은 동물의 경우) 이런 종류의 생흔을 형성하기가 어렵거나 불가능하다는 사실이 확인되었다. 생흔이 형성된 뒤에 보존되려면 수분이 증발하고 남은 광물이 알갱이들을 엉겨 붙게 해서 자국이 난 표면이 단단해지거나, 생물 막(모래 입자에 달라붙어 입자가 서로 붙게 하는 미생물)이 형성되어야 한다.

사막의 어디에서 물이 나올까? 현대의 사막은 대개 연평균 강우량이 15센티미터 미만이다. 코코니노 사암에서는 빗방울 자국을 볼 수 있지만,그림 6-5를 보라 내리는 비는 표면의 생흔을 보존하는 것이 아니라 파괴할 것이다.

그림 15-5 나미브 사막에 있는 절지동물과 작은 파충류의 생흔. 사진: 데이비드 엘리엇.

사구가 있는 사막에서 생흔이 어떻게 보존될 수 있는지에 대한 좋은 사례가, 거의 날마다 바다에서 안개가 만들어져 내륙으로 이동하는 남서아프리카의 나미브 사막에서 발견된다.그림 15-5 이 안개는 수많은 소형 사막 동물에게 주요한 수분 공급원이자, 사구 표면이 굳도록 만드는 주요 수분 공급원이다. 퇴적암은 페름기에 코코니노 서쪽이 바다 상태였음을 가리키기 때문에, 코코니노의 척추동물과 절지동물 생흔들이 마른 모래로 덮일 때까지 보존한 물의 원천 및 메커니즘은 안개였으리라고 제안되었다.

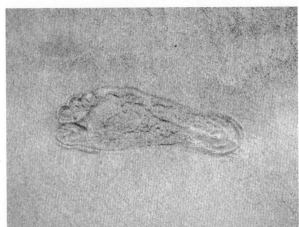

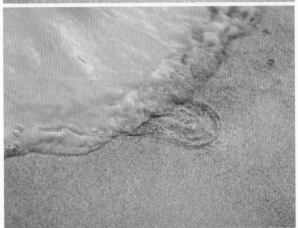

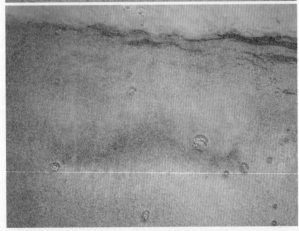

A 그랜드캐니언의 콜로라도 강변 모래에 찍힌 발자국. B 부드러운 파도가 발자국을 씻어낸다. C 파도가 발자국의 흔적을 씻어내서 거의 완전히 지워버린다.

그림 15-6 부드러운 물살이 지나간 발자국의 운명. 사진: 팀 헬블.

코코니노 발자국들은 물밑을 걸어 다녔던 양서류에 의해 만들어졌을까?

일부 홍수 지질학자들은 코코니노 사암에 있는 척추동물의 생흔이 밀려 들어오는 홍수 물을 피하기 위해 물밑에서 걷거나 뛴 양서류 같은 동물에 의해 만들어졌다고 주장한다. 그들은 이 주장을 지지하기 위해, 물과 모래가 담긴 수조에 양서류 동물을 넣고 물속에서 생흔이 만들어질 수 있음을 보여주기 위한 연구를 실행했다. 이 수조 실험은 코코니노가 사막 환경이었다는 모든 물리적 증거를 무시하고 있을 뿐 아니라, 코코니노의 생흔에 대한 몇 가지 측면을 고려하지 않았다. 이들은 마른 땅에서만 가능한 뛰기나 질주하기를 재현하지 않았으며, 이 실험들은 역설적이게도 홍수 지질학의 모델에 필요한 격류가 아닌 시속 0.32킬로미터(초속 7.7센티미터)의 완만한 물살에서 수행되었다.

이는 아마도 실험자들이 물살의 속도가 초속 30센티미터만 되어도 발자국을 재빨리 지워버린다는 사실을 알았기 때문인 것 같다. 아주 약한 파도가 해변에 찍힌 발자국을 지나갈 때 그 발자국의 운명이 어떻게 되는지 생각해보라.그림 15-6

증거로부터 어떤 결론을 내릴 수 있는가?

전체적으로 생각해볼 때, 퇴적 화석과 생흔 화석의 증거는 코코니노 사암이 사막 환경이었음을 명확하고 확실하게 보여준다.그림 15-7 홍수 지질학자들은 이 사암이 수십 미터 깊이의 빠른 물에서 급속하게 퇴적되었다고 주장하지만, 사층의 경사 각도와 더불어 빗방울 자국, 갈라진 틈, 잘 분류된 성에 낀 모래알의 존재와 신체 화석의 부재 또는 희소, 발자국 보존은 모두 모래사막이 있었다는 명확한 지표들이다. 코코니노 사암이 수중 환경이었다고 주장하려면 거의 모든 지질학 및 고생물학의 증거를 무시해야 한다. 참으로 어느 홍수 지질학자가 말한 바와 같이 "그렇게 믿기 때문에 그렇게 아는 것이다."

그림 15-7 페름기 코코니노 모래사막에서 동물이 살았던 환경을 재구성한 것. 사진: 케이지 브로즈.

리틀 콜로라도강의 그랜드 폴스 사진: 탐 헬블.

그랜드캐니언의 침식

이제 우리는 그랜드캐니언과 그랜드 스테어케이스의 모든 암석층이 퇴적된 뒤 침식이 발생하기 시작해서 우선 그랜드캐니언 지역에서 그랜드 스테어케이스 지층을 벗겨내고, 그다음에 오늘날 나타나 있는 모습의 깊은 협곡을 깎아낸 때에 도달했다. 이 사건들의 일반적인 순서에 대해서는 현대 지질학자와 홍수 지질학자 모두가 동의한다. 홍수 지질학자들은 전 세계적인 홍수 물이 "땅에서 점점 물러남"(창 8:3)에 따라 한때는 그랜드캐니언과 연속되어 있던 그랜드 스테어케이스 지층이 그랜드캐니언 지층에서 떨어져 나갔으며, 그랜드캐니언은 아직도 부드러운 퇴적물에서부터 격변적인 홍수 후 과정에 의해 급속히 형성되었다고 주장한다. 전통적인 지질학은 그랜드캐니언이 수백만 년에 걸쳐 단단한 암석에 의해 형성되었다고 이해한다.

4부는 세 부분으로 나뉜다. 첫 번째 장(16장)은 이 협곡이 급격하게 침식되었다는 가장 보편적인 홍수 지질학의 주장에 대한 평가다. 두 번째 장(17장)은 수로 협곡의 나이에 초점을 맞추면서 그랜드캐니언이 어떻게 침식되었는지에 대한 전통적인 지질학의 이해를 기술한다. 세 번째 장(18장)은 그랜드캐니언의 벽을 따라 나 있는 동굴들을 채운 최근의 물질에 근거해서 침식된 때 이후 이 협곡의 역사에 관해 알 수 있는 내용에 초점을 맞출 것이다.

진흙 급류가 마블 캐니언의 붉은 벽 석회암 위로 쏟아지고 있다. 사진: 롭 엘리엇.

그랜드캐니언의 침식:
긴 시간과 적은 물, 많은 물과 짧은 시간
(또는 다른 가능성?)

팀 헬블, 캐럴 힐

그랜드캐니언은 어떻게 침식되었을까? 이 문제를 다룸에 있어 젊은 지구론 옹호자들은 대개 두 가지 선택지를 고려한다. 긴 시간과 적은 물이었는가, 아니면 많은 물과 짧은 시간이었는가 하는 선택지다. 여기서 우리는 이 두 가지 가능성밖에 없으며, 현대 지질학자는 그랜드캐니언이 누대에 걸쳐 형성되었다는 첫 번째 선택지를 선호하고 홍수 지질학자는 전 세계적인 홍수 뒤에 격변적으로 단기간에 형성되었다는 두 번째 선택지를 선호한다는 인상을 받게 된다. 이번 장의 뒷부분에서 보게 될 중요한 세 번째 선택지가 빠져 있는 것이다.

이 선택지들을 평가함에 있어 우리는, 홍수 지질학자들이 그랜드캐니언이 최근에 급속하게 침식되었다는 가설을 정당화하기 위해 내세우는 세 가지 일반적인 주장을 검토할 것이다. 첫 번째는 "댐 붕괴 가설"로서, 거대한 호수와 관련된 격변적인 댐 붕괴에 의해 그랜드캐니언이 침식되었다는 주장이다. 두 번째는 "모든 퇴적물이 어디로 갔는가?"라는 것으로, 그랜드캐니언에서 파여 "사라진" 퇴적물에 관해 지질학자들이 설명하는 데 애를 먹는다는 주장이다. 세 번째는 "작은 협곡의 급격한 침식"으로서, 전 세계의 작은 협곡의 급격한 침식을 수 킬로미터 깊이의 그랜드캐니언의 급벽한 침식과 동일시하는 주장이다.

1. 댐 붕괴 가설

그랜드캐니언 침식에 관해 가장 흥미로운 질문은 아마도 "콜로라도강이 어떻게 카이밥 아치를 관통해 수로를 깎았는가?"인 것 같다. 그림 3-3의 지도를 보라. 이곳의 표면은 활 모양으로 위쪽으로 휘어서 강 양쪽으로 900미터 높이로 솟은 아치를 만들고 있다. 그림 12-12를 보라. 콜로라도강이 이 아치를 돌아가지 않고 관통해 흐를 수 있는 이런 협곡은 어떻게 형성되었을까?

홍수 지질학자들은 노아 홍수가 끝난 후 이 지역에 많은 호수가 남았다는 입장을 유지하고 있다. 가장 저명한 홍수 지질학자들은 카이밥 아치와 기타 지형이 홍수의 끝 무렵에 급격히 융기되어서 현재의 그랜드캐니언 상류로부터 자연적인 댐들을 만들었다고 주장한다. 그들이 주장하는 고대 호수는 그랜드캐니언 동북쪽의 캐니언랜즈호와 유인타(Uinta)호 및 남동쪽의

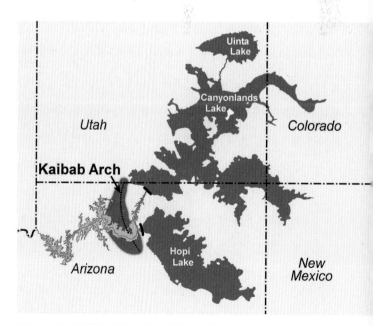

그림 16-1 홍수 지질학에 의하면, 이 호수들은 격변적으로 비워져 그랜드캐니언을 침식한 것으로 주장된다. W. 브라운, 『태초에: 창조와 홍수의 강력한 증거』; S. 오스틴, 『그랜드캐니언: 격변에 대한 기념비』 그리고 켄터키주에 있는 창세기 창조 박물관에 있는 답변들에 기초한 그림.

호피(Hopi)호와 동일시된다. 그림 16-1 홍수 지질학자들은 이 호수들이 전체적으로 한때 1만2천 입방킬로미터가 넘는 물(미시간호 물의 거의 3배)을 담고 있었다고 추정했다. 기간이 특정되지 않은 홍수 이후에, 댐이 격변적으로 무너졌고 물이 쏟아져 몇 일 만에 그랜드캐니언이 깎였다는 것이다. 홍수 지질학자인 헨리 모리스는 "댐 붕괴 가설"을 다음과 같이 요약했다. "…노아의 홍수로부터 생겨난, 댐으로 막혀 있던 물이 가득 찬 호수가 갑자기 터져 강력한 수압의 괴물이 바다를 향해 포효하면서 도중에 자신이 선택한 통로를 깊이 파냈다."

홍수 지질학자들만 그랜드캐니언의 역사상 어느 시점에 댐이 무너졌다고 주장한 것은 아니다. (홍수 지질학자들의 주장보다는 훨씬 소규모이기는 하지만) 갑작스럽게 호수가 비워졌다는 가설은 홍수 지질학자가 아닌 일부 학자들에게도 지지를 받는데, 이들은 자신의 주장을 "범람" 모델이라고 부른다. 이 아이디어는 2000년 그랜드캐니언에서 열렸던 콜로라도강의 기원에 관한 심포지엄에서 많은 지질학자들에게 인기를 얻게 되었다. 문제의 고대 호수는 오늘날 리틀 콜로라도강이 있는 지역에 위치한 비다호치(Bidahochi)호(때로는 호피호라고도 불린다). 범람 모델이 나왔을 때 이것이 홍수 지질학자들의 댐 붕괴 가설을 확인하는 것처럼 보였기 때문에, 그들은 즉시 이 모델을 받아들였다. 한때는 전통적인 지질학자들이 범람 모델을 진지하게 고려하기도 했지만, 많은 증거가 범람 모델과 댐 붕괴 가설 중 어떤 것도 확증해주지 않기 때문에, 지금은 그랜드캐니언을 연구하는 많은 지질학자들이 이를 기각한다.

주장되는 호수에 대한 증거가 있을까?

댐 붕괴 가설의 심각한 문제는 이 호수들이 주장되는 것처럼 넓었다는 증거는 물론, 이 호수들이 존재했다는 증거가 아예 없다는 것이다. 고대 호수는 강이 저장소로 흘러들 때 옮겨져서 유속이 느려져 호수 바닥에 가라앉아 형성된 특징적인 퇴적물에 의해 쉽게 식별할 수 있다. 주장의 대상이 되는 지역에서는 이런 방대한 호수 퇴적물이 발견되는가? 홍수 지질학자들이 콜로라도강까지 연장되었다고 말하는 캐니언랜즈호는 순전히 가설상의 존재이며 이를 지지하는 물리적인 증거는 전혀 없다. 유인타호는 실제로 존재했지만, 유인타호와 캐니언랜즈호가 연결되어 있었다는 주장은 훨씬 더 가설적이다. 캐니언랜즈호의 존재는 순전히 댐이 무너진 뒤에 그랜드캐니언을 깎아내기 위한 여분의 물이 필요하다는 점에 기초해서 만들어진 것 같다. 호피호에 대한 실제 증거는 비다호치 지층의 호

그림 16-2 애리조나주 딜콘 남쪽으로 약 16킬로미터 지점에 있는 비다호치 지층의 낮은 부분을 관통하는 화성암 암맥 위에 서 있는 도보 여행자. 사진: 마이클 오트.

그림 16-3 비다호치 지층. 서로 다른 색깔의 띠에 의해 이 지층이 경계가 정해진다는 점에 주목하라. 사진. 웨인 래니.

수 퇴적물의 형태로 존재한다.그림 16-2, 16-3 비다호치호 퇴적물의 나이는 6백만 년에서 1천6백만 년인 것으로 알려져 있는데, 이는 방사성 연대 측정법으로 나이가 추정되는 화산 암맥과 화산회류가 이 호수 퇴적물을 관통하고 그 중간에 쌓여 있기 때문이다.

비다호치 퇴적물에 대한 최근의 과학적 연구 결과는 홍수 지질학자들에 의해 호피호로 묘사되는 비다호치 퇴적물이 큰 호수였던 적이 없었음을 보여준다. 그보다 이 호수는 결코 범람하거나 댐을 무너뜨릴 수 없는 일련의 호수나 플라야(계절적으로 마르는 호수)로 구성되었다. 실제로 이렇게 주장되는 호수가 범람하거나 무너진 지점에 대한 증거는 아직 발견되지 않았다.

180미터의 물렁한 석회 절벽?

교결되지 않은 석회나 껍데기 퇴적물 안으로 깎여 내려가면 짧은 수직 절벽 면을 만들어낼 수는 있지만, 밑으로 깎여 내려가 점점 더 긴 절벽 면을 노출시키면 어떤 일이 벌어질까? 절벽 면이 6-9미터에 이르기 전에 무너져서 완만한 경사를 이룰 것이다. 그랜드캐니언의 붉은 벽 석회암과 같이 180미터에 이르는 석회암 절벽 면은, 이 절벽이 깎였을 때 이미 단단한 암석이었다는 명백한 증거가 된다.

댐이 무너졌을 때 그랜드캐니언 지층은 아직 굳지 않았을까?

대부분의 홍수 지질학자들은 퇴적물 층이 암석으로 변하기 전에 그랜드캐니언이 깎였다고 주장한다. 쏟아져 내리는 물이 주된 협곡을 형성했으며, 부차적인

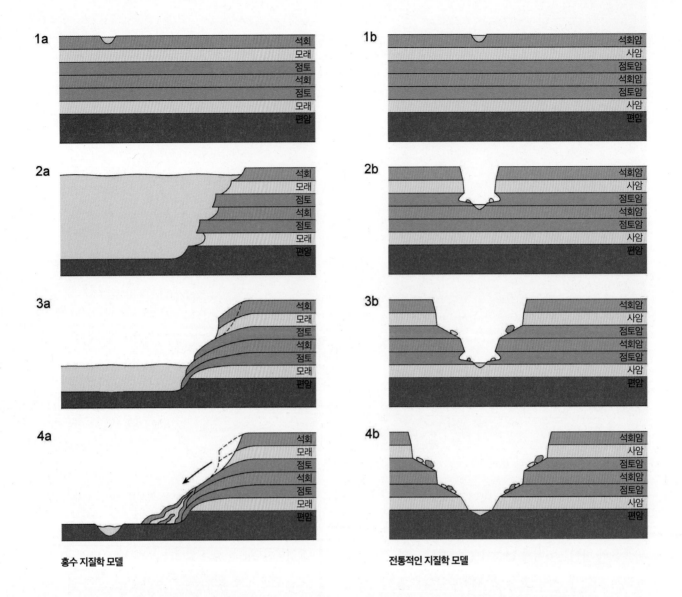

1a 석회 / 모래 / 점토 / 석회 / 점토 / 모래 / 편암

1b 석회암 / 사암 / 점토암 / 석회암 / 점토암 / 사암 / 편암

2a 석회 / 모래 / 점토 / 석회 / 점토 / 모래 / 편암

2b 석회암 / 사암 / 점토암 / 석회암 / 점토암 / 사암 / 편암

3a 석회 / 모래 / 점토 / 석회 / 점토 / 모래 / 편암

3b 석회암 / 사암 / 점토암 / 석회암 / 점토암 / 사암 / 편암

4a 석회 / 모래 / 점토 / 석회 / 점토 / 모래 / 편암

4b 석회암 / 사암 / 점토암 / 석회암 / 점토암 / 사암 / 편암

홍수 지질학 모델

전통적인 지질학 모델

그림 16-4 무너진 거대한 댐에서 나온 홍수 물이 갑자기 부드러운 퇴적물을 깎았을 경우 예측되는 그랜드캐니언 벽의 행태 및 외관(왼쪽)과, 일반적인 봄철의 홍수가 점진적으로 암석을 깎았을 경우 예측되는 벽의 행태 및 외관(오른쪽). 퇴적물이나 암석 유형이 각 모델의 1단계에 밝혀져 있으며, 이 유형들은 2-4단계에서도 동일하다(여기에 대한 논의는 이 책의 본문을 보라).

협곡들은 굳지 않은 퇴적물이 주된 협곡 안으로 무너져 내린 후 씻겨 나가 형성되었다고 설명된다. 전 세계의 침식 지층을 관찰해보면, 수십 미터 두께의 절벽이 단단한 암석과 부드러운 퇴적물에서 형성되면 무슨 일이 일어나는지 알 수 있다. 그림 16-4는 서로 경쟁하는 두 가지 시나리오에서 예상되는 바를 보여준다. 왼쪽은 한 번의 격렬한 홍수가 굳지 않은 퇴적물 안으로 깎아 내려간 경우이고, 오른쪽은 여러 번의 계절적

인 홍수 사이클이 단단한 암석 지층을 점진적으로 깎아 내려간 경우다. 그림 16-4 퇴적물이 아직 굳지 않았다고 보는 첫 번째 시나리오에서는 모래와 석회가 압축된 점토보다 훨씬 쉽게 씻겨 나갈 것이고, 따라서 쏟아져 나온 대량의 물(2a 단계)로 인해 점토 지층이 수로 안으로 약간 튀어 나온다(즉 평평한 점토암 "벤치"가 없다). 물이 물러감에 따라(3a 단계) 위쪽 지층의 무게로 인해 굳지 않은 퇴적물, 특히 점토와 석회가 퍼티

4부 그랜드캐니언의 침식

(putty; 연마제) 가루처럼 수로 안으로 밀려 내려가 제방의 기반에 혼합된 퇴적물 더미를 남긴다(4a 단계).

전통적인 지질학 모델에서는, 강이 이미 단단해진 암석 아래를 침식해서 수직의 벽을 남긴다. 계절적인 홍수 기간 동안 더 약한 암석층이 침식되어서 절벽 면을 허물고(2b 단계), 협곡이 붕괴되고 넓어진다(3b 단계). 지층이 단단한 암석이기 때문에 절벽 가장자리 근처의 지층은 얇거나 아래로 경사지지 않아야 한다. 점토암은 사암이나 석회암보다 훨씬 부드럽기 때문에 더 빨리 침식되고 그 위의 더 단단한 지층이 무너져 내려 협곡은 계속 넓어지며, (평평한) 점토암 벤치와 사암 절벽 및 석회암 절벽이 남게 된다(4b 단계). 더 높은 지층에서 나온 파편들은 벤치 수준에서는 흔하지만 계절적인 홍수가 이를 씻어내는 강의 수준에서는 덜 흔할 것이다.

그렇다면 실제로 어떤 모습이 관찰되는가? 홍수 지질학 모델에서 예상되는 어떤 특성도 관찰되지 않는 반면에, 전통적인 지질학 모델에서 예상되는 모든 특성은 관찰되고 있다.

무너진 댐은 이 일을 하기에 충분한 물을 공급할 수 있었을까?

댐 붕괴 가설은 447킬로미터 길이의 그랜드캐니언에서 4000입방킬로미터의 퇴적물을 깎아내기에 충분한 물을 제공할까? 4000입방킬로미터의 퇴적물과 1만2천 입방킬로미터의 물이 섞이면 물보다는 매끈하고 부드러운 진흙에 더 가까울 것이다. 댐이 무너지기 전에 카이밥 아치 서쪽에 도랑이나 작은 협곡이 이미 있었다고 해도, 퇴적물로 가득한 막대한 양의 물이 하나의 깊은 협곡을 파내지 않고 수천 평방킬로미터가 넘는 여러 수로 안으로 신속하게 밀려드는 것을 막지 못했을 것이다(이번 장의 뒷부분에 나오는 채널드 스카브랜즈[수로가 있는 화산 용암 지

그림 16-5 그랜드캐니언 아래에서 콜로라도강 퇴적물이 발견된 지역을 보여주는 지도. 바우스 지층은 콜로라도강 하류 코리도(회랑)를 따라 걸쳐 있는 일련의 호수에 퇴적되었다. 임페리얼 지층은 해양 지층에서 삼각주 지층이다. 검정색 화살표는 과거 약 6백만 년 동안 임페리얼 지층이 북서쪽으로 이동했음을 보여준다. J. E. 스펜서 등, 2010년 미국 지질 서베이, 오픈 파일 리포트 2011-1210에서 가져와 개작한 그림.

그림 16-6 워싱턴주 채널드 스카브랜즈에 있는 르노레호 거대 홍수가 지형에 미치는 영향을 보여준다. 사진: 빅터 베이커.

대] 부분을 보라). 흙탕물이 서쪽으로 흘러감에 따라, 이 물의 흐름이 현재의 그랜드캐니언 끝부분에 도달하기 훨씬 전에 막대한 양의 퇴적이 일어났을 것이다. 또한 이 물이 마침내 노아 홍수에 의해 남겨진 1200미터의 굳지 않은 퇴적물을 뚫고 기반암에 도달할 수 있었다고 해도, 그때쯤에는 대부분의 물이 그랜드캐니언 지역에서 빠져 나갔을 것이다. 물이 남아 있었다고 해도, 그랜드캐니언의 형성에서 가장 어려운 부분인 단단한 변성암과 화성암 기반암을 추가로 300미터 깎아서 안쪽 협곡을 형성하는 작업을 하기 위한 "강타"를 날리기에는 충분하지 않았을 것이다.

2. 그랜드캐니언에서 깎여 나간 퇴적물은 어디로 갔는가?

그랜드캐니언이 어떻게 형성되었는지에 대한 전통적인 지질학의 이해에 의문을 던지기 위해, 홍수 지질학자들은 다음과 같은 곤란한 질문을 제기한다. 수백만 년에 걸쳐 협곡에서 침식되었다고 가정되는 그 모든 퇴적물은 지금 어디에 있을까? 대개 이 질문에는, 퇴적물이 그랜드캐니언과 바다

사이 어딘가에서 발견되리라고 기대해야 하지만 지질학자들은 그 위치를 찾아내지 못하는 것 같다는 대답이 뒤따른다. 이 질문에서 곤란한 지점은, 설사 그 답변이 사실이라고 해도 홍수 지질학의 모델은 아무런 해답도 제공하지 않으리라는 것이다. 무너진 댐에서 나온 홍수 물에 의해 침식된 퇴적물도 "협곡과 바다 사이" 어딘가에서 발견되어야 한다.

내부로부터의 부동의: 대안적인 홍수 지질학 견해

젊은 지구론 옹호자들은 곧잘 지질학자들 사이의 불일치를 들어서 이를 오래된 지구론이 근거가 약하다는 증거로 제시한다. 그러나 그랜드캐니언이 어떻게 깎였는지에 관한 분쟁 등 홍수 지질학자들 사이에서도 의견 불일치는 흔하다. 댐 붕괴 가설에 찬성하는 학자도 있고, 노아 홍수에서 물러가는 홍수 물이 융기된 카이밥 아치 전체에 표시를 남겼다고 주장하는 학자도 있다.

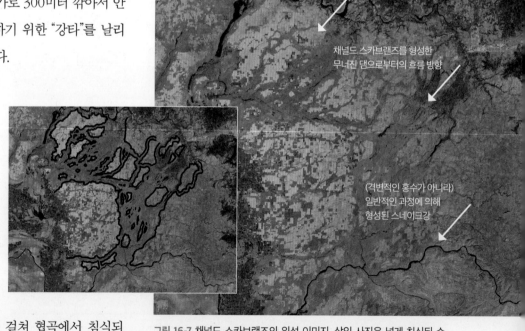

채널드 스카브랜즈를 형성한 무너진 댐으로부터의 흐름 방향

(격변적인 홍수가 아니라) 일반적인 과정에 의해 형성된 스네이크강

그림 16-7 채널드 스카브랜즈의 위성 이미지. 삽입 사진은 넓게 침식된 수로의 대강의 모습을 다시 보여준다. 채널드 스카브랜즈의 넓고 얕은 수로들과 스네이크강에 의해 침식된 정상적인 협곡을 비교해보라. ⓒ 2013 TerraMetrics, Inc., www.terrametrics.com.

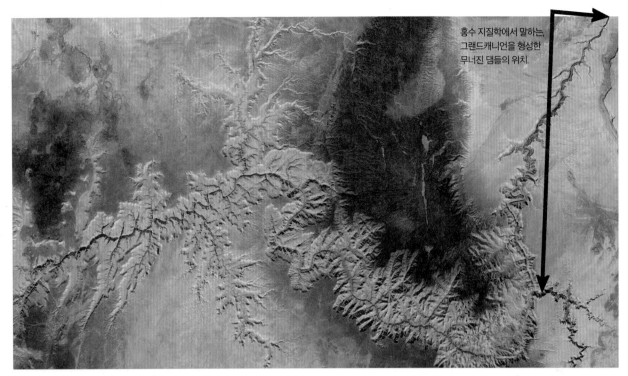

홍수 지질학에서 말하는, 그랜드캐니언을 형성한 무너진 댐들의 위치.

그림 16-8 그랜드캐니언의 위성 이미지. 그랜드캐니언을 통과하는 콜로라도강의 형태가 채널드 스카브랜즈보다는 스네이크강과 더 유사하다는 데 주목하라(그림 16-7, 아래쪽). © 2013 TerraMetrics, Inc., www.terrametrics.com.

실제로 그랜드캐니언에 관한 수많은 논문에 기록된 것처럼, 지질학자들은 이 침식된 퇴적물이 어디에 있는지 정확히 알고 있다. 홍수 지질학자들은 관련 문헌을 읽지 않았거나, 자신들의 모델에 들어맞는 결과만을 선택적으로 보고하고 있다. 사라진 것으로 가정된 퇴적물은 그랜드캐니언 남서쪽의 바우스 지층, 캘리포니아의 임페리얼 지층, 그리고 캘리포니아만에서 발견된다.그림 16-5 이런 퇴적물의 존재는 처음에는 전통적인 지질학 모델이나 홍수 지질학 모델 어느 쪽이라도 지지하는 것으로 생각될 수 있지만, 사실은 격변에 관련된 설명을 지지하는 것과는 거의 관련이 없다. 단기간의 격렬한 홍수는 협곡 아래쪽에 모난 암석 파편의 퇴적물을 남겼어야 하지만, 그런 파편은 전혀 없다. 대조적으로, 실제로 관측된 둥근 강 자갈들은 콜로라도강의 흐름 및 정상적인 계절적 홍수의 오랜 역사와 잘 들어맞는다.

3. 급속히 형성된 작은 협곡들이 급속히 형성된 그랜드캐니언과 동일시되다

그랜드캐니언이 급속히 침식했다는 생각을 증명하기 위해, 홍수 지질학자들은 자주 짧은 기간 동안에 침식되었다고 알려진 다른 협곡을 인용한다. 여기서 우리는 워싱턴주 동부의 채널드 스카브랜즈, 워싱턴주 남서부의 세인트헬렌스산 아래의 작은 협곡, 텍사스주 중부의 캐니언 레이크 협곡, 그리고 조지아주 서부의 프로비던스 캐니언 등 4개의 예를 살펴볼 것이다.

채널드 스카브랜즈
워싱턴주 동부의 채널드 스카브랜즈는 용암 암석 지대에 깎인 방대한 침식 지형이다.그림 16-6 스카브랜즈는 전형적인 기복이 18미터에서 90미터인 뷰트(butte; 평원의 외딴 섬 ─역자 주)와 메사(mesa; 꼭대기가 평평하고 주위가 벼랑인 지형 ─역자 주)로 둘러싸인 수로를 보

그림 16-9 1980년의 세인트헬렌스산 폭발에 의해 퇴적된 부드러운 화산재 안에 침식된 작은 협곡과 도랑. 사진: 팀 헬블.

여준다. 현재 이 특이한 지형은 독특한 메커니즘, 즉 "미줄라 빙하호"로 알려진 거대한 빙하 댐 호수에서 갑자기 물이 방출되어 발생한 "거대 홍수"에 의해 형성되었다고 널리 인정된다. 얼음 댐이 형성되어 무너짐에 따라 미줄라(Missoula)호는 2000입방킬로미터 이상의 물을 담고 있다가 (한 번 이상) 갑자기 방출했을 가능성이 높다. 최고 방류 속도는 세계의 모든 강의 흐름 총량의 10배에 맞먹을 것으로 추정되었다.

이런 지질학적 현상이 존재한다는 사실은 처음에는 그랜드캐니언에 대한 홍수 지질학 모델에 신빙성을 더해주는 것처럼 보였다. 따라서 채널드 스카브랜즈가 홍수 모델에 반하는 몇 가지 강력한 증거를 제공

한다면 깜짝 놀랄 일이 될 것이다. 채널드 스카브랜즈는 거대 홍수가 남긴 지형을 볼 수 있는 최적의 현장을 제공하는데, 이 장소는 그랜드캐니언과는 전혀 닮지 않았다! 그림 16-7의 위성 이미지에서는 깊고 좁은 하나의 수로가 아니라 넓은 지역에 퍼진 다수의 넓고 얕은 수로들을 볼 수 있다. 또한 침식된 수로에 급한 굽이나 구불구불한 만곡선이 전혀 없다는 데 주목하라. 거대 호수는 급한 커브를 이루는 수로 위로 넘쳐서 그 굽이를 잘라내고 새로운 수로들을 침식시킨다. 이런 지형과, 카이밥 아치에서 댐이 무너진 것으로 가정되는 장소(격렬한 홍수 물이 가장 맹위를 떨쳤을 장소) 바로 아래쪽의 구불구불한 콜로라도강을 비교해보라. 그림 16-8 채널드 스카브랜즈의 지형은 그랜드캐니언의 기원이 거대 홍수라는 주장에 반하는 강력한 논거다.

그림 16-10 텍사스주 코말 카운티(Comal County) 캐니언호 아래 2.25킬로미터의 배수로 안으로 침식한 골짜기의 일부. 사진: 그렉 에크하르트.

세인트헬렌스산

세인트헬렌스산은 홍수 지질학자들이 좋아하는 또 다른 장소다. 홍수 지질학자들에게 세인트헬렌스산이 매력이 있는 이유는 이 산이 방사성 연대 측정법(9장을 보라)뿐만 아니라, 지층이 어떻게 형성되고 협곡이 얼마나 빨리 깎일 수 있는지 하는 주제와도 관련되기 때문이다.

1980년 5월 18일 세인트헬렌스산이 폭발했을 때, 거의 4입방킬로미터의 뜨거운 부석과 화산재, 폭발의 잔해가 산의 북쪽 면에 미끄러져 내려 아래의 골짜기를 메우는 재앙이 초래되었다. 약 22개월 뒤에는 약간 더 작은 폭발이 일어나, 산의 새로운 분화구에 깊이 쌓여 있던 눈이 녹아 거대한 돌발 홍수의 물과 진흙이 노스 포크 터틀 리버 계곡(North Fork Turtle River Vally)으로 쏟아졌다. 이 돌발 홍수는 즉각적으로 1980년의 폭발에 의해 이 골짜기에 남겨진 느슨하고 교결되지 않은 화산재, 암석, 파편 안에 새로운 수로 연결망을 형성하기 시작했다.그림 16-9

이렇게 급속하게 형성된 협곡의 사례가 그랜드캐니언의 급속한 형성을 지지하는 증거로 제시되지만, 협곡이 얼마나 빨리 만들어질 수 있는지를 제외한 다른 어떤 현상에 대해서도 거의 주의가 기울여지지 않고 있다. 세인트헬렌스산 아래의 느슨한 물질 안으로 침식된 U자 모양의 수많은 작은 협곡과 도랑은 거대한 V자 모양을 이루는 그랜드캐니언과 전혀 닮지 않았다. 수직 절벽이 세인트헬렌스산 화산재에 만들어졌기 때문에, 무게를 지탱하지 못한 재가 무너져 내려 수로 안에 느슨한 물질의 더미들을 떨어뜨렸다. 이와는 대조적으로, 그랜드캐니언의 벽은 수십 미터 높이로 수직 상태를 유지하고 있으며, 절벽 바닥에 미끄러지거나 교결되지 않고 떨어져 나간 퇴적물의 증거가 없다(그림 16-4에서 예시한 시나리오들을 상기해보라). 세인트헬렌스산과 그랜드캐니언 사이의 현저한 차이점들은, 그랜드캐니언 지층이 깎일 당시 세인트헬렌스산에서 나온 것과 같은 굳지 않은 부드러운 퇴적물이 아니라 암석이었다는 강력한 증거를 제공한다.

캐니언 레이크 협곡

홍수 지질학자들은 2002년에 텍사스주 중부의 구아다루프강에 캐니언호 댐이 넘친 사건도 급속한 협곡 침식에 대한 증거로 자주 인용한다. 그러나 이 사건 역시 그랜드캐니언에 대한 홍수 모델에 반하는 강력한 논거를 제공한다. 문제의 장소에서는 2002년 5월, 일주일 만에 63.5센티미터의 비가 내려 7억 입방미터의 물이 최고 초당 1800입방미터의 속도로 비상 배수로로 배출되어 약 45만 입방미터의 암석과 토양을 침식해서 최고 12미터 깊이의 골짜기를 형성했다.그림 16-10, 16-11

이 사건이 왜 홍수 모델에 반하는 증거가 될까? 홍수 모델에 따르면, 그랜드캐니언에서는 1만2천 입방킬로미터의 물이 3000입방킬로미터의 퇴적물과 암석을 깎아내야 했다는 점을 기억하라. 즉 퇴적물보다 3배의 물이 필요하다. 캐니언 레이크 협곡(Cayon Lake Gorge)은 이런 작업을 수행하려면 얼마나 많은 물이 필요한지에 관해 현실성을 점검할 수 있는 훌륭한 기회를 제공한다. 계산해보면, 캐니언 레이크 협곡을 통

그림 16-11 2002년 7월 캐니언호 댐 유출 사건. 사진: 국립 기상청, 오스틴/샌안토니오 날씨 예측 사무소.

해 쏟아진 물은 침식된 퇴적물과 암석의 양보다 1500배 많았다! 따라서 캐니언 레이크 협곡의 홍수 사례는 홍수 지질학 모델을 전혀 증명하지 않는다.

프로비던스 캐니언

조지아주 서부의 프로비던스 캐니언은 1800년대 초기의 열악한 농업 관행의 결과다.그림 16-12 응결되지 않은 모래, 모새, 점토로 이루어진 구릉지대에서 나무를 베어내고, 비탈 아래로 직접 땅을 간 뒤에 연간 127센티미터의 비가 내리고, 160년간 토양이 침식되게 내버려두면 프로비던스 캐니언의 커다란 도랑이 만들어지리라고 예상할 수 있다. 프로비던스 캐니언의 뾰족한 산봉우리와 좁은 벽은 (조로아스터 템플이나 배틀쉽과 같은) 그랜드캐니언의 훨씬 큰 지형과 유사해 보일 수도 있다. 하지만 프로비던스 캐니언의 이런 지형 중 일부는 이것이 형성된 퇴적물이 굳지 않았기 때문에 조지아주의 강한 비바람에 하룻밤 사이에 사라졌다. 그랜드캐니언의 뷰트와 꼭대기가 오랫동안 존재했다는 사실은 굳지 않은 퇴적물의 변하기 쉬운 속성이 아니라 암석의 내구력이 있는 속성을 말해준다.

결론

그렇다면 그랜드캐니언은 오랜 시간에 걸쳐 적은 물에 의해 침식되었는가, 아니면 많은 물에 의해 단기간에 형성되었는가? 이번 장의 제목에서 힌트를 주었듯이, 이는 참으로 오도하는 질문이다. 오늘날의 지질학자들은 그랜드캐니언의 형성에 적은 물과 오랜 시간이 아니라, 많은 물과 오랜 시간이 필요했다고 생각한다. 상류에 댐이 없더라도 콜로라도강이 해마다 그랜드캐니언으로 흘려보내는 물의 양(최근의 자료를 사용해서 평균 18입방킬로미터의 물로 추정됨)을 고려하고, 그랜드캐니언의 상류와 하류 끝 지점 사이(약 10만 평방킬로미터)로 흘러드는 팬텀 랜치 전역에 다소 적은 연간 강수량(약 23센티미터)을 가정할 경우, 지난 6백만 년 동안 2억5천만 입방킬로미터의 물이 그랜드캐니언을 침식했다고 추정할 수 있다. 이는 많은 물과 오랜 시간이다!

그림 16-12 조지아주 프로비던스 캐니언. 사진: 팀 헬블.

4부 그랜드캐니언의 침식

리버 마일 89지점 파이프 크릭(Pipe Creek)의 콜로라도강에서 바라본 조로아스터 템플. 사진: 브론즈 블랙.

17장

그랜드캐니언의 나이는 몇 살일까?

그렉 데이비슨, 캐럴 힐, 웨인 래니

이번 장의 제목을 보면서 일부 독자는 왜 나이라는 주제를 다시 다루는지 의아해할 것이다. 나이라는 이슈는 앞의 몇몇 장에서 이미 다루지 않았는가? 나이에 대해 이미 다룬 것은 사실이지만, 앞에서는 그랜드캐니언 자체가 아니라 이 협곡의 벽을 따라 노출된 암석층의 나이에 초점을 맞추었다. 이번 장에서는 이런 지층이 언제 침식되었는지를 다룰 것이다. 이 협곡은 얼마나 오래전에 깎였으며 그 과정은 얼마나 오래 걸렸을까? 여기서 연대 측정의 대상은 깨뜨려서 우리 손에 쥘 수 있는 물질인 암석이 아니라 암석 안에 난 구멍이기 때문에, 이는 암석 지층이 얼마나 오래되었는가라는 질문보다 답하기가 훨씬 어려운 질문이다.

비유를 하나 들어보자. 간널 기록이 전혀 없는 버려진 콘크리트 도로를 발견했는데, 그 도로의 역사에 관해 더 알고 싶어한다고 가정해보자. 시간이 경과함에 따라 시멘트 혼합 재료의 화학적 성질이 변했으므로, 이 도로의 화학 성분은 도로가 언제 건설되었는지에 대한 단서를 제공할 수 있다. 콘크리트 도로가 그 표면을 뚫고 자라고 있는 가장 오래된 나무보다 먼저 있었어야 하기 때문에, 도로의 갈라진 틈을 뚫고 자라는 나무를 이용해서 이 도로의 나이 하한선을 정할 수 있다. 그러나 이제 이 도로에 난 큰 구멍이 언제 형성되었는지를 알고 싶다고 가정해보하자. 그림 17-1 여기서 우리는

그림 17-1 팬 구멍. 사진: 미구엘 트렘블리.

물질 자체가 아니라 사건의 연대를 알고자 한다. 우리는 이 구멍이 도로가 건설된 뒤에 파인 것이 분명하다고 자신 있게 말할 수 있다. 하지만 도로가 건설된 후 얼마나 오래 뒤에 구멍이 파였는지, 그리고 이 구멍이 현재의 크기에 도달할 때까지 얼마나 오래 걸렸는지를 결정하는 일은 더 어렵다.

그랜드캐니언의 나이에 관해 알려진 것은 무엇일까?

앞에서 이야기한 도로와 구멍 비유를 따라서, 우리는 그랜드캐니언이 이 협곡이 침식해 들어간 암석보다 분명히 젊다는 점을 언급하는 데서부터 시작할 수 있다. 가장 최근에 형성된 암석은 테두리의 암석인데 (약 2억7천만 년 전에 퇴적된 카이밥 지층), 그랜드 스테어케이스 지층에서는 한때 카이밥 지층 위에 놓여 있던 더 젊은 지층이 오늘날에도 발견되고 있다. 그림 3-2 그랜드캐니언이 카이밥 지층과 그 밑의 지층을 뚫고 들어갈 수 있기 이전에, 이 젊은 지층이 퇴적되었어야 한다. 이 추가적인 지층과 지역적인 융기의 증거를 연구한 학자들은 일반적으로 그랜드캐니언의 가능한 최대 나이가 약 8천만 년이라는 데 동의한다.

학자들이 동의하는 부분은 여기까지다. 현재 그랜드캐니언을 연구하는 학자들 사이에서는 활발한 논쟁이 벌어지고 있는데, 다수파는 대부분의 절개(incision)가 지난 6백만 년 안에 일어났다는 입장을 취하는 반면에, 소수파는 보다 초기("원시") 협곡의 절개가 그보다 훨씬 전에 시작되었다고 주장한다. 콜로라도강이 언제 어떻게 거대한 카이밥 융기 지대(또는 아치)를 깎고 길을 냈는지, 그리고 이 고지대가 깎이기 전에는 물이 어디로 흐르고 있었는지가 논쟁의 중심이다.

카이밥 고지대는 작은 지형이 아니며 주변 지역 위로 900미터 솟아 있다.그림 17-2 카이밥 지층은 그랜드캐니언 동쪽의 마블 플랫폼에서부터 드라마틱하게 위쪽으로 구부러져 있으며, 그랜드캐니언 내에 극적인 지형을 이루는 데 기여한다. 물은 위로 흐르지 않는데, 콜로라도강이 어떻게 이처럼 넓은 고지대 지형을 관통할 수 있었을까?

일반적으로 지질학자들은 카이밥 고지대가 원래 배수 분수령(drainage divide)으로서, 양쪽으로 별도의 강이 발달했다는 데 동의한다. 그 이후의 역사는 덜 명확하다. 현재 콜로라도강은 이 고지대의 동쪽에서 남쪽으로 흐르다가 갑자기 서쪽으로 방향을 바꾸어 이 고지대를 지나간다. 동쪽의 지류 협곡들은 이상하게도 상류 쪽을 향하고 있어서, 일부 학자들은 이곳의 수로가 원래 북쪽 방향으로의 배수로로 발달했다고 제안한다. 서쪽에서는, 서쪽으로의 배수가 아래로 침식하기 시작했는데 이 물길이 돌이켜 고지대를 침식함에 따라 상류 방향으로 더 길어졌을 것이다(이런 과정을 두부 침식[headward erosion]이라고 부른다). 그림 17-3의 시나리오 1에서 볼 수 있는 두부 침식은 궁극적으로 고지대까지 수로를 내서 동쪽의 물길과 연결했고, 방해받은 하천 시스템으로부터 물을 돌려 그 흐름을 현재의 콜로라도강이 지나고 있는 길로 향하게 했을 수도 있다.그림 17-3 하천 쟁탈(stream piracy)이라고 불리는 이 과정은 오늘날 흔히 관찰되는 현상이다.

현재는 그랜드캐니언을 연구하는 지질학자가 되기에 좋은 시기라고 할 수 있다. 최근에 분석 기법이 발전했고, 이 문제를 연구하는 학자의 수가 증가해서 풍부한 새 자료가 나왔으며, 자료를 더 잘 설명하는 해석

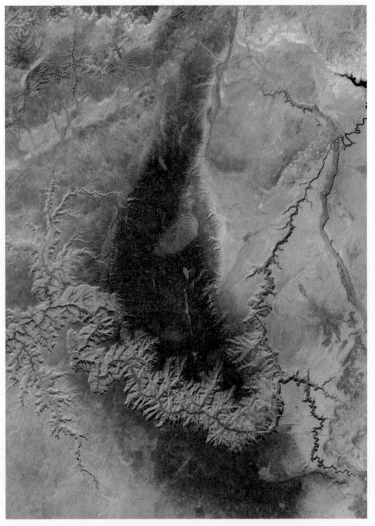

그림 17-2 카이밥고원 지형의 이미지. 짙은 녹색은 카이밥 융기 지대를 나타낸다. © 2013 TerraMetrics, Inc., www.terrametrics.com.

에 관해 활발한 토론이 벌어지고 있기 때문이다. 이 책의 저자/편집자 중 두 명인 캐럴 힐과 웨인 레니는 이 논쟁에 깊이 관여하고 있다.

힐은 대부분의 사람들에게 감춰져 있던 동굴에 다가가기 위해 수직 협곡 벽을 타고 내려가거나 올라간 소수의 지질학자들 중 한 명이다.그림 17-4, 17-6 이 동굴에 있는 동굴 퇴적물(speleothems; speleo=동굴, them=퇴적물)이라고 불리는 고기(ancient) 광물 지층은 그랜드캐니언의 역사에 관해 알려진 내용에 완전히 새로운 장을 추가해주고 있다. 협곡과 마찬가지로 동굴은, 그 동굴이 뚫려 있는 암석보다 젊다(이미 존재하고 있지

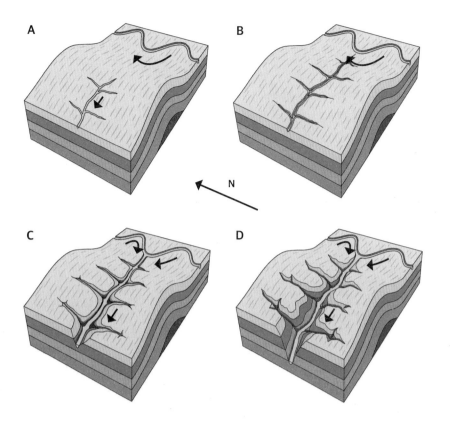

A   B

N

C   D

그림 17-3 시나리오 1: 이 그림에서 시간이 경과함에 따라 지형이 A에서 D로 변한다. 카이밥 고지대의 동쪽과 서쪽 하천은 원래 별도의 하천이었는데(A, B), 궁극적으로 서쪽 하천의 두부 침식에 의해 중간에 방해를 받은 동쪽 하천이 연결되었다(C, D). 화살표는 강이 흐르는 방향을 보여준다.

로써 서쪽 협곡이 하류로 침식되고 있을 때 고기(ancient) 지하수면이 고도가 낮아지기 시작한 시기를 결정할 수 있었다.

또한 힐은 처음에는 분리되어 있던 카이밥 고지대 동쪽과 서쪽 하천이 어떻게 연결되어서 현재 우리가 보고 있는 협곡을 형성할 수 있었는지에 대해서도 연구했다. 그녀는 이 하천이 처음에는 갈라진 틈과 동굴을 통해 카이밥 고지대 아래로 흐르는 물에 의해 연결되었을 가능성이 있다고 주장했다. 이는 카르스트 쟁탈(karst piracy)이라고 불리는 하천 쟁탈(stream piracy)이다. 그림 17-5의 시나리오 2에서 볼 수 있듯이, 그 위의 암석이 동굴 안으로 무너져 궁극적으로 지표의 수로를 열었고, 이를 통해 강이 카이밥 고지대의 한쪽에서 다른 쪽으로 흘렀을 수도 있다. 이 시나리오는 동굴 프로세스에 익숙하지 않은 사람들에게는 억지 주장으로 들릴 수도 있지만, 바로 이런 현상이 오늘날 독일 남서부 등에서도 일어나고 있다. 스와비아 알브(Swabian Alb) 지역에서는 흑해를 향해 동쪽으로 흐르는 도나우강 물이 갑자기 싱크홀 아래로 사라진다. 이 강물은 동굴을 통해 높은 능선 아래로 11킬로미터 넘게 흐르다가 다시 나타나 라인강으로 연결되고 그다음에는 북해로 배출된다.

모두가 동굴 모델에 동의하는 것은 아니지만, 새로운 가설이 나올 때는 흔히 그런 법이다. 그랜드캐니

않은 무엇을 녹여서 구멍을 낼 수는 없다). 힐과 그녀의 동료들은 특정 유형의 동굴 퇴적물의 연대를 추정함으

그림 17-4 그랜드캐니언의 동굴 입구로 올라가는 저자 캐럴 힐. 사진: 밥 부에처.

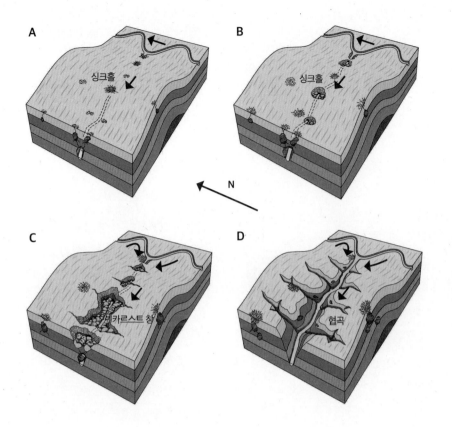

그림 17-5 시나리오 2: 카이밥 고지대가 지하수에 의해 어떻게 뚫렸는지에 관한 카르스트 쟁탈 모델.

A

B

싱크홀

싱크홀

N

C

D

카르스트 창

협곡

들은 이런 이야기가 자신들의 논거를 훼손하며 과학이 어떻게 작동하는지에 대한 근본적인 이해의 결여를 드러낸다는 점을 알지 못하고 있다.

먼저, 의견 불일치가 과학적 근거의 빈약함을 나타낸다는 일반적인 주장에 대해 생각해보자. 이 말이 사실이라면, 그 귀결로서 동의는 논거가 틀림없이 강하다는 표시가 된다. 이 논리대로라면 그랜드캐니언 지층의

언 형성의 세부 사항에 관해서는 아직 배울 것이 많이 남아 있지만, 이 협곡이 홍수 지질학자들이 허용하는 수천 년보다 훨씬 오래되었다는 점은 확실하다. 그러니 계속 지켜보라! 더 많은 자료가 모이면 그랜드캐니언의 역사에 대한 우리의 이해가 조정되고 개선될 것이다.

나이에 관해서는 과학자들이 거의 만장일치로 동의하기 때문에, 젊은 지구론 옹호자들은 그랜드캐니언 지층이 수억 년 되었다는 주장이 타당하다고 인정해야 한다. 둘째, 세부 사항에 대한 불일치가 참으로 동일과정설 같은 과학적 구조 전체를 평가절하할 이유라면, 홍수 지질학 구조 자체가 자기 모순적인 주장들의 홍수에 빠진다. 젊은 지구론을 표방하는 과학 잡지들은 그랜드캐니언의 침식 시기 등 수많은 주제에 관한 의견 불일치로 가득 차 있다. 그랜드캐니언과 그랜드 스테어케이스의 주제에 관해, 젊은 지구론 지지자들은 심지어 어느 지층이 홍수 지층으로 간주되어야 하고, 어느 지층이 홍수 후 지층으로 간주되어야 하는지에 대해서도 서로 일치하지 않는다.

과학은 어떻게 작동할까?

자주 젊은 지구론 옹호자들은 방금 전에 설명했던 서로 반대되는 이론과 같이 과학자들 사이의 의견 불일치에 주목하며, 이를 그랜드캐니언, 궁극적으로는 지구 전체에 대한 전통적인 과학의 견해가 빈약하며 희망 사항에 근거하고 있다는 "증거"라고 주장한다. 결국, 그랜드캐니언이 오래되었다는 증거가 참으로 강력하다면 퍼즐의 모든 조각이 깔끔하게 들어맞고 모두가 동의하지 않겠는가? 그러나 젊은 지구론 옹호자

실제의 과학 연구는 미로를 헤쳐 나가 정확한 길을 이해하는 일과 유사하다. 이는 출발점과 끝나는 지점을 볼 수 있는 종이 위에 그려진 미로가 아니라, 여러 길을 실험해보아야만 출구를 찾을 수 있는 실제 미로

그림 17-6 그랜드캐니언의 동굴을 조사하는 과학자들. 사진: 데비 부에처.

안에 들어와 있는 경우다. 여러 사람이 함께 여행할 경우, 처음에는 어느 길이 목표에 도달할 가능성이 가장 높은지에 대해 상당한 의견 차이가 있을 수 있다. 경합하는 가설들이 형성될 것이고, 멤버들은 나른 내안을 시험해보고 다른 경로를 통해 상당한 거리를 가본 뒤에 돌아와서 그 길이 막다른 길이었다거나, 새로운 길로 이어진다거나, 놀랍게 전개된다는(이상하게 좁아지는 통로?) 식으로 보고할 것이다. 이런 보고 절차를 통해 그룹의 다른 사람들은 발견 사항을 검토하고 (빠뜨린 길과 같은) 오류를 파악할 것이다. 심지어 많은 길이 출구로 이어지지만, 어떤 길은 다른 길보다 훨씬 거리가 짧거나 쉽게 통행할 수 있음이 밝혀질 수도 있다.

과학도 같은 방식으로 작동한다. 자료가 최초로 들어오면 이를 설명할 수 있는 방법이 많다. 연구자들은 어느 것이 최선인지에 대해 (때로는 열정적으로) 동의하지 않을 수도 있다. 연구자는 주장들을 한데 모으고, 가설들을 검증하며, 다른 사람이 새로운 자료로 자신의 연구를 검토, 비판, 지지, 또는 도전할 수 있도록 이를 보고한다. 그 과정에서 모든 사람의 이해가 증가한다. 시간이 지나면, 대개 광범위한 질문에 대해 일

반적인 합의에 도달하고, 이는 더 많은 자료, 더 많은 분석, 더 많은 대화(동의와 부동의), 더 많은 검토를 필요로 하는 보다 상세한 질문들로 이어지며, 이를 통해 더 많은 이해로 나아간다. 의견 불일치는 특정한 세부 사항에 관해 논의가 진행 중인 어떤 불확실성이 존재한다는 의미이지만, 불일치를 해결하고 나면 궁극적으로 더 많은 이해에 도달하고 확실성이 증가하게 된다.

그랜드캐니언에 대해서는 각 암석 지층의 형성 시기와 역사에 있어 광범위한 동의가 이루어지고 있고 확실성의 수준도 높다. 가장 오래된 암석은 지구의 45억 년 역사의 대략 절반으로 거슬러 올라간다. 이 지층이 정확히 어떻게 침식되어 그랜드캐니언을 형성했는지에 대해서는 우리의 이해가 아직 진행 중이지만, 그럼에도 우리는 지난 50년 동안 많은 것을 배울 수 있었다. 우리가 배운 이 모든 내용은 점점 더 홍수 지질학 모델과 사이가 틀어지고 있다.

리버 마일 32 지점 붉은 벽 석회암에 있는 스탠튼의 동굴 입구. 사진: 팀 헬블.

18장

그랜드캐니언의 생명체:
주머니쥐, 꽃가루, 자이언트 나무늘보

조엘 더프

16장과 17장은 그랜드캐니언을 침식한 지질 과정에 초점을 맞추었다. 이번 장에서는 그랜드캐니언이 형성되었을 때 이곳을 점령하기 시작한 식물과 동물을 살펴볼 것인데, 특히 동굴 퇴적물에 보존되어 발견되는 동식물에 관심을 기울일 것이다. 이런 퇴적물에는 과거에 이곳에 어떤 종류의 식물과 동물이 살았는지에 대한 증거가 포함되어 있으며, 협곡의 나이에 대한 추가적인 단서도 제공한다.

동굴에 남아 있는 동물이나 식물의 잔해는 표면으로부터 이 동굴에 접근할 수 있게 된 이후의 시기를 반영한다. 협곡이 동굴을 포함하는 지층을 형성하기 시작하면, 침식으로 꾸준히 새 동굴들이 개방되며, 그 이후로도 침식이 계속되어 동굴이 사라진다. 그랜드캐니언에서 주된 수로와 그 지류를 따라 침식이 계속되었다는 것은, 가장 빨리 노출되어 동식물이 거주했던 동굴이 오래전에 침식되어 사라졌다는 의미다. 오늘날 발견되는 동굴은 가장 최근에 열려 동식물이 거주하는 동굴을 대표한다. 따라서 이런 동굴에서 수백만 년의 역사가 보존된 것을 발견하지 못한다 해도 놀랄 일이 아니다. 그러나 우리는 수만 년의 역사와, 당시 생명체의 형태 및 환경 상태가 오늘날에 비해 매우 달랐다는 증거를 발견한다.

주머니쥐 두엄 더미, 동물 배설물, 꽃가루

주머니쥐라는 이름이 붙은 데에는 그럴 만한 이유가 있다. 주머니쥐는 구석진 곳에서 자신이 모은 식물 물질뿐 아니라 조상이 모은 것 중 남은 물질을 가지고 살아간다(주머니쥐를 뜻하는 영어 "packrat"에서 "pack"은 "꾸러미"를 뜻함―역자 주). 그 결과물이 여러 층의 집 또는 여러 세대에 걸쳐 수집된 식물 물질을 함유한 두엄 더미다.그림 18-1, 18-2, 18-3 개별적인 존재로서 주머니

그림 18-1 큰 동굴 틈에서 부분적으로 화석화된 주머니쥐 두엄 더미. 사진: 데비 부에처.

그림 18-2 현대의 주머니쥐 두엄 더미. 사진: 팀 헬블.

그림 18-3 흔히 "주머니쥐"로 알려진 목이 흰 숲 쥐(네오토마 알비굴라). 이 동물은 오늘날 그랜드캐니언 지역에서 살고 있는데, 수천 년의 기후 변화로 그랜드캐니언의 초목이 중대한 변화를 겪었기 때문에 화석 주머니쥐 두엄 더미가 발견된 동굴에서는 거의 발견되지 않는다. 사진: 켄 코울, 미국 지질학 서베이.

쥐는 먹이를 찾는 장소를 자신의 둥지에서 약 90미터 이내의 거리로 제한하는 경향이 있으므로, 주머니쥐의 둥지에서 발견되는 식물은 그곳에서 아주 가까운 곳에서 자랐을 가능성이 높다. 두엄 더미는 기후가 건조한 데다 정기적으로 쥐의 오줌이 추가되기 때문에 물질을 잘 보존하는 경향이 있다. 그림 18-4 그랜드캐니언의 동굴에서 발견된 다수의 주머니쥐 두엄 더미들을 탄소-14 연대 측정법으로 연대를 추정해 본 결과, 약 1만 년에서 2만 년 전의 것이라고 한다(가장 최근 빙하기의 상한보다 오래되었다).

여러 세대의 초식 포유

그림 18-4 주머니쥐 오줌에 의해 굳은 두엄 더미의 조각을 들고 있는 저자 웨인 래니. 사진: 팀 헬블.

류가 점령했던 넓은 굴에서는 반(半)화석화된 똥과 화석화되지 않은 똥이 발견되었는데, 그중 일부는 두께가 1미터가 넘는 것도 있다. 주머니쥐 두엄 더미와 똥에서는 많은 꽃가루가 발견되어서, 이 동물이 어떤 유형의 식물을 모으고 먹었는지를 파악할 수 있다. 이를 통해 한때 그 인근에서 자라고 있던 식물에 관해 알 수 있다. 과거의 식물 군락에 관한 이 기록은 기후 변화의 역사와 그랜드캐니언이 현재보다 훨씬 춥고 습했던 시기에 대해 말해준다. 예를 들어, 많은 굴에 있는 주머니쥐 두엄 더미와 똥은 그랜드캐니언의 저지대에 오랫동안 향나무와 물푸레나무 숲이 있었음을 밝혀주는 유기물질을 함유하고 있다.

잘 발달된 서늘한 숲 생태계가 있었다는 역사적 증거에도 불구하고, 이를 인간의 눈으로 목격한 적은 없는 것 같다. 인간이 그랜드캐니언의 동굴에 거주한 흔적과 함께 발견된 모든 동식물 잔해는 더 젊은 지층에서 나왔으며, 오늘날 그랜드캐니언 지역에 익숙한 건조하고 따뜻한 기후를 반영한다.

멸종한 자이언트 나무늘보

그랜드캐니언의 동굴 중 하나를 탐험해보면, 이상한 동물들이 한때 미국의 남서부를 배회했던 독특한 시기에 대한 단서를 발견하게 된다. 바로 그곳이 협곡의 테두리보다 1200미터 이상 낮은 그랜드캐니언 서부에 위치한 램파트(Rampart) 동굴이다. 램파트 동굴의 길이는 약 46미터이며, 이 동굴이 발견되었을 때 동굴 바닥은 멸종한 자이언트 땅 나무늘보 노스로더리움 샤스텐스(Nothrotherium shastense)의 똥으로 덮여 있었다. 그림 18-5 북아메리카의 여러 곳에서는 곰의 크기만 한 나무늘보 잔해가 발견되었다. 북미 대륙에 최초로 출현한 인간은 이 거대한 생물과 실제로 조우했을 수도 있지만, 이 나무늘보들은 그랜드캐니언에서 인

그림 18-5 워싱턴 D.C. 스미소니언 자연사 박물관에 있는 멸종한 자이언트 땅 나무늘보의 뼈대. 오른쪽은 박제된 멸종한 자이언트 땅 나무늘보 "거티"의 유해다. 이 동물은 키가 4.6미터가 넘었으며 몸무게는 약 907킬로그램이었다. 이 특별한 늘보는 탄소-14 방사성 연대 측정법으로 측정한 결과 약 1만1천 년 전에 살았던 것으로 느러났다. 땅 파기에 적합한 길고 날카로운 발톱에 주목하라. 자이언트 땅 나무늘보는 초식동물이었는데, 이는 그들의 똥을 보면 명백히 알 수 있다. 거티는 그랜드캐니언 카븐스(Caverns) 입구 지역에서 발견되었으며, 박제되어 이 동굴에 전시되고 있다. 사진: (왼쪽). 팀 헬블, (오른쪽) 밥 부에처.

그림 18-6 램파트 동굴에서 발견된 나무늘보 똥으로 가득 찬 상자. 이 똥은 1970년대 초의 고고학 조사 기간 중에 상자에 담겼다. 사진: 더그 파웰.
그림 18-7 자이언트 나무늘보가 먹은 식물 유형을 보여주는 똥 화석의 근접 사진. 사진: 데비 부에처.

간이 최초로 활동하기 수천 년 전에 멸종했다.

램파트 동굴 바닥의 대소변 물질에 대한 방사성 탄소(C-14) 연대 측정의 결과, 더 위쪽 지층은 최소 1만 1천 년이 된 것으로 추정되었는데, 그 이후에는 이 동굴에 나무늘보가 살지 않았음을 시사한다. 가장 젊은 똥 시료는 향나무와 물푸레나무 꽃가루도 포함하고 있는데, 이는 자이언트 늘보가 살던 당시에 존재하던 훨씬 시원한 기후를 반영한다. 가장 깊은 지층에서 나온 똥 시료의 나이는 3만5천 년이 넘는 것으로 추정되는데, 이는 거의 2만5천 년 동안 늘보들이 간헐적으로 이 동굴을 점유했음을 시사한다. 인간이 램파트 동굴

을 점유한 시기가 나무늘보가 점유한 시기와 겹친다는 증거는 전혀 없다. 그랜드캐니언의 동굴에서 나온 최초의 인공물(그림 18-8에 나오는 자른 나뭇가지 소품)은 방사성 탄소 연대 측정법에 의하면 약 6000년 된 것으로 추정되었다.

홍수 지질학의 문제들

자이언트 나무늘보가 인간이 그랜드캐니언에 도달하기 오래전에 멸종했다는 사실은, 먼 중동의 아라라트 산에 방주가 머문 자리에서 동물과 인간이 지구로 흩

그림 18-8 그랜드캐니언 동굴에서 발견된 나뭇가지를 잘라서 만든 소품. 이 소품은 발견된 위치대로 사진이 찍혔으며, 그랜드캐니언 국립공원의 방침대로 손대지 않고 놔두고 있다. 사진: 밥 부에처.

4부 그랜드캐니언의 침식

어졌다는 가정에 대해 심각한 문제를 제기한다. 즉 이렇게 흩어진 시기는 (노아와 노아의 가족, 그리고 방주에 있던 동물들을 제외하면 모든 동물과 사람이 죽었다고 하므로) 홍수가 발생한 이후인 지난 5000년 이내여야 한다. 따라서 홍수 지질학 모델은 자이언트 나무늘보와 같은 대형 동물이 그랜드캐니언에 도착한 시기와 인간이 도착한 시기 사이의 시간차를 사실상 허용하지 않는다. 그러니 홍수 모델은 나무늘보의 잔해에 대한 방사성 탄소 연대 측정치와 인간의 잔해에 대한 측정치 사이의 커다란 간극을 어떻게 설명할 수 있을까? 유일한 설명은 초고속의 방사성 연대 측정 붕괴율을 주장하는 것이지만, 이미 우리는 9장에서 이런 주장이 불가능하다는 점을 검증했다. 3만5천 년 된 나무늘보

똥이 들어 있는 동굴은 홍수 모델에 반하는 강력한 증거가 된다.

현대 지질학의 관점에서 보면, 다른 기후의 식물 물질이 포함되어 있으며 최초의 인간보다 훨씬 더 앞서는 나무늘보의 똥 무더기는 어떤 도전도 제기하지 않는다. 방사성 탄소 나이에 의해 대표되는 시간 범위는 여러 세대의 나무늘보가 오랜 기간 동안 거주했다는 사실과 일치하며, 나무늘보 똥에 포함된 식물 물질은 마지막 빙하시대 동안의 보다 온화한 기후와 일치한다. 또한 이에 이은 나무늘보의 멸종은 기후 변화로 상황이 나무늘보의 생활양식에 부적합해진 사실과 조화된다.

그림 18-9 오늘날 그랜드캐니언의 거주자, 큰뿔 산양. 사진: 팀 헬블.

그랜드캐니언 동부의 절경. 사진: 마이크 쿱센.

홍수 지질학에 대한 평결

2부는 암석에 기록된 지구의 역사를 이끌어내기 위해 지질학자들이 채택하는 도구에 초점을 맞추었다. 많은 사례가 제공되었지만, 이 개별적인 조각들이 전체적으로 그랜드캐니언의 "장엄한 이야기"에 얼마나 잘 들어맞는지를 알아보는 시도는 하지 않았다. 따로 떼어 볼 때에는 잘 들어맞는 것 같았던 특정 지층이나 특성에 대한 설명들이 전체적으로 보면 들어맞지 않을 수도 있기 때문에 다음 단계가 매우 중요하다.

일상생활에서 예를 하나 들어보자. 누군가는 당신이 뉴올리언즈의 카페에서 점심 식사하는 광경을 볼 수도 있고, 또 다른 사람은 당신이 포틀랜드의 작은 식당(비스트로)에서 점심 식사하는 광경을 볼 수도 있다. 둘 다 사실일 수 있다. 이제 이 광경들을 당신의 생활에 관한 더 큰 하나의 이야기로 통합하려고 한다고 가정해보자. 한 장면은 1월 1일에 일어난 일이고 다른 장면은 7월 1일에 일어난 일이라면, 이 두 개의 이야기는 출장을 자주 다니며 크루아상을 좋아하는 사람의 프로필에 잘 들어맞을 수 있다. 그러나 두 광경이 모두 1월 1일 정오에 일어났다고 주장된다고 가정해보자. 이제 이 조각들은 들어맞지 않으며 뭔가가 잘못되었다. 당신이 동시에 두 곳에 있었을 수는 없다. 순간이동은 고려하고 싶지 않을 테니, 가장 타당한 설명은 한 관찰자는 두 도시 중 한곳에서 누군가를 당신이라고 착각했다는 것이다. 제안된 역사들이 순서라는 관점에서 얼마나 잘 들어맞는지를 검토해보면, 그랜드캐니언의 각 지층에 대해 제시된 다양한 설명에 대해서도 같은 평가를 적용할 수 있다.

우리는 3부에서 한 세트의 암석층에서는 나타났다가 다음 세트의 암석층에서는 사라지는 생명체 형태의 패턴을 인식함으로써 조각들의 일부를 한데 모으는 작업을 시작했다. 우리는 하나의 모델(생명체가 오랜 기간에 걸쳐 나타났다 사라짐)에는 잘 들어맞지만, 다른 모델(다양한 모든 생명체가 동시에 존재하다가 하나의 격변에서 죽었음)에는 들어맞지 않는 패턴들을 발견했다. 조사가 그랜드캐니언 침식이라는 최근에 국한되기는 했지만, 4부에서도 여러 관찰 사항이 홍수 지질학 모델 또는 전통적인 지질학 모델에 얼마나 잘 들어맞는지를 검토했다.

이제 우리는 마침내 그랜드캐니언의 전체 역사의 각각의 조각에 대한 설명이 홍수 지질학자의 종합적인 이야기와 전통적인 지질학자의 종합적인 이야기에 얼마나 잘 들어맞는지를 검토할 준비가 되었다. 우리는 아래쪽 강의 가장 오래된 암석에서부터 시작해서 협곡 테두리의 가장 젊은 암석까지 살펴봄으로써 이를 달성할 것이다. 그 과정에서 우리는 암석 유형, 지층 형성, 퇴적 구조물, 단층, 화석과 같은 독특한 특징을 지적하고, 이전 장들에서 배운 바를 통해 이 암석과 특징들이 어떻게 형성되었고 전체적으로 어떻게 어울리는지를 이해하기 위한 결론을 도출할 것이다. 전통적 지질학자의 결론과 홍수 지질학자의 결론을 비교해서 각 그룹의 결론이 모든 자료를 얼마나 잘 설명하는지, 더 중요하게는, 이 결론이 종합적인 이야기에 얼마나 잘 들어맞는지를 알아볼 것이다.

카이밥 다리 바로 위 카이밥 남측 탐방로 위에 있는 도보여행자들. 사진: 마이크 쿰센

19장

강에서 테두리까지: 모든 조각을 한데 맞추기

그렉 데이비슨, 웨인 래니

그랜드캐니언은 지구 역사의 폭넓은 범위를 관찰하기에 세계 최고의 장소이며, 카이밥 남측 탐방로는 그랜드캐니언에서도 이 협곡의 장엄한 지형을 바라보기에 가장 좋은 장소 중 하나다.그림 19-1 카이밥 남측은 그랜드캐니언 빌리지에서 무료 셔틀버스 서비스로 접근하기 쉬운 인기 있는 탐방로다. 이번 장의 대부분은 이 탐방로를 따라가며 볼 수 있는 장면을 기술하겠지만, 때로는 다른 탐방로의 같은 높이에서 관찰할 수 있는 장면도 언급할 것이다. 카이밥 남측 탐방로는 그랜드캐니언에 있는 대부분의 다른 탐방로들처럼 협곡 측면의 바닥을 따라 길을 낸 것이 아니라, 높은 산등성이에 다이너마이트를 터뜨려 만들었다는 점에서 이례적이다. 그래서 이 탐방로에서 보는 동쪽과 서쪽 경관이 수려하며, 이 협곡의 지질학 이야기가 드라마틱하게 펼쳐진다. 이제 소개는 충분히 했으니 탐험을 시작해 보자!

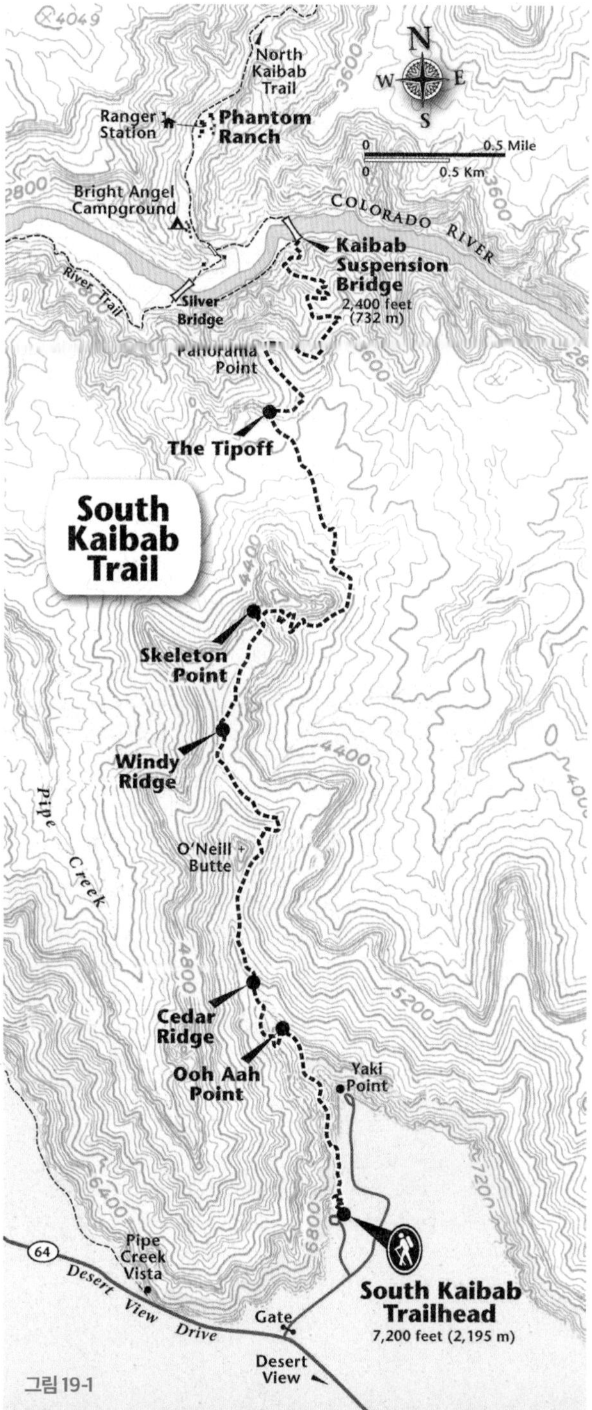

그림 19-1

그림 19-2 카이밥 남측 탐방로 위의 웨인 래니. 래니는 그랜드캐니언을 400번 넘게 찾았는데, 그중 최소 250번은 카이밥 남측 탐방로를 택했다. 이번 장에 나오는 많은 사진은 웨인의 개인 소장품인데, 그의 소장품은 40여 년간의 그랜드캐니언 탐험, 사진, 저술을 아우른다. 사진: 헬렌 래니.

211

그림 19-3 카이밥 현수교. 사진: 팀 헬블.

1. 비시누 편암과 조로아스터 화강암(마일 0에서 0.4)

우리의 여정은 그랜드캐니언 바닥에 위치한 작은 휴양지이자 일반적인 하이킹의 목적지인 팬텀 랜치(Phantom Ranch) 근처의 콜로라도강 강둑을 따라서 시작된다. 카이밥 남측 탐방로는 목장 바로 남쪽의 콜로라도강에서 시작하는데, 그곳에서 카이밥 현수교가 강을 가로지른다. 그림 19-3 이 다리(우리의 탐방 출발점. 마일 0)에 서 있으면, 분홍색 조로아스터 화강암 띠로 가득한 비시누 편암이 우리를 둘러싼다. 그림 19-4, 또한 210쪽의 사진을 보라. 재빨리 조금만 관찰해보아도, 이 장소는 암석의 역사에 관해 많은 것을 말해준다. 이 편암은 대개 아주 깊은 곳(지표면 16킬로미터 이상 아래)에서 발견되는 고온과 고압하에서 형성되는 변성된 광물을 함유하고

그림 19-4 비시누 편암 안의 물결 모양의 띠. 사진: 웨인 래니.

5부 홍수 지질학에 대한 평결

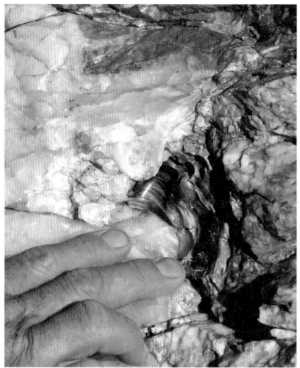

그림 19-5 조로아스터 화강암 안의 큰 결정들. 사진: 데비 부에처.
그림 19-6 카이밥 남측 탐방로 아래로는 슈퍼그룹 지층이 있지만(검정색 화살표: 하카타이 점토암, 노랑색 화살표: 시누모 규암), 그 위쪽으로는 슈퍼그룹 지층이 없다(하얀색 화살표). 사진: 그렉 데이비슨.

있다. 또한 이 암석은 구부러지고 일그러져 있다. 암석이 급속히 휘어지고 구부러지면 산산조각 나지만, 이 편암은 산산조각 난 증거를 거의 보여주지 않는다. 이는 이 암석이 매우 점진적으로 변형되었음을 나타낸다. 이 편암의 여러 곳에 박혀 있는 화강암은 큰 결정들을 함유하고 있는데, 이것 역시 냉각이 서서히 진

행되었음을 나타낸다. 그림 19-5

이 모든 특성들은 오랜 기간에 걸쳐 지표면 아래 깊은 곳(암석이 오늘날 노출되어 있는 곳보다 훨씬 더 깊은 곳)에서 형성된 암석의 특성과 일치한다. 편암에 박혀 있는 화강암 시료는 방사성 연대 측정법으로 약 17억 년 전에 생성된 것으로 추정되었다. 화강암이 편암 안으로 관입하는데, 이는 편암의 나이(퇴적암과 화성암이 충분히 깊이 묻혀 변성되어 편암으로 변한 때)가 화강암보다 오래되었음을 의미한다.

홍수 지질학자들은 이 암석이 최근에 급속히 생성되었다고 주장한다. 형성, 관입, 변형, 냉각 과정이 모두 (약 1650년에 지나지 않는) 창조 주간과 노아의 홍수 사이에 발생했다는 것이다. 그러나 이 주장 중 어느 것도 암석에서 관찰되는 내용과 들어맞지 않는다. 실험을 통해 우리는 가열되고 깊이 묻힌 막대한 양의 암석이 냉각되려면 엄청난 시간이 소요된다는 것을 알고 있다. 조로아스터 화강암의 양이 엄청나게 많다는 점에 비추어볼 때, 이 암석이 최근의 홍수 전에 생성되었으려면 지금까지 알려진 적이 없는 메커니즘이 작용해서 극도로 신속하게 냉각되어야 했을 것이다. 또한 홍수 지질학자들은 방사성 연대 측정이 믿을 수 없다고 주장한다. 그러나 이들은 성경이 아니라 성경에 대한 특정한 해석에 근거한 방법 말고는 연대 측정에 대한 아무런 대안도 제공하지 않는다.

홍수 지질학자들은 자연 과정이 창조 주간이 끝난 이후의 지구상의 모든 지층을 설명할 수 있다고 말한다. 하지만 이들의 주장이 정당화되려면, 그랜드캐니언의 시작조차도 지금까지 전혀 알려지지 않는 희한한 메커니즘에 의존해야 하며, 이 지구가 오래되었다는 모든 증거가 무시되어야 한다는 점을 기억하라. 이 주제에 대해서는 이 도보 여행 이후에 다시 언급할 것이다.

2. 그랜드캐니언 슈퍼그룹과 대부정합(마일 0.4에서 1.9)

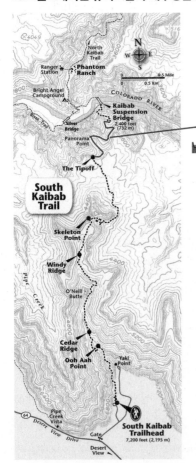

South Kaibab Trail

그랜드캐니언의 지질을 처음 탐험하는 사람에게는, 카이밥 남측 탐방로 구역을 따라 펼쳐진 암석이 혼란스러워 보일 수 있다. 최초의 구간을 지나면 그랜드캐니언 슈퍼그룹에 속하는 기울어진 암석층이 나온다. 이 탐방로를 따라 베이스 지층, 하카타이 점토암, 시누모 규암의 세 지층이 펼쳐지며, 그 아래로는 비시누 편암과 위로는 수평의 타피츠 사암이 있다.그림 19-6 그러나 강 협곡의 위나 아래를 보면, 슈퍼그룹 지층은 전혀 없고 비시누 편암이 끝나며 직접 타피츠 사암과 접하는 절벽 면을 보게 된다. 이곳의 역사는 아주 복잡해서 이를 완전히 기술하려면 긴 설명이 필요하다. 이번 장에서 우리가 관찰할 내용은 전통적인 지질학의 예상과 홍수 지질학의 예상 사이의 비교에 가장 적절한 사항으로 제한될 것이다.

그랜드캐니언 슈퍼그룹은 공식 명칭이 붙은 9개 암석층을 포함하고 있는데, 이것들을 합하면 전체 두께가 3600미터가 넘지만, 카이밥 남측 탐방로를 따라 걷는 사람은 가장 낮은 3개 층만을 발견할 수 있다. (뉴헨스 탐방로 같은) 그랜드캐니언의 일부 지역에서는

가장 낮은 슈퍼그룹 지층이 아래쪽 지층의 편암과 화강암 덩어리들을 포함하고 있다.그림 19-7 이런 덩어리의 존재는 이 장소의 역사에 관해 많은 것을 밝혀준다. 가장 낮은 슈퍼그룹 층에 편암과 화강암이 들어 있기 위해서는 다음과 같은 구체적인 사건들이 순차적으로 발생해야 했다. 즉 지각이 융기되고, 위에 있던 수 킬로미터의 암석이 침식되어 표면에 편암을 노출시키고, 침식된 암석 파편들이 저지대에 모이고, 마지막으로 퇴적물이 풍화된 편암과 화강암 위 및 주위에 퇴적되어야 하는 것이다. 하지만 그중 어느 것도 이례적인 과정을 필요로 하지 않는다. 이 모든 일들이 커다란 격변의 도움 없이 단지 수백 년 안에 일어나야 할 필요가 있지 않다면 말이다(홍수 지질학자들은 이 모든 암석이 홍수 전에 형성되었다고 주장한다는 점을 기억하라).

베이스 지층의 탐방로 약 1.6킬로미터 지점에서, 최초로 우리는 눈으로 볼 수 있는 화석(스트로마톨라이

그림 19-7 **위** 편암과 화강암 조각을 함유하고 있는 슈퍼그룹 기반의 호타우타(Hotauta) 역암. **아래** 잘리고 윤을 낸 호타우타 역암. 사진: 웨인 래니.

5부 홍수 지질학에 대한 평결

트라는 단세포생물 군집)을 만난다.그림 19-8 베이스 지층이나 그 위의 슈퍼그룹 지층 중 어느 곳에서도 다세포생물 화석은 발견되지 않는다. (세계 어느 곳의 비슷한 나이의 암석층에서도 다세포 화석은 발견되지 않는다.) 이 퇴적물이 형성될 때 다세포생물이 존재하지 않았다면, 우리가 발견하는 것은 완전히 일리가 있다. 다른 한편으로, 홍수 전의 지구가 오늘날 우리가 보고 있는 것과 유사한 모든 형태의 생명체들로 가득 차 있었다면, 그리고 그랜드캐니언이 홍수가 시작하기 전에 퇴적되었다면, 최소한 이 지층들 중 일부에는 당시 존재했던 모든 형태의 생명체가 혼합된 화석이 포함되어 있어야 한다.

이미 우리는 이곳의 강 회랑(river corridor) 위나 아래를 보면 탐방로에서 보는 것과 아주 다른 광경이 나타난다고 언급한 바 있다. 위와 아래쪽 슈퍼그룹 지층은 전혀 없으며, 타피츠 사암이 곧바로 비시누 편암 위에 놓여 있다.그림 19-9 이런 느닷바틱한 차이는 단층 작용의 증거다. 우리 탐방로의 이 부분은 두 개의 단층(크레메이션[Cremation] 단층과 팁오프[Tipoff] 단층)을 가로지르고 있다. 과거의 지각 변동 운동 중, 슈퍼그룹 지층을 포함해서 이 단층들 사이의 암석 블록이 수십 미터를 미끄러져 내려와 주위의 암석 아래에 자리 잡았다. 그 뒤, 침식으로 인해 더 높은 인근 블록들에서 슈퍼그룹의 모든 지층이 제거되어, 아래쪽의 편암과 화강암을 노출시켰다. 카이밥 남측 탐방로가 지나는 블록(크레메이션 단층과 팁오프 단층 사이)은 훨씬 아래에 자리 잡아서 가장 아래쪽의 슈퍼그룹 지층을 침식으로부터 보호했다. 그 뒤 새로운 퇴적으로 그 지역이 새 퇴적물로 덮여서 타피츠 지층이 시작되었다. 이런 순서를 단순화한 것이 그림 19-10에 나타나 있다.

다시 한번 말하거니와, 여기서 우리가 관찰하는 내용은 지각판의 이동이 균열을 만들고 블록들을 위아래로 움직이는 지구의 정상적인 과정을 통해 설명 가

그림 19-8 스트로마톨라이트 지층. 사진: 웨인 래니.
그림 19-9 비시누 편암-타피츠 사암 접촉면, 슈퍼그룹이 없음. 사진: 웨인 래니.

능하다. 오늘날 우리가 보고 있는 암석을 만들어내기 위해 전대미문의 메커니즘이나 신비한 힘이 필요하지 않다. 하지만 홍수 지질학의 견해에서는 그렇지 않다. 대부분의 홍수 지질학자들은 이 모든 암석의 퇴적이 창조 주간의 제3일과 홍수 사이에 일어났다고 본다. 기울어짐과 단층은 홍수가 시작될 때 촉발된 격렬한 지각 변동 때문이고, 슈퍼그룹의 모든 블록의 침식은 거대한 쓰나미에 기인하며, 그 위쪽 지층의 퇴적은 뒤이은 홍수 물이 밀려든 때문이라는 것이다. 이런 주장에는 모순점들이 가득하다. 이 불일치를 선명하게 보여주는 네 가지 이슈를 살펴볼 것이다.

두께

홍수 지질학자들은 노아의 홍수가 타피츠 사암 및 그랜드 스테어케이스 암석의 많은 부분을 포함해서 그

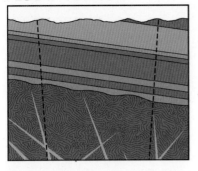

B 단층과 중앙 블록의 하향 이동

C 침식으로 대부정합이 형성됨

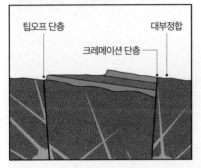

팁오프 단층   대부정합

크레메이션 단층

D 고생대 지층의 퇴적

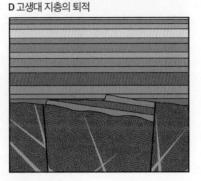

그림 19-10 크레메이션과 팁오프 단층의 이동과 침식, 퇴적의 시간 순서

랜드캐니언의 평평한 모든 지층을 퇴적시켰다고 주장한다. 이 지층들을 전부 합하면 두께가 약 4500미터에 달한다. 대부정합 위로 4500미터의 퇴적물을 퇴적시키기 위해 격변적인 홍수가 필요했다면, 3600미터가 넘는 슈퍼그룹 퇴적물은 홍수 전에 어떻게 쌓였을까? 노아 홍수 이전에 일어난 두 번째 재앙이 필요할까? 대부정합 위쪽과 아래쪽 지층의 유사성은 다른 시기에 두 번의 세계적인 대격변이 일어났거나(그중 첫번째는 성경 기록에 빠져 있다), 대부정합 위와 아래의 지층 모두 지구의 정상적인 과정에 의해 형성되었음을 의미한다.

슈퍼그룹의 맨 위에서 맨 아래까지의 침식

홍수 지질학자들은 격렬한 세계적 홍수가 슈퍼그룹 맨 위의 암석을 깎아내 부정합을 형성했다고 주장한다. 그런데 비시누 편암과 슈퍼그룹 기반 사이의 침식 표면은 슈퍼그룹 맨 위의 침식 표면과 근본적으로 다르지 않다. 왜 슈퍼그룹의 맨 위에 있는 부정합을 설명하기 위해서는 세계적인 재앙이 필요한 반면에, 기반에 있는 똑같이 규모가 큰 부정합에는 재앙이 필요하지 않을까? 또한 슈퍼그룹 암석 밑의 편암이 어떻게 홍수 전에 융기되어 침식되었을까? (밑에 있던) 편암이 침식되려면 먼저 닳을 수 있도록 융기되어야 한다는 점을 기억하라. 홍수 지질학자들에 의하면, 지각판 변동 운동은 깊음의 샘들이 열리고 지구의 지각이 격렬하게 움직였을 때 시작되었다. 편암을 들어올릴 메커니즘이 없으니, 유일한 대안은 모든 것을 땅이 물과 분리된 창조 주간의 3일째에 몰아넣는 것이다. 그들의 주장을 해석하자면, 유일하게 타당한 설명은 편암에 있는 모든 것과 이 편암의 융기 및 침식이 기적에 속한다는 것이다.

퇴적물의 유형과 구조

슈퍼그룹에서 번갈아 나오는 역암, 석회암, 점토암과 사암층(물결 자국, 건열, 사층과 같은 구조를 포함해서)은 그 위의 고생대 지층에서 역암, 석회암, 점토암과 사암이 번갈아 나오는 것과 본질상 유사해 보인다. 유일하게 중요한 차이는 발견되는 화석 유기체의 유형이다. 왜 세계적인 홍수에 의해 퇴적된 지층이 정상적인 과정에 의해 퇴적된 지층과 그토록 유사해 보이는 것일까? 격렬한 홍수의 역사를 증명한다고 주장되는 고생대 지층의 퇴적물과 특수한 퇴적 구조물은, 슈퍼그룹 지층에 동일한 유형의 퇴적물과 구조가 있다는 사실을 무시할 때에만 설득력이 있는 것 같다.

그림 19-11 시누모 규암 돌덩어리를 함유하고 있는 타피츠 사암. 화살표는 대략 25-30센티미터 크기의 규암 돌덩어리를 가리킨다. 사진: 웨인 래니.

화석(또는 화석의 결여)

홍수 지질학자들에 의하면, 죽음은 불과 수천 년 전인 창조 주간과 노아의 홍수 사이의 어느 특정 시점에 시작되었다. 눈으로 볼 수 있는 화석을 함유하는 최초의 지층은 (운카르 그룹의) 슈퍼그룹 베이스 지층에 있으므로, 그곳과 그 위의 모든 지층은 생물에게 죽음이 찾아온 이후에 퇴적된 것이다. 창세기 1장에 의하면, 홍수 전에 이미 모든 주요 범주의 생명체들이 존재하고 있었는데, 이는 베이스 지층과 그 위에 있는 지층이 현대의 모든 생명체를 반영하는 대표적인 시료를 포함하고 있어야 한다는 의미다. 그중 많은 암석층은 해양 환경에서 퇴적된 것으로 보이는데, 그렇다면 최소한 조개류, 물고기, 산호, 가재와 때로는 해양 파충류나 포유류 화석이 발견되어야 한다. 그러나 3600미터의 슈퍼그룹 암석 전체에서 복잡한 유기체는 전혀 발견되지 않는다. 물고기, 조개, 달팽이, 산호, 이빨 또는 뼈 하나도 없다. 확실히 화석화가 진행되고 있었는데, 어떻게 지구 전체적으로 단세포생물을 제외한 모든 생물이 화석으로 보존되지 않을 수 있었을까?

3. 대부정합을 따라 침식된 절벽(마일 1.9에서 2.0)

카이밥 남측 탐방로 앞 부분의 끝에서 대부정합에 도달했다. 이곳은 이 탐방로가 안쪽 협곡에서 나와서 톤토 플랫폼의 넓게 트인 지역으로 접근하기 시작하기 직전 지점이다. 이 지점의 대부정합은 슈퍼그룹의 시누모 규암과 그 위의 타피츠 사암의

그림 19-12 카이밥 남측 탐방로에서 본 톤토 플랫폼. 사진: 웨인 래니.

접촉면으로 대표된다. 그러나 그 접촉면은 수평이 아니다. 실제로 이 지점의 대부정합은 한쪽에서는 시누모 규암과, 다른 쪽에서는 타피츠 사암이 거의 수직을 이룬다. 자세히 조사해보면, 커다란 모난 규암 블록들이 사암 안으로 들어가서 타피츠 기반에 역암을 형성한 것을 보게 된다. 그림 19-11

이런 관찰 내용은 한때 타피츠 바다가 육지로 진출해서 시누모 규암 절벽 면까지 침식했다는 사실을 증거하고 있다. 규암 블록들이 주기적으로 물로 떨어져 굳지 않은 모래층에 자리 잡아 타피츠 기반에 모였고, 결과적으로 새로운 타피츠 모래 퇴적물에 덮였다. 규암 블록의 모난 형태는 절벽 면이 침식될 때 규암이 단단했음을 의미하는데, 일부 떨어진 블록들의 바로 밑에 모래가 흩어진 증거를 볼 수 있다. 궁극적으로, 해수면이 충분히 높아져 절벽 전체 위에 모래를 퇴적시키고 시누모 규암 바위 덩어리 무더기를 축적했다.

처음 보기에는, 놀랄 만큼 격렬한 파도와 급속히 파묻힌 부서진 암석 덩어리들의 이런 역사는 홍수 모델에 잘 들어맞는다고 주장할 수도 있지만, 자체의 (하나의 격변적인 사건과 잘 들어맞지 않는) 역사를 가지고 있는 그 아래쪽 지층 및 위쪽 지층과 따로 떼어 볼 때

에만 그런 주장이 가능하다.

4. 톤토 그룹: 타피츠 사암, 브라이트 에인절 점토암, 무아브 석회암(마일 2.0 에서 3.0)

타피츠 사암의 맨 위에서는 경사가 갑자기 완만해진다. 맨 위에서부터 아래로 걸어 내려가다 보면, 완만하게 경사진 긴 탐방로가 이 지점에서 갑자기 급강하한다("경고"라는 의미의 팁오프[tipoff]라는 이름

은 참 적절하다). 이 탐방로를 계속 가다 보면 톤토 플랫폼(그랜드캐니언의 파노라마 전경을 볼 수 있는 선반처럼 넓은 바위)에 도착하게 된다.그림 19-12 이 플랫폼은 쉽게 침식된 브라이트 에인젤 점토암이 노출된 덕분에 존재하게 되었다. 점토암의 침식 속도가 비교적 빨라서 그 위의 더 단단한 무아브 석회암의 하부를 깎아냈고, 이로 인해 무아브 석회암이 무너졌다. 이처럼 단단한 암석층과 연한 암석층이 번갈아 나타남으로써 그랜드캐니언에 고전적인 절벽-평탄면의 프로필이 생기게 되었다. 이 과정이 어떻게 작동하는지를 상기하기 위해 그림 16-4를 보라.

더 나아가, 카이밥 남측 탐방로는 브라이트 에인젤 점토암 및 절벽을 이루는 무아브 사암의 파편으로 덮인 남은 부분을 통과해 가파르게 기울어진다. 모두 캄브리아기에 속하는 타피츠 사암, 브라이트 에인젤 점토암과 무아브 석회암이 합쳐져 톤토 그룹을 구성한다. 이 지층들은 자연적인 연관성을 공유한다. 왜냐하면 모래에서 모새와 점토로, 그다음에는 석회로 변화하는 현상은 점진적으로 가라앉는 해안선이나 솟아오르는 바다에서 기대되는 바와 잘 들어맞기 때문이다.그림 5-13을 보라

좀 더 가까이에서 보면, 얕은 물에서 깊은 물로의 변화가 일정하지 않음을 알 수 있다. 사암에서 점토암으로 그리고 석회암으로 전반적으로 변화한다는 것은 명백하지만, 수많은 지층이 번갈아 나타나서 상대적 수심이 여러 차례 소규모로 깊어졌다 얕아졌음을 알 수 있다.그림 19-13 탐방로를 벗어나 서쪽 지층을 따라가면 암석 입자들이 점점 고와지는 것을 발견하게 되는데, 이는 그 방향으로 수심이 깊어지는 것과 일치한다. 이런 정보로부터 우리는 해수면이 높아짐에 따라 해안선이 동쪽으로 전진하고 있었으며, 더 단기적으로는 많은 전진과 후퇴가 있었음을 알 수 있다.

이 지층에서 발견된 화석은 세계의 다른 많은 캄브

그림 19-13 번갈아 나타나는 무아브 석회암 지층(태너 탐방로에서 본 모습). 사진: 그렉 데이비슨.
그림 19-14 브라이트 에인젤 점토암에 포함된 벌레 자취의 화석. 사진: 그렉 데이비슨.
그림 19-15 브라이트 에인젤 점토암에 포함된 삼엽충. 사진: 마이크 퀸, 그랜드캐니언 국립공원.

리아기 지층에서 발견되는 전형적인 유형이다. 톤토 그룹에서만 47개의 다른 삼엽충 종이 식별되었지만, 톤토 그룹 위나 아래 지층에서는 그중 어느 종도 발

견되지 않는다.그림 19-14, 19-15 여러 층의 흔적과 굴들은 한 층 위의 다른 층에 확립된 생태계가 오랫동안 이어졌다는 증거가 된다. 그랜드캐니언의 화석 기록에서 삼엽충과 같은 생물이 세계의 다른 지역 지층에서와 같은 순서로 나타났다가 사라진다는 사실은, 그랜드캐니언의 각 지층이 지구 역사의 뚜렷한 시기를 나타낸다는 것을 말해준다.

슈퍼그룹에 대한 홍수 지질학자들의 설명과 마찬가지로, 톤토 그룹에 대한 그들의 설명에는 많은 문제와 모순이 있다. 다시 몇 가지 예를 살펴볼 것이다.

분급(sorting)

흐르는 물이 점점 느려질 때는 입자들이 크기별로 정렬(분류)될 수 있다. 더 큰 입자는 먼저 가라앉고 작은 알갱이는 나중에 가라앉는다. 홍수 지질학자들은 입자들이 나뉘어 사암, 점토암, 석회암을 형성하는 일반적인 분류를 홍수 물이 깊어지고 느려진 증거로 본다. 그들은 톤토 그룹 맨 위의 석회암이 (대부분의 석회암 형성처럼) 유기체 껍데기에서 나온 것이 아니라 먼 곳의 석회질 퇴적물이 씻겨 들어온 것이라고 가정한다. 석회 입자가 녹지 않고 운반될 가능성이 높지 않다는 점을 무시한다 하더라도(5장을 보라), 이 주장에는 여전히 심각한 문제가 있다. 또한 홍수 모델은 물살이 느려짐에 따라 석회 입자가 섞이지 않은 별도의 지층으로 가라앉으려면 석회 입자 모두가 점토 입자보다 작아야 한다(또는 밀도가 낮아야 한다)고 가정한다. 그러나 실제로 석회 입자와 점토 입자의 크기와 밀도는 상당히 겹친다. 이는 홍수 모델이 이 지층들이 높은 정도로 서로 섞이리라고 예상해야 한다는 의미가 된다. 톤토 그룹의 점토암과 석회암 지층을 보면, 대홍수에 의한 퇴적에서 예상되는 바와는 달리 그 섞인 정도가 아주 작다.

달리 말하자면, 그랜드캐니언에서 발견된 실제 증거는 지층 형성에 관한 홍수 지질학자들의 주장 중 어느 것도 지지하지 않는다.

석회암

전 세계적으로, 채널드 스카브랜즈의 거대한 홍수를 포함해서 어떤 크기의 홍수도 석회암이나 소금 퇴적물을 남겨놓은 사례가 발견된 적이 없다. 깊은 배출구로부터 뜨겁고 광물이 풍부한 액체가 방출됨으로써 이 퇴적물이 형성되었다고 설명하기 위해서는, 창조 주간의 제3일에(땅이 물과 분리된 때) 방해석이 풍부한 지하수와 소금이 풍부한 지하수 구멍이 별도로 창조되어 다가올 홍수를 위해 보존되었어야 한다. 방출된 뒤에는, 방해석이 풍부한 액체와 소금이 풍부한 별도의 액체가 모종의 방법으로 서로 섞이지 않고, 바닷물과 섞임으로써 희석되지 않으며, 맹렬한 홍수 물에 의해 휘저어진 퇴적물과 섞이지 않고 광물 퇴적물을 형성해야 했다. 이 모든 단계마다 별도의 기적이 필요했을 것이다. 바다로 배출된 뜨겁고 광물질이 풍부한 물이 식으면서 방해석을 용해시켰을 것이기 때문에 석회질 퇴적물도 마찬가지로 기적을 필요로 한다. 석회암은 기본적인 열역학을 위반하지 않고서는 물에서 퇴적될 수 없었다.

화석

화석의 순서는 어떤 유형의 화석으로도 논의할 수 있지만, 여기서는 논의를 삼엽충으로 국한할 것이다. 톤토 그룹에서 나온 것으로 알려진 47종의 삼엽충은 크기와 모양이 다양하다. 삼엽충은 해양생물이기 때문에 널리 분포되었을 것이 틀림없으며, 실제로 전 세계의 캄브리아기 지층에서 발견된다. 어떻게 전 세계에서 크고 작은 삼엽충, 뭉툭하고 길쭉한 삼엽충의 모든 종류가 턱이 있는 물고기와 한 번도 섞이지 않고 같은 순서로 분류되었을까? 그리고 모든 지층이 150일이라는 짧은 기간에 퇴적되었다면 왜 47종의 삼엽충 중 최소한 몇 개의 종만이라도 캄브리아기 지층과 그랜드캐니언 테두리 사이에 있는 지층에서 발견되지 않을까?

5. 템플 뷰트 지층(마일 3.0)

도보 여행이 4.8킬로미터를 조금 넘어가면, 우리의 탐방로는 일반적으로 무아브 석회암과 붉은 벽 석회암 사이의 접촉면을 발견할 수 있는 지점에 도달한다. 그러나 이곳에서는 무아브 꼭대기에 깎인 수로를 점령하고 있는 자줏빛 암석층을 만난다.그림 19-16 이것은 템플 뷰트 지층의 노출부다. 이 지층은 그랜드캐니언의 일부 지역에서만 발견되며 두께도 상당히 다르다. 이 지층은 무아브나 붉은 벽 지층에 비해 독특한 화석을 포함하고 있어서 이런 이름이 붙여졌으며, 무아브 지층의 맨 위 표면 안으로 깎인 저지대(수로)에 위치하고 있다. 무아브 화석은 캄브리아기의 전형적 화석임을 기억하라. 수로들이 퇴적된 직후에 깎인 뒤 재빨리 다시 채워졌다면, 더 많은 캄브리아기 화석 또는 최소한 이에 뒤이은 오르도비스기 화석을 발견하리라고 기대되어야 한다. 그러나 플래커덤 피시와 다양한 산호처럼 실제로 발견된 화석은 훨씬 이후인 데본기에 속한다. 이런 사실은 무아브 석회암이 형성된 뒤 그 위에 퇴적되었던 지층이 침식으로 제거되고, 궁극적으로 무아브 표면 아래로 수로들이 깎였다는 것을 말해준다. 그 뒤에 새로운 퇴적물이 수로들을 채웠다. 무아브 지층의 퇴적과 템플 뷰트 지층의 퇴적 사이에 벌어지는 총 시간차는 약 1억3천5백만 년에 달한다.

홍수 지질학자들의 설명에 의하면, 홍수 기간 동안

그림 19-16 카이밥 남측 탐방로에 있는 템플 뷰트 암석의 구멍. 사진: 웨인 래니.

해류가 부드러운 무아브 석회암을 뚫고 수로들을 깎아낸 뒤 신선한 석회 퇴적물로 다시 채웠는데, 이 모든 일이 단 몇 일 동안에 일어났다고 한다. 이런 시나리오 하에서, 왜 바닥에서 사는 산호와 자유롭게 헤엄치는 플래커덤 피시를 포함한 독특한 생물들(모두 데본기에 속함)이 이 수로들 안에만 퇴적되고 다른 곳에서는 퇴적되지 않았을까?

그림 19-17 붉은 벽 석회암을 통과하는 커브 길. 사진: 웨인 래니.

6. 붉은 벽 석회암(마일 3.0에서 4.0)

붉은 벽 석회암의 유명한 "붉은색과 흰색" 급커브 길을 오를 때에는 탐방로가 상당히 가팔라진다.그림 19-17 붉은 벽은 98퍼센트가 순수한 방해석이며 두께 150미터에 이르는 가파른 절벽이다. 무아브 및 템플 뷰트 석회암과 함께, 이 3개 지층은 450미터가 넘는 높고 거대한 절벽을 형성한다. 무아브, 템플 뷰트, 붉은 벽은 모두 석회암이지만, 화석 생명체의 극적인 변화로 인해 이것들 사이의 접촉면은 뚜렷이 구분된다. 붉은 벽에서는 뼈 있는 물고기, 상어 이빨 및 미시시피기에 전형적인 유기체 화석이 발견된다. 붉은 벽을 좀 더 자세히 살펴보면 이 지층의 많은 부분

이 갈라진 긴 가지 또는 줄기에 의해 해저에 들러붙은 바다나리(촉수가 있는 꽃을 닮은 해양동물)로 구성되어 있음을 알 수 있다. 바다나리 종들 중 일부는 현존하기 때문에, 우리는 바다나리가 죽으면 갈라진 줄기들이 쉽게 떨어져 나가 유해와 함께 해저에 흩어진다는 사실을 알고 있다.그림 19-18

붉은 벽 석회암은 애리조나주를 넘어 몇 개의 주로 확장된다(다른 곳에서는 다른 지층의 이름이 붙여졌다). 모래나 점토와는 거의 섞이지 않은 폭넓은 바다나리 유해 층이 존재한다는 사실은, 바다나리 군집이 해저를 덮은 넓고 얕고 따뜻한 바다가 있었음을 시사한다. 상당한 양의 점토나 모새가 없다는 사실은, 이 바다나리들이 퇴적물을 함유한 하천 물이 바다로 배출되는 지점에서 멀리 떨어진 곳에서 살았다는 의미다. 화석 유해가 이처럼 두꺼운 것은 여러 세대의 바다나리가 각자 이전 세대의 유해 꼭대기 위에서 자라고 있었다는 것으로 쉽게 설명된다. 이와 유사한 과정이 현대의 산호초 군집이 선조들의 유해 위에서 자라 수십 미터 깊이의 석회암을 만들어내는 곳에서 진행되고 있다.

홍수 지질학자들의 주장은 다음과 같다. 즉 뜨겁고 탄산칼슘이 풍부한 액체가 "깊음의 샘"으로부터 방출된 결과로 거의 순수한 탄산칼슘이 형성되고, 그와 동시에 아주 먼 바다로부터 바다나리가 뽑혀 와서 산산

그림 19-18 붉은 벽 석회암에 들어 있는 바다나리 파편과 솔로몬제도의 살아 있는 바다나리. 왼쪽 위 사진: 웨인 래니, 오른쪽 삽입 사진: 팀 헬블.

조각으로 부서지고, 궁극적으로는 이 바다나리 조각들이 퇴적되는 탄산칼슘과 섞인 결과라는 것이다.

이런 설명이 정당화되기 위해서는 무엇이 필요한지 상상해보라. 노아 홍수의 이 단계에서, 거대한 쓰나미가 지구를 휩쓸고 퇴적물을 씻어내 먼 거리를 옮긴 뒤 현재의 미국 서부 지역에 수십 미터를 쌓아 올렸어야 한다. 지각판("깊은 수문")들이 떨어져 나갔을 때 배출된 광물질이 풍부한 물이 바닷물과 섞이지 않고, 또한 휘저어진 다른 퇴적물과 섞이지 않고 대륙을 가로질러 이곳으로 옮겨졌어야 한다(냉각되고 혼합되면 퇴적에 방해가 되었을 것이다). 한편 수천 평방킬로미터를 점령한 연약한 바다나리의 거대한 해양 공동체가 찢기거나 묻히지 않고 홍수의 초기 몇 주(또는 몇 달) 동안의 격렬함을 견뎌낸 뒤에 갑자기 해저에서 찢겨, 휘

저어진 점토나 모래와 섞이지 않은 채 수백 킬로미터를 이동했어야 한다. 마지막으로, 희석되지 않은 광물질이 풍부한 물이 (섞인 모래나 점토가 없는) 바다나리 줄기와 만나 거의 순수한 탄산칼슘인 바다나리 주위에 퇴적되어야 했다.

이 시나리오도 믿을 수 없는데, 그보다 더 황당한 것이 있다. 그 당시에 살고 있던 한 세대의 바다나리가 묻혔다면, 흩어진 조각들은 해저의 몇 센티미터만을 바다나리 유해로 덮었을 것이다. 서부의 여러 주를 걸쳐서 150미터 두께의 바다나리 퇴적물을 얻으려면, 바다나리 공동체들이 애초에 훨씬 넓은 지역(수만 평방킬로미터)을 덮고 있다가 뽑혀서 더 좁은 지역에 쌓였어야 한다. 그것도 모두 진흙으로 흐려지지 않은 맑은 물에서 말이다.

7. 서프라이즈 캐니언 지층(마일 4.0; 카이밥 남측 탐방로에는 노출되지 않음)

그림 19-19 콜로라도강 페른 글렌 (Fern Glen) 캐니언 어귀에서 본 서프라이즈 캐니언 지층. 사진: 웨인 래니.

강에서 6.4킬로미터 지점, 붉은 벽 석회암에 있는 탐방로의 힘든 오르막 꼭대기에서 우리는 수파이 그룹과 접하게 된다. 그러나 이 협곡의 다른 부분에서는 붉은 벽 지층의 맨 위 낮은 지점에 서프라이즈 캐니언 지층이라는 또 다른 지층이 자리 잡고 있다.그림 19-19, 19-20 낮은 지점들을 지도로 이으면 하천 연결망처럼 보이는 연결 통로가 형성되는데, 이 수로들은 서쪽으로 갈수록 넓어지고 깊어진다. 그중 가장 긴 수로는 깊이가 120미터에 이른다.

서프라이즈 캐니언 지층의 바닥 지층은 그 아래 붉은 벽 지층의 파편들을 포함하고 있으며, 이 지층에는 붉은 벽에서 나온 화석도 들어 있다. 이는 바다가 물러난 뒤에 붉은 벽 지표면이 노출되어 침식되었다는 명백한 표시다. 수로들을 채운 퇴적물은 많은 화석을 함유하고 있다. 아래쪽 퇴적물에서는 나무를 포함해서 육상생물 화석이 나온다. 이런 정보는 융기로 인해 또는 해수면이 낮아져 이 지역이 다시 가라앉기 전에 하천 수계와 육지 생태계가 발달할 수 있을 만큼 충분히 오랜 기간 동안 물 위에 있었음을 말해준다. 이곳의 화석은 붉은 벽 아래에서 발견되는 화석과 다르며, 미시시피 말기에 살아 있던 전형적인 생물의 흔적이다.

젊은 지구론을 주장하는 수많은 저자와 강사들은 서프라이즈 캐니언 지층을 간과한다. 이것의 존재를 인정하는 사람들도 이곳에 육상생물 화석이 많다는 점을 언급하지 않는다. 일부 육지생물들이 바다로 쓸려 들어가 한두 곳의 저지대에 가라앉았을 수도 있다고 생각할 수 있지만, 이 화석들이 (해양 화석과 섞이지 않고) 서프라이즈 지층 퇴적물의 바닥에 편만하다는

그림 19-20 서프라이즈 지층에서 나온 역암 몽돌에 들어 있는 붉은 벽 석회암 파편. 몽돌의 크기는 약 0.45미터다. 사진: 에린 휘태커, 국립공원 서비스

사실은 오랜 기간 동안 강이 이 수로를 지나갔으며 육지 생태계가 번성했음을 웅변해주고 있다.

8. 수파이 그룹과 허밋 지층(마일 4.0에서 5.8)

스켈레톤 포인트를 지나면 가파른 길이 잠시 끝나지만, 곧바로 탐방로는 수파이 그룹과 허밋 지층을 다시 올라간다. 도중에 우리는 사암, 점토암, 석회암과 역암 층이 번갈아 나타나는 것을 발견할 수 있다.그림 19-21 이렇게 다수의 층들이 번갈아 나타나는 것은 여러 차례의 해수면 상승과 침강으로 퇴적과 침식 기간이 산재해 있었다는 사실과 일치한다. 허밋 지층의 퇴적물이 수파이 그룹의 위쪽 사암에 있는 고대 수로들을 채운 곳에서도, 템플 뷰트 및 서프라이즈 캐니언 지층에서 기술한 것과 같이 채워진 낮은 지점들이 나타난다.그림 19-22 수파이 그룹의 지층들 내에서는 또 다른 수로들도 발견된다.그림 19-23 수파이 그룹의 일부 사암층은 바람에 의한 퇴적물에 있어 특징적인 사층도 보여준다.

최초의 (등뼈가 있는) 척추동물의 흔적은 수파이 그룹에서 발견된다.그림 19-24 허밋 지층의 일부 암석층은

그림 19-21 수직 붉은 벽 석회암 위와 더 밝은 색상의 수직 코코니노 사암 아래에서 번갈아 나타나는 수파이 그룹과 허밋 지층. 사진: 웨인 래니.

그림 19-22 수파이 그룹 맨 위에 있는 수로의 가장자리. 허밋 지층 퇴적물로 채워져 있다(브라이트 에인젤 탐방로 2.4킬로미터 휴게소에서). 사진: 웨인 래니.

그림 19-23 마블 캐니언에 있는 43킬로미터 급류 근처 (웨스코가메 지층의) 수파이 그룹 내의 수로. 미국 지질 서베이. 사진: E. D. 맥키.

잠자리 날개그림 13-12와 양치류 식물그림 19-25과 같은 육지생물 화석을 포함하고 있다. 같은 지층에서 육지 화석과 해양 화석이 뒤섞여 발견되지 않는다는 사실은,

그림 19-24 수파이 그룹에 있는 파충류가 지나다닌 길. 사진: 웨인 래니.
그림 19-25 허밋 지층의 양치류 화석. 사진: 마이클 퀸, 국립공원 서비스

이 지역이 해수면 위에 있었을 때와 해수면 아래에 있을 때 사이에 뚜렷한 시간 간격이 있었다는 명확한 증거다.

홍수 지질학자들은 이 모든 지층의 기원이 바다라고 주장한다. 이는 이 모든 지층이 실제로 바다에서 퇴적된 증거를 포함하고 있어서가 아니라, 자신들의 모델이 이를 요구하기 때문이다.

9. 코코니노 사암(마일 5.8에서 6.5)

이 탐방로는 허밋 지층의 붉은 이암을 올라가 시다 리지(Cedar Ridge)를 따라 그림 같은 관목을 지나서 코코니노 사암으로 들어간다. 이곳에서는 아래의 붉은 지층이 위의 하얀 코코니노로 바뀌는 뚜렷한 부정합을 쉽게 볼 수 있다.그림 19-26

이 접촉면에서 그리 멀지 않은 곳에 작은 파충류가 지나다닌 길 자국을 포함하고 있는 몽돌이 있다.그림 19-27 이곳에는 파충류 각각의 발바닥 살과 발톱 및 이 동물의 체중이 무른 모래 위를 눌러서 난 발자국 모습이 자세히 보존되어 있다. 동물이 지나다닌 길은 단순한 발자국보다 훨씬 중요한데, 이는 이 길이 해당 동물의 보폭, 체중, 크기 및 걸음걸이에 관한 정보를 제공해주기 때문이다. 허밋 탐방로를 따라 서쪽으로는 전갈 및 거미 같은 생물에 의해 남겨진 생흔이 발견된다. 이 생흔의 존재와 뼈 화석의 부재가 결합되어 사막 모래가 이 지역을 덮었던 시기에 대해 말해준다. 이런 환경에서는 생명체가 매우 적었을 것이며, 상황이 뼈대가 보존되는 데 우호적이지 않았을 것이다.

앞으로 더 나아가면, 이 탐방로는 가파르게 굽어

그림 19-26 코코니노 사암과 허밋 지층 접촉면(브라이트 에인젤 탐방로). 코코니노 사암은 붉은 허밋 암석 위의 밝은색 암석이다. 사진: 그렉 데이비슨.
그림 19-27 코코니노 사암에 나 있는 파충류 생흔. 사진: 웨인 래니.

있는 특징이다.

홍수 지질학자들은 홍수가 이때까지도 맹위를 떨치고 있었다고 주장하기 때문에 코코니노는 해양 퇴적물이어야 한다. 그들은 생흔들이 물밑에서 형성되었다고 주장하며, 살아 있는 양서류로 물탱크에서 실시한 연구를 생흔이 이런 식으로 만들어질 수 있다는 증거로 인용한다. 그러나 홍수 지질학자들은 자신들의 모델이 필요로 하는 방대한 모래층을 운반하기 위해서는 격렬한 흐름이 필요함에도, 앞의 연구는 물살이 약한 곳에서 수행되었다는 사실을 언급하지 않는다. 그다지 빠르지 않은 속도의 흐름조차 코코니노 지층에서 발견되는 파충류와 양서류의 물밑 생흔을 빠르게 지워버렸을 것이 분명하다.

10. 토로윕 지층과 카이밥 지층(마일 6.5에서 7.0)

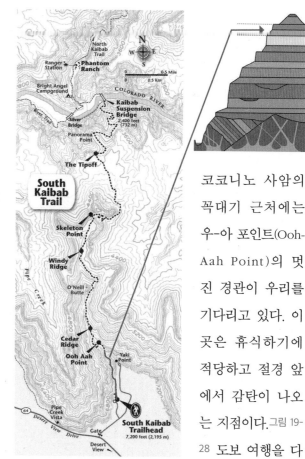

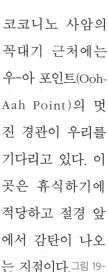

코코니노 사암의 꼭대기 근처에는 우-아 포인트(Ooh-Aah Point)의 멋진 경관이 우리를 기다리고 있다. 이곳은 휴식하기에 적당하고 절경 앞에서 감탄이 나오는 지점이다.그림 19-28 도보 여행을 다

윈디 리지(Windy Ridge)로 올라간다. 윈디 리지는 코코니노와 허밋 양쪽으로 떨어지는 탐방로의 특별한 구간이다. 이 여정을 끝내려면 상당한 양의 땀을 흘려야 하지만, 여기서부터는 꼭대기에 가까워지고 있다는 느낌을 가지게 된다. 경사 지층은 대체로 석영 모래 지층에 많다. 긁힌 입자들과 30-34°에 달하는 경사 지층 각도는 사막, 사구의 환경에서 전형적으로 볼 수

시 시작해서 앞으로 나아가면, 우리는 토로윕 지층과

그림 19-28 우-아 포인트에서 본 전경. 사진: 웨인 래니.

그림 19-29 토로윕 지층에 있는 티피 구조물. 사진: 웨인 래니.

카이밥 지층의 석회암, 점토암, 사암 및 증발 잔류암이 번갈아 나타나는 지점을 오르게 된다. 서로 다른 지층들의 내구성이 다양하면 가파른 경사와 완만한 경사가 혼합된 지형이 만들어진다. 번갈아 나타나는 지층들은 해수면이 주기적으로 상승 및 하락했음을 반영하고 있다. 약 0.8킬로미터쯤 나아가면, 티피(tepee; 북미 평원 인디언의 원뿔형 천막집) 모양의 암석층을 만나게 되는데, 이 암석층은 아래의 증발암이 위의 암석을 조임으로써 만들어졌을 가능성이 있다.그림 19-29 이런 행태는 위쪽 암석의 무게가 아래쪽의 소금이나 석고 같은 유연한 증발암을 짓누를 때 위쪽 지층의 약한 지점을 통해 증발암이 빠져나올 때 흔히 발생한다. 증발암은 강도 높은 증발과 건조가 발생했던 시기가 있었다는 강력한 증거다. 이외에는 증발암을 만드는 어떤 메커니즘도 없다고 알려져 있다. 한 층에서 다른 층으로 올라감에 따라 화석 유형이 상당히 변하는데, 이는 이 층늘이 형성되는 동안 새로운 생태계가 더 오래된 생태계를 대체할 수 있을 만큼 충분히 긴 시간이 흐른 것이 분명하다고 말해준다.

홍수 지질학자들은 협곡의 가장 위쪽 지층들이 홍수의 전반부(150일)그림 3-2를 보라 동안 만들어졌다고 주장한다. 이들의 주장에 따르면, 홍수가 이례적으로 격렬했음에도, 퇴적물 지층들이 반복적으로 다른 유형이나 크기의 입자들과 거의 섞이지 않고 형성되었다. 증발암이 신비스럽게도 물밑에서 형성되고, 모든 강과 목의 유기체들이 홍수의 후반부까지 기다렸다가 모두 함께 묻혔다는 것이다.

11. 테두리(마일 7)

아픈 다리로 커다란 성취감을 느끼며 테두리에 도착한 우리는 그랜드캐니언의 엄청난 깊이를 새삼 인식하게 된다.그림 19-30 숨을 돌리고 나서, 지금까지 보았던 것들에 관해 몇 가지 마지막 생각을 이야기할 것이다. 그랜드캐니언의 많은 지층, 구조물, 단층은 확실히 강력한 힘들이 작용했음을 나타내지만, 모두 지구의 정상적인 과정으로 설명될 수 있다. 느린 과정도 있고 빠른 과정도 있지만 모두 정상적인 과정이다. 더 중요한 점은, 각각의 지층이나 특성에 대한 설명들이 해수면 상승과 하강, 서서히 움직이는 지각판들이 지각을 들어 올리고 내리는 더 큰 이야기 안에 잘 들어맞는다는 사실이다. 이 협곡의 탐방로를 따라 만났던 화석과 세계 전역에서 발견된 화석도 이와 일치하는 이야기를 전달한다. 즉 존재하는 모든 유형의 유기체들이 지구의 역사에서 상이한 시대에는 상당한 정도로 달랐을 경우에만 말이 되는 이야기란 말이다. 11킬로미터에 이르는 이 도보 여행 중 어느 곳에서도 새, 공룡, 포유류 또는 현화식물의 화석이 하나도 발견되지 않는다는 점은 매우 중요하다.

홍수 지질학의 주장은 지층의 하나 또는 특성의 하나를 따로 떼어서 적용하면 어느 정도 타당한 경우가 있지만, 개별적인 설명들을 논리 정연한 전체 안으로 통합할 방법이 없다. 홍수 지질학자들은 하나님이 과

약간의 해양 퇴적물이 모든 해양 퇴적물을 만들까?

코코니노 사암에서 일부 고립된 백운암(많은 마그네슘이 함유된 석회암―대개 해양 퇴적물임) 지대가 발견되었다. 홍수 지질학자들은 백운암의 존재가 시스템 전체가 해양 퇴적물임을 의미한다고 주장한다. 코코니노 사구가 고대의 바다에 가까웠다는 점을 고려할 때, 해안선에서 가까운 일부 사구의 모래가 백운암과 함께 굳어진다고 해도 놀랄 일은 아니다. 그러나 약간의 백운암 때문에 코코니노 전체가 해양 퇴적물이라고 말하는 것은, 도쿄에 스웨덴인이 한 명 거주하는 것을 발견하고 일본인들은 모두 북유럽인이라고 선언하는 것과 마찬가지다!

그림 19-30 카이밥 남측 탐방로 정상에서 본 사우스 림 전경. 사진: 웨인 래니.

학적 조사에 열려 있는 자연 과정을 채택해서 지구의 수많은 지층을 쌓으셨다고 주장하지만, 그들의 설명은 지속적으로 관찰된 적도 전혀 없고 상호 배타적인 메커니즘에 의존한다. 방사성 붕괴가 과거에는 더 빨랐어야 하는데, 그렇다면 지각이 녹는 것을 피하도록 기적적으로 열을 제거할 필요가 있었을 것이다. 마찬가지로 급속한 지각 운동도 마찰열을 기적적으로 해소해야 했을 것이다. 홍수가 시작되었을 때 갈라진 틈을 통해 분출된 광물이 풍부한 액체는 바닷물이나 진흙 또는 모래와 섞이지 않았어야 하고, 액체가 냉각되면 석회가 침전된다는 기본적인 화학 법칙을 위반했어야 한다. 한 지점에서 발견되는 앵무조개같이 한쪽으로 방향을 잡은 화석들은 세계적인 홍수에 의한 퇴적의 증거라고 주장되지만, 다른 모든 곳에서의 방향

을 잡지 않은 화석들(이런 경우가 일반적임)은 웬일인지 고요한 물에서 퇴적된 증거로 고려되지 않는다.

일부 학자들은 지진이 홍수 퇴적물을 입자 크기에 따라 얇은 지층들로 분리시켰으며, 모종의 방법으로 역암은 전혀 분리되지 않고 섬세한 동물 생흔에 나 있는 특성이 상처를 입지 않고 보존되었다고 설명한다. 방대한 화석 기록은 전 세계적인 홍수가 모든 대륙을 휩쓸었다는 증거라고 주장되는데, 그 홍수가 어쩐 일인지 그랜드캐니언의 어떤 지층에도 생쥐, 갈매기, 고래, 개구리, 튤립 또는 가재 화석을 단 하나도 남기지 않았다.

그랜드캐니언에 대한 전통적인 지질학의 이해는 단지 홍수 지질학의 견해보다 나은 정도가 아니다. 전통적 모델은 통하지만, 홍수 모델은 통하지 않는다.

이 모든 것은 어디에서 왔을까?

홍수 지질학자들의 모든 설명은 성경에 기초하고 있다고 주장된다. 그렇다면 성경의 어디에서 노아 홍수가 지진, 대륙 이동, 산들의 융기, 쓰나미, 광물이 풍부한 바다의 분화구와 연결되어 있다는 언급을 찾을 수 있을까? 이런 구절의 수는 그랜드캐니언에서 발견되는 새나 공룡 화석의 수와 같다. 즉 그 답은 0이다. 그렇다면 어떻게 홍수 모델이 성경적인 모델일까?

그랜드뷰 포인트에서 본 석양 녘 비시누 템플. 사진: 브론즈 블랙.

20장

과학 vs. 홍수 지질학: 단순한 세계관 차이만이 아니다

저자 일동

이 책을 시작하면서 우리는 다음과 같은 점을 언급한 바 있다. 즉 젊은 지구론 또는 홍수 지질학 지지자들이 우리는 모두 같은 자료를 보고 있지만 세계관이 달라서, 이 자료를 매우 다르고 서로 충돌하는 과정의 증거로 "보게" 된다고 주장한다는 것이다. 이런 주장의 근저에는 우리가 모두 훌륭한 과학 연구를 수행하고 있지만 각 사람이 성경적이거나 인본주의적인 "안경"을 쓰고 있어서 자료에 대해 다른 해석을 내린다는 생각이 깔려 있다. 성경에 충실하면 지구의 나이가 제한적이라는 주장을 지지하는 자연의 증거에 주의를 기울이게 되고, 성경을 거부하면 지구의 나이가 많다는 자연의 증거만을 보게 된다는 것이다. 그러나 앞의 장들은 이와는 아주 다른 내용을 보여준다.

이 책에서 다룬 각각의 주제에 대해, 자료를 전체적으로 보고 (답에 대한 사전 지식이나 미리 정해진 결과 없이) 이 자료가 우리를 이끄는 곳으로 데려가도록 허용한다면, 언제나 우리는 그랜드캐니언의 역사가 수백만 년이 되었다는 결론으로 인도된다. 이 협곡이 최근에 형성되었다는 견해는 미리 그런 답을 정하고 미리 생각한 모델에 부합한다고 여겨지는 약간의 자료를 주의 깊게 선택하고 들어맞지 않는 자료는 무시할 때에만 상상 가능하다. 여기에 과학과 홍수 지질학의 차이가 있다. 과학은 자료가 이끄는 곳으로 가지만 홍수 지질학은 그렇지 않다. 질문에 대한 답을 미리 결정함으로써, 홍수 지질학은 어떤 과정이 작동했는지 또는 어떤 사건이 일어났는지(또는 그 문제에 관해 하나님이 실제로 어떤 일을 하셨는지)를 발견하기 위해 자연을 연구하지 않는다. 그보다 홍수 지질학은 대답을 가지

고 시작하며 미리 결정된 모델에 부합하는 방법을 발견하기 위해서만 자연을 연구한다. 이런 점에서 홍수 지질학은 과학과 대조된다(과학에 반한다).

이 논쟁은 실제로 별개의 세계관들과 관련되지만, 홍수 지질학자들이 묘사하는 방식대로 관련되지는 않는다. 진정한 과학은 자연이 이해 가능하고, 오늘날 지구상에서 작동하는 과정들을 사용해서 과거에 어떤 일이 일어날 수 있었는지를 알려줄 수 있으며, 근본적인 물리학과 화학 법칙은 변하지 않았고 앞으로도 변하지 않으리라고 규정하는 세계관을 가진 사람들에 의해 수행된다. 이런 견해는 본질적으로 세속적이지 않다. 왜냐하면 이 견해는 논리적이고 일관성이 있으며 변하지 않는 하나님이 자연을 인도하고 지탱하기 때문에 과학이 가능하다고 여겨졌다는 기독교 철학의 역사적 영향 아래서 발달했기 때문이다. 따라서 신앙인이나 신앙이 없는 사람 모두 과학 연구를 수행한다.

홍수 지질학자들의 신조와는 달리, 홍수 지질학이 다른 세계관들과 구분되는 지점은 성경에서 발견되는 구절들에 대한 집착이 아니다. 오히려 홍수 지질학의

그림 20-1 비머 탐방로를 따라 추아르 뷰트를 향해 올라가는 탐방로. 사진: 그렉 데이비슨.

그림 20-2 그랜드캐니언 서부의 에스플러네이드 플랫폼. 사진: 웨인 래니.

뚜렷한 특징은 성경 안이나 밖의 모순되는 증거를 고려하지 않으면서 사실로 받아들여진 성경 안의 특정 구절들에 대한 특정 해석 방식을 고수한다는 점이다. 그 결과, 자연에서 나오는 모든 자료는 그로 말미암은 결과가 얼마나 혼란스럽게 뒤얽히든지 상관없이, 진리로 받아들여진 모델에 억지로 꿰맞추어져야 한다.

홍수 지질학은 다음과 같은 메시지를 전달한다. 즉 오늘날 자연에서 관찰되는 내용은 과거에 무슨 일이 일어났는지를 우리에게 알려주는 데 사용될 수 없고, 물리학과 화학의 근본 법칙들은 잘 이해된다고 추정될 수 없으며, 결정적으로, 자연이 자연 자신의 이야기를 들려주리라고 신뢰받을 수 없다는 것이다. 이런 점에서 홍수 지질학은 비과학적일 뿐만 아니라 비성경적이다. 로마서 1장은 창조주의 신성이 그분의 물리적인 피조물인 자연에 드러난다고 선언한다. 자연이 진실한 이야기를 들려준다고 신뢰받을 수 없다면, 이 진술은 홍수 지질학자들의 하나님 이해에 대해 무엇을 말해줄까?

홍수 지질학은 현대 지질학의 대안일까?

그랜드캐니언에 대해 주장되는 역사의 타당성을 평가하기 위한 토대가 물리적인 증거라고 한다면, 홍수 지질학은 한참 부족하다. 홍수 지질학의 설명이 얼핏 강력해 보이는 지점에서도, 자세히 조사해보면 언제나 전 세계적인 홍수와 모순되는 결정적인 관찰이나 데이터가 논의에서 빠져 있다. 참으로 살아남을 수 있는 대안은 해당 모델에 들어맞는 자료만이 아니라 입수할 수 있는 모든 자료를 고려해야 한다. 홍수 지질학은 지배적인 과학적 견해는 공허하고, 자신의 견해는 "좋다"고 주장한다.

그랜드캐니언은 지구가 오래되었다는 압도적인 증거를 제공한다. 우리 저자 일동은 이 책을 읽는 모든 독자가 그랜드캐니언을 직접 탐험해보고, 그 지역의 경관을 한껏 즐기며, 이 협곡의 지층에 보존된 놀라운 이야기에 경외심을 느낄 기회를 가지기를 소망한다. 상상으로 꾸며낸 이야기가 아니라 협곡 자체가 들려주는 이야기 말이다.

그림 20-3 카데나스 개울 근처로부터 사막의 팔리사데스에 있는 코만체 포인트를 비추는 석양. 사진: 스티븐 스렐켈드.

그림 20-4 점점 약해지는 돌발 홍수가 노스 캐니언을 통해 쏟아져 내리고 있다. 사진: 브론즈 블랙.

데려가도록 허용하지 않았더라면 존재하지 않았을 사물들을 사용하고 있는 셈이다.

우주로 위성을 쏘아 올리고, 달에 사람을 보내며, 화성에서 찍은 사진을 보는 것은 모두 태양 중심의 태양계를 받아들이고 이를 이해하는 데 의존한다. 갈릴레오는 휴대용 GPS 기기를 상상할 수 없었겠지만, 이 기기의 존재 자체의 기원은 직접적으로 갈릴레오의 통찰력과 인내로 거슬러 올라간다. 과학은 자료가 이끄는 곳으로 가도록 허용되어야 한다.

앞 단락은 기술의 진보만을 다루었다. 그렇다면 종교적인 견해와 정서는 어떤가? 이런 영역에서 피조물이 자기의 이야기를 자유롭게 소통하도록 허용하는 것도 기술의 경우와 마찬가지로 중요하다. 갈렐레오 이후 4세기 동안 새로운 천체 관측이 모두, 시편 104:5("그가 땅이 움직이지 않도록 땅을 그 토대 위에 세웠다")과 같은 성경 구절이 자연의 작동에 대해 알려줄

이것이 참으로 중요한가?

축적된 증거를 통해 지구가 태양계의 중심이 아니며 움직이고 있다는 주장이 시작되었던 갈릴레오의 시대를 잠시 생각해보자. 갈릴레오와 그의 동료들이 (프톨레마이오스, 성경에서 선택된 구절들에 대한 당대의 이해, 고대 학자들의 견해 그 어디에서 나왔건) 자신의 사회에서 받아들여진 지혜에 굴복했더라면 어떻게 되었을까? 그들이 발견한 사항들을 지구가 우주의 중심이라는 모델에 밀어 넣을 방법만을 추구했더라면 어떻게 되었을까? 다른 모든 연구자들이 같은 길을 갔다고 가정하면, 그 결과(우리의 질문에 대한 대답)는 끔찍할 것이다. GPS 시스템의 인도를 따르고, 구글 어스의 멋진 사진을 점검하며, 위성을 통해 텔레비전을 시청할 때마다, 우리는 이전 세대의 이런 과학자들이 자료가 자신을 어디로 이끌든지 제한하지 않고 어느 곳으로든

그림 20-5 태너 탐방로의 코코니노 사암 프로필. 사진: 그렉 데이비슨.

의도를 가지고 있다는 가정에 기초한 지구 중심적 견해에 억지로 꿰맞추어졌을 경우 그 영향을 상상해보라. 그랬더라면 신자들은 자연 관측뿐만 아니라, 더 중요하게는 피조물의 창조와 유지에서 하나님이 하시는 역할에 대해 점점 더 의심하게 되었을 것이다. 수많은 사람들이 과학과 성경은 가망 없이 반목한다는 잘못된 주장 가운데서 완전히 신앙을 떠나도록 강제받았을 것이다. 홍수 지질학은 자신의 지지자들을 가차 없이 이 길로 떠밀고 있다. 하지만 이 책에서 묘사되는 과학은 그렇지 않다.

이것이 중요한가? 확실히 그렇다! 진실은 언제나 중요하다.

참고 문헌

(다수의 참고 문헌이 제시될 경우, 각 문헌은 #에 의해 구분된다.)

이 주제 전반에 관한 읽기 자료

Beus, S. S. and Morales, M. (eds.), 2003, *Grand Canyon Geology*, 2판. Oxford University Press, 432쪽 이하.

Blakey, R. and Ranney, W., 2008, *Ancient Landscapes of the Colorado Plateau*. Grand Canyon Association, 156쪽 이하.

Boggs, S. Jr., 2006, *Principles of Sedimentology and Stratigraphy*, 4판 Pearson Prentice Hall, 662쪽 이하.

Collinson, J., Mountney, N. and Thompson, D., 2006. *Sedimentary Structures*, 3판. Dunedin Academic Press Ltd., 302쪽 이하.

Davidson, G. R., 2009, *When Faith and Science Collide: A Biblical Approach to Evaluating Evolution and the Age of the Earth*. Malius Press, 290쪽 이하.

Montgomery, D. R., 2013, *The Rocks Don't Lie: A Geologist Investigates Noah's Flood*. W. W. Norton & Company, 320쪽 이하.

Price, L. G., 1999, *An Introduction to Grand Canyon Geology*. Grand Canyon Association, 64쪽 이하.

Ranney, W., 2012, *Carving Grand Canyon: Evidence, Theories, and Mystery*, 2판. Grand Canyon Association, 190쪽 이하.

Timmons, J. M. and Karlstrom, K. E. (eds.), 2012, *Grand Canyon Geology: Two Billion Years of Earth's History*. The Geological Society of America, Special Paper 489, 156쪽 이하.

Young, D. A. and Stearley, R. F., 2008, *The Bible, Rocks, and Time Geological Evidence for the Age of the Earth*. InterVarsity Press, 510쪽 이하.

서문

Ives와 Newberry의 탐험 보고서: Ives, Lt. J. C., 1861, *Report upon the Colorado River of the West*. House Executive Document No. 90, Part 1, 131쪽 이하.

물의 침식작용에 관한 Newberry의 진술: Newberry, J. S., 1861, *Report upon the Colorado River of the West*. House Executive Document No. 90, Part 3, 46쪽.

유럽 학파 지질학자들은 그랜드캐니언에서 발생했던 과정을 이해할 수 없었다: Quartaroli, R. D. (eds.), *A Rendezvous of Grand Canyon Historians; Ideas, Arguments, and First-Person Accounts*, Grand Canyon Historical Society, 113-118쪽(3차 그랜드캐니언 역사 심포지움, January 26-29, 2012, 그랜드캐니언 국립공원)에 수록된 Ranney, W., 2013, *Geologists Through Time in the Grand Canyon: From Newberry to a New Century*.

많은 그리스도인을 포함해서 과학자들은 지구가 오래되었음을 확신하게 되었다: Montgomery, D. R., 2012, *The Rocks Don't Lie: A Geologist Investigates Noah's Flood*. W. W. Norton, 302쪽 이하, 140쪽을 보라. # Young, D. A. and Stearley, R. F., 2008, *The Bible, Rocks, and Time–Geological Evidence for the Age of the Earth*. InterVarsity Press, 512쪽 이하, 101-131쪽을 보라.

1장 서론

젊은 지구 창조론자들의 두 가지 대담한 주장: Austin, S. A. (ed.), 1994, *Grand Canyon: Monument to Catastrophe*. Institute for Creation Research, 284쪽 이하, 2-4쪽을 보라. # Vail, T., 2003, *Grand Canyon: A Different View*. Master Books, 104쪽 이하, 8, 22-23쪽을 보라. # Vail, T., Oard, M., Bokovoy, D. and Hergenrather, J., 2008, *Your Guide to the Grand Canyon: A Different Perspective*. Master Books, 190

쪽 이하, 141-142, 146-147쪽을 보라.

젊은 지구론 지질학자와 오래된 지구론 지질학자가 어떻게 다른가에 관한 홍수 지질학자들의 견해: Austin, 1994, *Grand Canyon: Monument to Catastrophe*, 21-23쪽.

2장 홍수 지질학이란 무엇인가?

모든 동물들의 쌍: 기술적으로, 방주에서 보존된 동물들은 모든 부정한 동물의 쌍과 정결한 동물 일곱(또는 일곱 쌍)이었다.

Steno의 암석 지층 해석 원칙: Young and Stearley, 2008, *The Bible, Rocks, and Time*, 53-57쪽.

최초의 지질학자들 사이의 두 가지 학파: Cutler, A., 2003, *The Seashell on the Mountaintop: How Nicolaus Steno Solved an Ancient Mystery and Created a Science of the Earth*. Plume Books, 228쪽 이하.

근본주의자들은 오래된 지구 창조론의 가능성을 허용했다: Numbers, R. L., 2006, *The Creationists: From Scientific Creationism to Intelligent Design*, Expanded Ed. Harvard University Press, 606쪽 이하, 53쪽을 보라. (*The Fundamentals* [1909] 1권 14장에서, 목사 Dyson Hague는 이렇게 말했다: "창세기는 과학적 역사가 아님을 인정한다. 창세기는 이 세상이 인간의 거주를 위해 하나님에 의해 만들어졌으며, 점차 하나님의 자녀들에게 적합해졌음을 인류에게 보여주기 위한 내러티브다"[URL: user.xmission.com/~fidelis/volume1/chapter14/hague2.php]).

Price는 당대 기독교 지질학자들로부터 지지를 구했지만 얻지 못했다: Numbers, 2006, *The Creationists: From Scientific Creationism to Intelligent Design*, 증보판, 106쪽.

현대의 복음주의자와 근본주의자에게 홍수 지질학을 소개한 책: Whitcomb, J. C., Jr. and Morris, H. M., 1961, *The Genesis Flood*. Baker Book House, 518쪽 이하.

*The Creationists*에서 Numbers는 *The Genesis Flood*에 나오는 Price의 주장에 얼마나 많은 비중을 두어야 하는지에 관한 Whitcomb과 Morris 사이의 몇 가지 논의를 기록한다. Numbers는 이들이 "Price 및 그가 재림론자와 연결되었다는 사실을 이따금 언급하는 외에는 모두 삭제하기로" 했다고 말한다. 215-216, 223쪽을 보라. *The Genesis Flood*의 초판에서, Price는 4쪽에서만 인용된다. 184, 185, 189, 211쪽을 보라.

그랜드캐니언이 창세기 홍수에 기원한다는 주제에 관한 책의 예: Austin, 1994, *Grand Canyon: Monument to Catastrophe*. # Vail, 2003, *Grand Canyon: A Different View*. # Vail, Oard, Bokovoy and Hergenrather, 2008, *Your Guide to the Grand Canyon: A Different Perspective*.

홍수 지질학에 의하면, 고고학에 의해 발견된 모든 문명은 과거 4285년 안에 발생했어야 한다: Osgood, J., 1981, *The Date of Noah's Flood*. Ex Nihilo, 4권, No. 1, 10-13쪽.

홍수 지질학자들은 증기 덮개와 "홍수 전에는 비가 오지 않았다"는 데 대해 점차 회의적인 태도를 보이게 되었다: Morton, G. R., 1979, *Can the Canopy Hold Water?* Creation Research Society Quarterly, 16권, No. 3, 164-169쪽. # Snelling, A. A., 2009, *Earth's Catastrophic Past: Geology, Creation, and the Flood*, Institute for Creation Research, 1102쪽 이하, 673쪽을 보라. # Mitchel, T., 2010, *There Was No Rain Before the Flood*, Answers in Genesis, URL: answersingenesis.org/creationism/arguments-to-avoid/there-was-no-rain-before-the-flood # Morris, J. D., 2012, *The Global Flood*. Institute for Creation Research, 175쪽 이하, 34, 55쪽을 보라.

창세기 7:11의 "하늘의 창들"과 "큰 깊음의 샘들"에 대한 홍수 지질학자의 설명 사례: 증기 덮개: Whitcomb and Morris, 1961, *The Genesis Flood*, 77쪽. # 격변적인 지각판 운동: Walsh, R. E. (ed.), *Proceedings of the Third*

International Conference on Creationism, Creation Science Fellowship, 609-621쪽에 수록된 Austin, S. A., Baumgardner, J. R., Humphreys, D. R., Snelling, A. A., Vardiman, L. and Wise, K. P., 1994, *Catastrophic Plate Tectonics: A Global Flood Model of Earth History.* # 물판(Hydroplate) 이론: Brown, W., 2008, *In the Beginning: Compelling Evidence for Creation and the Flood*, 8th Ed. Center for Scientific Creationism, 448쪽 이하, 105-141쪽을 보라. (Brown은 홍수 전에는 지구 물의 많은 부분이 지하에 저장되었다고 주장한다. 홍수가 시작될 때 땅이 "물판"들로 나뉘었고, 그다음에는 가라앉기 시작해서 물이 하늘로 치솟게 했다.)

홍수 지질학자들에 의하면, 타락이 아담과 하와, 그리고 모든 생물의 모든 이후 세대에게 신체적 죽음을 가져왔다: Ham, K. (ed.), *The New Answers Book 3*, Master Books, 381쪽 이하, 109-117쪽에 수록된 Ham, K., 2009, *Was There Death Before Adam Sinned?*

창조 역사를 이해하기 위한 기본 가정으로서의 성경의 무오성: 창세기의 답변들, *The AiG Statement of Faith* (updated 2012), URL: answersingenesis.org/about/faith. (이 진술의 섹션 2에 다음과 같이 나와 있다: "66권의 성경은 하나님의 말씀이다. 성경은 하나님의 영감을 받았고 이를 통해 오류가 없다. 원래의 모든 원고에서 성경의 주장들은 사실 면에서 옳다. 성경은 성경이 가르치는 모든 것에서 최고의 권위다. 성경의 권위는 영적·종교적 구원에 관련된 주제에만 제한되는 것이 아니라 역사와 과학과 같은 영역의 주장도 포함한다." 섹션 4에는 다음과 같이 나와 있다: "정의상, 역사와 연대기를 포함한 어떤 영역에서든 명백하거나 인식되었거나 주장된 증거들이 성경의 기록과 모순된다면 타당할 수 없다.")

*Grand Canyon: A Different View*에서 시편 104:8이 어떻게 인용되는가?: Vail, 2003, *Grand Canyon: A Different View*, 5쪽.

성경의 무오성에 관한 시카고 선언서 텍스트: International Council on Biblical Inerrancy, 1977, *The Chicago Statement of Biblical Inerrancy.* Dallas Theological Seminary Archives, 8쪽 이하 URL: library.dts.edu/Pages/TL/Special/ICBI_1.pdf.

고대 근동의 사고방식을 이해하는 일의 중요성: Walton, J. H., 2001, *Genesis NIV Application Commentary.* Zondervan, 759쪽 이하., 25-27, 82-109쪽을 보라. # Walton, J. H., 2009, *The Lost World of Genesis One.* InterVarsity Press, 191쪽 이하, 7-13쪽을 보라.

홍수 지질학은 성경에 나타난 문자적인 에덴동산의 위치와 모순된다: *The Bible*, Genesis 2:10-14. # Hill, C. A., 2000, *The Garden of Eden: A Modern Landscape.* Perspectives on Science and Christian Faith, 52권, No. 1, 31-46쪽.

홍수 지질학에 의하면, 홍수 뒤에 지구에 정착한 사람들은 지형에 홍수 전에 사용되었던 이름을 붙였다: *The New Answers Book 3*, 15쪽에 수록된 Ham, K., 2009, *Where Was the Garden of Eden Located?* # Morris, J., 2012, *The Global Flood*, 55쪽.

3장 홍수 지질학의 시간 프레임

홍수 지질학자들은 지구의 역사를 5개 기간으로 나눈다: Austin, 1994, *Grand Canyon: Monument to Catastrophe*, 57-82쪽. # Vail, 2003, *Grand Canyon: A Different View*, 36-37쪽.

홍수 지질학자들은 어느 지층이 홍수 퇴적물인지에 관해 의견이 일치하지 않는다: Senter, P., 2011, *The Defeat of Flood Geology by Flood Geology.* Reports of the National Center for Science Education, 31권, No. 3, 1.1-1.14쪽.

홍수 지질학자들에 의하면, 변성암과 화성암 기반암은 창조 주간에 형성되었다: Austin, 1994, *Grand Canyon: Monument to Catastrophe*, 59-60쪽. # *The New*

Answers Book 3, 174쪽에 수록된 Snelling, A. A. and Vail, T., 2009, *When and How Did the Grand Canyon Form?* # Vail, 2003, *Grand Canyon: A Different View*, 36-37쪽.

그랜드캐니언 슈퍼그룹의 두께: Beus, S. S. and Morales, M. (eds.), *Grand Canyon Geology*, 2판. Oxford University Press, 432쪽 이하에 수록된 Hendricks, J. D. and Stevenson, G. M., 2003, *Grand Canyon Supergroup: Unkar Group*. 39-52쪽을 보라. # *Grand Canyon Geology*, 2판 53-75쪽에 수록된 Ford, T. D. and Dehler, C. M., 2003, *Grand Canyon Supergroup: Nankoweap Formation, Chuar Group, and Sixtymile Formation*. # *The New Answers Book 3*, 174쪽에 수록된 Snelling and Vail, 2009, *When and How Did the Grand Canyon Form?*

홍수 지질학자들은 그랜드캐니언 슈퍼그룹을 홍수 전으로 분류한다: *Proceedings of the Third International Conference on Creationism*, 37-47쪽에 수록된 Austin, S. A. and Wise, K. P., 1994, *The Pre-Flood/Flood Boundary: As Defined in Grand Canyon, Arizona and Eastern Mojave Desert*, California. # Austin, 1994, *Grand Canyon: Monument to Catastrophe*, 62-66쪽. # Wise, K. P. and Snelling, A. A., 2005, *A Note on the Pre-Flood/Flood Boundary in the Grand Canyon*. Origins, No. 58, 7-29쪽. # Snelling, A. A., 2008, *Thirty Miles of Dirt in a Day*. Answers Magazine, 3권, No. 4, 80-83쪽. (여기서 Snelling은 그랜드캐니언 슈퍼그룹과 전 세계의 선캄브리아 침전층이 단 하루 만인 창조 주간의 3일째에 쌓였다고 말한다. 그러나 이는 위에서 열거한 참고 문헌 Wise and Snelling [2005]에서 그랜드캐니언의 추아르 그룹이 "얕은 바다에서 조간대[潮間帶] 사이의 환경에서 퇴적되었다"[26쪽]라고 결론 내린 것과 모순된다.) # Snelling, 2009, *Earth's Catastrophic Past: Geology, Creation, and the Flood*, 709쪽. (Austin, Wise 및 Snelling은 이제 그랜드캐니언 슈퍼그룹의 상부 지층[매우 국부적인 식스티 마일 지층(Sixtymile Formation)]이 초기 홍수 퇴적물이라고 생각한다.)

홍수 지질학에 따른 초기 홍수 기간의 시작: Snelling, 2009, *Earth's Catastrophic Past: Geology, Creation, and the Flood*, 683쪽.

홍수 지질학자들은 홍수의 시작을 지구를 휘도는 거대한 쓰나미로 묘사한다: 비디오: Answers in Genesis Creation Museum, Petersburg, Kentucky, 2014년 11월 14일 상영. URL: youtube.com/h?index=68&v=FlPdk4j5R1Y&feature=PlayList&list=PLDF4B71634466EA3C.

홍수 지질학자들에 따른 "큰 깊음의 샘들"의 원천: Snelling, 2009, *Earth's Catastrophic Past: Geology, Creation, and the Flood*, 697-698쪽.

"큰 깊음의 샘들"에 대한 대안적인 홍수 지질학의 설명: Brown, 2008, *In the Beginning: Compelling Evidence for Creation and the Flood*, 8판, 105-141쪽.

홍수 지질학자들에 의하면, 그랜드캐니언 슈퍼그룹은 홍수가 시작될 때 기울어졌다: Austin, 1994, *Grand Canyon: Monument to Catastrophe*, 66-67쪽.

최초의 현대 홍수 지질학에 따른 퇴적물의 원천: Whitcomb and Morris, 1961, *The Genesis Flood*, 265, 269쪽.

최근의 홍수 지질학자들에 의한 퇴적물의 원천: Austin, Baumgardner, Humphreys, Snelling, Vardiman and Wise, 1994, *Catastrophic Plate Tectonics: A Global Flood Model of Earth History*, 611쪽.

홍수 지질학자들에 의하면, 타피츠 사암에서 위로 카이밥 지층까지는 홍수 초반의 퇴적물이다: Austin, 1994, *Grand Canyon: Monument to Catastrophe*, 57-58, 67-77쪽. # Vail, 2003, *Grand Canyon: A Different View*, 36-37쪽.

홍수 지질학자들에 의하면, 그랜드 스테어케이스는 홍수 후반의 지층들로 구성되어 있다: Austin, 1994, *Grand

Canyon: Monument to Catastrophe, 58, 77-79쪽. # Vail, 2003, Grand Canyon: A Different View, 36-37쪽.

창세기 8:3과 8:5에 대한 홍수 지질학자들의 이해: Austin, 1994, *Grand Canyon: Monument to Catastrophe*, 66-67쪽.

홍수 지질학자들에 의하면, 물러가는 홍수 물이 퇴적물을 카이밥 지층으로부터 벗겨냈다: Austin, 1994, *Grand Canyon: Monument to Catastrophe*, 78-79쪽.

홍수 지질학자들에 의하면, 공룡들 중 일부가 초기 홍수 기간에 살아남았다: Snelling, 2009, *Earth's Catastrophic Past: Geology, Creation and the Flood*, 748-749, 755쪽. # Oard, M. and Reed, J. K. (eds.), *Rock Solid Answers*, Master Books, 272쪽 이하에 수록된 Oard, M. J., 2009, *Dinosaur Tracks, Eggs, and Bonebeds*. 245-258쪽을 보라. # Vardiman, L., 1999, *Over the Edge*, Master Books, 160쪽 이하, 17쪽을 보라. (이는 홍수가 시작되었을 때 지구를 휘도는 거대한 쓰나미를 묘사하는 젊은 지구론 비디오 및 일러스트레이션과 모순된다. 어떻게 공룡이 그처럼 거대한 파도의 맹습에서 살아남을 수 있는가?)

홍수/홍수 후 경계가 어디인지에 대해서는 홍수 지질학자들의 의견이 갈린다: Austin, Baumgardner, Humphreys, Snelling, Vardiman and Wise, 1994, *Catastrophic Plate Tectonics: A Global Flood Model of Earth History*, 614쪽. # Snelling, 2009, *Earth's Catastrophic Past: Geology, Creation and the Flood*, 751-761쪽.

홍수 지질학자들에 의하면, 클래론 지층은 그랜드캐니언 지역에서 최초의 홍수 후 지층이다: Austin, 1994, *Grand Canyon: Monument to Catastrophe*, 58쪽.

4장 현대 지질학의 시간 프레임

지구의 나이: Freedman, R. G. and Kaufmann, W. J., 2010, *Universe: The Solar System*, 4판. W. H. Freeman, 400쪽 이하, 189쪽을 보라.

하나의 두꺼운 무더기에서 모든 지질 시대의 퇴적물이 발견되는 장소가 몇 곳 있다: Morton, G. R., 2001, *The Geologic Column and its Implications for the Flood*. The TalkOrigins Archive, URL: talkorigins.org/faqs/geocolumn # Robertson Group, 1989. *Stratigraphic Database of Major Sedimentary Basins of the World*. # Trendall, A. F. (ed.), 1990, *Geology and Mineral Resources of Western Australia*. Geological Survey of Western Australia, Memoir 3, 827쪽 이하, 382, 396쪽을 보라.

편암에 포함된 일부 광물질은 최고 약 33억 년 전에 형성되었다: Timmons, J. M. and Karlstrom, K. E. (eds.), *Grand Canyon Geology: Two Billion Years of Earth's History*, The Geological Society of America, Special Paper 489, 7-24쪽에 수록된 Karlstrom, K. E., Ilg, B. R., Hawkins, D. P., Williams, M. L., Drummond, G., Mahan, K. and Bowring, S. A., 2012, *Vishnu basement rocks of the Upper Granite Gorge: Continent formation 1.84-1.66 billion years ago*. 14-15쪽을 보라.

크기, 형태, 결정체의 구성과 같이 변성암에 남겨진 표시들은 광물질의 구성과 성격에 변경을 가하기 시작할 만큼 충분히 깊이 묻혔던 역사와 일치한다: *Grand Canyon Geology*, 2판 26쪽에 수록된 Karlstrom, K. E., Ilg, B. R., Williams, M. L., Hawkins, D. P., Bowring, S. A. and Seaman, S. J., 2003, *Paleoproterozoic Rocks of the Granite Gorges*.

운카르 그룹의 화석: *Grand Canyon Geology*, 2판, 44, 48쪽에 수록된 Hendricks and Stevenson, 2003, *Grand Canyon Supergroup: Unkar Group*. # *Grand Canyon Geology: Two Billion Years of Earth's History*, 29쪽에 수록된 Timmons, J. M., Bloch, J., Fletcher, K. Karlstrom, K. E., Heizler, M. and Crossey, L. J., 2012,

The Grand Canyon Unkar Group: Mesoproterozoic basin formation in the continental interior during supercontinent assembly.

운카르 그룹 바닥의 화산재 층(베이스 지층)의 나이: Timmons, J. M., Karlstrom, K. E., Heizler, M. T., Bowring, S. A., Gehrels, G. E. and Crossey, L. J., 2005, *Tectonic inferences from the ca. 1255-1100 Ma Unkar Group and Nankoweap Formation, Grand Canyon: Intracratonic deformation and basin formation during protracted Grenville orogenesis.* Geological Society of America Bulletin, 117권, No. 11-12, 1573-1595쪽.

추아르 그룹의 화석: *Grand Canyon Geology*, 2판, 56, 59, 61-61, 64-70쪽에 수록된 Ford and Dehler, 2003, *Grand Canyon Supergroup: Nankoweap Formation, Chuar Group, and Sixtymile Formation.* # Dehler, C. M., Elrick, M., Karlstrom, K. E., Smith, G. A., Crossey, L. J. and Timmons, J. M., 2001, *Neoproterzoic Chuar Group (~800-742 Ma), Grand Canyon: A record of cyclic marine deposition during global cooling and supercontinent rifting.* Sedimentary Geology, 141권, 465-499쪽.

타피츠 사암이 편암 위에 자리 잡는 동안의 10억 년이 넘는 시간 간극: *Grand Canyon Geology*, 2판, 43쪽에 수록된 Hendricks and Stevenson, 2003, *Grand Canyon Supergroup: Unkar Group.*

대부정합 위의 그랜드캐니언 지층의 화석들은 모두 고생대다: Grand Canyon Geology, 2판, 7쪽에 수록된 Beus and Morales, 2003, *Introducing the Grand Canyon.* # *Grand Canyon Geology: Two Billion Years of Earth's History*, 82쪽에 수록된 Blakey, R. C. and Middleton, L. T., 2012, *Geologic history and paleogeography of Paleozoic and early Mesozoic sedimentary rocks, eastern Grand Canyon.*

더 오래된 그랜드캐니언 지층 위의 그랜드 스테어케이스에서는, 그랜드캐니언에는 없는 공룡, 해양 파충류, 날아다니는 파충류, 현화식물의 화석이 발견되며, 궁극적으로 더 위쪽 지층에서는 초기 포유류 화석이 발견된다: Sprinkel, D. A., Chidsey, T. C. Jr. and Anderson, P. B. (eds.), 2010, *Geology of Utah's Parks and Monuments*, 3판. Utah Geological Association, 621쪽 이하에 수록된 Doelling, H. H., Blackett, R. E., Hamblin, A. H., Powell, J. D. and Pollock, G. L., *Geology of Grand Staircase-Escalante National Monument, Utah.* # Gillete, D. D. (ed.), *Vertebrate Paleontology in Utah.* Miscellaneous Publication 99-1, Utah Geological Survey, p. 345-353쪽에 수록된 Eaton, J. G., Cifelli, R. L., Hutchinson, J. H., Kirkland, J. I. and Parrish, J. M., (1999), *Cretaceous vertebrate faunas from the Kaiparowits Plateau, south-central Utah.* # DK Publishing, 2012, *Prehistoric Life: The Definitive Visual History of Life on Earth.* DK Adult, 512쪽 이하, 195-357쪽을 보라.

클래론 호수의 퇴적은 그랜드캐니언/그랜드 스테어케이스 암석이 융기되고 있는 동안 일어났다: Hintze, L. F. and Kowallis, B. J., 2009, *Geologic History of Utah.* Dept. of Geological Sciences, Brigham Young University, 225쪽 이하. 79-83쪽을 보라.

5장 퇴적암의 유형과 형성 방법

클래론 지층의 일부는 호수 퇴적물로 알려져 있다: Hintze and Kowallis, 2009, *Geologic History of Utah*, 81쪽. # *Geology of Utah's Parks and Monuments*, 3판 46쪽에 수록된 Davis, G. H. and Pollock, G. L., 2010, *Geology of Bryce Canyon National Park, Utah.* (클래론 지층의 하얀 부분[White Member]만 호수 석회암으로 확인되었다. Jeff Eaton, 고생물학자, 개인적인 의견 교환, 2013.)

점토암은 지구의 지질 기록의 퇴적암의 약 50%를 구성한다: Boggs, S. Jr., 2006, *Principles of Sedimentology and Stratigraphy*, 4판. Pearson Prentice Hall, 662쪽 이하, 140쪽을 보라.

일부 홍수 지질학자들은 총 4억 입방킬로미터가 넘는 많은 퇴적물 더미(그들은 이를 "상당한 두께의 모든 유형의 퇴적물"이라고 부른다)가 홍수 동안에 퇴적된 퇴적암의 알갱이를 제공했다고 주장한다: Austin, Baumgardner, Humphreys, Snelling, Vardiman and Wise, 1994, *Catastrophic Plate Tectonics: A Global Flood Model of Earth History*, 611쪽. # Austin, S. A, 2010, *Submarine Liquefied Sediment Gravity Currents: Understanding the Mechanics of the Major Sediment Transportation and Deposition Agent during the Global Flood*. Truett McConnell College, Cleveland, Georgia에서 개최된 4차 창조 지질학 컨퍼런스 발표 자료. (이 발표를 위한 발췌문의 첫 문장은 다음과 같다. "전 세계적 홍수 동안 4억 입방킬로미터가 넘는 퇴적물을 운반한 과정의 역학은 무엇이었을까?") # Blatt, H., Middleton, G. and Murray, R, 1980. *Origin of Sedimentary Rocks*, 2판. Prentice-Hall, 782쪽 이하, 34쪽을 보라. (여기서는 현생대 동안 쌓인 퇴적암의 양이 6억5천4백만 입방킬로미터 또는 1억5천7백만 입방마일이라고 한다[현생대는 소위 홍수 초기, 홍수 후기, 홍수 후 지층을 모두 포함한다].)

타피츠 사암, 브라이트 에인젤 점토암, 무아브 석회암에 대한 유명한 홍수 지질학의 설명: Austin, 1994, *Grand Canyon: Monument to Catastrophe*, 67-70쪽.

홍수 지질학자들에 의하면, 석회암은 탄산칼슘이 풍부한 뜨거운 물살이 석회 퇴적물로 가득한 차가운 물살을 만났을 때 형성되었다: Austin, 1994, *Grand Canyon: Monument to Catastrophe*, 72쪽.

홍수 지질학자들에 의하면, 두꺼운 석회암 지층을 만든 퇴적물은 상당히 먼 곳에서 이 협곡으로 운반된 미리 존재하던 석회 퇴적물 더미에서 나왔다(그들은 이를 "상당량의 매우 고운 쇄암질 탄산염 퇴적물"이라고 부른다): Austin, Baumgardner, Humphreys, Snelling, Vardiman and Wise, 1994, *Catastrophic Plate Tectonics: A Global Flood Model of Earth History*, 611쪽.

홍수 지질학자들에 의하면, 홍수 이후에 전 세계의 두꺼운 산호초가 매우 빨리 자랐다: Whitmore, J. H., 2012, *Massive Modern Reefs—Finding Time to Grow*. Answers, 8권, No. 1, 72-75쪽. (다음과 같은 Whitemore의 말은 정확하지 않다: "구멍을 뚫어보니 이 둔덕[Eniwetok Atoll]은 대체로 산호초 유기체가 아니라 '백악질의' 석회암 물질로 구성되어 있었다." 이 둔덕은 꼭대기부터 바닥까지 산호초 잔해로 구성되어 있다: Schlanger, S. O., 1963, *Subsurface geology of Eniwetok Atoll*, USGS Professional Paper 260-BB, 991-1066쪽을 보라, 1011-1038쪽을 보라. URL: pubs.usgs.gov/pp/0260bb/report.pdf) # Saller, A. H., 1984., *Diagenesis of Cenozoic Limestone on Enewetak Atoll*, PhD Dissertation, Louisiana State University, 362쪽 이하 # Vacher, H. L. and Quinn, T. (eds.), *Geology and Hydrogeology of Carbonate Islands, Developments in Sedimentology*, 54권, 637-665쪽에 수록된 Quinn, T. M. and Saller, A. H., 1997, *Geology of The Anewetak Atoll, Republic of the Marshall Islands*.

홍수 지질학자들에 의하면, 그랜드캐니언 지층에 있는 퇴적물은 고도로 농축된 중력 해류에 의해 운반되었다: Austin, S. A., 2012, *Grand Canyon, Creation, and the Global Flood*. Christian Research Journal, 35권, No. 1, 50-53쪽. # Answers in Genesis, *10 Best Evidences From Science That Confirm a Young Earth*. Answers Magazine, 7권, No. 4, 44-58쪽에 수록된 Snelling, A. A., 2012, No. 1 *Very Little Sediment on the Seafloor*, 47쪽을 보라. # Horstemeyer, M.218, *Proceedings of the Seventh International Conference on Creationism*,

Creation Science Fellowship, 45쪽 이하에 수록된 Stansbury, D. S., 2013, *How Does an Underwater Debris Flow End?: Flow Transformation Evidences Observed Within the Lower Redwall Limestone of Arizona and Nevada.* 1, 13, 26-29, 40-41쪽을 보라.

혼탁류 퇴적물의 지층들은 등급이 나뉜 형태를 띤다: Boggs, 2006, *Principles of Sedimentology and Stratigraphy*, 359쪽. # Shanmugam, G., 2002, *Ten Turbidite Myths.* Earth-Science Reviews, 58권, 311-341쪽. 322-323쪽을 보라.

홍수 지질학자들에 의하면, 코코니노 사암은 시속 3.2-6.4킬로미터의 물살에서 퇴적되었다: Austin, 1994, *Grand Canyon: Monument to Catastrophe*, 33-36쪽. # Austin, 2012, *Grand Canyon, Creation, and the Global Flood*, 51쪽. # Snelling, 2009, *Earth's Catastrophic Past: Geology, Creation and the Flood*, 507쪽.

몇 일 만에 코코니노 사암이 퇴적되려면 무엇이 필요할까?: Helble, T. K., 2011, *Sediment Transport and the Coconino Sandstone: A Reality Check on Flood Geology.* Perspectives on Science and Christian Faith, 63권, No. 1, 25-41쪽. 35쪽을 보라.

홍수 지질학자들은 다른 물고기를 먹다가 묻혀서 보존된 물고기를 전 세계적 홍수의 증거로 사용한다: Answers in Genesis, 2007, *Answers Learned from a Fossil.* Answers Magazine, 2권, No. 2, 89쪽. # Brown, 2008, *In the Beginning: Compelling Evidence for Creation and the Flood*, 8판, 10쪽.

6장 퇴적 구조물: 범죄 현장의 단서

코코니노 사암에서 빗방울 자국이 보고되었다: *Grand Canyon Geology*, 2판, 171, 173쪽에 수록된 Middleton, L. T., Elliott, D. K. and Morales, M., 2003, *Coconino Sandstone.*

느슨하고 건조한 모래의 최대 경사 각도는 약 30-34°다: Lancaster, N., 1995, *The Geomorphology of Desert Dunes.* Routledge, 290쪽 이하, 93-100쪽을 보라. # Bagnold, R. A., 1941, *The Physics of Blown Sand and Desert Dunes.* Dover Publications, 265쪽 이하, 201쪽을 보라.

7장 현재를 통한 과거의 이해

홍수 지질학자들은 동일과정설이 물질주의나 진화론과 동의어라고 부정확하게 말한다: Morris, 1961, *The Genesis Flood*, 96쪽. # Austin, 1994, *Grand Canyon: Monument to Catastrophe*, 22쪽. # Vail, Oard, Bokovoy and Hergenrather, 2008, *Your Guide to the Grand Canyon*, 15쪽.

홍수 지질학자들에 의하면, 세인트헬렌스산은 그랜드캐니언의 급속한 형성을 설명한다: Austin, 1994, *Grand Canyon: Monument to Catastrophe*, 94-98쪽. # *The New Answers Book 3*, 253-262쪽에 수록된 Austin, 2009, *Why is Mount St. Helens Important to the Origins Controversy?* 256-258쪽을 보라. # Snelling, 2009, *Earth's Catastrophic Past: Geology, Creation and the Flood*, 717-718쪽.

8장 퍼즐 풀기: 상대연대 추정과 지질 주상도

Nicholas Steno가 17세기에 고안한 지질학 원칙: Cutler, 2003, *The Seashell on the Mountaintop: How Nicolaus Steno solved an Ancient Mystery and Created a Science of the Earth*, 228쪽 이하. # Montgomery, 2012, *The Rocks Don't Lie*, 56-64쪽.

19세기 초에 William Smith가 기여한 지질학 원칙: Winchester, S., 2001, *The Map That Changed the World.* Harper Collins, 329쪽 이하. # Montgomery,

2012, *The Rocks Don't Lie*, 118쪽.

연속된 지층들에서 화석이 규칙적으로 변화한다는 발견은 다윈의 책 출간보다 훨씬 전에 이루어졌다: Young and Stearley, 2008, *The Bible, Rocks, and Time*, 108쪽.

현대 지질학에 대한 비판자들은 지질학자들이 화석이 들어 있는 암석을 통해 화석의 연대를 추정하고, 암석 안에 들어 있는 화석을 통해 그 암석의 연대를 추정함으로써 순환논법을 사용한다고 말한다: Morris, H. M., 1974, *Scientific Creationism*. Master Books, 281쪽 이하, 229쪽을 보라. # Patterson, R., 2008, *Evolution Exposed: Earth Science*. Answers in Genesis, 300쪽 이하, 122쪽을 보라.

일부 학자들은 노아의 홍수를 가장 최근의 격변이라고 생각했다: Young and Stearley, 2008, *The Bible, Rocks, and Time*, 94쪽.

콜로라도고원 지역의 카이밥 지층에 포함된 화석에 대한 초기 묘사: Darton, N. H., 1910, *A reconnaissance of parts of northwestern New Mexico and northern Arizona*. U. S. Geological Survey Bulletin 435, 88쪽 이하, 30쪽을 보라. # McKee, E. D., 1938, *The environment and history of the Toroweap Formation and Kaibab formations of northern Arizona and southern Utah*. Publication No. 492, Carnegie Institution of Washington, 268쪽 이하. + 48개가 넘는 판, 153-172쪽을 보라. URL: babel.hathitrust.org/cgi/pt?id=mdp.39015078604892;view=1up;seq=171.

페름기 암석을 최초로 설명한 이는 Sir Roderick Impey Murchison이다: Murchison, R. I., De Verneuil, E. and Von Keyserling, A., 1845, *The Geology of Russia in Europe and the Ural Mountains*. John Murray, 826쪽 이하.

Arthur Holmes의 최초의 방사성 연대 측정: Lewis, C., 2002, *The Dating Game–One Man's Search for the Age of the Earth*. Cambridge University Press, 272쪽 이하.

창조론자들은 지질주상도의 일반적인 타당성에 대해서는 의문을 제기하지 않는다: Morris, 1974, *Scientific Creationism*, 116쪽.

9장 이 암석의 나이는 몇 살인가?

젊은 지구론의 주장: 시초에 딸 원자들이 존재할 수 있기 때문에 방사성 연대 측정은 믿을 수 없다: DeYoung, D., 2005, *Thousands…Not Billions: Challenging an Icon of Evolution, Questioning the Age of the Earth*. Master Books, 190쪽 이하, 42쪽을 보라. # Snelling, A. A., 2009, *Radiometric Dating: Problems with the Assumptions*. Answers Magazine, 4권, No. 4, 70-73쪽. # Vail, 2003, *Grand Canyon: A Different View*, 38쪽.

이제 과학자들은 시초에 얼마나 많은 딸 원자가 있었는지를 결정할 정확한 방법을 갖추고 있다: Wiens, R. C., 2002, *Radiometric Dating: A Christian Perspective*. URL: asa3.org/ASA/resources/wiens.html # Dickin, A. P., 2005, *Radiogenic Isotope Geology*, Cambridge University Press, 512쪽 이하.

가장 오래된 암석은 캐나다와 오스트레일리아의 대륙 "순상지"에서 발견된다: Bowring, S. A. and Williams, I. S., 1999, *Priscoan (4.00-4.03 Ga) orthogneisses from northwestern Canada*. Contributions to Mineralogy and Petrology, 134권, No. 1, 3-16쪽.

운카르 그룹 바닥의 화산재 층의 나이: Timmons, Karlstrom, Heizler, Bowring, Gehrels and Crossey, 2005, *Tectonic inferences from the ca. 1255-1100 Ma Unkar Group and Nankoweap Formation, Grand Canyon: Intracratonic deformation and basin formation during protracted Grenville orogenesis*, 1573-1595쪽.

운카르 그룹 꼭대기의 카데나스 용암의 나이: Timmons, J. M. and Karlstrom, K. E. (eds.), 2012, *Grand Canyon Geology: Two Billion Years of Earth's History*. The Geological Society of America, Special Paper 489, 156쪽 이하에 수록된 Timmons, Bloch, Fletcher, Karlstrom, Heizler and Crossey, *The Grand Canyon Unkar Group: Mesoproterozoic basin formation in the continental interior during supercontinent assembly*. 36쪽을 보라.

변성암은 변성 시기에 관심이 있지 않는 한, 연대 추정에 도움이 되지 않는다: Mason, R., 1990, *Petrology of the Metamorphic Rocks*. Cambridge University Press, 240쪽 이하, 9-14쪽을 보라.

운카르 그룹의 철 광물질 배열의 변화와, 그랜드캐니언 지역 밖의 연대 측정이 가능한 화성암의 철 광물질 배열의 변화를 비교한 연구: Elston, D. P., coordinator, *Geology of Grand Canyon, Northern Arizona (with Colorado River Guides), Field Trip Guidebook T115/315*, American Geophysical Union, 239쪽 이하에 수록된 Elston, D. P., 1987, *Chapter 12: Preliminary polar path from Protoerozic and Paleozoic rocks of the Grand Canyon region, Arizona*. 119-121쪽을 보라.

홍수 지질학자들은 석탄과 금강석에서 "측정 가능한 방사성 탄소"가 발견되었다고 주장한다: Vardiman, L, Snelling, A. A. and Chaffin, E. F. (eds.), *Radioisotopes and the Age of the Earth: Results of a Young-Earth Creationist Research Initiative*. Institute for Creation Research, 848쪽 이하에 수록된 Baumgardner, J. R., 2005, *Chapter 8: 14C Evidence for a Recent Global Flood and a Young Earth*. 587-625쪽을 보라. # DeYoung, 2005, *Thousands...Not Billions*, 51-57쪽.

시료 처리 과정에서 불가피에서 공기에서 소량의 방사성 탄소가 실험실로 유입되어서 진정한 영점 판독은 결코 달성된 적이 없다: Isaac, R., 2007, *Assessing the RATE Project*. Perspectives on Science and Christian Faith, 59권, No. 2, 143-146쪽. 144-145쪽을 보라. # Author Exchange: Isaac, Perspectives on Science and Christian Faith, 60권, No. 1, 35-39쪽에 수록된 Bertsche, K., 2008, *Intrinsic Radiocarbon?* 38쪽을 보라. 이런 답변의 확장판이 American Scientific Affiliation 웹사이트 *Radiocarbon: Intrinsic or Contamination?* URL: asa3.org/ASA/education/origins/carbon-kb.htm 에 게시되어 있다.

화성 탐사선은 반감기 88년인 플루토늄 동위원소에 의해 동력을 공급받는다: Grotzinger, J. P. et al., 2012, *Mars Science Laboratory mission and science investigation*. Space Science Reviews, 170권, No. 1-4, 5-56쪽. # Balint, T. S. and Jordan, J. F., 2007, *RPS strategies to enable NASA's next decade robotic Mars missions*. Acta Astronautica, 60권, 992-1001쪽.

베수비오산 폭발로 만들어진 암석은 아르곤-아르곤 방법을 사용해서 사건 발생 몇 년 이내로 정확히 연대가 추정되었다: Renne, P. R., Sharp, W. D., Deino, A. L., Orsi, G. and Civetta, L., 1997, *40Ar/39Ar dating into the historical realm: calibration against Pliny the Younger*. Science, 277권, No. 5330, 1279-1280쪽. # Dalrymple, G. B., 2000, *Radiometric Dating Does Work!* Reports of the National Center for Science Education, 20권, No. 3, 14-19쪽. (이 논문은 방사성 연대 측정이 매우 유사한 결과를 낳은 4개의 사례 연구를 포함한다. 예를 들어 공룡 멸종 시기는 187개 분석 결과 모두 6천3백7십만 년에서 6천6백만 년으로 추정되었다.)

대서양 지각의 분리 속도는 연간 2.8-4.3센티미터다: Davidson, G. R., 2009, *When Faith and Science Collide*. Malius Press, 288쪽 이하, 116-119쪽을 보라.

홍수 지질학자는 세인트헬렌스산의 신선한 솔방울 시료

에 대해 35만 년의 나이를 얻었다: Austin, S. A., 1996, *Excess Argon within Mineral Concentrates from the New Dacite Lava Dome at Mount St. Helens Volcano*. Creation ex nihilo Technical Journal, 10권, No. 3, 335-343쪽 이하.

포타슘-아르곤 연대 측정은 오래전부터 최근의 용암류에 대해서는 부정확한 결과를 산출한다고 알려져 있다: Kelley, S., 2002, *Excess argon in K-Ar and Ar-Ar geochronology*. Chemical Geology, 188권, No. 1-2, 1-22쪽. # Dalrymple, G. B. and Moore, J. G., 1968, *Argon-40: Excess in Submarine Pillow Basalts from Kilauea Volcano, Hawaii*. Science, 161권, No. 3846, 1132-1135쪽.

홍수 지질학자들은 하카타이 점토암 내의 화성암 관입(sill: 평평한 판상 관입암체) 표본에 대해 4가지 다른 방법으로 연대를 측정했다: Ivey, R. L., Jr. (eds.), *Proceedings of the Fifth International Conference on Creationism, Creation Science Fellowship*, 597쪽 이하, 269-284쪽에 수록된 Snelling, A. A., Austin, S. A. and Hoesch, W. A., 2003, *Radioisotopes in the diabase sill (upper Precambrian) at Bass Rapids, Grand Canyon, Arizona: An application and test of the isochrone dating method*.

홍수 지질학자들은 그랜드캐니언 서부에 있는 최근 용암류의 연대를 측정하고자 했다: Austin, 1994, *Grand Canyon: Monument to Catastrophe*, 123-126쪽.

10장 사라진 시간: 암석 기록에서 틈들

그랜드캐니언 부정합에 관한 그림 10-1의 정보 원천: *Grand Canyon Geology*, 2판 44, 45, 48-49에 수록된 Hendricks and Stevenson, 2003, *Grand Canyon Supergroup: Unkar Group*. # *Grand Canyon Geology*, 2판, 55, 59쪽에 수록된 Ford and Dehler, 2003, *Grand Canyon Supergroup: Nankoweap Formation, Chuar Group, and Sixtymile Formation*. # *Grand Canyon Geology: Two Billion Years of Earth's History*, 73-79쪽에 수록된 Timmons, J. M. and Karlstrom, K. E., 2012, *Many unconformities make one 'Great Unconformity.'*

대부정합은 홍수 지질학자들이 진정한 부정합으로 인정하는 소수의 지형 중 하나다: Austin, 1994, *Grand Canyon: Monument to Catastrophe*, 45-47, 57, 67쪽. # Snelling, 2009, *Earth's Catastrophic Past: Geology, Creation and the Flood*, 709쪽.

서프라이즈 캐니언 지층의 암석 파편은 확실히 그 밑의 붉은 벽 석회암에서 나왔다: Billingsley, G. H. and Beus, S. S., *Geology of the Surprise Canyon Formation of the Grand Canyon, Arizona*. Museum of Northern Arizona Bulletin 61, 254쪽 이하에 수록된 Billingsley, G. H. and Beus, S. S., 1999, *Chapter D: Erosional Surface of the Surprise Canyon Formation*. 53-68쪽을 보라.

서프라이즈 캐니언 지층의 바닥쪽 지층은 화석 식물의 물질을 함유하고 있으며, 중앙 및 위쪽 지층은 해양 화석을 함유하고 있다: *Geology of the Surprise Canyon Formation of the Grand Canyon, Arizona*, 69-96쪽에 수록된 Billingsley, G. H. and Beus, S. S., 1999, *Chapter E: Megafossil paleontology of the Surprise Canyon Formation*.

이 지형은 북아메리카 최고의 우라늄 광 퇴적물을 함유하고 있다: Mathisen, I. W., 1987, *Arizona Strip breccia pipe program: Exploration, development, and production (abstract)*. American Association of Petroleum Geologists Bulletin, 71권, no. 5, 590쪽.

현대의 동굴 통로가 오래전 지붕이 무너진 뒤 채워진 훨씬 오래된 동굴들을 드러나게 만들었다: Gunn, J. (eds.),

Encyclopedia of Caves and Karst Science, Fitzroy, 960쪽 이하에 수록된 Davis, D. G. and Huntoon, P. W., 2004, *Grand Canyon, United States*를 보라.

11장 판구조론: 우리의 쉬지 않는 지구

홍수 지질학자들은 대륙들이 노아의 홍수 동안 급속히 떨어져 나갔다고 주장한다: Austin, Baumgardner, Humphreys, Snelling, Vardiman and Wise, 1994, *Catastrophic Plate Tectonics: A Global Flood Model of Earth History*, 612쪽.

지각판 운동의 근저의 힘들을 조사해보면, 중력, 열과 밀도라는 간단한 개념이 남는다: McConnell, D., Steer, D., Owens, K. and Knight, C, 2010, *The Good Earth: Introduction to Earth Science*, 2판. McGraw-Hill, 529쪽 이하, 75-103쪽을 보라. # Marshak, S., 2011, *Earth: Portrait of a Planet*, 4판, W. W. Norton & Company, 819쪽 이하, 77-101쪽을 보라. (www.houstonisd.org에서 훌륭한 유튜브 비디오와 좋은 파워포인트 파일을 구할 수 있다. "plate tectonics"를 검색해보라.) # Gonzales, G. and Richards, J. W., 2004, *The Privileged Planet–How Our Place in the Cosmos Is Designed for Discovery*, Regnery Publishing, 464쪽 이하, 57-62쪽을 보라. (2장과 3장은 생명이 존재하기 위해 중요한 지각판 운동과 자기장을 위해서는 왜 지구에 우라늄, 토륨과 포타슘의 방사성 원자의 발생이 필요한지를 설명한다.)

홍수 지질학자들은 판들의 경계를 따라 일어나고 있는 현재의 이동이 판들이 홍수 이후 점진적으로 느려짐에 따른 잔여 이동이라고 말한다: Austin, Baumgardner, Humphreys, Snelling, Vardiman and Wise, 1994, *Catastrophic Plate Tectonics: A Global Flood Model of Earth History*, 615쪽.

일부 홍수 지질학자들은 "깊음의 샘들"로부터 광물질이 풍부한 뜨거운 물이 배출되었을 때 석회암과 소금 퇴적물이 형성되었다고 주장한다: Brown, 2008, *In the Beginning: Compelling Evidence for Creation and the Flood*, 8판., 122, 221-225쪽.

블랙 스모커스에서는 실제로 무엇이 배출되고 있는가?: Von Damm, K. L., 1990, *Seafloor Hydrothermal Activity: Black Smoker Chemistry and Chimneys*, Annual Review of Earth and Planetary Sciences, 18권, 173-204쪽.

2011년 일본 쓰나미를 일으켰던 지진의 강도는 9.0이었고, 파열 지대의 길이는 249킬로미터였으며, 단층 지대의 최대 이동 거리는 27미터였다. 종전 파열로부터의 평균을 구하면 일본을 강타한 태평양판의 이동 속도는 연간 약 7.6센티미터다: Lay, R., Fufii, Y., Geist, E., Koketsu, K., Rubinstein, J., Sauya, T. and Simons, M., 2013, *Special Issue on the 2011 Tohoku Earthquake and Tsunami*. Bulletin of the Seismological Society of America, 103권, No. 2B, 1165-1627쪽. # Perfettini, H. and Avouac, J. P., 2014, *The Seismic Cycle in the Area of the 2011 Mw 9.0 Tohoku- Oki Earthquake*. Journal of Geophysical Research: Solid Earth, 119권, No. 5, 4469-4515권.

지각판 경계와 10년 동안 특정 강도 이상의 지진 발생의 장소를 표시한 지도(그림 11-5): 미국 지질학 서베이 URL: earthquake.usgs.gov/earthquakes/world/ seismicity_maps에서 유사한 지도를 구할 수 있다.

일부 홍수 지질학자들은 물이 노아의 홍수가 시작될 때 균열을 통해 초음속으로 하늘로 치솟았다고 제안한다: Brown, 2008, *In the Beginning: Compelling Evidence for Creation and the Flood*, 8판, 105-141쪽.

에베레스트산 꼭대기의 퇴적암은 해양 화석을 함유하고 있다(그림 11-9): Searle, M. P., Simpson, R. L., Law, R. D., Parrish, R. R. and Waters, D. J., 2003, *The structural geometry, metamorphic and magmatic evolution of* the Everest massif, High Himalaya of Nepal-South Tibet. Journal of the Geological Society, London, 160권, 345-366쪽, 354쪽을 보라.

12장 깨진 암석과 구부러진 암석: 파쇄대, 단층, 습곡

단층의 유형을 알면 당시에 어떤 유형의 지각판 운동의 힘이 작용하고 있었는지, 그리고 변형 당시 지층이 부드러운 퇴적물이었는지 단단해진 암석이었는지를 알 수 있다: Marshak, S., 2011, *Earth: Portrait of a Planet*, 4판. W.W. Norton & Company, 819쪽 이하, 348-367쪽을 보라.

브라이트 에인젤 단층에는 선캄브리아기에 상당한 주향 이동 운동이 있었다: Goetz, A., Billingsley, F. C., Gillespie, R. R., Abrams, J. J. and Squires, R. L., 1975, *Application of ERTS images and image processing to regional geologic problems and geologic mapping in Northern Arizona*, NASA Technical Report 32-1597, 188쪽 이하에 수록된 Shoemaker, M., Squires, R. L. and Abrams, M. J., 1975, *The Bright Angel, Mesa Butte, and related fault systems of Northern Arizona*를 보라.

그랜드캐니언 지역에서 단층, 습곡, 퇴적과 침식 순서의 역사: *Grand Canyon Geology*, 2판, 222-259쪽에 수록된 Huntoon, P. W., 2003, *Post Precambrian Tectonism in the Grand Canyon Region*.

홍수 지질학자들은 카본 캐니언 습곡이 형성되었을 때 타피츠 사암의 퇴적물이 아직 부드러웠다고 주장한다: Snelling, 2009, *Earth's Catastrophic Past: Geology, Creation and the Flood*, 599-601쪽. # *The New Answers Book 3*, 296-298쪽에 수록된 Snelling, A. A., 2009, *What Are Some of the Best Flood Evidences?* # Vail, 2003, *Grand Canyon: A Different View*, 22-23, 32-33쪽.

습곡에서는 굴곡성 미끄러짐과 많은 균열이 발견된다:

Niglio, L., 2004, *Fracture Analysis of Precambrian and Paleozoic rocks in selected areas of the Grand Canyon National Park, USA*. University of Oklahoma, Norman, Masters Thesis. 68쪽 # Sassi, W., Guiton, M. L. E., Leroy, Y. M., Daniel, J. M. and Callot, J. P., 2012, *Constraints on bed scale fracture chronology with a FEM mechanical model of folding; the case of Split Mountain (Utah, USA)*. Tectonophysics, 576-577권, 197-215쪽. (이 주제에 관한 고전적인 텍스트는 Ramsay, J. G., 1967, *Folding and Fracturing of Rocks*. McGraw-Hill, 568쪽 이하다.)

13장 그랜드캐니언과 그랜드 스테어케이스의 화석

화석 기록의 순서에 대한 최소 네 개의 젊은 지구론/홍수 지질학의 설명: (1) 수력에 의한 크기 또는 형태별 분류: Lammerts, W. (ed.), *Why Not Creation*, Baker Book House, 388쪽 이하에 수록된 Whitcomb and Morris, 1961, *The Genesis Flood*, 266-277쪽. # Morris, H., 1970, *Sedimentation and the Fossil Record: A Study in Hydraulic Engineering*. # (2) 격변적인 전체 생태계 운반 및 매장: Whitcomb and Morris, 1961, *The Genesis Flood*, 276쪽. # Roth, A. A., 1998, *Origins: Linking Science and Scripture*, Review and Herald Publishing, 384쪽 이하, 170-174쪽을 보라. # (3) 더 복잡한 생물은 더 높은 지대로 달아날 수 있었다: Whitcomb and Morris, 1961, *The Genesis Flood*, 266쪽. # (4) 지진의 진동이 크기나 밀도에 근거해 분류했다: Brown, 2008, *In the Beginning: Compelling Evidence for Creation and the Flood*, 8판, 169-178쪽. (*The Bible, Rocks and Time*에서 Young과 Stearley는 실제의 많은 화석 집단을 조사해서 어느 화석 집단도 젊은 지구론의 예상과 부합하지 않음을 보여준다. 243-287쪽을 보라.)

젊은 지구론 옹호자들은 캄브리아기 폭발이 복잡한 생명

체들이 모두 한 번에 출발한 명확한 증거라고 말한다: Gish, D. T., 1985, *Evolution: The Challenge of the Fossil Record*. Master Books, 277쪽 이하 # Austin, *Grand Canyon: Monument to Catastrophe*, 147쪽. # Wise, K., 2009, *One: Life's Unexpected Explosion: What Explains the Cambrian Explosion?* Answers Magazine, 5권, No. 1, 40-41쪽. # Vail, 2003, *Grand Canyon: A Different View*, 50-51쪽.

현재 가장 높은 선캄브리아기 지층에서 나온 것으로 보고된 복잡한 유기체 유형이 많이 있으며, 이 화석들은 전에는 캄브리아기에 속한다고 생각되었던 형태를 포함하는 경우도 있다. 더 자세한 내용은 다음 자료를 보라: Bengtson, S. (eds.), 1994, *Early Life on Earth*. Columbia University Press, 656쪽 이하. # Zhuravlev, A. Y. and Riding, R. (eds.), 2001, *The Ecology of the Cambrian Radiation*. Columbia University Press, 576쪽 이하 # Fedonkin, M. A., Gehling, J. G., Grey, K., Narbonne, G. M. and Vickers-Rich, P., 2007, *The Rise of Animals: Evolution and Diversification of the Kingdom Animalia*. Johns Hopkins University Press, 344쪽 이하 # Erwin, D. H. and Valentine, J. W., 2013, *The Cambrian Explosion: The Construction of Animal Biodiversity*. Roberts and Company, 416쪽 이하.

아래의 세 참고 문헌은 복음주의적이고 오래된 지구론의 관점에서 선캄브리아-캄브리아기 이동에 대한 정보를 제공한다: Miller, K. B. (ed.), *Perspectives on an Evolving Creation*, Wm. B. Eerdmans, 528쪽 이하에 수록된 Campbell, D. and Miller, K. B., 2003, *The "Cambrian Explosion": A Challenge to Evolutionary Theory?*를 보라. # Stearley, R., 2013, *The Cambrian Explosion: How Much Bang for the Buck?* Perspectives on Science and Christian Faith, 65권, No. 4, 245-257쪽. # Miller, K. B., 2014, *The Fossil Record of the Cambrian*

"Explosion": Resolving the Tree of Life, Perspectives on Science and Christian Faith, 66권, No. 2, 67-82쪽.

그랜드캐니언의 산호나 달팽이 화석은 현대의 산호나 달팽이에 비해 종이나 속 차원에서만 다른 것이 아니라, 매우 달라서 생물학자들은 이것들을 다른 목으로 분류한다. 그랜드캐니언의 고생대 지층에 화석으로 보존된 죽은 생물 그룹과 오늘날 인근에서 살고 있는 생물 그룹 사이의 커다란 생물학적 차이를 더 잘 이해하려면, 아래의 두 그룹의 참고 문헌에서 발견되는 현대의 산호, 완족동물, 이끼벌레, 절지동물, 대합조개, 두족류 등의 목과 과를 비교하라. 현대의 생물: Brusca, R. C., 1980, *Common Intertidal Invertebrates of the Gulf of California*, 2nd Ed. University of Arizona Press, 513쪽 이하. # Ricketts, E. F., Calvin, J. and Hegpeth, J. W., 1985, *Between Pacific Tides*, 5판, D. W. Phillips에 의해 개정됨, Stanford University Press, 680쪽 이하. 그랜드캐니언의 화석 무척추동물: Sadler, C., 2007, *Life in Stone: Fossils of the Colorado Plateau*. Grand Canyon Association, 72쪽 이하. # Beus and Morales, *Grand Canyon Geology*에서 인용된 많은 참고 문헌.

선도적인 젊은 지구 창조론자들은 이제 오늘날의 생물과 홍수 지층에서 화석으로 발견되는 생물 사이의 차이가 (한 쌍의 조상으로부터) 홍수 때 이후의 적응으로 설명될 수 있다고 주장한다: Ham, K., 2003, *Did God Create Poodles?* Creation Magazine, 25권, No. 4, 19-22쪽. # Christian, M., 2007, *Purring Cats and Roaring Tigers*. Answers Magazine, 2권, No. 4, 20-22쪽.

*Grand Canyon: A Different View*를 저술한 홍수 지질학자들은 그랜드캐니언 슈퍼그룹이 대격변적인 홍수의 초기 국면에 기울어졌다고 생각한다: Vail, 2003, *Grand Canyon: A Different View*, 36, 46쪽.

홍수 지질학자들은 격변적인 운반과 다양한 유체 역학적 과정에 의한 화석 분류의 증거가 있다고 주장한다: 앞에 나열한 "화석 기록의 순서에 대한 최소 네 개의 젊은 지구론/홍수 지질학의 설명"의 참고 문헌을 보라.

홍수 지질학자들은 앵무조개 화석의 방향을 격변적인 규모의 홍수에 대한 증거로 자주 인용한다: Austin, 1994, *Grand Canyon: Monument to Catastrophe*, 26-28쪽. # Snelling, 2009, *Earth's Catastrophic Past: Geology, Creation and the Flood*, 497-498쪽. # Vail, 2003, *Grand Canyon: A Different View*, 52-53쪽.

14장 작은 식물─큰 영향: 꽃가루, 포자, 식물 화석

다세포식물을 발견하려면 위쪽의 고생대 지층으로 올라가야 하는데, 여기에도 뚜렷한 순서가 있다: Taylor, W. A. and Strother, P. K., 2008, *Ultrastructure of some Cambrian Palynomorphs from the Bright Angel Shale, Arizona, USA*. Review of Palaeobotany and Palynology, 151권, 41-50권. # Kenrick, P. and Crane, P. R., 1997, *The Origin and Early Diversification of Land Plants: A Cladistic Study*. Smithsonian Institution, 441쪽 이하.

페름기의 전형적인 습지 숲(그림 14-3): Wang, J., Pfefferkorn, H. W., Zhang, Y. and Feng, Z, 2012, *Permian Vegetational Pompeii from Inner Mongolia and its Implications for Landscape Paleoecology and Paleobiogeography of Cathaysia*. Proceedings National Academy of Sciences, 109권, No. 13, 4927-4932쪽.

육지식물의 생식기관의 외관은 매우 다양하다: Duff, R. J., 2009, *Flood Geology's Abominable Mystery*. Perspectives on Science and Christian Faith, Vol. 60권, No. 3, 162-171쪽. # Tidwell, W. D., Jennings, J. R. and Bues, S. S., 1992, *A Carboniferous Flora from the Surprise Canyon Formation in the Grand Canyon, Arizona*. Journal of Paleontology, 66권, No. 6, 1013-1021쪽. # Fleming, R. F., 1994, *Cretaceous Pollen in Pliocene Rocks: Implications for Pliocene Climate in the Southwestern United States*. Geology, 22권, 787-790쪽.

타피츠 사암에서 위로 템플 뷰트 지층까지의 지층으로 대표되는 캄브리아기와 데본기 암석은 단순한 세 갈래진 포자만 함유하고 있다: Taylor and Strother, 2008, *Ultrastructure of some Cambrian Palynomorphs from the Bright Angel Shale, Arizona*, USA, 41-50쪽.

이 포자들은 양치류, 속새류, 거대한 석송 속 나무의 식물 유해와 관련된다: Tidwell, Jennings and Bues, 1992, *A Carboniferous Flora from the Surprise Canyon Formation in the Grand Canyon, Arizona*, 1013-1021쪽. # Fleming, 1994, *Cretaceous Pollen in Pliocene Rocks: Implications for Pliocene Climate in the Southwestern United States*, 787-790쪽.

침엽수가 그랜드 스테어케이스의 트라이아스기와 쥐라기 암석에서 주도적인 식물이었으며, 이것의 꽃가루는 현화식물의 꽃가루와 쉽게 구분된다: Fleming, R. F., 1994, *Cretaceous Pollen in Pliocene Rocks: Implications for Pliocene Climate in the Southwestern United States*, Geology, 22권, No. 9, 787-790쪽.

그랜드 스테어케이스에서 추출된 화석 포자의 광학 현미경 이미지(그림 14-5): 유타주 남부 캐니언랜즈 지역의 백악기 다코타 지층: Nations, J. D. and Eaton, J. G. (eds.), *Stratigraphy, Depositional Environments, and Sedimentary Tectonics of the Western Margin, Cretaceous Western Interior Seaway*, The Geological Society of America Special Paper 260, 65-83쪽에 수록된 Am Ende, B. A., 1991, *Depositional environments, palynology, and age of the Dakota Formation, south-central Utah*.

그랜드캐니언에서 현화식물이 존재했다는 증거는 현대의 동굴과 협곡의 퇴적물에서만 발견된다: Van Devender,

T. R. and Mead, J. I., 1976, *Late Pleistocene and Modern Plant Communities of Shinumo Creek and Peach Springs Wash, Lower Grand Canyon, Arizona.* Journal of the Arizona Academy of Science, 18권, 16-22쪽. # Cole, K., 1985, *Past Rates of Change, Species Richness, and a Model of Vegetational Inertia in Grand Canyon, Arizona.* The American Naturalist, 125권, No. 2, 289-303쪽. # Mead, J. I. and Phillips, A. M., 1981, *The Late Pleistocene and Holocene Fauna and Flora of Vulture Cave,* Grand Canyon, *Arizona.* The Southwestern Naturalist, 26권, No. 3, 257-288쪽.

일부 홍수 지질학자들은 하카타이 점토암에서 현화식물 꽃가루를 발견했다고 주장한다: Chadwick, A. W., 1981, *Precambrian Pollen in the Grand Canyon—A Reexamination.* Origins, 8권, 7-12. # Howe, G. F., 1986, *Creation Research Society Studies on Precambrian Pollen: Part I–A Review.* Creation Research Society Quarterly, 23권, No. 3, 99-104쪽. # Lammerts, W. E. and Howe, G. F., 1987, *Creation Research Society Studies on Precambrian Pollen–Part II: Experiments on Atmospheric Pollen Contamination of Microscope Slides.* Creation Research Society Quarterly, 23권, No. 4, 151-153쪽. # Howe, G. F., Lammerts, E. L., Matzko, G. T., and Lammerts, W. E., 1988, *Creation Research Society Studies on Precambrian Pollen, Part III: A Pollen Analysis of Hakatai Shale and Other Grand Canyon Rocks.* Creation Research Society Quarterly, 24권, No. 4, 173-182쪽.

15장 생흔 화석: 과거 생명체의 발자국과 흔적

생흔 화석은 고대 생물에 의해 만들어져 화석 기록에 보존된 발자국, 흔적, 굴, 구멍, 기타 구조물이다: Prothero, D. R., 2004, *Bringing Fossils to Life: An Introduction to Paleobiology*, McGraw Hill, 503쪽 이하.

코코니노 사암의 생흔 화석에 관해 알려진 사실들 : *Grand Canyon Geology*, 2판, 163-179쪽에 수록된 Middleton, Elliott and Morales, 2003, *Coconino Sandstone.*

캄브리아기 브라이트 에인젤 점토암의 생흔 화석: *Grand Canyon Geology*, 2판, 90-114쪽에 수록된 Middleton, L. T. and D. K. Elliott, 2003, *Tonto Group.* # Elliott, D. K. and Martin, D. L., 1987, *A new trace fossil from the Cambrian Bright Angel Shale, Grand Canyon, Arizona.* Journal of Paleontology, 61권, 641-648쪽.

수파이 그룹과 허밋 지층의 생흔 화석: Heckert, A. B. and Lucas, S. G. (eds.), Vertebrate Paleontology in Arizona, New Mexico Museum of Natural History and Science Bulletin, 29권, 10-15쪽에 수록된 Hunt, A. P., Lucas, S. G., Santucci, V. L. and Elliott, D. K., 2005, *Permian Vertebrates of Arizona.*

코코니노 사암은 거대한 사막 모래 바다의 증거다: McKee, E. D., 1933, *The Coconino Sandstone. Its History and Origin.* Carnegie Institute Publication No. 440, 77-115쪽.

코코니노 모래에 발자국과 굴로 보존된 동물들과 그 행태의 흔적: Gilmore, C. W., 1928, *Fossil Footprints in the Grand Canyon of the Colorado, Arizona.* Smithsonian Institution Publication 2957, 7-10쪽. # Santucci, V. L. and McClelland, L. (eds.), *National Park Service Paleontological Research*, National Park Service Geological Resources Division Technical Report NPS/NRGRD/GRDTR-98, 94-96쪽에 수록된 Hunt, A. P. and Santucci, V. L., 1998, *Taxonomy and Ichnofacies of Permian Tetrapod Tracks From Grand Canyon National Park, Arizona.*

발자국의 면적과 깊이는 해당 동물의 체중에 비례한다: 코코니노의 생혼은 가장 큰 동물의 무게가 9-14킬로그램이었음을 시사한다: Alexander, R. M., 1989, *Dynamics of dinosaurs and other extinct giants*. Columbia University Press, 31, 32쪽. 텍사스주에 있는 동시대 퇴적물에는 초기 단궁류의 뼈와 관련된 유사한 발자국이 있다: Lucas, S. G. and Hunt, A. P., 2006, *Permian tetrapod footprints: Biostratigraphy and Biochronology*. Geological Society of London Special Publication 265, 179-200쪽, 185쪽을 보라.

살아 있는 유기체로 한 실험의 결과 이 생혼 화석은 거미와 전갈에 의해 만들어진 현대의 생혼과 가장 비슷했다: *Grand Canyon Geology*, 2판, 169쪽에 수록된 Middleton, Elliott and Morales, 2003, *Coconino Sandstone*. # Sadler, C. J. 1993, *Arthropod Trace Fossils from the Permian De Chelly Sandstone, Northeastern Arizona*. Journal of Paleontology, 67권, 240-249쪽. # McKee, E. D., 1947, *Experiments on the Development of Tracks in Fine Cross-Bedded Sand*. Journal of Sedimentary Petrology, 17권, 23-28쪽.

생혼은 만들어진 후 어떻게 보존되는가?: *Grand Canyon Geology*, 2판, 169, 170쪽에 수록된 Middleton, Elliott and Morales, 2003, *Coçonino Sandstone*.

홍수 지질학자들은 코코니노 사암의 척추동물 생혼이 밀려오는 홍수 물을 피하려는 동물에 의해 만들어졌다고 주장한다: Brand, L. R., 1979, *Field and laboratory studies on the Coconino Sandstone vertebrate footprints and their paleoecological implications*. Palaeogeography, Palaeoclimatology, and Palaeoecology, 28권, 25-38쪽. # Austin, 1994, *Grand Canyon: Monument to Catastrophe*, 31-32, 146쪽. (이는 다른 홍수 지질학의 주장들과 모순된다. 왜냐하면 코코니노 사암은 아래쪽의 다른 많은 지층과 함께 홍수에 의해 퇴적되었다고 주장되기 때문이다. 만일 동물들이 홍수 초반의 끝 무렵까지 헤엄치거나 떠다니는 물체를 붙잡고 몇 개월이나 살아남을 수 있었다면, 그것들이 왜 [밀려오는 홍수 물로부터] 달아날 필요가 있었겠는가?)

"그렇게 믿기 때문에 그렇게 아는 것이다": Vail, 2003, *Grand Canyon: A Different View*, 42쪽. 여기서 John Morris는 이 격언을 "사막 해석의 옹호자들"에게 적용했다.

16장 그랜드캐니언의 침식: 긴 시간과 적은 물, 많은 물과 짧은 시간(또는 다른 가능성?)

젊은 지구론 옹호자들은 선택지를, 긴 시간과 적은 물 또는 많은 물과 짧은 시간이라는 두 가지 대안으로 제한한다: *The New Answers Book 3*, 185쪽에 수록된 Snelling and Vail, 2009, *When and How Did the Grand Canyon Form?* # Morris, J., 2002, *A Canyon in Six Days!* Creation, 24권, No. 4, 54-55쪽.

가장 저명한 홍수 지질학자들은 카이밥 아치가 현재의 그랜드캐니언 상류로부터 자연적인 댐들을 만들었다고 제안한다: Austin, 1994, *Grand Canyon: Monument to Catastrophe*, 92-104쪽. # Brown, 2008, *In the Beginning: Compelling Evidence for Creation and the Flood*, 8판, 182-219쪽. (213-215쪽에서, Brown은 다음과 같이 말한다. "1990년 초 Austin은 그랜드캐니언(그랜드 랜즈) 호수와 그랜드캐니언의 형성에 관한 몇 가지 중요한 내 아이디어를 마치 자신의 것처럼 출판했다.") # Snelling, 2009, *Earth's Catastrophic Past: Geology, Creation and the Flood*, 768쪽.

Henry Morris의 다음과 같은 진술: "노아의 홍수로부터 생겨난 댐으로 막혀 있던 물로 가득한 호수가 갑자기 터져 강력한 수압의 괴물이 바다를 향해 포효하면서 도중에 자신이 선택한 통로를 깊이 파냈다": Vail, 2003, *Grand Canyon: A Different View*, 4쪽.

이 아이디어(범람 모델)는 콜로라도강의 기원에 관한 2000년 심포지움에서 많은 지질학자들 사이에 인기를 얻게

되었다: Young, R. A. and Spamer, E. E. (eds.), 2004, *Colorado River: Origin and Evolution: Proceedings of a Symposium Held at Grand Canyon National Park in June 2000*. Grand Canyon Association, 280쪽 이하.

많은 증거가 범람 모델과 댐 붕괴 가설 어느 쪽도 지지하지 않기 때문에 지금은 대부분의 지질학자들이 이 모델들을 기각한다: Dickinson, W. R., 2013, *Rejection of the lake spillover model for initial incision of the Grand Canyon, and discussion of alternatives*. Geosphere, 9권, No. 1, 1-20쪽.

비다호치 퇴적물에 대한 최근의 과학적 연구 결과는 홍수 지질학자들이 호파이호로 묘사하는 비다호치 퇴적물이 큰 호수였던 적이 없었음을 보여준다: Dallegge, T. A., Ort, M. H. and McIntosh, W. C., 2003, *Mio-Pliocene chronostratigraphy, basin morphology, and paleodrainage relations derived from the Bidahochi Formation, Hopi and Navajo Nations, northeastern Arizona*. The Mountain Geologist, 40권 No. 3, 55-82쪽.

홍수 지질학자들에 의하면 쏟아져 내리는 물이 주된 협곡을 형성했으며, 부차적인 협곡은 부드러운 퇴적물이 주된 협곡 안으로 무너져 내리고 나서 씻겨 나가 형성되었다: Austin, 1994, *Grand Canyon: Monument to Catastrophe*, 99-102쪽.

홍수 지질학자들 중에는 (홍수 이후의) 댐 붕괴 가설을 주장하는 사람도 있고, 그랜드캐니언이 물러가는 노아의 홍수 물에 의해 침식되었다고 주장하는 사람도 있다: 댐 붕괴: Austin, 1994, *Grand Canyon: Monument to Catastrophe*, 92-107쪽. # *The New Answers Book 3*, 183-184쪽에 수록된 Snelling and Vail, 2009, *When and How Did the Grand Canyon Form?* # Brown, 2008, *In the Beginning: Compelling Evidence for Creation and the Flood*, 8판, 188-190쪽. # 홍수 말:

Oard, M. J., 2010, *The Origin of Grand Canyon Part II: Fatal Problems with the Dam-Breach Hypothesis*. Creation Science Research Quarterly, 46권, No. 4, 290-307쪽. # Oard, M. J., 2010, *The Origin of Grand Canyon Part III: A Geomorphological Problem*. Creation Science Research Quarterly, 47권, No. 1, 45-57쪽. # Oard, M. J., 2010, *The Origin of Grand Canyon Part IV: The Great Denudation*. Creation Science Research Quarterly, 47, No. 2, 146-157쪽.

홍수 지질학자들이 제기하는 질문: "수백만 년 동안 그랜드캐니언에서 꾸준히 침식되었다고 하는 모든 퇴적물은 지금 어디에 있을까?": Vail, 2003, *Grand Canyon: A Different View*, 30-31쪽. # Austin, 1994, *Grand Canyon: Monument to Catastrophe*, 87쪽.

많은 논문이 그랜드캐니언에서 침식된 퇴적물이 어디에 있는지를 기록했다: Dorsey, R. J., Housen, B. A., Janecke, S. U., Fanning, C. M. and Spears, A. L., 2011, *Stratigraphic record of basin development within the San Andreas fault system: Late Cenozoic Fish Creek-Vallecito basin, Southern California*. Geological Society of America Bulletin, 123권, No. 5/6, 771-793쪽. # Beard, L. S., Karlstrom, K. E., Young, R. A. and Billingsley, G. H., *CRevolution 2- Origin and Evolution of the Colorado River System, Workshop Abstracts*. U.S. Geological Survey Open File Report 2011－1210, 300쪽 이하에 수록된 Spencer, J. E, Patchett, P. J., Roskowski, J. A., Pearthree, P. A., Faulds, J. E. and House, P. K., 2011, *A Brief Review of Sr Isotopic Evidence for the Setting and Evolution of the Miocene-Pliocene Hualapai-Bouse Lake System*. URL: pubs.usgs.gov/of/2011/1210/of2011-1210.pdf.

홍수 지질학자들이 그랜드캐니언이 급속히 침식되었다는 증거로 인용하는 4개의 작은 협곡의 예: 채널드 스카

브랜즈: Austin, 1994, *Grand Canyon: Monument to Catastrophe*, 94, 96-97쪽. # Oard, M., 2008, *Flood By Design*, Master Books, 130쪽 이하, 100-101쪽을 보라. # *The New Answers Book 3*, 181쪽에 수록된 Snelling and Vail, 2009, *When and How Did the Grand Canyon Form?* # 세인트헬렌스산: Austin, 1994, *Grand Canyon: Monument to Catastrophe*, 94, 97-98쪽. # *The New Answers Book 3*, 253-262쪽에 수록된 Austin, 2009, *Why is Mount St. Helens Important to the Origins Controversy?* 256-258쪽을 보라. # *The New Answers Book 3*, 181-182쪽에 수록된 Snelling and Vail, 2009, *When and How Did the Grand Canyon Form?* # Snelling, 2009, *Earth's Catastrophic Past: Geology, Creation and the Flood*, 718쪽. # 캐니언 레이크 협곡: Doyle, S., 2009, *A Gorge in Three Days!* Creation Magazine, 31권, No. 3, 32-33쪽. #

프로비던스 캐니언: Williams, E. L., 1995, *Providence Canyon, Stewart County, Georgia Evidence of recent rapid erosion*. Creation Research Society Quarterly, 32권, No. 1, 29-43쪽. # Gibson, R., 2000, *Canyon Creation: Faster Than Most People Would Think Possible, Beauty Was Born from Devastation*. Creation Magazine, 22권, No. 4, 46-48쪽.

캐니언 레이크 협곡 사건의 홍수 물과 침식된 암석의 양: Lamb, M. P. and Fonstad, M. A., 2010. *Rapid formation of a modern bedrock canyon by a single flood event*. Nature Geoscience, 3권, 477-481쪽.

17장 그랜드캐니언의 나이는 몇 살일까?

그랜드캐니언을 연구하는 지질학자들의 대다수는 대부분의 절개가 지난 6백만 년 안에 일어났다는 견해를 유지하는 반면, 소수 그룹은 초기("원시") 협곡의 절개는 그보다 오래 전에 시작되었다고 주장한다: Ranney, W., 2012, *Carving Grand Canyon: Evidence, Theories, and Mystery*, 2판. Grand Canyon Association, Grand Canyon, 190쪽 이하, 170쪽을 보라.

그랜드캐니언 동쪽의 지류 협곡은 이상하게도 상류 쪽을 향하고 있어서, 일부 학자들은 이곳의 수로가 원래 북쪽 방향으로의 배수로로 발달했다고 제안한다: Ranney, W. D., 1998, *Geomorphic evidence for the evolution of the Colorado River in the Little Colorado–Marble Canyon area, Grand Canyon, Arizona (abstract)*. The Geological Society of America, Abstracts with Programs, 30권, no. 6, 34쪽.

특정 유형의 동굴 퇴적물의 연대를 추정함으로써 힐과 그녀의 동료들은 서쪽 협곡이 하류로 침식되고 있을 때 고대 지하수면이 고도가 낮아지기 시작한 시기를 결정할 수 있었다: Polyak, V., Hill, C. and Asmerom, Y., 2008, *Age and evolution of Grand Canyon revealed by U–Pb dating of water-table-type speleothems*. Science, 319권, No. 5868, 1377-1380쪽. # Hill, C. A. and Polyak, V. J., 2010, *Karst hydrology of Grand Canyon, Arizona, USA*. Journal of Hydrology, 390권, 169-181쪽.

Hill은 카이밥 고지대 동쪽과 서쪽의 하천이 처음에는 갈라진 틈과 동굴을 통해 카이밥 고지대 아래로 흐르는 물에 의해 연결되었을 가능성이 있다고 주장했다. 이를 하천 쟁탈의 일종인 카르스트 쟁탈이라고 한다: Hill, C. A., Eberz, N. and Buecher, R. H., 2008, *A Karst Connection model for Grand Canyon, Arizona, USA*. Geomorphology, 95권, 316-334쪽. # Hill, C. A. and Polyak, V. J., 2014, *Karst piracy: A mechanism for integrating the Colorado River across the Kaibab uplift, Grand Canyon, Arizona, USA*. Geosphere, 10권, No. 4, 1-14쪽.

젊은 지구론 지지자들은 어느 그랜드캐니언/그랜드 스테어케이스 지층이 홍수 진 퇴적물로 간주되어야 하고, 어느 지층이 홍수 후 퇴적물로 간주되어야 하는지에 대해서도 일치하지 않는다. 예: Oard와 Froede는 그랜드캐니언 슈퍼그룹 전체가 홍수 초기에 퇴적되었다고 말한다: Oard, M. and Froede Jr., C., 2008, *Where is the Pre-Flood/Flood Boundary?* Creation Research Society Quarterly, 43권, No. 1, 24-39쪽. # Austin은 그랜드캐니언 슈퍼그룹의 맨 위쪽 층만 홍수 초기에 퇴적되었고, 그 밑의 모든 지층은 홍수 전 퇴적물이라고 말한다: *Proceedings of the Third International Conference on Creationism*, 37-47쪽에 수록된 Austin and Wise, 1994, *The Pre-Flood/Flood Boundary: As Defined in Grand Canyon, Arizona and Eastern Mojave Desert, California.* # Oard는 대부분의 신생대 층(6천5백만 년 전부터 현재까지, 즉 그랜드 스테어케이스보다 높은 지층)이 홍수에 의해 퇴적되었다는 입장을 유지한다: Oard, M. J., 1996, *Where is the Flood/Post Flood Boundary in the Rock Record?* Creation ex nihilo Technical Journal, 10권, No. 2. # Austin과 Snelling는 그랜드 스테어케이스의 꼭대기가 홍수 퇴적물의 끝이라고 지적한다: Austin, 1994, *Grand Canyon: Monument to Catastrophe*, 58쪽; Snelling, 2009, *Earth's Catastrophic Past: Geology, Creation and the Flood*, 751-761쪽. (모순되는 젊은 지구론의 주장들에 대해서는 Senter, 2011, *The Defeat of Flood Geology by Flood Geology*, 1.1-1.14을 보라.)

지난 50년 동안 많은 것이 밝혀졌는데, 이 모든 내용은 홍수 지질학 모델과 점점 더 사이가 틀어지고 있다: Collins, L. G., 2015, *When Was Grand Canyon Carved? Millions of Years Ago or Thousands of Years Ago? How Do We Know?*, Reports of the National Center for Science Education, 35권, No. 4, 2.1-2.8.

18장 그랜드캐니언의 생명체: 주머니쥐, 꽃가루, 자이언트 나무늘보

그랜드캐니언의 동굴에 있는 다수의 주머니쥐 두엄 더미들을 탄소-14 연대 측정법으로 추정한 결과 약 1만 년에서 2만 년으로 추정되었다: Cole, K. L. and Arundel, S. T., 2005, *Carbon isotopes from fossil packrat pellets and elevational movement of Utah agave plants reveal the Younger Dryas cold period in Grand Canyon, Arizona.* Geology, 3권, No. 9, 697-760쪽. # Cole, K. L. and Mayer, 1982, *Use of packrat middens to determine rates of cliff retreat in the eastern Grand Canyon, Arizona.* Geology, 10권, 597-599쪽.

수많은 굴에 있는 주머니쥐 두엄 더미와 똥은 그랜드캐니언의 저지대에 오랫동안 향나무와 물푸레나무 숲이 있었음을 밝혀주는 유기물질을 함유하고 있다: Mead, J. I. and Phillips, A. L., 1981, *The Late Pleistocene and Holocene fauna and flora of Vulture Cave, Grand Canyon, Arizona.* Southwest Naturalist, 26권, 257-288쪽. # Martin, P. S. and Klein, R. G. (eds.), *Quaternary Extinctions*, University of Arizona Press, 148-158쪽에 수록된 Phillips, A. M., 1984, *Shasta ground sloth extinction: fossil packrat midden evidence from the western Grand Canyon.* # Phillips, A. M. and Van Devender, T. R., 1974, *Pleistocene packrat middens from the lower Grand Canyon of Arizona.* Journal of the Arizona Academy of Science, 9권, 117-119쪽. # Van Devender, T. R. and Mead, J. I., 1976, *Late Pleistocene and modern plant communities of Shinumo Creek and Peach Springs Wash, Lower Grand Canyon, Arizona.* Journal of Arizona Academy of Science, 11권, 16-22쪽.

가장 깊은 지층에서 나온 똥 시료들의 나이는 3만5천 년이 넘는 것으로 추정되었는데, 이는 거의 2만5천 년 동안 늘보들이 간헐적으로 이 동굴을 점유했음을 시사한다: Martin, P. S., Sabels, B. E. and Shutler, D., 1961, *Rampart Cave coprolite and ecology of the Shasta ground sloth*. American Journal of Science, 259권, 102-127쪽. # Mead, J. I., 1981, *The last 30,000 years of faunal history within the Grand Canyon, Arizona*. Quaternary Research, 15권, 311-326쪽. # Mead, J. I. and Agenbroad, L. D., 1992, *Isotope dating of Pleistocene dung deposits from the Colorado Plateau, Arizona and Utah*. Radiocarbon, 34권, No. 1, 1-19쪽.

그랜드캐니언 동굴에서 나온 최초의 인공물은 방사성 탄소 연대 측정법으로 약 6000년 된 것으로 추정되었다: Mead, J. I., 1981, *The last 30,000 years of faunal history within the Grand Canyon, Arizona*. Quaternary Research, 15권, 311-326쪽. # Davis, G. H. and Vandenholder, E. M. (eds.), *Geologic Diversity of Arizona and its margins: Excursions to Choice Areas*, Arizona Bureau of Geology and Mineral Technology, Geological Survey Branch, Special Paper No. 5, 39-51쪽에 수록된 Bachhuber, F. W., Rowland, S. and Huntoon, P., 1987, *Geology of the Lower Grand Canyon and Upper Lake Mead by boat–an overview*.

19장 강에서 테두리까지: 모든 조각을 한데 맞추기

이곳의 역사는 아주 복잡해서 이를 완전히 묘사하려면 긴 설명이 필요하다: *Grand Canyon Geology: Two Billion Years of Earth's History*, 25-47쪽에 수록된 Timmons, Bloch, Fletcher, Karlstrom, Heizler and Crossey, 2012, *The Grand Canyon Unkar Group: Mesoproterozoic basin formation in the continental interior during supercontinent assembly*. # *Grand Canyon Geology: Two Billion Years of Earth's History*, 49-72쪽에 수록된 Dehler, C. M., Porter, S. M. and Timmons, J. M., 2012, *The Neoproterozoic Earth system revealed from the Chuar Group of Grand Canyon*.

삼엽충은 수천 종이 있다고 알려져 있는데, 톤토 그룹에서 47종이 발견되었다: Thayer, D., 2009, *An Introduction to Grand Canyon Fossils*. Grand Canyon Association, 64쪽 이하, 25쪽을 보라.

홍수 지질학자들은 (코코니노 사암에) 백운석이 존재한다는 사실이 모든 시스템이 해양 퇴적물임을 의미한다고 주장한다: Whitmore, J. H., Strom, R, Cheung, S. and Garner, P. A., 2014, *The Petrology of the Coconino Sandstone (Permian), Arizona, USA*. Answers Research Journal, 7권, 499-532쪽.

불칸스 스론 분화구와 용암류, 그랜드캐니언 서부. 사진: 케네스 햄블린. 햄블린 가족 제공.

캐럴 힐(Carol Hill)은 17년 넘게 그랜드캐니언을 연구하고 있으며 *Science, Geomorphology, Journal of Hydrology*와 *Geosphere*에 그랜드캐니언 지질학에 관한 논문을 발표하고 있다. 전문 분야는 동굴과 카르스트 지형이며, *Cave Minerals of the World, Geology of Carlsbad Cavern, Geology of the Delaware Basin*의 저자다. 힐은 NOVA와 내셔널 지오그래픽의 *Naked Science* 프로그램에 출연했다. 그녀는 미국 최대의 기독교 학술 단체인 American Scientific Affiliation 회원이며 *Perspectives on Science and Christian Faith*에 많은 글을 기고했다.

팀 헬블(Tim Helble)은 미국 기상청의 수문학자로 일하다 최근에 은퇴했다. 미국 기상청 재직 중에 콜로라도강과 그레이트 베이슨의 홍수 및 물 공급을 예측했다. 헬블은 애리조나 대학교에서 석사 학위를 취득하는 동안 그랜드캐니언 국립공원에서 정기적으로 수문학자로 일하기도 했다. 1970년대 말부터 젊은 지구 창조론자 운동을 검토하고 있으며, *Perspectives on Science and Christian Faith*에 코코니노 사암에 관한 변증적인 논문을 게재했다. 민간 부문에서 지도 제작자로 일했으며, 이 책에 나오는 많은 삽화와 사진에 기여했다.

그렉 데이비슨(Gregg Davison)은 지난 20년 동안 미시시피 대학교 지질학 및 지질공학부 교수였으며, 2013 이후에는 학장직을 맡고 있다. 휘튼 대학에서 지질학 학사 학위를, 애리조나 대학교에서 수문학(hydrology) 박사 학위를 받았으며, 사해 문서와 토리노의 수의의 연대를 측정했던 바로 그 방사성 연대 측정 연구소에서 몇 건의 연구를 수행했다. 데이비슨은 과학과 성경이라는 주제에 대해 활발한 저술 및 강연 활동을 벌이고 있다. *When Faith and Science Collide*의 저자이며, *Modern Reformation, Christian Research Journal*과 *Perspectives on Science and Christian Faith*에 많은 글을 기고했다.

웨인 래니(Wayne Ranney)는 지질학자이자 애리조나주 플래그스태프에 기반을 둔 여행 가이드다. 그랜드캐니언 국립공원 경비로 일하면서 지질학에 관심을 가지게 되었고, 나중에 북애리조나 대학교에서 학사와 석사 학위를 받았다. 이후에 래니는 남극 대륙, 아프리카, 아마존, 북극 및 남극 같은 장소의 선상 여행에서 지질학 강사로 일했다. *Sedona Through Time, Ancient Landscapes of the Colorado Plateau*의 저자이며, 거의 3만 부가 팔렸으며 현재 2판이 나와 있는 *Carving Grand Canyon* 등 8권의 책을 단독 또는 공동으로 저술했다.

 조엘 더프(Joel Duff)는 콜로라도 서부와 유타의 암석 사이에서 자랐다. 칼빈 대학에서 생물학 학사 학위를 받았고, 1995년 테네시 대학교에서 식물학 석사 및 박사 학위를 받았으며, 현재 오하이오주 아크론 대학교 생물학 교수다. 더프는 분자생물학적 방법을 사용해서 생물 다양성을 이해하기 위해 수많은 동식물 시스템 연구를 수행했다. 40편이 넘는 연구 논문을 저술하고, *Perspectives on Science and Christian Faith*에도 논문을 게재했으며, Solid Rock Lectures(과학과 신앙 사역) 강사이기도 하다. *Naturalis Historia*라는 블로그를 운영하면서 여기에 과학과 신앙의 교차점에 관한 글을 올리고 있다.

 스티븐 모시어(Stephen O. Moshier)는 고등학교 재학 시절에 아폴로호의 달 탐사와 뉴멕시코주 필몬트 스카웃 랜치로의 여행에 영향을 받아 지질학에 관심을 가지게 되었다. 버지니아 테크, 빙햄튼 대학교 및 루이지애나 주립대학교에서 지질학 학위를 취득했고, 1991년부터 휘튼 대학에서 가르치고 있다. 모시어는 퇴적학과 석회암의 석유 매장량 속성, 이집트와 이스라엘의 지질 고고학을 연구했다. 과학, 엔지니어링, 의학 분야의 그리스도인 조직인 American Scientific Affiliation 회원이다. 학생들에게 우주, 지구 및 생명의 기원에 관한 과학적·성경적 관점을 소개하는 휘튼 대학의 팀 학습 수업에 기여하고 있다.

 데이비드 엘리엇(David Elliott)은 유럽에서 공부한 뒤 북애리조나 대학교 지질학부에 합류했으며, 그곳에서 35년을 재직했는데 그중 마지막 28년은 교수로 일했다. 고생물학자로서 북아메리카, 캐나다의 북극, 서유럽에서 광범한 연구를 수행했으며, 75편이 넘는 논문을 발표했다. 그중에는 그랜드캐니언의 고생물학에 관한 논문도 많이 포함되어 있다. 또한 *Journal of Vertebrate Paleontology*를 비롯해서 많은 책과 심포지움 간행물의 편집인이기도 했다. 인기 있는 저술인 *Grand Canyon Geology*의 두 섹션을 공동 저술했다.

랠프 스티얼리(Ralph Stearley)는 생명의 역사에 큰 관심을 가지고 있는 고생물학자다. 미주리 대학교에서 생물 인류학 학사 학위를 취득했고, 유타 대학교와 미시간 대학교에서 각각 지구과학 석사와 박사 학위를 받았다(고생물학 전공). 칼빈 대학 지질학 교수로서 1992년부터 가르치고 있다. 스티얼리가 발표한 연구 논문에는 해양 무척추동물 생태계와 고생태학, 하천 화석 생성론, 연어과 물고기의 계통 분류학과 역사, 홍적세 포유류생물 지리학에 관한 연구가 있다. 2008년 데이비스 영과 공동으로 *The Bible, Rocks and Time*(IVP)이라는 제목의 홍수 지질학 비판서를 저술했다.

브라이언 탭(Brian Tapp)은 탄산염 암석의 변형 메커니즘과 습곡 및 단층 역학을 전공하는 구조 지질학자다. 탭은 자신의 전문성을 균열된 석유 매장량, 균열된 대수층(aquifers), 전도 시스템(inversion systems)의 특징 묘사, 암석 조직의 형성, 습곡 역학에 적용해왔다. 툴사 대학교에서 30년 동안 가르치고 있다. 단과대학 우수 교습상을 두 번 받았으며, 2002년에는 대학교 우수 교수로 지명되었다. 현재 지구과학 부서 의장으로 재직하고 있다.

로저 윈스(Roger Wiens)는 행성 과학자이자 우주 탐험가로서 캘리포니아 대학교와 칼테크에서 일했고, 현재는 로스 알라모스 국립 연구소에서 일하고 있다. 2004년에는 태양 입자를 지구로 가져온 미항공우주국(NASA) 제네시스 프로젝트의 비행 탑재 수석이었다. 두 건의 화성 탐사선 미션의 슈퍼캠(SuperCam)과 켐캠(ChemCam) 레이저 기기의 주요 조사원이기도 하다. 지구, 달, 화성, 이오(목성의 제1위성), 혜성 및 태양에 관해 125편이 넘는 논문을 발표했다. 또한 온라인 책 *Radiometric Dating: A Christian Perspective*와 화성 프로젝트에 관한 자신의 연구를 소개한 *Red Rover*를 저술했다.

"내가 가장 좋아하는 그랜드캐니언 동쪽 부분 사진 중 하나." 사진: 브라이언 탭.

켄 올게머스(Ken Wolgemuth)는 석유 산업 분야에 35년간의 경험을 가진 석유 지질학자다. 휘튼 대학에서 화학 학사 학위를 받았고, 컬럼비아 대학교에서 지구 화학 박사 학위를 받았다. 미국 석유 지질학자 협회의 서적 출판을 관리했고, 석유 매장량에 관한 논문을 발표했으며, 지난 16년간 석유 산업 단기 과정을 가르치고 있다. 올게머스는 지질학자가 아닌 일반인에게 지질학을 가르치는 일을 전문으로 하며, 목회자에게 지구의 지질학을 전달하고 가르치기 위해 Solid Rock Lectures를 설립했다. 또한 공동 저술한 다수의 논문을 *Christian Research Journal*과 *BioLogos*에 게재하기도 했다. American Scientific Affiliation 회원이다.

그랜드캐니언, 오래된 지구의 기념비

브론즈 블랙(Bronze Black)은 그래픽 디자이너, 일러스트레이터 및 사진작가로 애리조나주 플래그스태프에 거주하고 있다. 북애리조나 대학교에서 지질학 학위를 취득하고 20년 넘게 미국 남서부의 경관과 지형을 연구하고 있다. 1995년에는 콜로라도강 위의 그랜드캐니언을 처음으로 여행하면서 그곳과 사랑에 빠졌으며, 거기서 지난 15년간 상업적인 여행 가이드로 일하고 있다. 미국 남서부에 관한 *Carving Grand Canyon, Anatomy of Grand Canyon, the Grand Canyon Adventure Board Game, the Grand Canyon Map and Guide, River and Desert Plants of the Grand Canyon, Sedona Through Time, the Sedona Map and Guide, Volcanoes of Northern Arizona* 같은 많은 책, 자료, 지도에 관한 연구 개발을 이끌거나 거기에 기여했다.

수잔 코만(Susan Coman)은 오클라호마주 툴사 출신의 그래픽 디자이너, 작가, 사진작가다. 미국 석유 지질학자 협회, 탐사 지구 물리학자 협회, 툴사 대학교, 퇴적 지질학 협회(SEPM), 툴사 지질학 협회, 가스 프로세서 협회 등 많은 기관을 위해 45권이 넘는 지질학, 지구 물리학, 과학 서적을 디자인하고 제작했다. 오클라호마 도서상을 2회 받았고, NCCJ의 베스 맥클린 우수상을 수상했다. 과학 프로젝트 외에도, *A Community of Faith, Will Rogers: The Cherokee Kid, Thomas Gilcrease, The Ithaca Gun Company* 등 많은 책을 발행했다. 2012년에는 잡지 *River's Edge*를 개발한 뒤, 여기에 연재되던 *The Tulsa River*를 책으로 출간하는 데 기여했다.

노스 림의 포인트 임페리얼에서 남동쪽으로 바라본 전경. 사진: 브론즈 블랙.

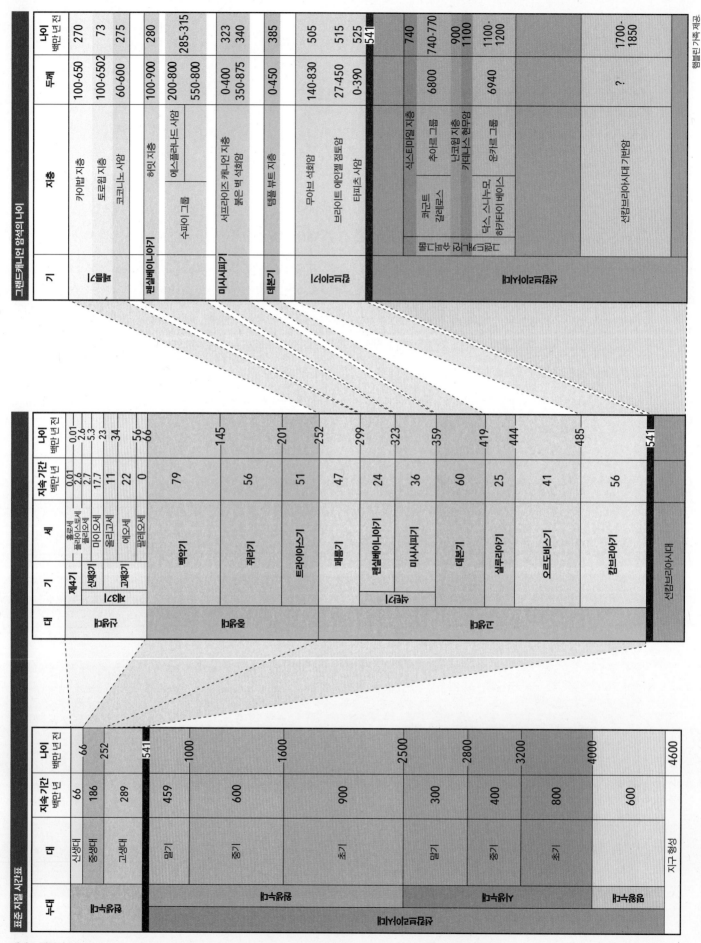

그랜드캐니언 암석의 나이 / 표준 지질 시간표

케네스 햄블린, 2008, *Anatomy of the Grand Canyon: Panoramas of the Canyon's Geology*, p 19.에서 가져와 수정함.

햄블린 가족 제공.

그랜드캐니언, 오래된 지구의 기념비

노아 홍수가 그랜드캐니언을 설명할 수 있을까?

The Grand Canyon, Monument to an Ancient Earth

Copyright © 새물결플러스 2018

1쇄발행 2018년 1월 29일
지은이 캐럴 힐, 그렉 데이비슨, 팀 헬블, 웨인 래니, 조엘 더프, 데이비드 엘리엇,
　　　　스티븐 모시어, 랠프 스티얼리, 브라이언 탭, 로저 윈스, 켄 올게머스
옮긴이 노동래
펴낸이 김요한
펴낸곳 새물결플러스

편집 왕희광 정인철 최율리 박규준 노재현 한바울 신준호 정혜인 김태윤 이형일
디자인 김민영 이재희 박슬기
마케팅 임성배 박성민
총무 김명화 이성순
영상 최정호 조용석 곽상원
아카데미 유영성 최경환 이윤범

홈페이지 www.holywaveplus.com
이메일 hwpbooks@hwpbooks.com
출판등록 2008년 8월 21일 제2008-24호
주소 (우) 07214 서울특별시 영등포구 양평로 11, 4층(당산동5가)
전화 02) 2652-3161
팩스 02) 2652-3191

979-11-6129-048-5　03230

책값은 뒤표지에 있습니다.

이 도서의 국립중앙도서관 출판예정도서목록(CIP)은 서지정보유통지원시스템
홈페이지(seoji.nl.go.kr)와 국가자료공동목록시스템(nl.go.kr/kolisnet)에서 이
용하실 수 있습니다. CIP2018001274

론의 스타로 떠올랐다. 3월 20일 KBS 심야토론에서 노회찬은 "50년 동안의 썩은 정치판을 이제 바꿔야 합니다. 50년 동안 삼겹살을 같은 불판 위에서 구워 먹으면 고기가 새까맣게 타버립니다. 이제 바꿀 때가 됐습니다."라며 정권교체를 넘어 보수세력 자체를 진보개혁 세력으로 교체해야 한다는 세력교체론을 내세워 공격적으로 토론에 임했다. 노회찬 특유의 유머 코드는 네티즌의 폭발적인 인기를 얻었다. 노회찬의 말만 따로 모은 '노회찬 어록'이 다양한 버전으로 편집되어 인구에 회자되었다. 삼겹살집에서 "아줌마 불판 바꿔주세요"라고 말할 때 사람들은 노회찬의 이 말을 연상했다.

노회찬의 속풀이 어록은 이어졌다. 한나라당 김영선 의원과 민주당 김경재 의원이 대통령이 사과하지 않았기 때문에 탄핵했다고 주장하면서 방송이 편파적이라고 비난하고 나섰다. 즉 3월 12일에 국회 몸싸움 장면을 14시간이나 방송에서 의도적으로 계속 보여주는 바람에 국민들은 혼돈에 빠졌고 분노를 일으켰다는 것이다. 이에 대해 노회찬은 "사과할 일을 가지고 탄핵을 하다니, 그렇게 하찮은 일을 가지고 탄핵을 하다니, 제정신입니까?"라고 질타했고 "193명 의원들이 탄핵을 다 잘한 일이라고 주장하셨잖습니까? 그렇다면 그 화면을 TV에서 자주 보여주면 오히려 한나라당, 민주당에 유리한 것 아닙니까?"라고 맞받았으며 "한나라당과 민주당은 누가 죽인 게 아니고 알아서 자살한 겁니다"라고 받아쳤다.

열린우리당에 대해서도 "열린우리당은 길 걷다가 지갑 주운 것이나 마찬가지입니다. 지갑을 주웠으면 경찰에 신고해야죠." 라며 탄핵의 반사이익을 얻으며 실력 이상으로 지지율이 치솟고 있음을 짚어내면서 민주노동당에 대한 지지를 호소했다. 노회찬이 출연하는 방송토론 시청율이 역대 최고를 경신했다. 토론을 본 시청자들은 "시원하고 통쾌하다"는 반응을 보이며 '불판을 바꾸자'는 민주노동당의 호소에 반응했다.

"이 자리에 오기까지 50년이 걸렸다"
-민주노동당, 2004년 17대 총선에서 10석 획득

2004년 4월 15일 치러진 17대 총선에서 민주노동당은 비례후보 8명, 지역구 2명, 당 지지율 13.03%를 얻으며 2000년 창당 이래 최초로 원내 진출을 이루었다.

지난 2000년 16대 총선에서 창원을과 울산 북구에서 고배를 마셨던 민주노동당은 창원을에서 권영길, 울산 북구에서 조승수를 당당히 당선시킴으로써 설욕했으며, 정당 지지율에 따른 비례후보 당락은 개표 막판까지 가슴을 졸이게 하며 한판의 드라마를 만들어내기도 했다. 민주노동당은 전국 예상득표율이 15%까지 올라가는 이변을 연출하며 순항하기도 했지만, 정작 출구조사에서는 10% 내외로 나와 비례 7번까지 당선되고 8번 후보는 어려울 것으로 예상되었다. 그러나 자정을 넘긴 개표 결과 민주노동당은 10선에 도전하는 자민련의 비례 1번 김종필 후보를 역사에서 퇴장시키고 노회찬 후보를 당선시켰다. 한국 정치사에서 잊을 수 없는 명장면이었다.

17대 총선에서 민주노동당의 약진에 대한 평가는 약간씩 달랐다. 다수 의견은 "밀물이 들면 배가 같이 뜬다"는 논리로 진보-개혁진영 전체의 지지율이 높아질 때 민주노동당과 같은 진보정당의 지지율도 덩달아 높아진다는 것이었다. 이와 같은 자유주의정당과 진보정당 지지율의 등락이 동조화되는 현상은 그 이후에도 반복적으로 나타남으로써 이 논리는 더욱 강화되었다.

그러나 민주노동당은 "한나라당과 열린우리당 사이에는 샛강이 흐르지만 열린우리당과 민주노동당 사이에는 한강이 흐른다"며 자유주의정당과의 차별화와 독자적 정체성을 강조하며 지지자들을 모아왔다. 17대 총선에서 정당 지지율 13.03%도 사실은 예상 득표율보다 낮게 나온 것으로 자신의 지지자들을 열린우리당에 빼앗겼다고도 볼 수 있었다. 그러나 수구보수정당을 꺾는 일이 선결과제이므로 자유주의 정당과 분리 정립하는 것은 후순위라는 것이다.

이 문제는 독자적인 진보진영이 풀어야 할 오랜 숙제였다. 87년 대선에서는 독자후보와 김대중에 대한 비판적 지지로 갈

렀고, 1997년 국민승리21 이후부터 민주노동당에 이르기까지 진보개혁진영은 중대한 정치적 시기 때마다 논쟁을 거듭해왔다. 제도적으로는 독자적 진보정당의 성장을 가로막는 선거제도의 한계 때문이기도 하겠지만 그 제도가 강제하는 룰 안에서 싸워야 하는 진보정당으로서는 온건보수정당의 들러리나 서고 있을 수는 없는 것이었다.

노무현 대통령 당선 이후 조돈문 교수는 대통령의 진보적 약속이 4개월을 견디지 못하고 파기되었다고 비판했다. 조교수는 "노동조건 개악을 담은 근로시간 단축법이 통과되자 노동계는 투쟁을 선언했고 재벌들은 갈채를 보냈다. 사용자 대항권을 세운 로드맵이 발표되자 양대 노총은 열린우리당 정권을 규탄했으나 재벌들은 환호했다. 재벌들은 열린우리당 정권의 친 노동 성향에 대한 우려를 말끔히 씻었다. 노동자들이 기대한 '희망'의 정치는 짧은 시행착오와 함께 마감됐다."고 말했다. 민주노동당 김종철 선대위 대변인도 "현 정부는 세계가 규탄하는 이라크 침략전쟁에 미국의 하위 파트너를 자처했다. 북미 갈등에도 미국 눈치만 보며 한반도 평화를 외면했다. 농민의 희생을 담보로 한·칠레 FTA를 강행하고 정규직-비정규직 싸움을 부추기며 대통령 자신은 뒤로 숨는 모습을 보였다."고 신랄하게 비판했다.

민주노동당은 탄핵열풍 속에서 열린우리당에 대한 쏠림현상에도 불구하고 진보정당이라는 제3의 선택지가 있음을 보여주었고, 새로운 대안적 정당에 대한 지지층을 형성해왔다. 특히 노동자 밀집지역에서는 더욱 강한 자장을 만들어냈다. 울산은 21.9%를 얻어 전국 16개 광역시도 기준으로 유일하게 20%대를 넘겼고, 조승수를 당선시킨 울산북구는 35.4%로 전국 최고치를 기록했다.

울산 북구와 마찬가지로 노동자 밀집지역이거나 노조 활동이 활발한 곳들은 예외 없이 정당득표율이 높았다. 노동자 '계급투표' 바람이 민주노동당 원내 10석 진출에 지대한 역할을 했던 셈이다.

민주노동당은 이렇듯 독자적 지지기반을 다져나가면서 새로운 수권 대안정당으로 나아가겠다는 포부를 다졌다. 물론 모든 연대를 거부한다는 의미는 아니었으며 자신의 독자적 지지기반을 다지고 정치적 지지자를 획득하기 위한 노력은 당연한 것이었다.

의사당의 낯선 손님
-민주노동당식 포퓰리즘 정치, 의원특권 폐지운동

"민주노동당의 원내 진입은 월급쟁이, 노동자, 농민, 서민이 국회에 들어가는 것입니다."

민주노동당 권영길 대표가 당선 직후 토한 일성이었다.

2004년 4월 22일 여의도 의사당은 낯선 손님들을 맞았다. 당선자 등록을 하러 온 심상정 당선자는 의원 금배지와 공직자 재산등록 서류들이 들어 있는 검은색 007 의원 서류가방을 보고는 "남성 중심적인 국회"라는 걸 잘 보여주는 것 같다고 첫 느낌을 말했고, "무거워서 가방을 들 수 있겠느냐"는 심 당선자의 질문에 '보좌관이 들면 된다'는 사무처 직원의 대답을 듣고는 "우리 보좌관은 가방 들어주는 사람이 아니다"며 동료시민으로서의 소박한 견해를 가감 없이 드러냈다.

점퍼 차림의 단병호 당선자는 "정문에서 의경들이 '어떻게 왔느냐'고 물어 '등록하러 왔다'니까 도저히 인정할 수 없다는 눈치더라"면서 "본청 안에 들어가서도 똑같은 눈치였다"며 낯선 손님에 대한 국회의 반응을 전했다. 심 당선자는 "사무처에 들어갔더니 직원들이 모두 기립하더라"면서 "국회의원들이 들어오면 다 일어나야 하는 것은 잘못된 것"이라며 낯설게 느껴지는 국회의원의 특권부터 먼저 해결해야 한다는 인식을 심어주었다.

의원 전용 출입문이나 전용 승강기와 같은 사소한 특권에서부터 불체포특권과 면책특권까지 동료시민들의 눈으로 볼 때 의원 특권은 곱게 보이지 않았다. 특히 불체포특권과 면책특권은 '방탄국회'와 '막가파식 폭로정치'에 악용되었기 때문에 제한되어야 한다는 여론이 들끓고 있었다. 당시 불법 대선자금

수수로 구속된 서청원 한나라당 의원이 석방된 것은 비리에 연루돼 구속되더라도 현행범이 아닌 한 국회에서 석방동의안이 통과되면 회기 중에는 바로 석방해야 한다는 불체포 특권의 악용사례였다.

민주노동당은 5월 20일 '국회특권폐지운동본부'를 설치해 본격적으로 의원특권 폐지운동에 나서기로 했다. 노회찬 사무총장은 "의원 편의 제공이나 불체포, 면책 특권 등과 함께 다수 정당이 갖는 특권도 폐지하거나 현격히 줄이자는 것"이라고 했다. 또 민주노동당은 의원에 대한 '국민소환제' 도입도 더불어 추진키로 했다. 그러나 면책특권과 불체포특권은 국회의 권력 견제 기능을 감안한 의원 보호장치라는 측면에서 신중해야 한다는 의견이 엇갈리는 문제였다. 어찌 보면 진보정당의 사상 첫 등원으로 기성 보수정당과 차별화하고 서민들의 가려운 곳을 시원하게 긁어주어야 한다는 다급한 사명감에서 추진된 다분히 포퓰리즘적 행보였다고 할 수 있다.

민주노동당 의원들의 제살깎기식 특권 내려놓기 경쟁의 진정한 목표는 교섭단체 특권에 관한 문제였다. 원내 교섭단체가 된다는 것은 의사일정 조율뿐만 아니라 의제에 관한 협의와 조율 등을 통해 국정 운영의 주체적인 파트너가 된다는 의미였다. 원내교섭단체는 국회운영의 실질적인 핵심으로 윤리심사 (징계) 요구, 의사일정변경 동의, 국무위원출석 요구, 의안수정 동의, 긴급현안 질문, 본회의 및 위원회에서의 발언시간 및 발언자 수, 상임위 및 특별위 의원선임 등에 있어서도 권한을 갖는다. 노동자 서민의 목소리를 원내에 투영시켜 민주노동당의 정책적 차별성을 분명히 하겠다는 목표를 세우고 있는 민주노동당 입장에서 보면, 원내교섭단체가 돼야 하는 것은 등원 다음으로 또 한 번 넘어서야 할 고비였다.

그러나 교섭단체 구성요건은 원내 20석을 가진 정당에 한정되어 있어 민주노동당은 국정운영의 주체적 파트너에서 배제된 것이었다. 이에 민주노동당은 "민주노동당이 총선에서 10% 이상의 정당득표율을 얻은 것을 무시하면서 전체 의석수의 10%도 안 되는 20석만을 교섭단체의 기준으로 삼는 것은 모순"이라며 "교섭단체 제도를 채택한 24개국 가운데 이런 기준을 가지고 있는 나라는 없다"고 지적했다. 그러나 민주노동당의 원내 입성조차 거북해하는 기성 정당의 입장에서는 민주노동당에 그런 마이크를 내줄 리 만무했다. 민주노동당으로서도 교섭단체 특권 내려놓기라는 의제를 주구장창 물고 늘어질 수도 없었다.

어쨌든 민주노동당 초보 의원의 원내 입성은 기성의 제도와 관행을 크게 흔들어놓으면서 열린우리당과 한나라당의 특권 내려놓기 경쟁을 불 지폈다.

당직과 공직은 겸할 수 없다?
-당을 대표하는 리더를 배제하다

민주노동당은 정당문화를 혁신하는 리더였다. 우선 진성당원제가 주목을 받았다. 당시 한나라당이나 새천년민주당 등 기성 정당들은 당비를 내지 않는 페이퍼당원 수백만 명을 보유하고 있었다. 자기가 당원인지조차 모르는 사람들이 수두룩했고 심지어 여당과 야당에 동시에 가입된 경우도 있었다. 그러나 민주노동당은 철저히 당비를 내는 자에 한해 당원의 자격을 부여했고, 이런 진성당원이 2004년 17대 총선을 치를 당시 5만 명에 이르렀다. 민주노동당의 이 같은 당원시스템은 정당운영의 모범으로 인정받았다. 개혁국민정당도 그 뒤를 이었고, 나중에는 열린우리당도 진성당원제를 모방하려 했다.

진성당원제 말고도 민주노동당만의 독특한 제도 중 하나는 '당직과 공직의 겸직을 금지'하는 제도였다. '민주노동당이라면 권영길'을 떠올리는데 국회의원이라는 공직을 맡는 순간 당 대표든 지구당 위원장이든 아무런 당직을 맡아서는 안 된다는 규정이었다. 이 제도는 당의 지도부가 원내 의원을 겸직하면 필연적으로 '원내정당화'의 길을 걷게 될 것이라는 우려를 반영한 것이었다.

그러나 민주노동당의 대표적인 리더십들이 대거 의회로 진출한 상황에서 이들이 당을 대표할 수 없게 만든 겸직 금지제도는 애초의 취지와 달리 오히려 당과 원내 활동을 단절시키는 결과를 초래했을 뿐만 아니라 권영길 대표를 비롯해 노회찬 사무총장 등 당의 국민적 대표선수들의 공백을 '듣도 보도 못한' 정파의 리더들로 대체하는 부정적 후과를 낳았다. 당의 설계자들이 선의로 만든 이 제도는 원내 입성 후 권영길, 노회찬 등이 당을 대표할 수 없다는 현실적 문제가 불거지면서 곧바로 당내 논란을 불러왔다. 민주노동당은 2004년 5월 6일 7차 중앙위원회를 열고 당직과 공직의 겸직을 금지하는 당규를 일부 완화하자는 내용의 수정안을 검토했다. 중앙위에 앞서 실시한 당원 설문조사에서는 57.5%가 "겸직을 허용해야 한다"고 응답했다. 그러나 당 중앙위는 당규 수정안을 부결시켰다.

민주노동당은 국민들의 숱한 기대 속에서 원내 입성하고도 당직과 공직을 분리함으로써 원내 활동의 성과를 당의 성장으로 흡수할 수 있는 계기를 스스로 박차버렸다. 그리고는 곧바로 당직 선거를 이른바 NL과 PD 간의 대결이라는, 국민들이 보기에 낯선 정파투쟁의 장으로 만들어버렸다. 작은 성과에 취해 그것을 서로 빼앗으려는 집안싸움과 같은 모습으로 비치면서 국민들의 기대는 급속히 식어버렸다. 한때 20%대를 육박하던 정당의 지지율도 곤두박질쳤고, 북새통을 이루던 기자들도 썰물 빠지듯 빠져나갔다. 최고위원회의 다수파를 차지한 소위

'자주파'는 반미자주노선을 관철시키기 위해 부유세와 무상교육, 무상의료와 같은 민생노선으로부터 동떨어진 정치적 결정을 독점하고 소수파들을 체계적으로 배제시켜나갔다.

3년 후 당직과 공직의 겸직을 금지하는 당규는 폐기되었다. 하지만 원내 입성과 동시에 당을 국민적으로 대표해왔던 리더십을 원천적으로 배제하는 당규는 그 아름다운 취지와 달리 이미 당을 자해한 무서운 독이 되어버렸다.

국가보안법 폐지 '올인'
'열린우리딩 2중대론' 본격 내누

2004년 17대 총선에서 원내 과반인 152석을 석권한 열린우리당 의장 정동영은 국가보안법 폐지를 골자로 사립학교법, 신문법, 과거사법 등 4대 개혁입법을 당론으로 채택했다. 국가인권위원회도 그해 8월 27일 국가보안법의 전면 폐지를 권고했다. 그러나 이틀 후 헌법재판소는 국가보안법의 대표적인 독소조항인 제7조의 고무 찬양, 이적표현물 소지 및 반포 등과 같은 헌법적 기본권을 침해할 우려가 있는 조항조차 합헌이라고 판시하면서 한나라당과 보수세력의 손을 들어줬다. 국가보안법의 존폐는 2004년 하반기 정치권의 주요 전장이 되었다.

2004년 겨울 국회의사당 앞은 56년간의 국가보안법 체제를 반드시 끝장내자는 열기로 달아올랐다. 열린우리당이 주도하는 4대 개혁 입법 중 국가보안법 폐지의 건이 성과를 낼 수 있도록 의사당 바깥에서는 대규모 농성단이 집단 삭발까지 감행하면서 응원하고 감시하고 있었다. 원내 과반수에 민주노동당이 10석을 갖고 있으므로 열린우리당이 당론만 통일시킨다면 얼마든지 통과시킬 수 있는 것이었다. 노무현 대통령은 "독재시대의 유물인 국가보안법이라는 칼을 칼집에 넣어 박물관에 보관해야 한다"고 천명하며 열린우리당 내 폐지론자들에게 힘을 실어주었다.

그러나 열린우리당 내부 사정은 그리 녹록지 않았다. 정동영 당의장이 통일부장관으로 입각한 이후 당의장을 맡은 이부영 의장을 비롯한 김원기 국회의장과 임채정, 문희상, 유인태, 정세균 의원 등 중진의원들은 열린우리당 내 50~60명의 의원들이 국가보안법 폐지에 반대하고 있다는 사정을 감안해 한나라당과의 타협을 시도해야 한다는 입장이었다. 당시 한나라당과 보수세력은 '국가보안법 수호'에 명운을 걸고 있는 상황이었다. 국회 표결로 가더라도 열린우리당의 이탈표를 단속하지 못하면 국가보안법 폐지가 통과될 거라고 기대하긴 어려웠다. 이 의장은 국가보안법의 전면 폐지가 쉽지 않다고 보고 국회 안에서 농성을 하던 유시민, 임종인, 이광철, 정청래 등 10여 명의

강경폐지론자들을 설득해 '민주주의를 탄압하는 독소조항 일부 개정'으로 방향을 전환하려고 했다. 그러나 유시민 의원 등은 전면 폐지 입장을 굽히지 않았고 의총에서 이부영 당의장을 "배신자"라고 지목하는 등 난장판이 되었다. 천정배 원내대표는 사퇴의사를 밝히고 자리를 떴다. 이부영 의장은 이 상황을 회고하며 "열린우리당은 정국주도권을 잃었고, 남북 화해 협력의 동력도 상실하는 계기였다"고 썼다.

그 후 국가보안법은 철갑을 두르고 의연히 유지되었다. 찬양, 고무, 동조, 통신, 회합 등을 불법시하는 국가보안법 7조만 개정하더라도 국가보안법 사범의 90%는 사라질 것이라는 게 '민가협'의 조사 결과다. 7조 개정이 사실상 국가보안법을 사문화시킬 수 있는 길이었는데 전면폐지에 '올인(all in)'하는 강경 입장을 조율하지 못하면서 국가보안법 체제는 의연히 유지되고 있는 것이다.

민주노동당은 열린우리당과 한나라당 간의 대치국면에서 별다른 존재감을 드러내지 못했다. 국가보안법의 폐지가 당론인 민주노동당으로서는 열린우리당이 전면폐지론자들과의 연대와 엄동의 추위 속에서 농성하는 300인의 농성 대열에 사무총장을 비롯한 최고위원들이 삭발농성으로 참가해 시민단체들과 마찬가지로 싸우고 있었다. 국가보안법을 실질적으로 사문화시키는 절충안을 고민한다는 것이 불가능한 상황으로 스스로를 규정하고 있었던 것이다.

그러나 국가보안법 존폐 문제를 둘러싼 '정쟁'이 장기화되면서 국민들도 피로감을 드러냈다. 민생문제를 외면하고 정쟁만 일삼는다는 비판이 점점 고조되어갔다. 김윤철 민주노동당 상임정책위원은 "열린우리당과 한나라당의 양당구도로 진행되는 현 국가보안법 논쟁에서, 민주노동당을 배제하는 데는 양당의 이해가 일치하고 있는 듯하다"고 진단했다. 뿐만 아니라 민주노동당의 존재감이 전혀 드러나지 못하고 있을 뿐만 아니라 열린우리당의 국가보안법 폐지 당론에 수동적으로 따라가는 '2중대' 소리마저 듣는 상황이었다. 민주노동당이 정기국회를 대비해 열심히 준비해 온 민생 관련 법안들도 빛을 못 보고 있었다. 김 위원은 "국가보안법 및 과거사 관련법이 매우 중요한 건 분명하지만, 사회경제 사안에서 차별성이 없는 거대 보수정당들이 주도하는 현 국회는 정치경쟁이 주가 될 수밖에 없고, 결국 민노당이 사회경제 이슈를 제기하는 것 자체가 가로막히는 상황"이라고 토로했다.

장상환 민주노동당 정책위원장은 "열린우리당이 주력하고 있는 문제들에 비해서 민생 문제가 훨씬 중요하다. 물론 국가보안법은 물론 폐지되어야 한다. 그러나 과거와 달리 이제는 일반 민중들이 국가보안법으로 인해서 표현의 제약을 느끼거나 두려움을 느껴서 사는 데 큰 지장이 있는 것은 아니다. 실질적으로 무력화된 상태라고 보아도 좋다. 여기에 지나치게 무게를 싣는 것은 옳지 않다. 이렇듯 과거에 중심을 두었던 이슈들은 시간이 지나면 변화하기 마련이다. 과거의 틀을 고집하면서 이슈를 선정하고 정치행동의 방향을 잡아서는 안 된다."며 당의 전략적 행동 수정을 요청했다. 그러나 '타협은 보통의 승리'라는 정치적 문법에 아직 익숙하지 않은 '사회운동 정당' 민주노동당으로서는 이런 조언을 진지하게 검토하지 못했다.

주권을 건 도박
-한미FTA 협상 개시

2020년 1월 금융정의연대(대표 김득의)는 론스타가 한국정부를 상대로 제기한 5조 원대의 투자자 국가소송(ISDS)에 대해 대한민국정부가 "지기로 약속한 약속대련"을 하고 있다며 비판했다. 론스타가 애초에 외환은행 인수 자격이 없는 '비금융주력자'인 산업자본이었다는 사실을 제시하면 론스타의 배상 요구 자체를 무효화할 수 있는데도 정부가 이것을 중재판정부에 제출하지 않고 있기 때문이다.

2003년 론스타는 대한민국의 은행법을 가볍게 비웃으며 산업자본임에도 외환은행 인수 자격을 거머쥐었고 2008년 하나금융그룹에 팔아 5년 만에 4조 6천억 원을 뽑아 먹튀논란을 빚은 바 있다. 외환은행 인수 당시에 BIS비율을 조작해 헐값에

인수했다는 의혹이 제기되었으며 이것은 영화 〈블랙머니〉에서도 묘사된 바 있다. 론스타는 이렇게 엄청난 차익을 벌어들이고도 한국정부가 외환은행 매각을 방해했다며 대한민국 정부에 5조 원이라는 천문학적 손해배상 소송을 제기할 수 있었던 것은 한미FTA의 대표적인 독소조항인 투자자 국가소송제(ISDS) 때문이었다.

2007년 초 '한미FTA 체결 지원위원회'가 만든 TV광고를 보면 대륙을 경영하던 우리 민족에 대한 벅찬 자부심으로 가득차 있다. 지축을 흔드는 말발굽 소리와 웅혼한 배경음악이 깔리면서 광고가 시작된다. "개척자 광개토대왕처럼, 해상왕 장보고처럼(물살을 가르는 배와 효과음이 보태진다) 우리 민족에겐 뜨거운 도전의 피가 흐르고 있습니다. 세계 최대 시장을 향한 우리의 끝없는 도전(기마부대가 미국 지도 위를 거침없이 내달린다) 한미자유무역협정은 우리가 경제 강국으로 도약할 새로운 기회입니다.(개척자 광개토대왕이 탄 말이 앞다리를 치켜들며 포효하는 장면이 느린 화면으로 처리된다. 마무리는 태극기가 휘날리며) 대한민국의 자부심으로 세계와 경쟁합니다."

노무현 행정부는 제조업에서는 중국에 추격을 당하고 있고 서비스업에서는 미국 등 선진국에 열세인 '넛 크래커' 상황으로 진단했다. 이에 금융서비스를 비롯한 생산자 서비스 분야의 강자인 미국과 FTA를 체결해 동북아 금융허브의 위치를 선점하자는 유혹에 빠져들어 갔다. 노무현 행정부에 참여한 인사들

은 '넛 크래커'론의 영향을 받아 "앞으로 우리 대한민국은 뭘로 먹고 살아야 하나?"라는 말을 입에 달고 다녔다. 그러나 제조업을 경시하는 금융허브 논리는 실물경제와 유리된 거품에 대한 환상이라는 것이 얼마 후 리먼브러더스 사태로 증명되었다.

애초 한국 정부의 FTA 추진 로드맵에는 미국과의 FTA 체결은 중장기 과제로 규정되어 있었다. 정태인 전 대통령 비서관의 증언에 의하면, 자신이 국민경제자문회의 사무차장으로서 FTA 정책 결정과정에 깊숙이 참여하고 있었던 2005년 5월까지도 한국 정부에게 "미국은 맨 마지막" 체결 대상국으로 여겨졌다고 한다. 그러던 미국이 2006년에 들어서는 갑자기 한국의 최우선 FTA 협상국으로 부상했다. 2006년 1월 19일 노무현 대통령은 대국민 신년연설을 통해 느닷없이 한미 FTA 체결 필요성을 언급했다. 그로부터 2주 후인 2월 3일 한국의 김현종 통상교섭본부장은 로버트 포트먼(Robert Portman) 미국무역대표부(USTR) 대표와 함께 워싱턴의 미 의회 의사당에서 공동 기자회견을 열어 한미 FTA 협상을 개시한다고 전격 선언했다.

한미FTA가 광개토대왕처럼 이른바 '경제영토'를 확대하는 것인지, 아니면 주권을 팔아넘기는 일인지 논란이 뜨거웠다. 정태인은 한미FTA의 전격 추진 배경에는 집권 3년차를 맞는 노무현 정권이 개혁 성과를 서둘러 내려는 조급증이 있었다고 진단했다. 청와대 내부자의 시선으로 봐도 그것은 위험천만한 문제였다. 준비 안 된 상태에서 자본시장을 개방함으로써 받은 외부 충격으로 인해 국민들에게 크나큰 고통을 안겨준 것이 지난 IMF식 개혁의 경험이었다. 한미FTA는 한편으로는 미국에 서비스 시장을 개방함으로써 금융과 의료를 비롯한 공공서비스 분야에서 미국식 신자유주의를 무분별하게 도입하는 구상이었다. 다른 한편으로는 미국과의 안보동맹에 경제동맹까지 더해져 한미일 남방 3각동맹을 강화하는 구상이기도 했다. 따라서 그것은 북·중·러의 북방 3각동맹을 자극해 냉전으로 회귀할 가능성마저 점쳐지는 위험한 모험이었다.

민주노동당을 비롯한 시민사회의 광범위한 저항은 당연한 것이었다. 민주노동당은 한미FTA가 무역수지 적자, 금융투기화와 종속, 공공부문의 민영화와 질적 저하, 농업 말살, 영화를 비롯한 문화산업 위기, 대미 군사안보 종속의 항구화 등 경제적으로나 군사안보적으로나 실익이 없다고 판단하고 협상 중단을 촉구했다.

노무현 연정
-정치는 선한 의도가 아니라 결과에 책임을 지는 일

탄핵 반대 열풍으로 원내 1당이 된 열린우리당은 민주노동당 노회찬 사무총장의 말대로 '길 가다 지갑을 주운 것'이었는지 실력 이상으로 얻은 의석수를 제대로 활용하지도 못하고 빠르게 까먹어버렸다. 2004년 총선 1년이 지난 2005년 4.30 재보궐선거에서 열린우리당의 성적표는 6:0 완패, 의석수는 146석으로 줄었다. 이로써 열린우리당의 원내 과반의석 시대는 1년 만에 끝났다.

노무현 대통령은 2005년 6월 24일 당-정-청 수뇌부 인사 11인 모임에서 '연립정부' 이야기를 꺼냈다. 법안 처리도 어려워지고, 윤광웅 국방장관에 대한 해임결의안을 막아낼 힘도 없으니 '비상사태'라는 말까지 하면서. 한나라당과의 대연정 제안은 이렇게 시작되었다. 물론 노무현 대통령은 지역주의 정치구도를 끝장내는 정치개혁을 자신의 신념으로 가져온 정치인이고 그를 위한 선거제도 개혁에 큰 관심을 가져왔다. 중대선거구제도나 권역별 비례대표제, 혹은 민주노동당이 주장해온 독일식 정당명부비례대표제 등으로 바뀌어야 하며 기존의 지역구도에 의존하는 승자독식의 선거제도로는 정치개혁이 요원하다는 게 노무현 대통령의 일관된 생각이었다.

노무현의 진심은 개헌보다 어려운 선거법을 바꿀 수 있다면 권력도 내놓을 수 있다는 것. 그러나 원내에서 열린우리당의 단독 과반이 무너진 이후에 나온 '대연정' 제안은 제안 받은 당사자인 한나라당에 의해 "연정 발언은 여소야대에서 절대 밀릴 수 없다는 오기 정치에서 비롯된 것"이라는 비판을 받았고, 결국 "선거법 하나 바꾸기 위해 대통령의 권력까지 내놓겠다는 건 헌법파괴적 생각"이며 "대통령의 말 한마디로 주는 권력은 안 받겠다"는 공식선언(8.1 박근혜 당대표 기자회견)으로 간단히 무시당했다.

결과적으로 노무현 대통령의 대연정 제안은 이라크 파병에 이어 자신의 지지기반을 허물어뜨리는 자해 정치에 가까웠다. 실제로 성사시키기 위해 음으로 양으로 접촉하고 분위기를 조성하는 등 성의를 다하는 것이라기보다 상대의 의중이나 타산을 고려하지 않고 일방적으로 제안함으로써 평지풍파만 불러일으키는 방식이었다. 노무현 정권의 지지자들조차 "민생현안이 산더미인데 대연정 제안이 뭐냐?"며 뜬금없다고 받아들였고, 노무현식 돌출정치에 대한 피로감을 호소하기도 했다.

문희상 열린우리당 의장은 8월 10일 한나라당과의 대연정을 공식 포기하는 대신 민주노동당과 민주당과의 소연정 추진 가능성을 언급했다. '선거제도 개혁'과의 빅딜로 제안된 대연정 제안이 거부된 상황에서 소연정을 추진한다는 건 여소야대라는 원내 환경을 역전시키기 위한 것 이상의 의미를 두기 어려웠다.

소연정에 대해 유시민 의원은 "소연정을 해서 다수파를 확보하면 국회운영은 다소 힘이 될지 모르겠지만 선거제도 개선을 통한 한국 정치발전에는 합당한 대안은 아니다"고 평가했다. 민주노동당 노회찬 의원은 "당내에서는 연정을 한 번 생각하는 것 자체가 정체성에 영향을 준다고 생각하는 사람들이 많

다"며 "아직까지 덜 여문 당이어서 소연정은 자기의 운명을 거는 식으로 깊은 영향을 줄 수밖에 없다"고 신중한 입장을 보였다. 그리고 민주노동당에게 "가령 장관을 준다면 좋아할 것 같지만, 오히려 민주노동당에서는 폭탄이어서 부담된다"며 기회가 주어진다고 하더라도 선뜻 손을 내밀지 못하는 민주노동당의 현실을 가감 없이 드러내 보였다. 대신 "안정적인 과반수 의석 확보와 비슷한 효과를 낼 수 있는 정책 연합이 오히려 쉬운 방법"이라며 한 발을 빼고 있었다. 민주노동당은 원내 입성해 현실 정치에 발을 담근 지 1년밖에 안 된 아직 '덜 여문' 정당이었다.

삼성X파일 떡값 검사 실명을 공개한 노회찬
-"또다시 이런 상황에 처해도 내 행동은 똑같을 것"

2005년 8월 18일 민주노동당 노회찬 의원은 국회 법사위원회에서 삼성으로부터 뇌물(당시 언론은 이것을 '떡값'이라고 불렀다. 그들에게는 '떡값'일지 몰라도 서민들이 보기엔 떡값치고는 그 액수는 터무니없이 컸다. 삼성에게 받은 뇌물을 굳이 떡값이라고 칭한 언론도 삼성으로부터 받는 광고에 의존하고 있었다)을 받은 것으로 알려진 전·현직 검찰 고위간부 7명의 명단을 공개했다.

노 의원은 1998년 한나라당 이회창 후보 측이 국세청을 동원해 대선자금을 모금한 이른바 '세풍 사건' 때도 현대와 대우, SK는 모두 돈을 낸 것으로 드러났는데 유독 삼성만 빠진 것은 검찰이 삼성 봐주기 수사를 한 것이었으며, 그것은 삼성X파일에서 보듯 삼성의 상습적인 뇌물 공여에 길들여진 검찰에 의한 공모라고 주장했다. 노 의원이 공개한 명단은 김상희 법무부 차관에서부터 홍석조 광주 고검장까지 검찰 수뇌부가 망라된 명단이었고 X파일에는 이들뿐만 아니라 검찰 '주니어'들에게까지 광범위하게 돈을 살포한 것으로 기록되어 있었다.

노 의원에 의해 명단이 공개된 전·현직 고위 검찰 간부들은 골리앗에게 돌을 던진 다윗을 가만두지 않겠다며 안강민 서울지검장을 앞세워 노 의원을 고소했다. 노 의원은 "나를 기소하려면 그렇게 하라. 나의 행동이 공익에 반한다면, 국민이 알 필요도 없는 내용을 공개하고 사리를 추구했다면 스스로 면책특권을 포기할 것이다. 나 스스로 나의 손목에 수갑을 채울 것이다. 옳다면 해야 한다. 다시 또 이런 상황에 처한다 하더라도 나의 행동은 똑같을 수밖에 없다"며 단호한 의지를 밝혔다.

그러나 황교안 서울중앙지검 2차장이 주도한 5개월간의 수사는 삼성과 떡검의 면죄부 주기로 끝이 났다. 뇌물을 주라고 지시한 이건희 회장은 출국정지도 되지 않았고, 소환조사도 받지 않았다. 서면조사에서 이건희가 한 답변은 "개인 돈 일부를 구조본에 맡겼고 알아서 쓰라고 시켰기에 본인은 잘 모른다"
는 것이 전부였다. 검찰은 명백한 자료를 고의적으로 외면하고
이회장이 돈을 준 사실이 없다는 말만 인정했다. 그리고 공소
시효가 만료되었다는 논리로 아무도 기소하지 않았다.

노회찬 의원이 공개한 7명의 검찰 고위간부들은 어떤 법적
심판도 받지 않았다. 오히려 노 의원을 고소한 안강민 전 대검
중수부장은 한나라당 공천심사위원장을 맡기도 했고, 한부환
서울고검 차장은 삼성비자금 수사를 맡고 특별감찰본부장을
맡기도 했다. 삼성 장학생이 삼성 비자금 수사를 맡고, 검찰 내
부 감찰본부장을 맡고 있으니 감찰이 공정하게 될 수 있었을
까? 이 사람은 언론중재위원까지 맡았다. 역으로 삼성X파일을
보도한 MBC 이상호 기자와 떡검 명단을 공개한 노회찬 의원
등이 삼성공화국 황제의 코털을 건드리고 그 호위무사들의 비
위를 캤다고 거꾸로 기소되고 유죄 판결을 받았다.

삼성X파일은 1997년 100억이 넘는 대선 자금을 여야 정치
권에 전달하는 범죄 모의 장면이 담겨 있으며 검찰에게 명절과
연말 정기적으로 뇌물을 나눠주는 장면이 담겨 있다. 예를 들
면 "작년에는 3천만 원 했는데 올해는 2천만 원 하자"는 식의
얘기들이다. 이 범죄 모의 테이프가 밝혀진 것은 2005년이다.
그렇다면 최소한 범죄 사실이 밝혀지기 전까지는 "작년에 2천
했는데 올해는 얼마를 하자"는 얘기가 계속되었다고 보는 것
이 합리적이지 않을까? 삼성으로부터 상습적으로 뇌물을 건네

받은 검찰 주니어들이 그 후 시니어가 되어 있을 텐데 이들에게 최소한 2004년 연말까지 '떡값'이 건네졌다고 보는 게 합리적인 의심이 아니냐는 말이다. 그런데 97년 뇌물죄의 '공소시효'가 만료되었다는 이유로 수사를 종결한 것은 애초에 수사 의지가 없었다는 말이다. 수사 검사였던 황교안 스스로가 '부당거래'의 한통속이라는 의미다. 황교안 차장은 법무부 장관을 거쳐 대한민국 국무총리로 재직했고 2020년 현재 자유한국당 대표로 앉아 있다.

간첩당 오명을 뒤집어쓰다
– '일심회' 사건의 불똥이 민주노동당에 옮겨 붙다

민주노동당은 국가보안법체제 하의 공안세력에게 종종 먹잇감을 제공했다. 원내 정당이 된 민주노동당은 국민들이 주시하는 '공당'으로서 남북관계와 관련된 정치활동을 국민이 납득할 수 있는 수준에서 공개적이고 투명하게 운영해야 했다.

민주노동당이 원내에 입성하기 전에 발생한 2003년 8월의 세칭 '강태운 고문 간첩사건'은 민주노동당의 국가보안법 취약성을 드러낸 사건이었다. 당시 공안부에서는 강태운 고문이 일본에 거주하는 공작원 박춘근에게 포섭되어 민주노동당 관련 자료와 국내정세 분석 자료를 전달하고, 중국의 북한 대외연락부 부과장 김문수 등 북한 공작원들과 접선을 계속해왔다며 강고문을 국가보안법상 간첩 등의 혐의로 구속했다. 민주노동당으로서는 날벼락이 아닐 수 없었다. 민주노동당은 강태운씨를 '통일운동가'로 예우해 고문에 위촉했을 뿐 당내 일에 관여하지 않은 인사였다고 밝혔다. 그러나 수구언론들은 민주노동당의 해명을 무시하고 강 고문이 민주노동당의 정강 정책에도 깊숙이 개입한 듯 소설을 써댔다. 당시 민주노동당은 "강 고문의 활동내용에 문제가 있다면 민주노동당은 고문직 해촉과 당적 박탈 등 후속 조치를 취할 것"이라고 선을 그을 수밖에 없었다.

국가보안법은 위반사건을 통해 자신의 모습을 드러내는 불의의 율법이다. 따라서 합법 대중정당인 민주노동당으로서는 국가보안법체제를 상수로 놓고 당을 규율하지 않으면 당이 연루된 국가보안법 위반 사건의 리스크를 감당할 수 없었다. 그런 의미에서 원내 입성 이후 2006년 10월에 발생한 소위 '일심회' 간첩단 사건은 민주노동당의 뒤통수를 친 끔찍한 재앙이었다. 검찰은 북한 공작원과 접촉한 혐의로 민주노동당 전 중앙위원 이정훈, 개인사업가 장민호(마이클 장), 모 학원장 손정목, 민주노동당 사무부총장 최기영 등을 체포했다. 보수 언론은 6.15선언 이후 최대 간첩단 사건이라며 대대적으로 보도했고,

민주노동당의 연루 사실을 부풀렸다.

그러나 재판과정에서 드러났듯이 이 사건은 연루된 이가 마이클 장 등 4인에 불과했고, 강령과 규율을 별도로 정하지도 않았고, 조직을 결성한 것도 아니었으며, 구성원 서로가 조직의 구성원이라는 사실 자체도 몰랐다는 점에서 '이적단체를 구성'한 것도 아니었다. 한마디로 '일심회'는 조직이 아니라는 것이었다. 심지어 이들이 북한 공작원에 제공했다는 국가 기밀이라는 것조차 민주노동당 사업계획이나 '자민통 서울모임' 내부 회의자료 정도여서 대부분 무죄 판결을 받았고, 유죄 증거물조차 "국가 안보를 위협할 만큼 중대하지 않다"고 인정되는 등 사실상 '태산명동에 서일필'식으로 전형적인 부풀리기 수사의 산물이었던 것이다. 그러나 사건에 연루된 민주노동당의 당직자가 344명의 당직자 성향분석 자료를 작성해 소위 '본사(북측)'에 넘긴 사실이나 "김정일 장군께 충성의 새해 인사를 드립니다"는 따위의 맹세문을 보내는 등 친북 일탈행위는 국민들을 납득시킬 수 없는 것이었다.

이에 당 내부에서는 "국가보안법 위반 이전에 당직자 신상정보 유출은 심각한 인권침해이며 진보운동의 일탈행위"라는 비판이 일었다. 그러나 자주파 인사들은 "당을 음해하려는 검찰의 공작"이라고 일축하고 국민이 납득할 만한 공식 브리핑이나 논평을 내놓지 않았다. 2003년 강고문 사건 때와는 사뭇 다른 모습이었던 것이다. 민주노동당의 공식적 대응이 이렇게 모호해지면서 세칭 '일심회' 사건의 불똥은 민주노동당 전체로 옮겨 붙었다. 보수세력은 연일 민주노동당을 '친북당', '간첩당'이라고 몰아붙였다.

당시 심상정 의원은 "당이 진상조사를 통해 깨끗이 해명하고 일탈행위엔 국민적 눈높이에 맞는 책임 있는 조치를 취해야 한다"고 지도부에 촉구했으나 '책임 있는 조치'는 굼뜨게 유보되었다.

당 내부에서 제기된 비판의 핵심은 '일심회' 사건은 공안세력이 부풀린 작품이라는 점에는 이견이 없으나 문제는 그들이 만들고 싶어 하는 '작품'의 재료를 끊임없이 공급해주는 당 내부의 취약성을 해소하지 못하고 있다는 것이었다. 당시 '일심회' 사건에 수세적인 대응으로 일관하는 진보세력에 대해 비판적이었던 박노자 교수조차 "민족해방파(NL)에 대한 제 솔직한 의견을 묻는다면 한국 진보운동이 앓고 있는 '소아병적 질환'이라고 답하겠다. 민주노동당에 표를 주고 싶어도 거기에 주사파가 너무 많아 주저한다는 사람들을 수도 없이 봤다"며 "운동담론이나 당 차원에서도 북한의 국가주의 지배이데올로기를 무슨 '민족해방 이념'쯤으로 착각하는 분들에 대한 정리가 필요"하다고 할 정도로 민주노동당은 국가보안법 리스크를 짊어지고 다니는 정당이었다. 결국 자주파가 "동지를 버릴 수는 없다"는 입장을 견지하고 선을 긋지 못함에 따라 민주노동당의 국민적 신뢰는 바닥으로 떨어졌다. 북한 추종 노선에 대한 온

정적 태도를 비판하는 측의 분당 압력도 점차 커져갔다.

과거 권위주의 정권에 맞서 비합법 운동을 해왔던 이들이 제도권 대중정당에서 일하기로 했다면 각종 제도적 제약을 감안하고 이른바 '체제 안에서 일하는 법'을 배워야 했다. 체제 안에서 일하며 민주주의의 힘으로 체제를 넘어서는 운동이 진보적인 대중정당 노선이라는 것에 익숙하지 않은 이들이 민주노동당의 키를 쥐고 있었던 것이다.

민주노총에서 금기어가 되어버린 '사회연대전략'

-노동운동의 고립을 벗어나기 위한 제안인가?
'정규직 책임론' 강화인가?

정규직 노동자가 나서서 연금 사각지대를 없애자는 국민연금 보험료 지원사업이 민주노동당 권영길 원내대표에 의해 2006년 11월 10일 공식 제안되었다. 권 대표는 국회 본회의 정당대표 연설을 통해 사업장 가입자의 국민연금을 한시적으로 인하해 이것을 국민연금 사각지대에 놓여 있는 비정규직 노동자와 지역 가입자들의 연금보험료를 지원할 것을 제안했다. 민주노동당은 갈수록 심화되는 사회양극화에 대한 대안으로 부유세를 비롯해 사회복지 정책들을 쏟아냈지만 일방적인 주장과 요구에 그칠 뿐 양극화 추세를 막을 수 없다는 걸 절감했다. 이에 국가나 자본, 고소득층에 대한 일면적인 요구만이 아니라 정규직 대공장 노동자들 스스로가 사회 연대적 실천방안을 스스로 찾아 나설 때 주장의 정당성과 진정성이 담보될 수 있다고 보고 정규직 사업장을 중심으로 조직된 민주노총과 한국노총에서 논의해줄 것을 요청했다. 권 대표는 "노동자들의 참여를 이끌어낼 수 있다면 이 사업은 우리 노동운동에서 획기적인 일이.될 것"이라고 말했다.

민주노동당은 민주노총을 비롯한 정규직 대공장 중심의 노동운동이 '자기 밥그릇 챙기기'에만 비타협적인 운동으로 인식되어 사회적 고립을 면치 못하고 있다는 점을 주목했다. 2006년 5.31 지방선거 때 민주노동당이 울산에서 참패한 가장 큰 이유가 조직되지 않은 비정규직 노동자들의 외면 때문이었다는 점은 민주노동당에게 매우 큰 충격이었다. 말로만 비정규직 문제를 고민하는 게 아니라 현실적인 대안을 냄으로써 당을 바라보는 비정규직의 시선을 바꾸어 내지 않으면 안 되었다. 노동운동에 뿌리를 둔 민주노동당으로서는 민주노총의 고립이 곧 민주노동당의 고립이었다. 민주노동당으로서는 이를 타개하기 위해 '사회연대전략'을 모색하지 않을 수 없었다.

민주노동당의 분석에 따르면 경제활동인구 2천400만 명 중 공적연금에 가입하지 못한 사람은 약 1천30여만 명. 이를 방치할 경우 현재 빈곤이 노후 빈곤으로 이어질 것이라는 것이었다. 이에 민주노동당은 월급 160만 원 노동자가 매월 1,800원의 연금 보험료를 지원해 고소득층과 자본, 국가의 참여를 끌어내는 마중물 역할을 함으로써 연금 사각지대를 없애자는 아이디어를 냈다. 이 제도를 설계한 오건호 민주노동당 정책전문위원은 "민주노동당은 진정한 사회연대운동은 자본과 국가에 대한 요구뿐만 아니라 노동운동이 스스로 행할 수 있다면 노동자의 연대철학에 의거해 이에 참여할 수 있어야 한다는 결론에 도달했다"며 "기존의 '일면적 요구'에서 '참여를 기초로 한 요구'활동이 필요하고 이는 산별노조 시대와도 조응하는 활동양식"이라고 설명했다.

그러나 이 제안은 노동운동 내부에서 큰 논란을 불러 일으켰다. 조형일 IT연맹 정책실장은 "노동운동을 바라보는 사회 전반의 불신에 대한 고민 속에서 새 패러다임으로 전환할 수 있는 계기라고 평가한다"고 말했다. 이주호 보건의료노조 정책기획실장은 "타협과 양보, 참여는 노조에 금기단어였다. 민노당의 제안은 우리 운동의 전환과 관련해 시사점을 준다"고 평가했다. 김태현 민주노총 정책기획실장은 "민주노총 정책담당자 회의에서 1차적으로 논의를 한 결과 취지와 필요성에 공감하는 의견이 많았다"고 했고, 고윤남 사무금융연맹 정책기획국장도 "취지와 필요성에 공감한다. 처음 논의보다 현실화가 가능하도록 보완이 많이 된 것으로 본다"고 말했다. 반론도 만만치 않았다. 민주노총 위원장 선거에 후보로 나선 모든 진영에서는 민주노동당의 사회연대전략에 대해 냉담한 반응을 보였다. 국가가 나서서 풀어야 할 문제를 정규직 노동자들이 양보함으로써 풀자는 취지로 이해한 것이다. 그리고 사회연대전략의 선의에도 불구하고 자칫 '정규직 책임론'을 강화하는 논리가 될 수 있다는 점도 이들이 경계한 부분이었다. 연맹급 정책담당자들조차 "취지는 좋지만 실현 가능성이 있겠느냐"는 식의 반신반의 상태였다. 갈 길이 멀어 보였다.

민주노동당은 2006년 10월부터 노동조합과 당 지역위원회를 방문해 사업설명회를 추진했고 12월 21일에는 사회연대연금노동조합 대의원대회에서 국민연금 보험료 지원사업 지지 결의를 이끌어내기도 했다. 비록 시간이 걸리더라도 노동운동의 변화를 끌어내기 위한 민주노동당의 노력은 꾸준히 지속되어야 한다는 것이 민주노동당의 방침이었다. 그러나 이석행 민주노총 신임위원장이 문성현 대표와 만난 자리에서 "노동자에게 고통을 전가하는 민주노동당의 연금개혁안에 동의하지 않는다"는 입장을 밝히는 등 조직의 수장이 정면으로 반발하면서 장벽에 부딪혔다. 민주노동당의 '사회연대전략'이 마치 '정규직 책임론'의 다른 이름인 양 금기어가 되는 어처구니없는 상황이 전개되었다. 민주노총 위원장의 반발을 무릅쓰고 산하 단위노조에서 설명회를 지속할 수는 없었다. 민주노동당의 정치력이 민주노총 위원장의 반발을 넘어서지 못했다는 얘기다. 이로써 민주노동당이 고심 끝에 내놓은 '국민연금 보험료 지원

사업'은 큰 기대를 모았으나 민주노동당과 민주노총의 공방을 넘어서지 못한 채 캐비닛 속에서 잠들게 되었다.

북핵, 민주노동당을 흔들다.
–비핵화 강령이냐? 핵자위권 인정이냐? 내분

2006년 10월 9일 오전 10시 35분 대한민국 지질자원 연구원이 감지한 리히터 규모 3.58의 지진파가 민주노동당을 흔들어놓았다. 지진파의 진앙은 북한 함경북도 화대군이었고 북한 조선중앙통신은 이 지진파를 일으킨 1차 핵실험에 대해 "강위력한 자위적 국방력을 갈망해온 우리 군대와 인민에게 커다란 고무와 기쁨을 안겨준 역사적 사변이다"라고 열에 들떠 고창했다. 민주노동당은 북한의 핵실험 발표 직후 의원대표단과 당대표, 최고위원이 참석하는 긴급대책회의를 열고 격론을 거친 끝에 "민주노동당은 한반도 비핵화 선언을 지지하고 평화군축 강령을 가진 정당"으로 "북한이 핵실험을 강행한 것에 대해 민주노동당은 강한 충격과 유감을 표명한다"고 공식 입장을 밝혔다. 덧붙여 "북의 핵실험 강행의 과정에서 미국이 취해온 대북 고립·압박 정책이 이번 사태를 불러온 주요 원인"이라며 "한반도 평화를 위협하는 긴장과 대결

국면을 조성한 일차적 책임은 미국의 적대정책에 있다"고 주장했다.

한편 조선중앙통신이 밝힌 "핵실험은 조선반도와 주변지역의 평화와 안정을 수호하는 데 이바지하게 될 것"이라는 주장에 대해 "민주노동당은 동의하지 않는다"는 내용이 최고위 논의에서 포함됐는데 김선동 사무총장이 대변인 발표에서는 삭제를 요구해 논란을 빚기도 했으며 북한 핵실험에 대한 주요 당직자들의 엇갈린 발언들은 당을 일대 소용돌이로 몰아넣었다. 이용대 정책위 의장이 〈민중의 소리〉와의 인터뷰에서 "지금은 북미 간 정치군사적 대결 국면인데 북에게 무기를 내려놓으라고 할 수 있느냐"며 "핵이 자위적 측면을 갖고 있는 것으로 인정해야 한다"는 발언을 해 강령에 반하는 '핵 자위권' 인정 문제가 논란의 중심이 되었다.

10월 15일 열린 민주노동당 중앙위에서 '한반도 평화실현을 위한 특별 결의문' 채택을 둘러싸고 다시 격론이 벌어졌다. 북핵 '반대'를 명확히 해야 한다는 측과 자위권 측면에서 북핵을 용인해야 한다는 측이 나뉘었다. 그러나 이즈음 민주노동당의 의결기구는 숙의가 배제된 다수파의 다수결이 횡행했다. 최고위원회가 올린 '북핵 실험 유감'을 북핵 실험 '반대'로 바꿔야 한다는 소수파인 평등파의 수정안은 간단히 부결되었다. 다수를 차지하고 있던 자주파 측에서는 오히려 "미국의 대북 적대정책과 북미 사이의 긴장과 대결이 북의 핵실험으로 이어진 것에 대해 유감의 뜻을 표한다"로 수정안을 제출했다. 최고위원인 김선동 사무총장과 이용대 정책위 의장도 원안을 제출한 최고 지도부로서의 책임을 방기하고 수정안에 찬성표를 던져 가결시켰다. 자주파의 수정안은 미국 책임론만 강조되었고 북한의 책임에 대한 언급이 삭제된 것이었다. 결국 평등파를 주축으로 한 중앙위원들이 반발하면서 퇴장했고 자주파의 수정안은 공식 채택되지 못했다. 중앙위가 '유감'을 표명하는 결의안조차 채택하지 못하자 노회찬 의원은 이틀 후인 17일 〈레디앙〉과의 인터뷰에서 "자위를 위해 개발했기 때문에 용인해야 한다고 한다면 일본의 핵 개발도 용인해야 하고 우리가 전술핵 배치에 반대했던 이유도 부정해야 한다"며 "북한 핵실험에 대해 당연히 반대해야 한다"고 말했다.

같은 달 31일 북한 조선사회민주당의 초청으로 당 지도부가 방북하는 문제를 놓고도 당내에 찬반이 엇갈렸다. 북한이 핵실험을 한 상황에서 이루어지는 방북은 그 정치적 의미가 각별한 것이었다. 당연히 민주노동당과 남한 시민사회의 우려를 공식적으로 전달해야 한다는 주장이 강하게 제기되었다. 그러나 이 또한 방북은 하되 문성현 대표가 '개인적' 차원에서 북한 핵실험에 반대 뜻을 표하는 것으로 어정쩡하게 절충되었다. 다수파인 자주파는 북한의 2005년 미사일 발사에 대한 반핵 결의안도 무산시켰고, 북핵 실험 유감 표명조차 틀어막았으며, 대표단의 방북을 한가한 나들이로 만들어버렸다. 당 내에서는 다수파고 큰 소리를 내지만 북한 문제에 관한 한 국민들에게 납득할만한 정치를 보여주지 못하는 불투명한 당의 이미지만 키워간 것이다. 북핵에 대해 단호히 반대하는 입장을 천명하면서도 지속적인 대북 포용 정책으로 6.15 공동선언을 이끌어냈던 김대중 전 대통령과 같은 현실 정치의 문법은 아직 민주노동당의 운동권 자주파에게는 요원한 것이었다.

북핵 문제에 대한 이 같은 혼선으로 당내의 반목과 불신은 더 깊게 뿌리를 내렸다. 이에 김종철 전 서울시장후보는 "북핵에 대해 단일한 슬로건으로 갈 수 없다면 미국을 규탄하는 쪽과 동아시아 핵무장을 반대하는 쪽으로 나뉘어서라도 진보진영이 의제를 실천하는 모습을 보여야 한다"며 차라리 따로따로 가자고 제안하기도 했다.

혁신하지 않는 진보에겐 미래가 없다
-2007년 민주노동당 대선 참패

2007년 대선은 노무현정권 심판 선거였다.

민주정부 10년 집권에도 불구하고 서민들의 삶은 나아지지 않았다. 아니 갈수록 고달파졌다. 서민들의 입에서는 "민주주의가 밥 먹여주나"라는 말이 쉽게 튀어나왔다. 기대를 배반하는 정치, 열망과 실망의 지겨운 사이클이었다. 노무현은 권력을 쥐고서도 기득권층의 반발을 달래려 "권력이 시장에 넘어갔다"고 고백해야 했다. 분양원가 공개는 스스로 나서서 반대했다. 시장권력, 관료권력, 사법권력, 언론권력 등 사회 권력들이 기승했다. 거시경제 지표를 관리해야 하는 국정 책임자의 중압 때문일까? '기업이 투자를 해야 일자리가 는다'는 시장의 협박에 밀렸다. 정치권력은 무기력했다. 비정규직은 갈수록 늘어났다. 시장권력에 맞설 노동세력의 지지도 받지 못했다. 대통령은 양극화에 속수무책이었다.

노무현 집권 후반기에 불만이 집중적으로 터져 나왔다. 잘못된 일은 모두 노무현 탓, 노무현 때리기가 '국민스포츠'가 되었다. 보수언론을 비롯한 보수세력은 노무현 정권을 좌파라고 공격했다. 민주노동당은 노무현정권을 신자유주의라고 각을 세웠다. 누구에게도 환영받지 못하던 노무현은 스스로 '좌파 신자유주의'라고 푸념했다.

대통령 지지율이 바닥으로 떨어졌다. 그런데 어찌된 일인지 민주노동당 지지율도 동반 하락했다. 노무현정권을 진보로 치부하던 국민들은 진보세력 전체에 대한 불신을 드러내고 있었던 것이다. 민주노동당은 억울했다. 원내교섭단체에서 배제되어 국정운영에 개입할 수 없었던 소수정당이 왜 정치 실패의 책임을 져야 하느냐? 거대 여당과 거대 야당의 대립 때문에 교착된 정치를 민주노동당에 묻는 건 분명 과도한 것이었다. 그러나 소수정당으로서 한계를 뼈저리게 실감했다는 말은 변명이 될 수가 없었다. 2007년 대선을 앞둔 민주노동당도 이미 기성 정당이었다. 2004년 총선에서 10석을 얻으며 일약 3당으로 도약해 원내 정당이 된 민주노동당은 지난 3년간 대국민 정치 활동을 평가받아야 할 위치에 놓이게 된 것이다.

한때 20%를 넘나드는 지지를 받기도 했던 민주노동당이 기회를 살리지 못하고 열린우리당 '2중대' 소리를 들으며 관심 밖으로 밀려난 것은 원내교섭단체를 중심으로 운영되는 기성 정치의 장벽 탓도 있었겠지만 민주노동당 스스로 국민의 눈높이에 맞는 독자적인 진보정치의 콘텐츠를 만들어내지 못한 탓도 있었다. 한 석만 있어도 정치가 바뀔 것이라던 호언장담은 10석을 가지고도 이루어내지 못했다. 원내 정당이지만 원외의 재야 운동권과 무엇이 다른지 원내 진보정당으로서의 효능감을 국민들에게 제공하지 못했다. 그럼에도 원내 입성 이후 3년간 민주노동당은 노회찬과 심상정이라는 탁월한 대중정치인을 배출해냈으며 이런 저력에 힘입어 2006년 지방선거에서 정당 지지율 12%를 지켜냈다.

민주노동당에겐 2007년 대선이 반전의 기회였다. 일심회 사건, 북핵의 자위력 인정 발언 등으로 고립의 늪에 빠지고 있던 민주노동당을 구출할 수 있는 구명줄이 있었기 때문이다. 민주노동당이 배출해낸 새로운 대중 정치인을 전면에 내세워 혁신하는 모습을 보여줄 수가 있었다. 그러나 당내 후보 경선과정에서 권영길 후보가 자주파와 손잡으면서 변화된 당의 모습을 기대하던 민심은 정파 선거의 벽에 부딪혔다. 결선에서 혁신을 내세운 심상정 후보는 통합을 내세운 권영길 후보에게 패했다. 52대 48, 이 수치는 지난 당 대표 선거에서 문성현과 조승수가 얻은 표와 겹친다. 그때도 52대 48이었다. 흔쾌하지 못한 결과였다.

5년 전 "살림살이 나아졌습니까?"라고 묻던 권영길은 참신했다. 그러나 2007년은 달랐다. 이미 생물학적 나이도 70대로 '다음'을 기약하기 힘든 마지막 선거였다. 경선 때부터 따라붙었던 대선 3수생이라는 꼬리표가 권영길 후보의 발목을 잡았다. '식상하다'는 것이었다. '화합과 통합'의 리더십을 들고 나왔지만 자주파라는 패권정파의 등에 업혀 민생문제와 다소 거리가 느껴지는 '코리아연방'과 같은 선거슬로건을 내세운 것도 오히려 당내 갈등을 부추기는 요인이었다. 게다가 후보로 선출된 9월 이후 한 달간 선대위도 꾸리지 못하고 허송세월했다. 고질적인 정파 대립 구도로 당력 결집에 실패했기 때문이다. 대선 후보라는 가장 강력한 힘을 갖고도 그간 지속적으로 제기되어온 당 혁신의 요구에 부응하지도 못했다. 그 사이 전통적인 민주노동당 지지층은 문국현 후보에게 넘어가고 있었다.

민주노동당은 10% 득표를 목표로 내세웠다. 불가능한 목표는 아니었다. 일찌감치 이명박 후보가 고공 지지율을 보이면서 민주노동당 사표론이 먹혀들 여지도 적었던 선거였기 때문이었다. 그러나 유권자는 냉정했다. 혁신하지 않는 진보에게 가차 없는 회초리를 들이댔다.

민주노동당 분당

2007년 대선 직후 12월 29일 개최된 민주노동당 중앙위원회에서 지도부는 대선 패배 책임을 지고 전원 사퇴했다. 그에 앞서 문성현 대표는 심상정 의원을 따로 불러 비대위를 맡아달라고 요청했다. 심의원은 문대표에게 "우리 당은 걸핏하면 지도부 총사퇴로 모든 걸 덮으려 하는데 진정으로 책임지시려면 왜 이런 사태까지 오게 되었는지 공개적으로 발언하세요. 무엇이 잘못되었는지부터 밝히세요. 임기가 며칠 남지도 않은 지도부가 서둘러 사퇴하는 걸로 대충 넘어가려 하지 마세요. 그건 책임지는 게 아니라 도망가는 겁니다"(『당당한 아름다움』, 레디앙)라며 '독배'가 될지도 모르는 제안에 대해 부담스런 심경을 여과 없이 밝혔다.

민주노동당 중앙위원회 개최 직전 12월 27일 〈조선일보〉에서는 "친북세력과 결별해야 민노당에 미래 있어"라는 제목의 조승수 진보정치연구소 소장의 인터뷰가 실렸다. 이튿날 민주

노동당원인 한겨레 홍세화 기획위원이 진보매체인 〈레디앙〉에 "민주노동당의 당권파인 자주파 또는 주체파는 한국적 분단현실의 산물이긴 하나, 그들이 당권을 잡고 있는 한 민주노동당은 진보정당이 아니다… 그들은 책임은 지지 않고, 토론은 이뤄지지 않고, 공부와 학습도 하지 않는 종북 주체일 뿐이다… 이들을 허덕이면서 안고 가는 것은 마이너스에서 출발하는 것이다. 차라리 제로에서 출발하는 새로운 정당 창당이 더 낫다"며 신당 창당을 주장했다.

당의 일각은 벌써부터 무너지고 있었다. 2008년 1월 8일, 경기도 구리의 지역위원회 전원의 탈당을 시작으로 11일에는 부산 지역 당원 52명이, 이어 광주·여수 등서도 집단 탈당이 이어졌다. 1월 27일에는 조승수를 비롯해 선도 탈당한 홍세화, 김혜경 전 대표, 김석준 부산시당 위원장 등이 참가한 '새로운 진보정당 운동'이 닻을 올렸다. 민주노동당 분당 압력이 높아지고 있었다.

이에 심상정 비대위 위원장은 "새로운 진보정당 운동에 참여하는 대다수는 비대위의 혁신이 성공하기를 기대하고 있다"며 "비대위가 당을 혁신하기 위해 분투하는 과정에서 실패를 예단하고 미리 진로를 결정하는 것은 성급하다"며 선도 탈당 세력을 설득하는 한편 2월 3일 당대회에 "당의 민주주의를 훼손했던 패권주의를 척결하고 편향적 친북정당 이미지를 쇄신할 수 있는 혁신안이 제시되어야 한다"며 "제2창당을 실질적으로 준비하는 혁신안을 마련해 미래를 책임지는 진보정당으로 나가 겠다"며 강도 높은 혁신 의지를 밝혔다.

1월 27일 공개된 당대회 안건에는 세칭 '일심회' 사건의 최기영, 이정훈 당원 제명안과 미군의 완전한 철군과 북핵폐기를 연계시킨 대선공약 폐기뿐만 아니라 총선 비례대표를 사실상 전략공천으로 채움으로써 정파 패권의 전쟁터가 되게 하지 않겠다는 의지도 담겼다.

그러나 이미 평등파 당대의원 일부가 선도 탈당한 상태에서 대의원의 압도적 다수를 차지하는 자주파는 비대위의 혁신안을 수용할 수 없다는 전의를 불태우며 정면으로 충돌할 기세였다. 한편 당대회가 깨지는 일은 어떤 일이 있어도 막아야 한다는 자주파 일부에서는 최기영, 이정훈 제명건에 대해 "당기위에 회부해 절차대로 진행하면 될 일을 비대위에 제출하는 무리수를 뒀다. 당대회 안건으로 올라오면 소명 기회조차 부여하지 못한다. 이건 절차상에 중대한 하자가 있을뿐더러 당 내분을 더욱 확산시킬 수도 있다. 평가의 문제와 인신에 대한 처리 문제는 별개"라며 제명안 철회를 요구하기도 했다. 그러나 비대위로서는 일심회 사건에 대한 당 차원의 정치적 의사를 국민들이 납득할 수 있는 수준에서 드러내는 것을 회피할 수도 없었으며 당기위 뒤로 숨을 수도 없는 핵심 현안으로 파악했다. 뿐만 아니라 이미 선도 탈당한 이들을 다시 돌려세우기 위해서라도 보다 강력한 혁신의 메시지를 던져야 했다.

심상정 위원장도 배수진을 쳤다. "이번 당대회에서 혁신안이 부결된다면, 비대위 불신임으로 간주해 사퇴하겠다"며 "그 핵심은 일심회 사건 관련자 제명처리 부분"이라고 분명히 밝혔다.

운명의 날, 2008년 2월 3일 당대회에서 심상정 위원장은 "오늘 당대회가 우리가 믿음직한 진보정당으로 다시 설 수 있느냐를 가를 역사적 분기점"이라며 두 당원의 제명 방침을 담은 '제2창당을 위한 평가혁신안 승인의 건'과 18대 총선 전략명부 추천을 담은 안건에 대해 "수정안 제출 없이 찬반토론만으로 원안 통과시켜달라"고 요청했다.

오후 3시 50분에 시작된 최기영, 이정훈 두 당원 제명 안건은 정종권 집행위원장이 "북한 및 북한과 연계된 인물에게 전달할 것을 목적으로 당내 동향과 당직자 신상과 성향을 분석한 자료를 유출한 것은 당헌, 당규의 당의 기밀을 지켜야 하는 의무를 위반한 것"이라며 안건 제안 이유를 설명하며 시작되었다. 이에 대해 자주파 대의원들은 "당사자들은 이를 부인하고 있다", "당원의 양심을 믿어야지 시대악법인 국가보안법 판결문을 믿을 것이냐"는 등 질문공세를 두 시간 가까이 이어가며 강하게 반발했다.

결국 제명안을 삭제하자는 수정동의안이 제출되었고 862명 투표에 553명이 찬성해 64.1% 찬성으로 가결되었다. 비대위 혁신안의 핵심이 거부된 것이다. 자주파 대의원들이 환호하는

가운데 수정안 통과가 선포되자 심상정 대표, 노회찬 의원, 비대위원들은 침통한 표정으로 회의장에서 퇴장했다.

2월 4일 〈경향신문〉 사설은 "우리가 보기에 비대위 혁신안은 민노당의 현 상황에서 당의 양대 정파인 자주파와 평등파의 대립을 최소화하고 당을 되살릴 수 있는 최선의 방안이었다. 이른바 '일심회' 사건 관련자 2명을 제명하는 등의 조처를 취함으로써 자주파의 친북 편향에 대해 일정한 제재를 가하는 한편 '무조건 탈당'을 선도하는 평등파에도 경고를 보냄으로써 양쪽을 다 아우르는 현실적인 방안이었던 것이다. 그러나 당내 다수파이자 그동안 당을 주도해온 자주파는 비대위의 혁신안을 '국가보안법에 대한 굴복'으로 보고 부결시켰으며, 평등파역시 당을 살리고자 마련한 대회에서 탈당을 감행하기도 했다"며 심상정 비대위 혁신안 부결을 아쉬워했다.

심상정, 노회찬 의원도 결국 탈당할 수밖에 없었다. 2월 17일 탈당을 공식적으로 밝히는 자리에서 심의원은 "현재 민주노동당의 틀로는 진보정치의 희망을 만드는 데 한계에 달했음을 고통스럽게 고백하지 않을 수 없다. 민주노동당을 희망으로 만들지 못해 송구스럽다"며 마지막 인사를 마치고 노회찬 의원과 함께 2월 24일 '진보신당 건설을 위한 연대회의'를 공식 제안하겠다고 밝혔다. 민주노동당을 떠나 진보신당에 참가한 당원은 대략 2만 명, 이로써 민주노동당은 8년 만에 분당되었다.

3부

분당과 통합,
그리고 분당

성깔 있는 칼라TV

–광우병 촛불시위를 '시위2.0'으로 만든 주역

"혁신하지 않는 진보는 진보가 아니다."

진보신당 당원들은 진보 다당 시대에서 혁신 진보의 모습을 실천하기 위해 능동적으로 활동했다. 진보신당 부산시당 당원들이 '대운하 까발리야'라는 네 바퀴로 가는 자전거를 타고 새재를 넘으려 하고 있던 2008년 5월 2일 100일 이상 지속되었던 광우병 쇠고기 수입 반대의 촛불이 막 켜지고 있었다. 첫 집회 참석자 60%는 여고생이었으며 집회 형식도 여느 집회와 달랐다. 사전에 준비된 연사가 있지두 않았으며 주로 참석자들의 '자유발언'으로 생기를 더했다.

5월 2일 첫 집회 이후 약 두 달 간은 매일 집회와 시위가 이어졌다. 촛불시위가 이렇게 완강하고 지속적으로 이어질 수 있었던 것은 무엇보다 이슈의 파괴력 때문이기도 했겠지만 마치 축제처럼 자유로운 분위기로 진행된 새로운 집회시위의 형식 때문이기도 했다. 시민들은 이렇게 개방적인 집회에 자발적으로 참가했다. 거기에 더해 온라인과 오프라인을 잇는 진보신당의 '칼라TV'라는 매체가 빛을 발했다. 독립 미디어운동을 하던 조PD(조대희 씨) 등 일부 진보신당 당원들과 연예인에 버금가는 인기를 누리던 진보논객 진중권 교수는 카메라와 노트북을 들고 집회 시위 현장을 누비며 '아프리카TV'라는 인터넷 방송 플랫폼을 통해 실시간으로 생중계했다.

시위 현장에 참여하지 않은 많은 시민들도 '아프리카TV'의 채팅 창을 통해 촛불시위에 동참했고, 마치 온라인 게임의 유저처럼 'TV' 리포터 진중권에게 어디 어디로 가서 현장을 찍어달라고 요청하기도 하는 등 온라인과 오프라인이 유기적으로 결합된 시위 문화를 만들어냈다. 이러한 양상은 쌍방향 소통의 '웹 2.0'을 빗대 '시위 2.0'이라 명명되기도 했다. '칼라TV'는 진중권 교수 외에도 미디어몹 '헤딩라인뉴스'의 코믹한 뉴스 진행자로 유명한 이명선 리포터가 참여했으며 정태인을 비롯해 진보신당의 대표 정치인 노회찬, 심상정 등을 출연시켜 촛불시위의 생중계뿐만 아니라 민주주의의 현장 교육까지 겸했다.

'칼라TV'의 이런 맹활약 덕분에 '위키피디아'에 칼라TV를 검색하면 "칼라TV에는 이런 뜻이 있다. 1. 칼라TV 2. 진보신당연대회의가 운영하는 인터넷 방송"이라고 나온다.

노무현 대통령의 죽음과 「진보의 미래」

-노무현이 멈춘 그 자리에서 더 나아가는 것이 진보

2009년 5월 23일 노무현 전 대통령이 자신의 사저 근처 부엉이 바위에서 몸을 던져 목숨을 끊었다. 노 전 대통령은 유서에서 "나로 말미암아 여러 사람이 받은 고통이 너무 크다. 앞으로 받을 고통도 헤아릴 수가 없다… 누구도 원망하지 마라. 운명이다…"라며 심경을 밝혔다.

당시 한나라당 정권은 광우병 촛불시위에 대한 불통으로 지지율이 바닥을 치며 권위주의 통치 행태로 역주행하고 있었음에 반해 노 전 대통령은 '민주주의 2.0'과 같은 웹사이트를 개설하며 민주주의의 공론장을 만들고 있었다. 한나라당 정권에게 노 전 대통령의 존재 자체가 눈엣가시였다. 한나라당에서는 이에 대해 "사실상 사이버 정치 복귀 선언이자 사이버 대통령으로 군림하려는 것(이명규 의원)"이라며 히스테리컬한 반응을 보이며 경계했다. 이 같은 노 전 대통령에 대한 경계심이 한나라당 정권으로 하여금 노 전 대통령 측근들과 가족, 그리고 노무현 당사자까지 '정관계 로비 수사'라는 이름으로 먼지털이식 수사를 하게 만들었다. 노무현 대통령 때는 검찰 독립성을 대놓고 주장하던 검찰은 이명박 대통령의 하명 수사에 충실했다.

대통령이나 지낸 사람이 자살한 사건은 유례를 찾아보기 힘든 것으로 동료시민들은 크나큰 충격을 받았다. 500만 시민이 빈소를 찾았다. 동료시민들의 정서는 슬픔과 분노였다. 광우병 촛불시위로 '명박산성'을 넘어보고자 했으나 결국 불통의 역주행에 가로막힌 울분이 있었고 민주주의의 복원을 희원하던 노무현마저 기어이 잡아먹어 버렸다는 원한에 사무친 울분이 겹쳐졌다. 다시 시민들은 노무현의 죽음을 추도하는 촛불을 밝혔다.

그러나 촛불만으로 세상이 바뀌지 않는다. 문제는 정치였다. 그러나 기존의 보수적 양당체제만으로는 민주주의를 한 단계 더 발전시킬 수 없다는 것도 잘 알고 있었다. 집권 여당인 한나라당 정권을 반대하지만 그 대안으로 정치 자영업자 집단과 다를 바 없는 제1야당인 민주당이 대안이라고도 여기지 않았다. 결국 노무현의 말처럼 세상을 바꾸는 것은 깨어 있는 시민의 조직된 힘이며 그것은 좋은 정당, 강한 정당을 통해 이룰 수밖에 없었다.

진보신당 노회찬 대표는 "노무현이 멈춘 그 자리에서 더 나아가야 한다"고 제안하며 노무현 추모 열기가 단순히 폐족이 된 '친노'의 복권이나 다시 '민주 대 반민주'의 퇴행적인 대립구도로 되돌아가는 걸 경계했다.

노무현 사후에 그의 유고인 『진보의 미래』가 출간되었다. 이 책에서 그는 '보수의 시대'에 진보주의 정부로서 제한적인 수준에서나마 진보주의를 펼치려던 구상들을 회고하면서 참여정부의 한계를 비교적 솔직하게 털어놓았다. "우리가 진짜 무너진 건, 그 핵심은 노동이에요. 핵심적으로 아주 중요한 벽이 무너진 것은 노동의 유연성을, 우리가 정리해고를 받아들인 것이에요.(232쪽)"라고 고백하며 비정규직 확산에 제대로 대처하지 못한 오류를 솔직히 고백하고 있었다. 참여정부의 좌충우돌에 대한 변명을 모두 수긍하지 않는다고 하더라도 노동문제에 대한 노무현의 고백은 그의 추종자들이 노무현 이후의 좌표를 어떻게 그려야 하는지를 보여준 것이었다. 노무현이 멈춘 그 자리에서 더 나아가려 한 이들은 이후 '국민참여당'을 만들었고, 이후 기존의 진보정당들과 진보대통합에 합류해 동료시민들과 눈높이에서 소통하는 강한 진보정당을 만들고자 했다

야권연대로 치러진 2010년 지방선거
-진보대통합 논의 촉발

2010년 지방선거는 진보양당체제 하에서 진보정당 대표선수를 가리는 최초의 진검승부처였다. 진보신당은 민주노동당을 '진보하지 않는 진보'로 규정하고 민주노동당을 넘어 대표 진보정당으로 나선다는 계획을 갖고 있었다. 그러나 분당 이후 민주노동당 또한 내부 혁신을 통해 민생

정당의 면모를 강화했다. 광우병 촛불집회를 거치며 이정희와 강기갑이라는 대중적 진보정치인을 키워낸 것이 민주노동당의 저력이었다.

노회찬, 심상정 같은 국민적 인지도가 높은 후보를 보유하고 있는 진보신당은 광역단체장 선거를 중심에 두고 정당 득표율을 끌어올린다는 전략이었고, 권영길, 이정희, 강기갑 등 인지도가 높은 정치인들이 국회의원 신분으로 있던 민주노동당은 기초단체와 기초의회에서 구체적인 성과를 낸다는 전략이었다.

이명박정권에 대한 심판 선거로 치러진 2010년 6.2 지방선거에서는 최초로 본격적인 야권연대 테이블이 만들어졌다. '5+4'라는 야권연대 테이블에는 민주당, 민주노동당, 진보신당, 국민참여당, 창조한국당과 4개 시민단체가 참여했다. 광역단체장 선거에 큰 비중을 두지 않았던 민주노동당으로서는 야권 단일후보로 기초단체장과 기초의원을 확보할 수 있는 확실한 기회였다. 그에 반해 진보신당은 기초보다 광역단체장 선거에 비중을 두고 있었으므로 광역단체 어느 한 곳도 보장되지 않는 야권연대 협상은 일종의 계륵 같은 것이었다.

진보신당의 노회찬이나 심상정 등은 광역단체장 후보로 손색이 없다고 할 수도 있었으나 정당 지지율이 떠받쳐주지 않는 조건에서 후보만으로 광역단체장 선거에서 성과를 내기가 쉽지 않았다. 그렇다면 야권연대를 통한 후보 단일화를 통해 야권 단일후보를 보장받아야 하는데 제 1야당인 민주당은 그럴

의사도, 정치적 조정력도 갖고 있지 않았다. 민주노동당과의 '진보연대'를 통해 우선 진보후보 단일화라는 사전 과정을 거쳐서 진보진영의 힘을 하나로 모으려던 노력도 성과를 내지 못했다. 기초를 중심으로 판을 짜던 민주노동당의 입장에서는 진보연대 보다 더 큰 야권연대만으로도 소기의 성과를 거둘 수 있었기에 굳이 호의적으로 대할 이유가 없었기 때문이었다. 득표력 있는 진보신당 광역단체장 후보들이 부담스러웠던 민주당은 민주노동당을 지렛대로 진보신당 후보를 야권연대 틀 안에서 누르고자 했다. 진보신당과 진보 대표 정당을 두고 겨루는 입장에서 선거 이후 '누가 진보대통합을 주도할 것인가'라는 문제를 두고 봤을 때 진보신당 광역단체장 후보의 파괴력이 커지는 건 민주노동당에 달가운 게 아니었다.

진보신당으로서는 보병전보다 고공전에 유리한 화력을 갖고 있었기 때문에 광역단체장 후보 방송토론회 등으로 진보신당 인지도와 지지도를 끌어올리면 비례대표 득표율에서 민주노동당을 넘어서는 지지를 받을 수 있을 것으로 판단했다. 그러나 그것은 '야권연대'라는 격랑 앞에서 후보 사퇴 압력에 시달릴 것을 충분히 고려하지 않은 주관적 전략에 불과했다. 심상정이 후보 수락 이전에 기초단체장(고양시장) 후보로 나서는 문제까지 검토하지 않은 것은 아니지만 광역단체장 중심 후보 전략을 추진하던 중앙당 방침 전반에 대한 문제제기로 나아가지 못했다. 결국 심상정은 경기지사 후보로 나섰다. 부산에서는 김석준, 울산에서는 노옥희, 대구에서는 조명래, 광주 윤난실, 전북 염경석 등이 광역단체장후보로 나섰다. 노회찬 대표는 서울시장후보로 출마해 최전선에 섰다.

선거 결과 민주노동당은 광역의원 24명, 기초단체장 3명, 기초의원 115명을 당선시키는 대성공을 거두었고, 진보신당은 광역의원 3명, 기초의원 22명에 불과했다. 기초 중심의 민주노동당 전략은 성공했고, 풀뿌리 기초가 아직 여물지 않은 상태에서 전국적 지명도를 가진 인물 중심의 광역단체장 후보 전략을 구사했던 진보신당은 실패했다. '5+4' 협상에서 우왕좌왕하던 진보신당은 결국 협상테이블을 박차고 나오며 독자완주라는 독배를 들었다. 그러나 일부의 선택은 달랐다. 경기지사 후보 심상정과 부산시장 후보 김석준은 이명박정권을 심판하는 야권연대 요구를 무시할 수 없었다. 당심과 민심이 서로 상충할 때 정치적 리더는 모종의 결단을 요구받는다. 심상정은 후보를 사퇴했고, 김석준은 민주당 김정길 후보와 후보 단일화를 끝까지 추진했다. 심상정과 김석준은 민심의 흐름을 거슬러가는 정치는 정치가 아니라고 당원들을 설득했지만 진보신당 지방선거 전선은 당 전략의 실패로 말미암아 선거 막판으로 가면서 수습하기 어려울 정도로 흐트러졌다.

야권연대의 요구는 한나라당과 야권의 1대 1 구도를 강제하는 것이었다. 노회찬과 심상정은 후보의 개인기만으로 어쩔 수 없는 상황에서 급속한 지지율 하락을 경험하게 되었으며 후보 단일화에 나서지 않을 경우 그간 쌓아온 국민적 지지를 일거에 반납해야 하는 상황에까지 내몰렸다. '5+4'협상테이블을 박차고 나온 진보신당은 야권연대를 거부한 정당으로 비판을 받았고, 초박빙 접전 끝에 오세훈 한나라당 후보가 한명숙 민주당 후보를 누르고 승리하자 두 후보의 표차(2만 6천 표)보다 많은 14만 표를 얻은 노회찬 후보에게는 한나라당에 어부지리를 준 장본인이라는 비난이 쏟아졌다. 물론 한국 정치에 진보세력의 씨앗을 뿌리려던 이들을 이해해야 한다는 동정론도 없지 않았으나 대중정치인으로서 노회찬은 힘든 시기를 견뎌야 했다. 중도에서 후보를 사퇴한 심상정 후보는 또 다른 방향에서 비난을 받았다. 심상정 후보는 독자 완주의 당론을 어겼다는 이유로 결국 징계위원회에 회부되는 수모를 겪기도 했다. 진보신당 광역단체장 후보의 처지는 한 마디로 '죽거나 나쁘거나' 둘 중 하나였던 것이다. 결국 노회찬 대표는 선거 패배의 책임을 지고 사퇴했으며 진보신당은 진보대통합 논의의 격랑으로 빠져 들어 갔다.

심상정, 당기위에 제소당하다
－'신념윤리'와 '책임윤리'에 대한 고민이 시작되다

2010년 6.2 지방선거에서 진보신당의 실패는 '연합노선'과 '독자노선' 사이의 동요로부터 예고된 것이기도 했다. 지방선거 판은 촛불민심이 이미 결정지어 놓았다고 해도 과언이 아니었다. 야권 단일후보로 한나라당을 낙선시켜야 한다는 것. 이런 구조 안에서 진보신당이라는 행위자의 활동반경은 제약될 수밖에 없었다. 그에 따라 '반MB연대'를 기조로 일관되게 '연합노선'을 취했던 민주노동당이 기초단체장 3명을 포함, 광역·기초의원 136명을 당선시켜 큰 성과를 거둔 데 반해 선거 후반에 '5+4' 야권연대 협상테이블을 박차고 나와 '독자노선'으로 기울었던 진보신당은 명분과 실리 모두를 잃고 패배했다.

진보신당은 침울한 분위기에서 지방선거 평가를 준비했다. 선거 직후 6월 19일 전국위원회에서는 '지방선거 평가와 진단을 위한 토론문'과 '지방선거에서의 해당행위에 관한 특별결의문(안)' 안건을 놓고 뜨거운 논쟁이 펼쳐졌다. 그러나 평가와 진단보다는 당의 '독자 완주' 방침을 어기고 야권연대에 응해 사퇴한 이들을 징계해야 한다는 목소리가 여과 없이 터져 나오며 차분한 복기를 어렵게 만들었다.